ДИК ФРЭНСИС

GRAHAM LORD

DICK FRANCIS

A RACING LIFE

ГРЭМ ЛОРД

ДИК ФРЭНСИС

СКАЧКА ЖИЗНИ

БИОГРАФИЯ

МОСКВА
«ЭКСМО-ПРЕСС»
2002

УДК 820
ББК 84(4Вел)
Л 78

Graham LORD
DICK FRANCIS. A RACING LIFE

Оформление художника *С. Курбатова*

Лорд Г.

Л 78 Дик Фрэнсис. Скачка жизни. Биография. — М.: Изд-во ЭКСМО-Пресс, 2002. — 448 с., илл.

ISBN 5-04-009356-X

Детективные романы британского писателя Дика Фрэнсиса уже давно завоевали любовь российских читателей. Во времена «железного занавеса» они были как свежий ветер, долетавший до нас из «той» жизни. И хотя мы мало что знали о скачках, ставках на проигрыш, дерби и стипль-чезе — внешний антураж романов был не менее привлекателен, чем отважные и всегда по-джентльменски честные герои Фрэнсиса.

Многие читатели уже тогда задумывались о личности автора этих блестящих книг, но где можно было раздобыть информацию? Доходили слухи, что он бывший жокей, летчик, но больше ничего.

И вот сегодня у нас появилась замечательная возможность познакомиться с самим Диком Фрэнсисом и узнать все о его жизни от близкого друга, человека, знающего семью Фрэнсис более 30 лет.

Грэм Лорд, известный новеллист и биограф, создал захватывающее повествование о судьбе этого талантливого и счастливого человека.

И теперь мы наконец узнаем — кто такой Дик Фрэнсис на самом деле!

УДК 820
ББК 84(4Вел)

ISBN 5-04-009356-X

Предисловие

ПРЕДВАРИТЕЛЬНОЕ ВЗВЕШИВАНИЕ

Дик Фрэнсис всегда хотел, чтобы имя его жены Мэри присутствовало на обложках знаменитых триллеров о скачках в качестве его соавтора, поскольку она принимала значительно большее участие в их написании, чем было принято считать, но Мэри никогда ему этого не позволяла. «Я хочу, чтобы ты получила признание», — сказал он ей в моем присутствии, когда я гостил у них в доме в Беркшире в 1973 году. «Люди поймут тебя неправильно», — ответила она, и в посвящении к своей автобиографии «Спорт королев» он поблагодарил ее «за большее, чем она позволяет мне рассказать».

Дик всегда говорил, что он скорее жокей, чем писатель. Он оставил школу в пятнадцать лет, получив достаточно поверхностное образование, никогда не проявлял большого интереса к книгам, чтению или письму, в то время как умная, интеллектуально развитая Мэри всегда была страстной читательницей, имела превосходное образование, в девятнадцать лет получила ученую степень бакалавра по французскому и английскому языку после двух лет обучения вместо трех и получила работу в издательстве.

Давнишний друг Дика — Вернон Хивер, знающий его еще с той поры, когда они вместе ходили в школу в шестилетнем возрасте, в ответ на мой вопрос, имел ли Дик хорошие отметки по английскому языку или за сочинения, сказал следующее: «Нет, нет, ничего подобного. Я думаю, его жена, Мэри, играет основную роль в написании книг». В 80-х годах на ужине после скачек один мой знакомый журналист спросил у Дага Фрэнсиса, читал ли он последний роман своего брата. Даг посмотрел на него как на идиота. «Зачем мне его читать? — сказал он. — Дик не мог писать в школе, он не научился писать и сейчас».

Кэт Уэлвин, вдова тренера королевских скаковых лошадей Фалька Уэлвина и близкая подруга семьи Фрэнсис, по прошествии сорока лет сказала мне:

«Мэри очень умная. Я думаю, он подбирал материал о скачках, а она писала книги. Вероятно, именно так все и происходило: Дик поставлял идеи, а Мэри писала, поскольку я просто не могу представить себе Дика, пишущего роман».

Так, значит, книги писала Мэри, а вовсе не Дик? Вряд ли кто из сотрудников британского издательства Майкла Джозефа, где публиковались все книги Дика Фрэнсиса, удивится, узнав, что это так, и Оливия Кэгн, которая в течение тридцати лет работала внутренним рецензентом в нью-йоркском издательстве «Харпер энд», опубликовавшем семнадцать романов Дика Фрэнсиса в США, чья сестра Джоан Кэгн была их редактором, сказала мне:

«Джоан получала письма от Дика, и, по моему мнению, человек, который писал эти письма, не может быть тем же, кто писал книги. Я не могу придумать никакой другой ситуации, в которой бы этот — слово *обман* здесь не подходит, — в которой бы это *сотрудничество* держалось в тайне».

Многие писатели также испытывали сомнения по поводу того, что Дик сам писал эти книги. «Должен признаться, мне здесь многое кажется странным», — говорил мне друг Фрэнсисов, писатель Гэвин Лиалл. Тим Нилд, бывший председатель Ассоциации писателей детективного жанра, сказал мне: «Когда однажды я брал интервью у Дика, он показался мне очень приятным человеком, но было совершенно невозможно услышать от него что-то вразумительное, даже о собственных книгах».

«Ходили разные слухи», — призналась мне как-то автор детективных романов и подруга Фрэнсисов Маргарет Йорк. «Я думаю, мы все об этом знаем, — говорила еще одна писательница и друг семьи Фрэнсис, Гвен Батлер. — Разумеется, на обложках романов стоит его имя, но мы все об этом знаем. Да. Мы знаем. Я знаю, что за всеми этими книгами стоит ее талант. — Рассмеявшись, она добавила: — Я не разговариваю с Диком о литературе: он мало что может о ней сказать!»

Известный мастер детективного жанра и критик Х. Р. Ф. Китинг, который много лет писал для *The Times*, сказал мне: «Мэри внесла значительный вклад в написание книг. Она рассказала мне об этом много лет назад по большому секрету, предварительно взяв с меня слово хранить тайну. Я думаю, будет справедливо, если ее заслуги наконец получат признание».

Карен Джири, которая была директором рекламного отдела в издательстве Майкла Джозефа в начале 80-х годов, сказала мне: «У меня всегда было чувство, что Мэри держит в своих руках бразды правления». А Ян Камерон, управляющий рекламным отделом «МД» в середине 60-х, вспоминает, что всякий раз, когда Дик приходил к нему в офис, Мэри непременно сопровождала его и приходилось уделять ей столько же внимания, как и ее мужу. Питер Хебдон, директор-распорядитель, заботился о том, чтобы все демонстрировали ей свое уважение. Я помню, что она начинала проявлять свое неудовольствие, если Дику уделяли слишком много внимания и обхаживали его. Для внешнего мира она занимала место в заднем ряду, но внутри издательства Майкла Джозефа все было иначе».

Когда я брал интервью у Фрэнсиса в 1980 году, Дик вовсю расхваливал литературные таланты Мэри, и я даже сказал, что можно подумать, будто это она, а не он, писала книги. Повисла долгая, неловкая пауза. «Я всего лишь его исследователь и консультант», — сказала Мэри. Позднее, в тот же вечер, 30 июля, она позвонила мне домой и попросила проявить сдержанность при написании интервью. Я пообещал ей это, а затем спросил напрямую: правда ли, что она писала книги под именем Дика.

Она сказала:

«На такой вопрос невозможно ответить. Да, Дик хотел бы, чтобы вся слава досталась мне, но поверьте мне, Грэхем, для всех, в том числе и для читателей, будет лучше думать, что именно он пишет книги, поскольку они написаны в жестком, мужском стиле и в противном случае могут утратить свою достоверность. *Пожалуйста*, не упоминайте об этом в своей статье».

Разумеется, я не стал этого делать, хотя сразу же записал этот разговор и в самой статье зашел настолько далеко, насколько мог, расточая похвалы Мэри за тот огромный вклад, который она внесла в написание книг. Но это было двадцать лет назад, когда успех будущих книг мог оказаться под угрозой. Теперь, после того как Дик объявил, что роман 1999 года «Второе дыхание» будет последним, пришло время для Мэри разделить их невероятный успех и наконец получить полное признание, и именно поэтому биография Дика Фрэнсиса должна включать в себя историю жизни его жены. Уже пришло то время, когда Мэри Фрэнсис может выйти из тени своего мужа и получить полное признание за свое участие в написании этих великолепных бестселлеров, публиковавшихся под его именем.

Многие люди отказываются верить слухам. «Не попадайте в эту ловушку, — предупреждал меня тренер Тим Фитцджордж-Паркер, а затем пояснил: — Это целиком продукт их совместных усилий. Дик намечает сюжет, затем они вместе обсуждают его, уединяются на шесть месяцев и делают черновой набросок. Мэри много пишет, Дик уединяется в своей «башне из слоновой кости» — одно время он предпочитал сидеть на катере, — перечитывает все снова и снова, вносит изменения здесь и там и отдает текст Мэри, затем она вновь отдает его Дику, и в конце концов к первому апреля у них готова очередная книга».

Похоже, это весьма романтичный способ писать романы.

Элейн Меллор, жена бывшего жокея-чемпиона Стэна Меллора и подруга семьи Фрэнсис на протяжении многих лет, сказала мне: «Странно слышать этот миф. Я знаю, что Мэри всегда оказывала ему огромную помощь, была его редактором и исследователем, но все эти книги являются плодами вдохновения Дика, и именно он прикладывает усилия, чтобы изложить слова на бумаге. Мэри играет очень важную роль, но вовсе не она пишет романы».

«Нет никаких сомнений в том, что Мэри вносит большой вклад в написание книг, но я не думаю, что она является их автором, — говорила мне Шейла Мэрфи, которая была управляющим рекламного отдела издательства Майкла Джозефа с 1984 по 1987 год. — Дик такой честный, щепетильный человек, что он не смог бы давать бесчисленные интервью, подписывать книги и т. д., если бы не чувствовал, что имеет на это полное право».

И пишущий о скачках журналист, работавший с Диком на протяжении шестнадцати лет в *Sunday Express*, сказал мне: «Дик всегда говорил, что они работают как одна команда. Он всегда старался подчеркнуть, что Мэри вносит большой вклад в создание книг. Она и в самом деле очень одаренная женщина, но существует большая разница между признанием участия Мэри в работе и какими-либо посягательствами на положение Дика».

В любом случае, даже если Мэри в действительности является «Диком Фрэнсисом», а сам Дик всего лишь «вывеска» — так ли это важно? Если это правда, то их двойной блеф представляет собой грандиозный веселый розыгрыш, необычайно забавную шутку. Если все эти мужественные романы о жестоком мире скачек были в действительности написаны не покрытым шрамами заматеревшим жокеем, а красивой женщиной, к тому же побаивающейся лошадей, то трудно удержаться от того, чтобы посмеяться над собой, — не говоря уже о тех литературных критиках, которые на протяжении многих лет со знанием дела рассказывали нам о том, что романы Дика Фрэнсиса имеют такой выверенный ритм потому, что их автор когда-то умел превосходно выдерживать ритм скачек. Если Дик на самом деле был вынужден держать язык за зубами в ходе сотен интервью, которые он давал, и всех тех речей, которые он произносил, — а Мэри в это время тайно улыбалась, наблюдая за ним, — то это самый замечательный литературный розыгрыш с тех самых пор, как Мэриан Эванс выдавала себя за Джорджа Элиота. И если все это правда, кажется вполне уместным, что в то самое время, когда в Британии процветает современный феминизм, наиболее популярный британский автор приключенческих романов второй половины двадцатого столетия «Дик Фрэнсис» в действительности был женщиной, притворявшейся мужчиной.

Но все это не должно умалять достоинств самих книг или как-то влиять на жизни Дика и Мэри, поскольку их удивительно теплая любовная история, продолжающаяся на протяжении более полувека, является примером дружбы и преданности. Правда о том, как писались книги, какой бы она ни была, не должна портить то огромное удовольствие, которое романы Дика Фрэнсиса приносят миллионам читателей во всем мире.

Глава 1

ПОЛОЖЕНИЕ «НА СТАРТ» (1920—1924)

Дику Фрэнсису было от рождения предопределено стать жокеем-чемпионом. Он родился в 1920 году в семье мелкопоместного дворянина в красивом старом сельском доме, затерявшемся в отдаленном уголке юго-западного Уэльса на просторах Пембрукшира. Он происходил из рода джентльменов-конезаводчиков, и его отец, Винс, был замечательным наездником, жокеем, торговцем лошадьми, управляющим сотен конюшен, который сам, будучи молодым человеком, принимал участие в знаменитом Большом национальном стипль-чезе в Айнтри. Его дедушка, Вилли Фрэнсис, был жокеем-любителем, побеждавшим во многих скачках с препятствиями. Его двоюродный дедушка Роберт Харрис тоже был жокеем и королевским обер-егермейстером в Кармантеншире. Дедушка Дика по материнской линии, Вилли Томас, был превосходным наездником, который разводил гунтеров[1] и выезжал на псовую охоту по крайней мере два раза в неделю, а двоюродный дедушка, Джордж Фелпс, был королевским обер-егермейстером в Южном Пембрукшире. Поэтому разве мог Дик стать кем-то еще, кроме как завзятым любителем лошадей?

Он родился 31 октября 1920 года в спальне на первом этаже дома его матери, Коедкэнлас, одного из старейших фермерских владений юго-западного Уэльса, дома без газа и электричества, освещавшегося свечами,

[1] Охотничья лошадь, обученная преодолевать препятствия.

масляными лампами и мерцающим огнем камина. Коедкэнлас принадлежал его дедушке Вилли Томасу, и это было внушительное каменное строение под черепичной крышей, расположенное на высоком склоне холма, и из его окон открывался живописный вид на извилистый эстуарий реки Кледдай, петляющей между лесистых холмов в сторону заката и Атлантического океана. Это было идиллическое место для появления на свет — волшебная земля воды и леса, дуба и ясеня, орхидей и колокольчиков, цапель, зимородков и дятлов, барсуков и выдр. Это место Мерлин сразу бы признал своим — воздух здесь был наполнен магией.

Мать Дика Кэтрин — высокая, стройная, элегантная тридцатилетняя женщина, которую все звали Молли, поскольку ее второе имя было Мэри, вышла замуж за его отца пятью годами ранее и у нее уже был четырехлетний сын Даглас. Прошло пять недель, прежде чем кто-либо побеспокоился зарегистрировать появление Дика на свет, и при регистрации ему было дано имя Ричард Стэнли. Учитывая, что как Даг, так и Дик прожили значительно больше семидесяти лет, оба мальчика в младенчестве были необычайно болезненными. Дик, который всегда был значительно меньше своих сверстников, пока не достиг подросткового возраста, чуть не умер от пневмонии, когда ему было шесть месяцев, и впоследствии он подхватывал почти каждую инфекцию, которую только можно было подхватить, в то время как все детство Дага проходило под угрозой туберкулеза и поэтому он избегал городской жизни и большую часть своей юности провел с бабушкой и дедушкой в Уэльсе.

Их тридцатиоднолетний отец Винс — который сам родился в нескольких милях от Коедкэнласа в деревушке с прелестным названием Уэдлак[1], начал свою скаковую карьеру в шестнадцатилетнем возрасте, рабо-

---

[1] Wedlock — законный брак *(англ.)*.

тая в шикарных конюшнях местного богатого сквайра и тренера скаковых лошадей полковника Джона Лорт-Филлипса, жившего в замке возле деревни Лоуренни, в двух милях от Коедкэнласа, где он подготовил победителя Большого Национального приза года Кирклэнда. Винс стал одним из жокеев конюшни Лорт-Филлипса и выиграл несколько скачек в начале века, но в 1914 году, в возрасте двадцати пяти лет, он записался в добровольцы и отправился сражаться во Францию. Каким-то образом ему удалось остаться в живых после четырех лет, проведенных в самом пекле одной из самых ужасных и смертоносных войн в человеческой истории, и, вернувшись домой в 1918 году в чине капитана, он решил, что ему уже не стать знаменитым жокеем, а вместо этого лучше самому заняться подготовкой и продажей лошадей. К моменту рождения Дика Винс — невысокий, худой мужчина с узким лошадиным лицом, типичным для кельтских конезаводчиков — работал вдали от дома, в Англии, управляющим маленькой конюшни на пятнадцать стойл, расположенной в тихом, элегантном, лесистом местечке Мейденхед на берегу Темзы и принадлежавшей учителю верховой езды Хорасу Смиту. Смиту также принадлежала фешенебельная Школа верховой езды Хораса Смита в Лондоне, на Слоан-стрит, которая в то время была крупнейшим поставщиком верховых лошадей и гунтеров в Великобритании, и многие богатые и знаменитые люди обучались у него верховой езде, в том числе и несколько членов королевской семьи. Винс Фрэнсис настолько успешно оценивал, покупал и продавал лошадей, что вскоре после рождения Дика Смит купил значительно большую по размерам конюшню в нескольких милях от Холипорта, возле Брейя, с шестьюдесятью стойлами и крупнейшим в Англии крытым манежем — тех же размеров, что и крытый манеж в Олимпии, — и назначил Винса управляющим Охотничьих конюшен У. Дж. Смита, названных в честь его отца, который основал дело в 1870 году.

В то время как их родители жили в Мейденхеде, Дик и Даг провели большую часть своего детства в Коедкэнласе с дедушкой и бабушкой, и самые счастливые детские воспоминания Дика связаны с этим замечательным отдаленным уголком сельского Уэльса, расположенным на восточном берегу реки Кледдай. Он любил большой побеленный известкой сельский дом, обвитый плющом и глицинией, окутанный теплой семейной атмосферой, поддерживаемой его бабушкой, которая наполняла дом своими детьми и внуками и кормила их продуктами с собственной фермы: ветчиной, овощами и фруктами, маслом и сыром со своей маслобойни, домашним хлебом. И он любил поля, раскинувшиеся меж ближайших холмов, приглашавшие его и Дага к исследованиям и приключениям. Его дедушка, которого все звали Ви Джи, был строгим викторианцем, но мальчики любили его всем сердцем, и им очень нравилось кататься с ним по ферме на конной повозке. Но больше всего Дик — уже превратившийся в симпатичного, живого мальчика с широко расставленными глазами и высоким лбом — любил конюшню своего дедушки, где он играл с кобылами и в ужасе взирал на огромных гунтеров, мечтая когда-нибудь прокатиться на них верхом.

Когда я побывал там летом 1998 года, Коедкэнлас представлял собой унылые серые руины. Сложившееся у меня впечатление полностью подтвердилось: трудно найти место, где чувствуешь себя так же оторванным от остального мира, как в этом потайном волшебном уголке Пембрукширского Прибрежного национального парка, таинственном мире забытых лесных тропок и узких проселочных дорог, петляющих между высокими берегами, густого леса, зеленых полян и внезапного шепота маленьких ручейков. Эта часть Уэльса является землей древних разрушенных замков, тихих заводей, каркающих грачей, узких каменных мостов, тенистых аллей, темных туннелей, прорезающих лесные чащи, укромных уголков, таким местом, где каждая миля кажется длиной в десять. Коедкэнлас отделяет всего лишь четыре мили от автомобильной магистрали А40, соединяющей Хеверфордуэст с Камарсеном, но кажется, будто это сорок миль и сотня лет. На местных извилистых дорожках почти нет указательных знаков, и я долго плутал в этом призрачно спокойном месте, кажущемся зловещим даже в солнечный летний полдень. Чувствуется, что здесь должны быть привидения.

В самом фермерском доме Коедкэнлас, несомненно, обитают призраки дедушки и бабушки Дика, Ви Джи и Энни Томас, которые похоронены рядом в нескольких милях отсюда, на церковном кладбище в Лоуренни, под высоким красным крестом. В 1998 году их теплый уютный дом был унылым, холодным и заброшенным. Стены Коедкэнласа были сырыми и выцветшими, окна сломанными, потолок в нескольких местах провалился, стропила прогнили, пол покрыт обломками кирпичей, камин развалился на части, лестницы обрушились, подсобные строения превратились в руины, из старых каменных стен росли растения. Древнее здание, укрывшееся под сенью огромного дерева, было заброшенным и необитаемым с 1989 года, с тех пор семейство местных фермеров Мэрриманс переехало и продало его какому-то агентству по торговле недвижимостью, и, обратившись туда, я узнал, что дом выставлен на продажу. За него была назначена цена 150 000 фунтов, и, чтобы снова сделать его пригодным для жилья, потребовалось бы потратить еще около 100 000. Как говорили мне местные жители, они надеются на то, что дом купит сам Дик и спасет его, но, к счастью, этого не потребовалось: летом 1998 года супружеская пара из Лондона Джон и Элизабет Госсаж приобрели его в качестве загородного дома и начали долгую, дорогостоящую работу по восстановлению древнего строения, поставив себе цель сохранить его уникальные черты.

Несмотря на то что дом был заброшен в течение многих лет, легко представить, насколько величественно выглядел когда-то Коедкэнлас со своими тремя этажами, каменными стенами толщиной пять футов, стропилами семнадцатого века, лестницей в георгианском стиле, шестью спальнями, гостиной, отделанной черным мрамором, обнесенным стеной садом, большим выгулом для лошадей, каменными подсобными строениями и акрами земли. Даже в 1998 году этот дом значился как исторический памятник второй степени: «старинный пембрукширский дом, представляющий особый интерес», — а из его окон верхнего этажа открывается превосходный вид на поля с блеющими овцами, протянувшиеся вдоль живописного эстуария реки Кледдай, и поросшие лесом холмы на другом берегу. Согласно изданному в 1997 году каталогу «Исторические памятники Уэльса» в свое время Коедкэнлас был «административным центром графства», «строением, имевшим очень высокий статус», «каменным домом дворянства», которым в четырнадцатом веке владели Персивали, в пятнадцатом — семейство Батлеров, а в шестнадцатом и семнадцатом столетиях дом принадлежал семейству Оуэнс, которые в 1718 году перестроили его настолько успешно, что в девятнадцатом веке его описывали, как «наилучшее жилище для достойного человека, которое только можно найти в этой местности».

«О да, это был красивый, красивый дом, — рассказывала мне восьмидесятилетняя миссис Иди Оуэн, которая жила в детстве по соседству и ходила вместе с Дагом и Диком в сельскую школу в Лоуренни, и до сих пор живет в коттедже, расположенном примерно в миле от него. — Томасы были благородные люди. Они радушно принимали гостей, а Ви Джи был прекраснейшим человеком. Люди уважали его».

Ви Джи нанимал для работ на ферме нескольких человек, и среди них был отец миссис Оуэн Томас Хьюгес, и они вместе с Энни вырастили в доме пятерых детей: Грифа, Стэнли, Джека и Джанет, а также мать Дика Молли. При всем своем благородстве Даг и Дик весело играли с детьми Хьюгесов, хотя Том Хьюгес был работником на ферме их деда. «Они были лучше нас, у них был прекрасный дом и мебель, замечательный сад и огромная ферма с овцами, коровами, полями, засеянными зерном, но они никогда не задирали нос, — рассказывала мне еще одна из двенадцати детей Томаса Хьюгеса, семидесятисемилетняя миссис Филлис Грейс, которая на одиннадцать дней моложе Дика, часто играла с ним в детстве и ходила в один класс. — Не думаю, что им когда-либо приходилось терпеть нужду, но это были очень милые, простые люди. Дик и Даг приходили играть каждый уик-энд в наш маленький трехкомнатный коттедж Санни-Хилл, расположенный чуть выше по склону холма. Им было некуда больше податься, и у нас не было велосипедов, поэтому мы просто играли возле дома: в прятки, английскую лапту и классики».

Даг был того же возраста, что и Норман, старший брат Филлис, и «вполне естественно, они часто проказничали вместе», рассказывала мне Иди Оуэн:

«Мать Дика часто громко кричала из Коедкэнласа, заставляя его идти домой, и, как вы думаете, что они делали? Они и не думали пошевелиться. Их бедная старая мать была вынуждена гоняться за ними по полям, и к тому времени, когда она возвращалась в изнеможении, они спокойно приходили обратно по дороге».

Миссис Оуэн вспоминает, что Дик «выглядел потрясающе. Они были два таких милых мальчика. В Даге было больше озорства, чем в Дике. Когда он и мой брат Норман собирались вместе, нельзя было сказать, что они придумают на этот раз. Мама частенько задавала им хорошую трепку. Однажды она отшлепала их обоих за то, что они поймали кошку, подвесили ее на веревке и использовали как боксерскую грушу».

Дику было только три года, когда его в первый раз отправили в школу в Лоуренни, маленькое двухкомнатное здание на краю деревни, где три учителя — двое мужчин и одна женщина — пытались вложить основы английского, арифметики, географии, истории и труда в головы примерно пятидесяти детей в возрасте от трех до четырнадцати лет, после чего большинство из них шли работать на ферму или занимались домашним хозяйством. Они не обучали детей уэльскому языку, потому что никто во всем районе не разговаривал на нем: это сильно англизированная часть Уэльса, где английский язык доминирует еще со времен норманнов, которую до сих пор называют Маленькая Англия в Уэльсе. Именно здесь, в Пембрукшире, была основана великая английская королевская династия Тюдоров, когда король Генрих VII, тогда еще просто Генрих Тюдор, родился за мрачными серыми стенами расположенного неподалеку Пембрукского замка в 1457 году. Даже возведенный напротив замка военный мемориал восхваляет величие Англии, а не Уэльса.

Сегодня Лоуренни — это тихая деревушка из маленьких каменных домиков под шиферными крышами, пахнущая навозом, примечательная лишь норманнской церковью Св. Карадога двенадцатого века и яхт-клубом, расположенным в трех четвертях мили вниз по склону холма, возле пристани Лоуренни. В двадцатые годы над местностью все еще высился замок Лорта-Филлипса, снесенный после Второй мировой войны, но это уже была не та оживленная деревушка, какой она была когда-то — с огромными устричными банками, существующими еще со времен Тюдоров, угольными шахтами, известняковыми карьерами, верфью, где в викторианские времена было построено более шестидесяти кораблей, и шумной гаванью, где можно было увидеть все виды судов, перевозящих всевозможные виды товаров, от леса до антрацита. К двадцатым годам от всего этого осталось очень мало, кроме еще одного замка на другом берегу реки Кледдай, замка Бентон, куда старый перевозчик Том мог доставить вас на лодке вместе со своим спаниелем.

То, что Дик начал ходить в школу, когда ему было всего лишь три года, в какой-то мере объясняет, почему на протяжении последующих двенадцати лет он делал все возможное для того, чтобы уклониться от получения образования. Он был вынужден ходить пешком две мили в каждую сторону по лесным тропинкам и через поля, даже под дождем, снегом и в половодье, что должно было быть утомительным ежедневным путешествием для такого маленького ребенка. Такая прогулка покажется нелегкой даже взрослому. Покинув сельский дом в Коедкэнласе, вы поворачиваете направо и идете по узкой петляющей дорожке мимо полей, где пасутся овцы, затем спускаетесь вниз с крутого холма, проходите мимо развалин маленькой каменной часовни, проходите по каменному мостику, поднимаетесь на другой крутой холм, идете мимо фермы и коровьих пастбищ, через участок леса, на перекрестке поворачиваете направо, спустившись со следующего холма, проходите около полумили, пересекаете по другому мосту мутную речушку, ответственную за наводнения, поднимаетесь на очередной холм и проходите заключительную треть мили до школы. Возможно, эти ранние упражнения объясняют, как Дик сумел стать настолько здоровым, что в последующие годы его израненное тело стойко переносило многочисленные травмы и переломы костей, от которых ему приходилось страдать как профессиональному жокею.

Он начал свой беспорядочный курс школьного обучения 28 июня 1924 года, погоняемый по проселочным дорогам и через реку старшими детьми Хьюгесов и Дагом, которому уже почти было восемь и начавшему ходить в школу с трех лет. Школьное обучение Дага было таким же хаотичным: журнал посещения занятий государственной школы в Лоуренни свидетельствует, что, хотя Даг начал посещать занятия в сентябре 1919 года, вскоре он оставил школу, вновь поступил сюда в сентябре 1922 года, затем покинул ее вновь в декабре 1924-го, вернулся и окончательно ушел из школы в июле 1926 года.

Дик начал прогуливать уроки, вероятно, с самого начала: на третий день после начала занятий шел сильный дождь и посещаемость резко снизилась; дождливая погода стояла на протяжении двух последующих недель, и школьный регистрационный журнал печально констатирует, что «погода и пора сенокоса стали причиной достаточно низкой посещаемости». 21 июля была «ужасная погода. Сильный ветер и проливной дождь. В 10 часов на занятиях присутствовало только 22 ученика. Регистрация закончена». Через десять дней школа была закрыта на пятинедельные летние каникулы, но даже после того, как она открылась 8 сентября, директор школы Томас Уильямс сокрушается в журнале по поводу непрекращающейся плохой погоды и низкой посещаемости. Маленький Дик, должно быть, достаточно скоро понял, что школа это такое место, куда следует ходить только в том случае, если у тебя нет более интересных занятий.

И все же школа в Лоуренни, которая сегодня отчасти является деревенским залом собраний, отчасти молодежной гостиницей, вовсе не была мрачным заведением. В мае 1925 года инспектор Министерства образования мистер Дж. Оуэн отметил в своем отчете:

«Эта маленькая школа на 55 учеников, хотя и имеет изолированное местоположение, стоит на краю парка, возле узкого морского залива, и гордостью школы является то, что в ее распоряжении есть 120 акров территории парка, где дети могут играть во время перемен... В классных комнатах маленькие дети под руководством опытных и умелых учителей достигают удовлетворительного результата. Они искренни и отзывчивы. Они аккуратно пишут, читают быстро и бегло. В позднее время классные комнаты хорошо освещаются, а развешанные по стенам образовательные иллюстрации делают их удобным местом для обучения... В главной комнате мальчики и девочки получают хорошую подготовку по фундаментальным предметам, и свою работу они в целом выполняют достаточно усердно. Особенно следует отметить их почерк, необычайно аккуратный и разборчивый. Они также показывают хорошие результаты в упражнениях на литературную композицию, свободных и естественных по форме».

В заключение он пишет:

«В школе царит приятная атмосфера, а отношения между учителями и учениками отличаются добротой и сердечностью».

Сами дети вспоминают свои школьные дни в Лоуренни с большой теплотой. «Это была замечательная школа», — сказала мне семидесятичетырехлетняя Китти Коул, которая на три года младше Дика, но одно время ходила в школу вместе с ним, провела сорок лет, работая в Сидкэналсе как домашняя прислуга и доярка, а в 1999 году все еще жившая по соседству в маленьком домике, где она появилась на свет. «Это была школа с очень строгими правилами, но я была счастлива там», — призналась мне восьмидесятилетняя миссис Руфь Уильямс, которая почти на три года старше Дика и чья тетя, Элизабет Джон, была там одним из учителей.

Директором в ней был человек, самозабвенно преданный своему делу, и он управлял делами маленькой школы на протяжении сорока трех лет, принося в жертву даже свои вечера, чтобы проводить там дополнительные занятия. Более пятидесяти лет он играл на органе в местной церкви, расположенной в ста ярдах от школы, в течение семнадцати лет был церковным старостой, и позднее ему удалось убедить Дика петь в церковном хоре. Атмосферу, царившую в этой школе, можно почувствовать по некоторым записям из школьного журнала, сделанным в конце 1925 года:

«26 декабря. Был проведен ежегодный школьный концерт. Каждый из учеников принимал какое-то участие в школьной программе... Концерт имел большой успех, и все номера были тепло встречены публикой, которая заполнила всю комнату и выражала свое одобрение громкими аплодисментами. Полковник Лорт-Филлипс поздравил учителей, школьников и старых выпускников с успешным выступлением.

29 декабря. Миссис Лорт-Филлипс пригласила всех детей и их матерей на чай у рождественской елки, под которой каждый ребенок нашел для себя маленький полезный подарок. Дети исполнили различные номера из прошедшего рождественского концерта, чтобы миссис Лорт-Филлипс, не имевшая возможности на нем присутствовать, могла их услышать. Миссис Лорт-Филлипс поблагодарила детей и учителей за то, как хорошо они все это подготовили. День и вечер прошли очень хорошо. Старший учитель поблагодарил от имени всех миссис Лорт-Филлипс, и дети прокричали троекратное «ура».

Шестью неделями позже «миссис Пикерелл из южноуэльского отделения Союза надежды, посетила школу в два часа дня и выступила с весьма поучительной и интересной речью, посвященной умеренности и гигиене». Это был далеко не единственный визит миссис Пикерелл в школу. На протяжении нескольких последующих лет она возвращалась сюда снова и снова, чтобы прививать у детей Лоуренни любовь к правильному и трезвому образу жизни, и, судя по незыблемым моральным устоям тех из ее слушателей, кто еще остался в живых, ее страстные призывы были не напрасными.

Но первый срок пребывания Дика в школе Лоуренни вскоре подошел к концу. В феврале 1926 года Даг оставил школу, чтобы присоединиться к родителям в Мейденхеде, и хотя он вернулся назад в июне, оба мальчика снова выехали в Мейденхед в июле, когда Дику не было и шести лет. Он все еще посещал нулевой класс. Оба мальчика еще раз вернулись в школу Лоуренни по окончании летних каникул, но через десять дней они уехали обратно в Мейденхед, где Дик жил на протяжении последующих пяти лет, хотя он и Даг часто посещали Коедкэнлас.

Однако еще до отъезда в жизни Дика произошло важнейшее событие. Ему было пять лет, когда он совершил свою первую поездку верхом — на ослице. Ослицу звали Джесси, и она принадлежала семье Хьюгесов. «Дик учился ездить верхом на Джесси, — рассказывала мне Иди Оуэн. — Она подходила к окну нашей спальни рано утром и начинала звать нас, детей, чтобы мы выходили на улицу. Это была редкая старая ослица. И еще она обычно бегала с коровами Коедкэнласа по полю. Когда мы пытались накинуть ей на голову уздечку, она убегала».

Но только не от Дика. Он ездил на ней без седла, поскольку слышал от отца о том, что если ездить на неоседланной лошади, то быстрее научишься сохранять равновесие, и, кроме того, спина Джесси была слишком высокой и костлявой для седла. Вскоре он заставил Джесси перепрыгивать через низкую изгородь из жердей, после чего девятилетний Даг поспорил с ним на шесть пенсов на то, что ему не удастся перепрыгнуть через изгородь, сидя на ослице задом наперед. Дик мечтал скопить достаточно карманных денег для того, чтобы купить игрушечную ферму, и поэтому принял пари. Усевшись на Джесси задом наперед, он ударил ее пятками под ребра и перелетел через ее круп, как только она подпрыгнула. Отказываясь признать поражение, он снова сел верхом, попробовал еще раз, упал, снова упрямо полез на ослицу, опять упал, и после шести падений он все-таки перепрыгнул через ограду и выиграл шесть пенсов. «Мы никогда не думали, что Дик будет жокеем», — говорила мне Иди Оуэн, но пятилетний мальчик знал это с самого начала. Через пятьдесят лет он написал в своей биографии «Спорт королев», что уже тогда у него не было никаких сомнений в том, что когда-нибудь он станет профессиональным наездником.

За одиннадцать дней до того, как маленький Дик в первый раз отправился в школу Лоуренни, 17 июня 1924 года, в двухстах милях к востоку от Коедкэнласа, в тихом городке Нью-Мелдон, который вскоре стал пригородом гигантского Лондона, быстро разраставшегося на юго-запад, на свет появилась девочка, Мэри Бренчли, которой суждено было стать его женой.

Ее отец, Уильям Уолтер Бренчли, сын торговца табачными изделиями из Камберуэлла, которому уже почти исполнилось тридцать пять, был директором предприятия, печатавшего коробки для сигарет. Ее мать, Джанет, вышедшая замуж всего двенадцатью месяцами ранее, была двадцатидевятилетней шотландкой из Глазго и дочерью конгрегационального священника Джона Мэтьюсона Форсона, переехавшего на юг, в Лондон, и возглавившего конгрегациональную церковь на Мелдон-роуд в Нью-Мелдоне, где он жил со своей женой Мэгги. Именно Джон Форсон окрестил первого ребенка своей дочери, дав ей имя Мэри Маргарет.

Дик и Мэри Фрэнсис вряд ли могли родиться в более несхожих местах. В Нью-Мелдоне, как и в Коедкэнласе, все еще было газовое освещение, но он уже не казался таким глухим провинциальным местечком, как всего лишь пятью-шестью годами ранее, в конце Первой мировой войны. Тогда это была маленькая деревушка с тенистыми аллеями, полями, домашними животными и несколькими сотнями обитателей. К 1924 году здесь произошел стремительный рост населения, и в суматохе нового развития Нью-Мелдон быстро превращался в один из безликих спальных районов Лондона. Новые строения появлялись повсюду: вдоль длинных улиц с такими названиями, как Экейша Грув, Поплэр Гаденс, Вудсайд-роад, Медэу Хилл, Найтвуд Крисент, каждая застроенная рядами одинаковых, тесно прижавшихся друг к другу домиков с крохотными садиками, фасадами, покрытыми штукатуркой с каменной крошкой и черно-белой деревянной обшивкой в стиле эпохи Тюдоров. Лязгающие железнодорожные поезда перевозили многочисленных новых жителей Нью-Мелдона до лондонского вокзала Ватерлоо, расположенного в девяти милях, большинство из которых каждый день ездили туда на работу, будучи конторскими служащими — теми представителями среднего класса, которые все еще носили котелки и тугие крахмальные воротнички, никогда даже не помышляли о том, чтобы позволить своим женам пойти на работу, и имели в своем доме по крайней мере одну проживающую там прислугу. Это были люди с устремлениями и претензиями, и когда Уильям Бренчли купил свой первый дом, неподалеку от Вустер-парка, он назвал его Крофтон, в честь отца, Фредерика Илайши Крофтона Бренчли, словно его новый пригородный дом был большим и старым аристократическим семейным особняком.

Кажется странным, что отец Мэри в то время, как она родилась, еще не имел собственного дома, учитывая то, что ему уже было тридцать пять лет, он был директором компании и благоразумно ждал до тридцати четырех, прежде чем жениться. Он и Джанет, которую все называли Нетта, все еще жили в доме ее отца, Фетфорд-Лодж, по адресу Фетфорд-роуд, 16, и оставались там еще более двух лет, пока Нетта не забеременела второй дочерью Джин, после чего они наконец переехали в собственный дом на Кингсмеад-авеню, 17, в трех милях по дороге, ведущей в Чим.

Это был просторный двухэтажный дом с большим садом, расположенный в одном из быстро разрастающихся районов, и Бренчли жили в нем на протяжении двадцати двух лет, за исключением периода Второй мировой войны.

Дом, где родилась Мэри, на Селуин-роуд, больше не существует, и дорога представляет собой запущенную маленькую улочку, где стоят странные низкорослые домики в своем обычном одеянии из штукатурки с каменной крошкой, с отделкой в стиле Тюдоров, и у многих из них облезла краска, сломана ограда и заросший сад. Но Фетфорд-Лодж, где она провела первые два года своей жизни, все еще стоит на углу Фетфорд-роуд и Уэстбури-роуд. Наполовину из красного кирпича, наполовину покрытый серовато-голубой штукатуркой, он расположился среди цветущего сада и все еще выглядит, как комфортабельный семейный дом. Теперь здесь находится дом престарелых.

Коедкэнлас и Фетфорд-Лодж: два детства, совершенно не похожие друг на друга — одно в сельской глуши, другое — в столичном пригороде. И все же Дик и Мэри родились в семьях со схожими стандартами поведения, респектабельных, благородных и с собственными устремлениями. Обе семьи принадлежали к среднему классу и гордились этим, были вполне благополучными и никогда не испытывали беспокойства из-за денег. Несмотря на огромную разницу между ними, этого оказалось достаточно для того, чтобы помочь им составить прекрасную семейную пару.

Глава 2

МЕЙДЕНХЕД И ВУСТЕР-ПАРК (1925—1937)

Мейденхед, расположенный на берегах Темзы, в пяти милях от Виндзора, начал процветать как популярный летний курорт во времена Эдварда и к середине 20-х годов превратился в излюбленное место развлечения для воскресных толп отдыхающих из Лондона. Окрестности города в летнее время представляли собой Англию в ее спокойном величии, с водами Темзы, текущими от Кукхэм Лок до Боултерс Лок между сочными зелеными лугами и пологими лесистыми холмами Беркшира и Бакингемшира. На протяжении последнего тысячелетия здесь не происходило ничего значительного — даже гражданская война прошла стороной, — и наибольший интерес вызывает название этого места, происхождение которого никто не может толком объяснить. Главным событием двадцатых годов было открытие второго кинотеатра, «Риалто» на Бридж-стрит, ставшего конкурентом «Пикчер Фиэтэ» на Бридж-авеню. Десятью годами ранее основное внимание привлекало присутствие любовницы Эдварда VII, Лили Лэнгтри, которая жила в огромном особняке эпохи Тюдоров Брей-Лодж, расположенном в миле от деревни Брей, где на протяжении столетий происходило так же мало событий, поскольку в ходе гражданской войны местный ренегат викарий постоянно менял союзников, стараясь всегда быть на стороне тех, кто одерживает победу.

Однако Мейденхед 20-х годов был настоящей метрополией по сравнению с широко раскинувшейся, тенистой, маленькой, стильной деревушкой Холипорт, расположившейся в одной миле по дороге в Виндзор, где отец Дика управлял конюшнями. Дику было семь лет, когда он присоединился к родителям, жившим в Хенденс Бунгало, на Блинд-лейн, возле Охотничьих конюшен У. Дж. Смита. В Средневековье Холипорт был процветающим ярмарочным центром, но теперь в нем насчитывалось лишь около двух сотен обитателей и вокруг стояла такая тишина, что можно было услышать, как лебеди скользят по воде. Здесь был сельский парк с двумя прудами, стадо агрессивных гусей, несколько магазинов и удивительно большое количество пабов для такой маленькой деревни: основанный в шестнадцатом веке «Джордж»; «Королева»; «Веселый садовник» на Монероу Грин и «Бельгийское оружие», который до недавних пор назывался «Орел», но в ходе Первой мировой войны его название было изменено, поскольку немецкие военнопленные воспринимали вывеску на пабе как свой национальный герб и отдавали честь всякий раз, когда проходили мимо. Холипорт был чистым, элегантным поселением, где насчитывалось более дюжины красивых больших домов, один из которых стоял на месте старого особняка Филбердс Хаус, когда-то служившего домом любовнице Чарльза II, Нелл Гуинн. Казалось вполне уместным, что местечко с названием Мейденхед (к большому удобству Виндзорского замка) служило убежищем по крайней мере двух знаменитых королевских любовниц, а вскоре здесь поселилась и третья: маркиз Милфорд Хэвенский купил Линден-манор в Холипорте, и, по словам его брата лорда Моунтбаттена, именно здесь в 1931 году принц Уэльский, позднее Эдвард VIII, впервые встретил свою любовницу Уоллис Симпсон. Холипорт также мог похвастаться двумя другими титулованными обитателями: сэром Роландом и леди Эдамс, жившими в Плэшерс-Мид, и членом Королевского научного общества Альфредом Бассетом, который жил в Фледборо-Холл. Здесь находились небольшой полицейский участок (возглавляемый сержантом Джорджем Харрисом), маленькое почтовое отделение (под руководством младшего почтмейстера Арчибальда Беннета, по совместительству работавшего мясником), начальная школа для 149 мальчиков и частная приготовительная школа, Саннисайд, возглавляемая мисс Глэдис Секстон. Здесь же жила районная патронажная сестра, находилась кузница, пара бакалейных лавок, крикетный клуб, часовня и рабочий институт. На южной окраине деревни, возле фермы Редстоун, даже имелся скаковой круг, где каждую весну и осень проходили трехдневные соревнования. Кроме того, в деревне были лошади, десятки лошадей, и маленький Дик любил их всех. Трудно было найти лучшее место для обучения будущего жокея-чемпиона верховой езде.

Одна из деревенских девушек, дочь бедного лесничего-браконьера, Мейбл Найт, опубликовала в 1983 году живое описание Холипорта тех дней под фамилией мужа — Мейбл Коппинс. Судя по ее воспоминаниям, в двадцатые годы это было место, где время словно бы остановилось и за последние сто лет не происходило почти никаких перемен. Некоторые из описанных ею персонажей словно бы вышли из романов Диккенса: старый долговязый бакалейщик Джон Норгрув в длинном белом фартуке, выглядывающий из своей «пещеры Аладдина», заваленной мешками чая и сахара, с гудящими от ос витринами, заполненными липкими сладостями и голубыми бутылочками; Боб Рейнджер, пиквикский мясник с красным лицом, седыми волосами, блестящими гетрами по колено и огромной ворчливой женой; молочник, мистер Гуд из Манироу Грин, возивший по деревне свою тележку и разливавший молоко в кувшины клиентов; двое неприкаянных мужчин, спавших в свинарниках; старая Джеси Флиттер, из Мейденхедского работного дома, которая бродила по деревне, продавая шнурки для ботинок и спички, пугая детей рассказами о том, что после смерти она превратится в собаку и вернется, чтобы их искусать; бродяга с длинными черными волосами, известный в округе как «дикий человек с Борнео»; старая худая деревенская прачка миссис Шарп, которая всегда ходила в черном и собирала белье на тележке; мистер Риверс, ездивший по деревне на старом трехколесном велосипеде, продавая мясные рулеты, пироги со свининой и кексы. И самое главное, как пишет миссис Коппинс, в Холипорте двадцатых годов никто никуда не торопился: «время не имело особого значения, все происходило само собой в назначенный срок».

Она не упоминает о Дике в своей книге, хотя не раз видела его в деревне. В отличие от Фрэнсисов ее семья была крайне бедной. Пьяница отец часто жил на пособие, мать была вынуждена мыть полы в богатых домах за несколько пенсов, так что между Мейбл и Диком существовала огромная социальная пропасть. Пока она и ее деревенские друзья из бедных семей бродили по полям, собирая дикие цветы, охотясь на кроликов или разоряя птичьи гнезда, Дик ездил верхом. Кроме того, он не ходил в сельскую школу: родители вместо этого отдали его в частную школу мисс Уайтмор в Мейденхеде, вероятно, решив, что необходимо предпринять какие-то меры, чтобы улучшить беспорядочное образование своего сына.

«Впервые я увидела его маленьким мальчиком на шотландском пони, — рассказывала мне в 1998 году миссис Коппинс, которая все еще живет в Холипорте. — У него было круглое румяное лицо, он всегда выглядел очень ухоженным и смотрел на нас сверху вниз. Он держался с некоторым высокомерием и никогда не заговаривал с нами. Он был одет с иголочки, а мы, на его взгляд, ходили в отрепьях и обносках. Это было классовое различие». Ее современники придерживаются иного мнения. «Он вовсе не был воображалой», — говорила мне другая местная жительница, миссис Фрэнки Эркл. «Он всегда был очень опрятным и очень милым, — соглашается с ней восьмидесятиоднолетняя дочь фермера миссис Джоан Хиэрни. — Семейство Фрэнсис было очень благородным. Мать Дика почти не ездила верхом, но во всем остальном это было обычное семейство любителей охоты и лошадей. Они не устраивали вечеринок и приемов, но пользовались всеобщим уважением и были очень общительными».

Фрэнсисы занимали неопределенную нишу в классово раздробленном английском сельском обществе 20-х и 30-х годов. Все местные семьи, в том числе и Дика, говорили с уэльским акцентом, и хотя они общались с некоторыми очень состоятельными людьми, имели автомобиль («Остин-7», а затем «Райли»), могли себе позволить каждый год брать двухнедельный отпуск, они не принадлежали к тому же классу, что и большинство их богатых клиентов. «Я не был принят в высшее общество, — рассказывал Дик репортеру *Times Saturday Review* Джеральдин Беделл в 1991 году. — Меня пускали на порог, и люди были со мной достаточно вежливы. Я никогда не сознавал свою второсортность». Возможно, он просто не замечал снисходительного отношения к себе. «Я не был ребенком, который постоянно погружен в себя или хотя бы часто задумывается», — говорил он госпоже Беделл.

Его мир сильно отличался от мира Мейбл Найт, и единственный тесный контакт между их мирами мог иметь место в тот момент, когда они отправлялись на охоту — Дик с семилетнего возраста выезжал со взрослыми верхом, а Мейбл следовала за ними на собственных ногах. Она писала в своей книге:

«Верховая охота на лис была большим развлечением для деревенской детворы, и мы сами пробегали по нескольку миль, все время срезая путь, когда замечали, куда направляется старая хитрая лиса. Открывая ворота для благородных всадников, мы порой получали несколько пенсов, хотя значительно чаще нам просто говорили: «Спасибо». Самые дерзкие из нас отвечали на это: «Мои мешки для спасибо уже полные, сэр», и их нахальство иногда вознаграждалось».

Местные охотники собирались на «прощальный кубок» перед пабом «Веселый садовник». Миссис Коппинс писала:

«Как приятно было видеть эти встречи на Холипорт Грин, охотников в красных жакетах, благородных всадников на прекрасных лошадях и своры гончих, занимавших всю зеленую лужайку, — их хвосты были подняты кверху и дрожали от возбуждения. Затем раздавался незабываемый звук охотничьего рога. За охотниками следовала половина деревни на пестрой коллекции старых велосипедов, намереваясь сопровождать их через холмы и долы, отчасти ради развлечения, но в основном для того, чтобы попытаться заработать несколько монет вдобавок к скудному денежному пособию, поскольку это было время сильной безработицы».

В последующие годы у миссис Коппинс появился другой взгляд на красоту верховой охоты, особенно охоты на оленя в Холипорте.

«Несчастного оленя привозили на Лонг Медоу в маленьком черном фургоне, запряженном лошадью. После того как его выпускали, за ним пускались в погоню люди на лошадях, которые убеждались в том, что бедное испуганное животное находится у них на пути, прежде чем направить по его следу гончих и егерей. Я не думаю, что оленя убивали, по крайней мере, мой отец говорил, что такого никогда не бывало. Его просто гнали до тех пор, пока он не падал в полном изнеможении. Затем оленя снова сажали в фургон, давали ему отдохнуть и возобновляли охоту на следующий день. Сейчас такое обращение с животным кажется мне необычайно жестоким, но тогда мы были маленькими детьми, не понимавшими этого».

Миссис Хиэрни вспоминала охоту на оленя несколько иначе. «Ручной олень, на которого мы охотились снова и снова, обычно находил озеро и отсиживался в нем, чтобы замаскировать свой запах», — со смехом рассказывала она.

Другие немногие развлечения были традиционно деревенскими. Зимой местные дети скользили в ботинках по замерзшим прудам или гоняли по льду консервную банку палками, выдернутыми из ограды. По субботам регулярно проводились танцевальные вечера, а зимой в рабочем институте показывали кинофильмы. 1 мая всегда проходила коронация королевы Мая, а 24-го ежегодное празднование Дня Империи. Летом на главной поляне, напротив военного мемориала разворачивался передвижной открытый кинотеатр. Здесь организовывалась традиционная выставка цветов, открывался увеселительный парк, а ученики воскресной школы устраивали пешие прогулки до Бернхэм Битчес, Уокингема или даже до Богнор Реджиса, и каждый год местные жители рассаживались на спиленных бревнах, чтобы наблюдать за ходом международных крикетных матчей на частной крикетной площадке майора Мартиню, где игроки из Австралии и Вест-Индии, а также английские звезды мерились силами в ходе ежегодной крикетной недели. Однажды над деревней проплыл огромный серебристый дирижабль, а 8 июня 1929 года весь Холипорт пребывал в состоянии радостного возбуждения, когда у пересечения Холипорт-роуд и Виндзор-роуд было открыто новое летное поле — Мейденхедский аэродром. Маленький Дик, несомненно, был там в тот летний субботний полдень, чтобы наблюдать за «Большими демонстрационными полетами дня открытия» на летном поле или, возможно, даже для того, чтобы насладиться полетом в качестве испуганного пассажира с капитаном Джеффри де Хэвиллендом, конструктором аэроплана «Моф» и главой самолетостроительной компании Хэвилленд, по странному совпадению, тем самым человеком, на которого Мэри Фрэнсис будет работать во время Второй мировой войны. Снова и снова судьбы Дика и Мэри соприкасались еще до того, как они впервые встретились. Аэродром не имел коммерческого успеха и был закрыт спустя четыре месяца, но принц Уэльский продолжал им пользоваться всякий раз, когда он прилетал сюда из Лондона, чтобы встретиться с миссис Симпсон в ее доме в Брейе. «Принц Уэльский часто пролетал над нашей деревней, — рассказывал мне Фрэнк Кларк, который провел свое детство в Холипорте и порою ездил в школу на велосипеде вместе с Диком, — и Джек Уэст, содержавший свой гараж в деревне, подъезжал к летному полю на автомобиле и вез его к дому мисс Симпсон у Ферри Энд, ниже по реке».

В двадцатые годы Хорас Смит был занят в Лондоне, обучая верховой езде людей из высшего общества. Среди них были леди Докер, актрисы Глэдис Купер, Эвелин Лей и Фэй Комптон, артист сэр Альфред Маннингс и Эдвард Халтон, владелец «Picture Post». «К 1925 году 80% лошадей на Роттен Роу происходили из наших конюшен, — писал Смит в своей автобиографии, — у нас работало 12 инструкторов верховой езды, и мы давали от 100 до 120 уроков каждый день. Это было главное заведение подобного рода в стране». Поскольку Смит был очень занят и, кроме того, планировал открыть еще несколько конюшен в различных частях страны, он приезжал в Холипорт лишь раз или два в неделю, и поэтому отец Дика имел возможность вести дела в конюшнях так, как ему нравилось. Он нанял инструктора верховой езды, Джека Грейстона, и еще нескольких работников, помогавших ему тренировать гунтеров, и позволял своим сыновьям ездить верхом, когда они пожелают. Начав с самых маленьких пони, Дик учился ездить верхом наилучшим из всех возможных методов — методом проб и ошибок, и его интерес к лошадям быстро превратился в настоящую страсть. Ни он, ни Даг никогда не брали настоящих уроков верховой езды, хотя они имели возможность подслушивать, когда Грейстон учил других детей, и Винс часто кричал им: «Прижимайте локти! Держите спину прямо, мальчики! Спину прямо!»

Однако Винс вовсе не был суровым отцом, хотя во многих романах Дика Фрэнсиса описываются различные типы ужасных отношений между отцами и детьми. В своей автобиографии Дик всегда называет Винса строгим словом «отец», что, по словам героя романа Дика Фрэнсиса «Десятое штрафное очко», более формальное и менее ласковое обращение, чем «папа», но когда Джон К. Карр, написавший книгу «Криминальное искусство», спросил в 1982 году о Винсе, Дик ответил: «Да, он был строгим отцом. Но он не бил нас и не наказывал строго, хотя однажды задал мне такую трепку, что я никогда об этом не забуду. Он не был из тех людей, кто любит расточать похвалы... Бывало, люди подходили ко мне, чтобы сказать: «Отлично, Дик, ты все сделал просто превосходно», а отец говорил: «Завтра тебе предстоит еще очень многое сделать». Тот факт, что Дик был одним из лучших мальчиков-наездников Великобритании, «никогда не приходил мне в голову», — рассказывал он Джеральдин Беделл. «Мой отец не позволял мне чувствовать себя удовлетворенным: он всегда подталкивал меня к новым усилиям. Если я выигрывал, подразумевалось, что мне просто удалось позволить пони продемонстрировать свои лучшие качества. Если я побеждал в смешанной езде, то отец подвергал меня критике, словно я выбился из круга».

И все же в предисловии к роману «Перелом» [*Bonecrack*] он написал, что Винс был веселым и заботливым отцом. Винс определенно был веселым: когда он облысел и маленький Дик спросил его, как он потерял свои волосы, Винс с улыбкой ответил: «Их мне отстрелили во время войны». Лучший друг Дика в те года, Вернон Хивер, сказал мне, что Дик любил обоих родителей и

Фрэнсисы были очень дружной семьей. «Его отец отличался приверженностью к строгой дисциплине, но он не был слишком строгим, — рассказывал мне мистер Хивер, ныне вышедший на пенсию служащий, — а его мать была очаровательной женщиной: очень высокой и стройной. Это была типичная уэльская дама, и он обожал ее».

Дик и Вернон стали близкими друзьями в конце 1927 года, когда им было по семь лет и они в один день поступили в старомодную маленькую школу мисс Уайтмор в Мейденхеде, или, как ее называли, школу Кромер на Хайтаун-роуд. Это была частная платная школа на двадцать пять мальчиков и девочек в возрасте от пяти до десяти лет, возглавляемая незамужней дамой средних лет, Эмилией Уайтмор, которая одновременно обучала детей всех возрастов в одной комнате своего дома. У нее за плату 2—6 шиллингов в неделю они учились чтению, письму, арифметике, истории и географии. «Она была одной из тех величественных дам, очень старомодная, — вспоминает мистер Хивер. — Она говорила на безупречном английском и была превосходной учительницей, строгой, но доброй, с очень мягкими манерами. Самым худшим наказанием у нее был легкий подзатыльник — Дик часто получал их за то, что говорил глупости или витал в облаках на уроках, — но всякий раз, когда она награждала нас подзатыльником, он был полностью заслуженным».

Другая одноклассница Дика по школе Кромер, Пегги Манди, рассказала мне: «Мисс Уайтмор выглядела настоящей викторианской дамой, в блузке с высоким воротничком, отороченной маленькими рюшками, в очках в тонкой металлической оправе, с собранными в пучок волосами и в высоких ботинках, которые старые люди носили много лет назад. Это была очень хорошая, строгая учительница, и если вы проявляли интерес к какому-то предмету, она всячески старалась его развить, и вы могли получить от нее эти кристаллизованные плоды знания. Даже мальчиков она называла по именам, а по утрам у нас проходил христианский урок: у нее был такой забавный маленький радиоприемник, и мы были должны под него петь гимны и читать молитвы. Еще у нее было пианино, и поэтому каждый, кто проявлял интерес к музыке, мог на нем играть. И я помню двух пожилых дам, миссис Коле и миссис Пиакок, которые были очень хорошими поварами и готовили для нас замечательные обеды. Я обычно оставалась на ленч, и они угощали нас старомодными пудингами. Дом все еще находится здесь — он по-прежнему является частной собственностью, — но теперь у него появились рамы с двойными стеклами и крыльцо».

В школе не было униформы, и дети ходили на занятия в своих костюмах, «но мы завидовали Дику, — говорит миссис Манди, — поскольку он приходил в школу в бриджах для верховой езды, и мы думали, как ему повезло, что он так тесно связан с лошадьми. Во всем остальном он был обычный тихий парень. Он мог разговаривать только о лошадях». В школе Кромер не было своей игровой площадки и полностью отсутствовали какие-либо внеклассные занятия, но это мало беспокоило Дика. Мистер Хивер рассказывает:

«Он никогда не интересовался каким-либо спортом, кроме верховой езды, и у него не было других интересов, хотя мы ходили каждый субботний вечер в кинотеатр в сопровождении экономки семьи Фрэнсис, Ирэн Уинни. Он даже не коллекционировал марки, как мы все. Мы были очень близки в детские годы — пошли одновременно в одну школу, что автоматически сблизило нас, и эта близость осталась с нами на всю жизнь — но я не думаю, что у него были какие-то другие друзья, кроме меня».

Дик настолько увлекся верховой ездой, что начал упрашивать родителей не заставлять его ходить в школу. Он ненавидел ее, никогда не видел смысла в изучении арифметики или истории и ко всему, что отрывало его от лошадей, относился как к напрасной трате времени. Отец готов был позволить ему прогуливать уроки каждый день, но мать настаивала на том, чтобы он посещал школу, по крайней мере еще некоторое время. Но, даже несмотря на это, Дик был достаточно ловок, чтобы увиливать от школы пару дней каждую неделю, и его средняя посещаемость составляла не более трех дней в неделю. Он говорил, что у него поднимается температура и если он поедет в школу, то непременно подхватит какое-нибудь страшное простудное заболевание. Поэтому неудивительно, что он никогда не сдавал каких-либо экзаменов и также не проявлял способностей к английскому и к написанию сочинений. «Нет, нет, что вы, — говорил мне мистер Хивер, — Дик никогда не проявлял академических способностей. Лошади были всей его жизнью, и большую часть времени он проводил, ездя верхом. Он отсутствовал в школе примерно треть учебного года, и мисс Уайтмор ничего не могла с этим поделать».

К семи годам Дик уже сам помогал тренировать пони, тихо уговаривая и поглаживая по спине самых нервных животных, так что уже вскоре отец начал спрашивать у него, хорош ли новый пони и насколько чувствителен у него рот. Через некоторое время Джек Грейстон уже просил Дика и Дага продемонстрировать своим ученикам тот или иной аспект верховой езды, а Дик стал настолько искусен в тренировке пони, что Хорас Смит забирал лучших из них в свою лондонскую школу верховой езды и впоследствии использовал этих животных для обучения будущей королевы, молодой принцессы Елизаветы и ее сестры принцессы Маргарет, когда в 1930 году те начали учиться верховой езде. И все же, несмотря на растущее мастерство мальчиков, Винс никогда не позволял им успокоиться на достигнутом, постоянно напоминая о том, как много они еще не знают и насколько возрастет их мастерство, если они будут продолжать учиться. И случавшиеся порой падения также говорили им о том, что у них нет никаких причин испытывать самодовольство.

Дага часто отправляли назад в Коедкэнлас по причине его слабого здоровья и потребности в морском воздухе, и Дик присоединялся к нему на Пасху, летние каникулы и Рождество, путешествуя в одиночестве на поезде из Мейденхеда до Килгетти под опекой проводника. Но даже в Уэльсе они наводили переполох среди дедушкиных лошадей, ездили верхом на бедной старой ослице Джесси или запрягали ее в телегу и катались по всей ферме.

Дику было шесть лет, когда он впервые сказал, что будет жокеем, а в семь он объявил о том, что собирается выиграть Большой Национальный приз. Днем 30 марта 1928 года он играл в крикет в саду Коедкэнласа, но при этом со все возрастающим интересом слушал радиорепортаж о ходе Большого Национального приза, в котором, удивив весь мир конного спорта, победил аутсайдер из второй сотни, Типперэри Тим. Это был всего лишь посредственный десятилетний мерин, с трубкой в горле, под седлом молодого жокея-любителя, адвоката из Честера Билли Даттона, и эта невероятная победа произошла после массового падения тридцати пяти из сорока двух участников скачки на препятствии «Канальный поворот», вызванного одной лошадью по кличке Восточный Герой. Это был самый катастрофический завал, когда-либо происходивший на скаковой дорожке, и только две лошади добрались до финиша, причем вторая из них, Билли Бартон, упала на последнем препятствии, и жокею пришлось вновь забираться в седло, прежде чем он пересек финишную линию. Всеобщее возбуждение было настолько сильным, что маленький Дик поклялся себе в том, что когда-нибудь он тоже примет участие в таких захватывающих скачках. После этого всякий раз, когда Дик садился на свою лошадку-качалку, он закрывал глаза и воображал, что перепрыгивает через знаменитые препятствия «Ручей Бичера» и «Кресло», и мечта выиграть национальный кубок осталась с ним до конца жизни. С тех пор на вопрос, кем он собирается стать, когда вырастет, Дик неизменно отвечал: «Жокеем».

Ему было восемь лет, когда он выиграл свою первую скачку — с собиранием яблок на местной площадке для спортивных игр, — и вскоре он скакал по выводному кругу, демонстрируя пони, которых его отец хотел продать. В течение последующего десятилетия большую часть каждого лета он проводил, выступая на конно-спортивных шоу, выигрывая бесчисленные красные розетки как лучший мальчик-наездник и изо всех сил стараясь не проявлять своей радости, поскольку его отец всегда был рядом со своим едким критицизмом по поводу того, как он держит голову и использует шенкеля — вероятно, именно поэтому Дик и вырос таким необычайно скромным.

Несмотря на его успехи в ходе летних конно-спортивных праздников, величайшей любовью юных лет Дика была охота свежим зимним утром. На протяжении более десяти лет, вплоть до начала Второй мировой войны в 1939 году, когда ему исполнилось восемнадцать, почти все летние дни он проводил, выступая на конно-спортивных шоу, а зимой почти каждый день выезжал на охоту. Ему было семь лет, когда он в первый раз провел день на охоте и был «посвящен» егерем, который помазал его щеку лисьей кровью и вручил кончик лисьего хвоста, и с тех пор Дик регулярно выезжал на охоту, обычно верхом на пони по кличке Мики, прославившемся своей строптивостью. «Иногда он внезапно останавливался, и поэтому нам приходилось гнать его, зажимая между лошадей», — рассказывал он Салли Пэтиенс из журнала *Woman and Home* в 1975 году. С раннего возраста он никогда не испытывал угрызений совести и прочих сентиментальных чувств по поводу убийства лисы и получал огромное удовольствие от дикой свободы скачки по полям, безрассудно перепрыгивая через ограды и живые изгороди. Разве можно придумать лучшую тренировку для будущего жокея стипль-чеза? Когда Даг и Дик отправлялись на охоту, они так быстро скакали за лисой, что порой обгоняли гончих, чего ни в коем случае нельзя делать. «Это вам не скачки, — кричал им главный егерь, добавляя для окружающих: — Очевидно, эти дьяволята вообразили, что они похожи на жокеев».

В марте 1931 года, когда Дику было десять лет, его дедушка Вилли Томас — Ви Джи — умер в возрасте шестидесяти семи лет, и Дик на девять месяцев был отправлен жить к бабушке в Коедкэнлас, чтобы ей не было одиноко, поскольку собственные дети давно обзавелись семьями и оставили ее, а Даг переехал в Холипорт после того, как его здоровье пошло на поправку. Возвращение в Уэльс не стало счастливым временем для Дика. Большой старый дом был наполнен печалью, и, кроме того, было очевидно, что ферма, на которой они провели столько счастливых дней, вскоре будет продана, а все рабочие — включая Тома Хьюгеса — уволены, поскольку сельское хозяйство находилось в упадке, и ни один из трех сыновей Ви Джи не хотел им заниматься. Пребывая в такой же депрессии, Дик обнаружил, что вновь каждый день вынужден совершать пешую прогулку до школы Лоуренни, куда он поступил 20 апреля. Но его посещаемость была такой же беспорядочной, как и раньше: всего лишь через две недели он уже опять оставил школу (запись в школьном регистрационном журнале гласит: «Покинул округ»), хотя вновь появился здесь через десять дней, 18 мая, и оставался в школе до 14 октября, когда в журнале вновь была сделана запись «Покинул округ». Его возвращение в школу сопровождалось неизменными лекциями о вреде алкоголя, прочитанными доблестной миссис Пикерелл из Союза надежды, ежегодными школьными спортивными соревнованиями и чаепитием в саду, которое миссис Лорт-Филлипс устраивала каждый год для деревенских детей на территории замка Лоуренни в дни летних каникул. «Это всегда был замечательный день на открытом воздухе», — рассказывала мне Филлис Грейс, и в тот год погода для вечеринки была самая подходящая. На самом деле тем летом посещаемость Дика была лучше, чем обычно, поскольку, если он прогуливал уроки и оставался дома на ферме, ему приходилось вычищать мякину из-под молотилки — выполнять работу, которую он ненавидел. Даже ходить в школу было лучше, чем делать это.

Хотя несгибаемый старик Томас Уильямс уже вышел на пенсию и оставил пост директора школы, смененный своим сыном Берти, мисс Джон все еще преподавала там, и старые товарищи Дика по школе были рады его возвращению. «Он был очень симпатичным парнем», — рассказывала мне Китти Коул, и Руфь Уильямс согласна с ней. «Я помню, что он был очень милым мальчиком, — говорила она, — и мы все были рады его возвращению в школу Лоуренни, вероятно, потому, что мы считали его значительно лучше нас всех. Он всегда был очень опрятным, очень вежливым и одевался лучше, чем мы».

Филлис Грейс помогала ему выполнять домашние задания:

«Он обычно приходил в наш коттедж, мы сравнивали наши работы, и у нас всегда были одни и те же ответы! Нас было шесть или семь человек в одном классе, и мы обучались всем предметам у мистера Уильямса. В школе была одна маленькая комната и одна большая, разделенная перегородкой на две половины, поэтому мы могли слышать все, что происходило в других классах. Дик был вежливым мальчиком, но не выделялся чем-то особенным от всех остальных: я считала его самым обыкновенным и никогда не думала, что он станет знаменитым».

У Иди Оуэн есть один из романов Дика с автографом, но, по собственному признанию, она его не читала. «Мы никогда не думали, что он будет писателем, — говорила она. — Он не слишком преуспевал в школе Лоуренни».

Дику нечем было заняться в Коедкэнласе, хотя по соседству имелось много интересных достопримечательностей, заслуживающих того, чтобы нанести туда визит. Чуть дальше по дороге находились величественные руины замка двенадцатого века с древним кельтским крестом и двумя привидениями. Расположенная там же водяная мельница девятнадцатого века в тридцатые годы все еще перемалывала зерно. В живописных заливах Лоуренни и Крессуэлл гнездились цапли и зимородки, а в десяти милях находился Тенби, популярный викторианский морской курорт с широкими песчаными пляжами, древним замком, толстыми городскими стенами, узкими мощеными улочками и захватывающими дух панорамными видами на гавань и гладь залива, многочисленными отелями и маленькими домиками для отдыхающих. Тенби стал спасением для Дика на протяжении этих долгих месяцев в Коедкэнласе, поскольку здесь, на Пиктон-роуд, возле Соуф Бич жил его другой дедушка — пучеглазый бывший жокей с роскошными усами, Вилли Фрэнсис. И, кроме того, его дядя и тетя по материнской линии Грифф и Дэйзи Томас также жили неподалеку, в Биджиллихаус. Дик часто посещал их всех, и именно в Тенби тренер скаковых лошадей Брайчен Рис, живший по соседству с Вилли Фрэнсисом, преподал одиннадцатилетнему Дику первый урок езды на скаковых лошадях, позволяя ему выводить их на утреннюю разминку.

К концу лета пришло время вернуться в реальный мир, и в последний день пребывания в Коедкэнласе Дик проехался верхом на старой ослице, совершив ностальгическое путешествие по ферме, полям и излучине реки, чтобы попрощаться со своим детством, поскольку он чувствовал, что скоро здесь уже ничто не будет таким же, как прежде. Вернувшись в Холипорт, Дик без устали уговаривал родителей позволить ему оставить школу, чтобы пойти учиться на жокея — двенадцать лет было обычным возрастом для начинающих жокеев, — и хотя он был достаточно маленьким (его вес все еще составлял чуть больше четырех стоунов), ему было только одиннадцать, и его мать воспрепятствовала этому. Однако он уже был слишком взрослым, чтобы вернуться в школу Кромер, где возраст учеников ограничивался десятью годами, и поэтому его вместе с Верноном Хивером отправили в другую маленькую частную школу Мейденхеда — школу Раскин на Сент-Люк-роуд, предназначавшуюся для мальчиков и девочек до шестнадцати лет, где опять-таки единственный преподаватель, Томас Эванс, обучал тридцать своих учеников всем предметам в одной комнате. «При всей своей строгости мистер Эванс имел приятные, твердые манеры, и он был отличный учитель», — сказал мне мистер Хивер.

Но в школе Раскин не было условий для занятий спортом или каких-либо других внеклассных занятий, и Молли Фрэнсис, серьезно обеспокоенная недостатком образованности у Дика, убедила Винса отправить его в одну из лучших платных школ округа — Мейденхедскую школу для мальчиков, где Даг учился до 1930 года, прежде чем оставил школу, чтобы помогать отцу на конюшнях в Холипорте. Школа совершила великодушный жест, приняв Дика в январе 1932 года, поскольку лишь несколькими месяцами ранее руководство школы подало на Винса судебный иск, чтобы заставить его заплатить за целый семестр обучения Дага, который внезапно оставил школу без предварительного уведомления. Возможно, помогло то, что в школе считали, будто Дику десять, а не одиннадцать: в школьном регистрационном журнале было записано, что он родился 31/9/21 вместо 31/10/20. Он появился в школе в 8.55, 11 января, в понедельник, возможно, в новой униформе бледно-желтого цвета и сиреневой фуражке, а возможно, и нет. «Мой кузен, Харольд Дави, учился в этой школе, — с улыбкой рассказывала мне миссис Манди, — и он говорил мне, что Дик и там носил бриджи для верховой езды! Я не представляю, как ему это там удавалось». Школа — теперь она называется школа Десборо — находилась на Шоппенхэнгерс-роуд, возле Мейденхедской железнодорожной станции, и это единственная из четырех школ, в которые ходил Дик, упомянутая в справочнике «Кто есть кто» в сведениях о нем, — и даже в «Кто есть кто» она названа мейденхедская средняя классическая школа. На самом деле он провел здесь всего лишь год и две недели, что составляет менее одной десятой части его школьных дней. На школьной фотографии, сделанной через месяц после того, как он начал здесь учиться, Дик выглядит круглолицым и веселым, но в действительности, несмотря на эту улыбку, новое место нравилось ему еще меньше, чем все остальные школы, и он не предпринимал никаких усилий для того, чтобы жить согласно латинской пословице *Sternuis ardua cedunt* («Трудности поддаются тому, кто прилагает усилия»). В 1998 году двое учителей этой школы рассказали мне о том, что как самый знаменитый выпускник школы Дик не раз приглашался на различные торжества, но неизменно отвечал отказом, тем самым давая понять, что здесь он не чувствовал себя счастливым.

Но все же школа, где обучалось 174 мальчика в возрасте от восьми до восемнадцати лет за плату 20 фунтов в год для тех родителей, кто мог себе это позволить, была совсем неплохая: в тот год, когда там обучался Дик, четырнадцать мальчиков получили здесь школьные аттестаты, завоевав двенадцать наград, на две больше, чем в любой другой школе. Латынь и французский были здесь основными предметами, и многие выпускники этой школы поступали в Оксфорд и Кембридж, значительная их часть со стипендиями.

Здесь были химическая и физическая лаборатории, шесть акров спортивных площадок, три футбольных поля, площадка для крикета, и мальчики регулярно ставили пьесы, оперы Гилберта и Салливана, устраивали концерты. Здесь также был школьный кадетский корпус, прикомандированный к Королевскому беркширскому полку. Такое богатое разнообразие внеклассных занятий было просто удивительным, учитывая, что в школе работало лишь девять учителей с полной занятостью, во главе с директором Артуром Бруксом, получившим степень магистра гуманитарных наук в Оксфорде. И они вели непрерывную борьбу с недостатком интереса у большинства учеников и их родителей, а также с финансовыми ограничениями, устанавливаемыми руководством. В июне 1929 года Брукс с сожалением докладывал руководству о том, как трудно добиться стопроцентной посещаемости, особенно в летний период, поскольку Мейденхед был «районом, где единственным видом индустрии является развлечение летних отдыхающих», из-за чего ученики часто отсутствовали на занятиях, помогая родителям в семейном бизнесе. Очевидно, что Дик был не единственным прогульщиком в школе.

Год, проведенный Диком в этой школе, не был отмечен какими-либо заметными событиями, и его единственным достижением оказалась победа в забеге с гандикапом на 220 ярдов для мальчиков младше двенадцати на школьных спортивных соревнованиях 25 июня 1932 года, хотя судья дал ему преимущество всего лишь в один ярд, против соперников, имевших преимущество в четыре и пять ярдов. Во всем остальном ему ничем не удалось отличиться. Вряд ли в этом была вина учителей, поскольку другие выпускники, учившиеся вместе с Диком, рассказывали Дэвиду Эвансу, написавшему официальную историю школы, о том, что им очень повезло с учителями. Например, главный преподаватель английского языка Дик Ричардс был капитаном футбольной команды «Мейденхед Юнайтед» в 1922—1923 годах. Математику преподавал Джо Леггерт, в Первую мировую войну был пилотом. А. Б. Тагетт, преподаватель истории и географии, получивший прозвище Скелет за свое костлявое лицо, был бывшим чемпионом по боксу. Питер Ренч, популярный учитель латыни, прихрамывавший на одну ногу после ранения, полученного на войне, был мастером хоккея на траве международного уровня. Они с ностальгией вспоминали даже Ника Ничоллса, несмотря на его привычку награждать затрещиной каждого мальчика, выходившего из классной комнаты, и со смехом рассказывали о том, как учитель латыни Э. Д. Брукс, член совета колледжа Св. Иоанна, Кембридж, предупреждал мальчиков: «Если вы не будете учить латынь, вам придется ее преподавать».

Однако сам директор нравился далеко не всем. Один из бывших учеников, Джордж Аллан, описывает Артура Брукса в выпуске за 1956 год журнала *The Maidonian*, как человека, одержимого агрессивным, динамичным энтузиазмом:

«Он был позитивным, решительным, вдохновенным и бескомпромиссным. Он не любил дураков и терпеть не мог апатии. У него были твердые убеждения относительно того, что лучше подходит для «его мальчиков», и он прямо говорил об этом им и их родителям. Поэтому мистер Брукс имел немного друзей, но он всегда оказывал на окружающих большое влияние».

Очевидно, что такой человек, как Брукс, и такой мальчик, как Дик, должны были вступить в острый конфликт с самого начала, хотя Брукс был заядлым спортсменом и, несомненно, ценил Дика как искусного наездника. Брукс был известен своим высказыванием о том, что «каждому мальчику необходимо как следует пропотеть, по крайней мере раз в неделю», но он также считал, что целью каждого ученика должно быть достижение наивысшей академической успеваемости, а этого убеждения Дик не разделял. Дик также не был таким мальчиком, который послушно подчиняется строгой дисциплине, и вряд ли ему был по душе четкий распорядок дня, установленный в школе. Другой причиной для недовольства могла быть одержимость директора (он называл себя майор Брукс) кадетским корпусом, в связи с чем он заставлял всю школу маршировать после каждой утренней молитвы и устраивал занятия по строевой подготовке с карабинами и деревянными винтовками. Если вы не хотели присоединиться к кадетскому корпусу — и каждый четверг маршировать днем на плацу, выполняя команды ветерана Первой мировой войны сержанта А. Гласса, — то были вынуждены вместо этого пробегать пятимильный кросс. Некоторые выпускники школы рассказывали Эвансу, что «в день полевых маневров, которые проводились дважды в год, все маршировали следом за майором Бруксом, восседавшим на белой лошади и направлявшим свои войска на Мейденхедскую пустошь, где проводились учения, в то время как его помощники замыкали строй, подгоняя тех, кто испытывал соблазн дезертировать, найдя себе укрытие в густых зарослях...» Там также проводились «строевые занятия», которые были регулярным пятнадцатиминутным наказанием после окончания классных занятий по четвергам, проводившиеся под командованием сержанта Гласса, и, как вспоминает мистер Лес Лоури, «обычно он первым делом заставлял нас пройти перед ним строем, и, если ему что-то не нравилось, нам выдавались винтовки. Если он по-прежнему оставался недовольным, нам приходилось маршировать в удвоенном темпе, порой с винтовкой на каждом плече».

Очевидно, что подобный режим не мог понравиться Дику, но все его просьбы были тщетными: мать настаивала на том, что он еще слишком молод для того, чтобы оставить школу, и ему необходимо научиться еще чему-нибудь, кроме того, как управлять лошадьми. У него не было друзей, кроме Вернона Хивера, он не интересовался спортом, не имел никакого хобби, не говоря уже об увлечении академическими предметами. Фрэнк Кларк рассказывал мне:

«Я никогда не думал, что он станет тем, кем является сейчас. Он был помешан на лошадях. Однажды мы пошли с ним в кино, где показывали фильм о диких животных, и он не мог выносить вида рептилий! Позднее я не мог поверить, что человек, сумевший выступать в скачках на Большой Национальный приз, был тем самым парнем, который закрывал глаза, когда на экране появлялись змеи!»

В конце концов Дик покинул мейденхедскую школу для мальчиков, после того как примерно через год с ним произошел несчастный случай во время смешанной верховой езды на манеже в Холипорте: нервный пони по кличке Тюльпан упал на Дика сверху, и лука седла ударила его по лицу, выбив несколько зубов, сломав челюсть, нёбо и нос. Когда Дик очнулся в больнице, у него был не слишком привлекательный вид, но, к его радости, врачи сказали, что он будет вынужден пропустить весь летний семестр, а начиная с осени ему лучше пойти в тихую, маленькую частную школу, где нет никаких грубых игр — другими словами, снова вернуться в школу Раскин.

Дик оставил мейденхедскую школу для мальчиков 28 февраля 1933 года, за пять недель до окончания семестра, чтобы перейти (согласно записи в школьном журнале) на «домашнее обучение в связи с хрупким здоровьем». Хрупкое здоровье? У Дика Фрэнсиса? Его учителя были бы сильно удивлены, если бы узнали, что через двадцать лет он станет жокеем-чемпионом после того, как сломает себе огромное число костей, выступая в стипль-чезе, одном из самых опасных видов спорта. В школе все еще думали, что он на год моложе, чем на самом деле, принимая его за одиннадцатилетнего. В действительности ему было двенадцать с половиной.

Его лицо быстро зажило, и вскоре Дик вернулся в седло, чтобы наслаждаться летом — благословенным временем для верховой езды — и выступать на конно-спортивных шоу благодаря старому другу и сопернику Винса, шестидесятилетнему владельцу цирка Бертраму Миллсу. Миллс жил в двенадцати милях от Холипорта, ему принадлежало множество лошадей, и он возил их для участия в конно-спортивных шоу по всей Англии. Узнав о том, что Дик не будет ходить в школу на протяжении нескольких месяцев, он предложил ему выступать на своих пони. Дик не мог поверить своему счастью: его ожидало незабываемое лето.

Бертрам Вэгстафф Миллс был веселым, переполненным энтузиазмом бывшим предпринимателем из Паддингтона, когда-то занимавшимся изготовлением конных повозок, и в 1905 году он имел честь руководить похоронами актера сэра Генри Ирвинга, чье тело вез по Пиккадилли на похоронных дрогах, запряженных черными лошадьми. Миллс был лыс, как бильярдный шар, и энергичен, как чертик из табакерки. Он сколотил себе состояние в конце Первой мировой войны, продавая излишек резиновых сапог из государственных запасников канадскому правительству, что позволило ему в 1920 году открыть свой необычайно популярный рождественский цирк возле Олимпии, несмотря на полное отсутствие циркового опыта. К тому времени, когда он попросил Дика ездить на его пони, ему также принадлежал цирк-шапито, он работал как выборный член лондонского муниципалитета, был кандидатом в парламент от консервативный партии, охотился с гончими, с удовольствием посещал собрания клуба кучеров, регулярно проводившиеся в Гайд-парке, управлял четверкой лошадей на конно-спортивных праздниках и в качестве хобби гонял старинные дилижансы из Лондона в Брайтон, Оксфорд и Боксхилл, порой управляя ими самостоятельно. В 1934 году он совершил одну из своих самых экстравагантных выходок, когда объявил, что заплатит двадцать тысяч фунтов тому, кто доставит ему лох-несское чудовище живым или мертвым. Всегда безупречно одетый, с васильком в петлице в любое время года, Миллс был назван цирковым коверным Фрэнком Фостером в его мемуарах «Розовый костюм, блестки и опилки» «величайшим английским шоуменом со времен лорда Джорджа Санглера».

Он, несомненно, вдохнул жизнь в молодого Дика Фрэнсиса, о котором цирковой наездник Миллса в то время отозвался так: «Лучшая пара рук, управляющая пони, из всех, что мне доводилось видеть». В то лето Дик путешествовал по всей Англии с лошадьми Миллса, ухаживал за ними, ездил на них и при необходимости спал рядом с ними на скамье специализированного железнодорожного вагона. Тогда это была совсем другая Англия, и родители могли позволить двенадцатилетнему мальчику в одиночестве путешествовать на большие расстояния, не беспокоясь о его безопасности. Миллсу в то лето пришлось столкнуться с несколькими серьезными проблемами: когда его цирк давал представление в Девенпорте, три тигра вырвались из своей клетки, и один из них напал на зрительницу, а в Глостере загорелись деревянные подмостки. И все же, несмотря ни на что, по отношению к Дику он оставался таким же добросердечным, как и раньше. Однажды Дик попросил у него полкроны, чтобы заплатить за проезд домой на трех автобусах, и Миллс щедро вручил мальчику большую старую пятифунтовую банкноту, сказав, что сдачу он может оставить себе. Дик не только оставил себе сдачу, но и сохранил в неприкосновенности все пять фунтов, поскольку ни один из кондукторов трех автобусов, на которых он добирался до Холипорта, не смог разменять такую крупную банкноту, и весь путь он проехал бесплатно. Если современному английскому кондуктору предложить эту сумму в оплату за билет, он, несомненно, придет в ярость.

На протяжении многих лет Миллс представлял собой примечательное зрелище на Ричмондском конно-спортивном празднике, где, завершая программу выступления четверок лошадей, он выезжал на выводной круг в сером цилиндре, и именно в Ричмонде Дик в 1933 году впервые победил в смешанной езде и в первый раз встретился с будущей королевой Елизаветой Второй: необычайно серьезной шестилетней принцессой Елизаветой. Она вручила ему его приз, охотничий хлыст. Он поклонился и поблагодарил ее, а она улыбнулась в ответ, и никто из них не подозревал, что их пути еще не раз пересекутся в будущем.

Осенью 1933 года Дик, которому уже исполнилось тринадцать, присоединился к Вернону Хиверу в школе Раскин, где они вместе распробовали вкус пива и Дик, к своей радости, обнаружил, что прогуливать уроки ему теперь будет легче, чем когда-либо, поскольку в школе нет инспектора, проверяющего посещаемость. На Рождество Миллс подарил всем Фрэнсисам билеты в цирк, и выступление конных акробатов произвело на Дика такое большое впечатление, что он впоследствии пытался научиться вставать на спине пони, скачущего по крытому манежу, но вскоре он решил, что ему все же больше хочется стать жокеем, чем цирковым артистом в костюме с блестками.

В мае в Коедкэнласе умерла его бабушка Энни Томас в возрасте шестидесяти девяти лет, всего лишь на три года пережив своего любимого Ви Джи, и ферма Сидкэгнлас была продана Джеймсу Мерриману, после чего воспоминания Дика о раннем детстве в Уэльсе поблекли, словно старые фотографии. К этому времени он стал зрелым наездником, который не только выигрывал призы, но и выглядел весьма утонченно. На фотографиях мы видим мальчика, непринужденно красующегося в седле, и даже в возрасте тринадцати лет, когда он выступал на конно-спортивных шоу, на нем были котелок, элегантная куртка для верховой езды, белоснежные джодпуры[1] и блестящие сапоги. Он выглядел в точности так, каким его всегда воспринимали его старые друзья по уэльской школе: отпрыск благородного семейства, маленький щеголь. Однажды Даг поздно вернулся домой на мотоцикле с вечеринки, тихо забрался в окно спальни, которую разделял с Диком, и нечаянно обронил кусок грязи со своих ботинок на свежевыстиранный и выглаженный охотничий костюм Дика, приготовленный им на утро. Когда, проснувшись, Дик обнаружил свою испачканную одежду, он пришел в ярость, и между братьями произошла серьезная ссора.

Его мастерство было настолько большим, что уже в четырнадцать лет он начал выступать на конно-спортивных шоу в классе гунтеров. В 1935 году Винс должен был выступать на большой норовистой лошади по кличке Бэллимонис в классе легких гунтеров на Айслингтонской Королевской сельскохозяйственной выставке, но в последнюю минуту у него случился внезапный приступ радикулита, и он сказал владельцу лошади, Бернарду Селби, что Дик сможет его заменить. Селби испытывал серьезные сомнения. Дик все еще весил пять стоунов, чуть более семидесяти фунтов, а лошадь была дикой и непредсказуемой. Но Дик уверенно привел Бэллимониса на финиш, сделал это еще раз и одержал победу в своем классе. Селби был настолько доволен, что купил ему новый костюм, и с тех пор Дик регулярно выступал в классе гунтеров и при необходимости заменял Винса.

Вскоре Дик достиг своего четырнадцатилетия — возраста, в котором по тогдашним законам детям разрешалось оставить школу. Он снова стал умолять мать

---

[1] Бриджи для верховой езды.

позволить ему покинуть школу Раскин, но она заняла неприступную оборонительную позицию и, отразив все атаки, отказалась даже думать об этом в течение еще одного года. Но к тому времени, когда Дику исполнилось пятнадцать, даже Молли стало очевидно, что его будущее связано с лошадьми и нет никакого смыслы пытаться напичкать его знаниями по английской литературе, латыни и математике. Со вздохом она наконец дала свое согласие, и Дик начал работать с полной занятостью в качестве помощника своего отца на конюшнях Холипорта, помогая ему тренировать лошадей и демонстрировать гунтеров на выводном круге летом, а зимой охотиться с гончими, порой по пять дней в неделю. Одним из его любимых занятий было взять пару гунтеров, посадить их в фургон для перевозки лошадей и вместе с потенциальными клиентами выехать на охоту с гончими, чтобы дать им возможность испытать животных на деле. Такие путешествия позволили ему испытывать гунтеров с большим количеством различных охот.

В течение многих лет казалось вполне вероятным, что Дик, при своем маленьком росте, может стать жокеем гладких скачек. Друг Винса, Берт, предложил ему давать Дику джин, чтобы остановить его рост, но когда Дику исполнилось пятнадцать, он внезапно вытянулся и стал высоким, жилистым и значительно более тяжелым. Всего лишь за три года он вырос на полтора фута, так что к шестнадцати годам у него были неподходящие рост и вес для жокея, выступающего в гладких скачках. Но при любви Дика к охоте, прыжкам и стипль-чезу было очевидно, что его главной мечтой всегда было выступать в скачках с препятствиями, а не стать жокеем гладких скачек, и он убедил Винса помочь ему найти работу младшего помощника в конюшнях Национального охотничьего комитета в надежде на то, что в конечном итоге это позволит ему стать жокеем. Винс представил сына своему другу детства, Гуинни Эвансу, на которого энтузиазм Дика произвел такое большое впечатление, что он пообещал взять его к себе в конюшню после того, как ему исполнится семнадцать. Более шести месяцев Дик считал недели, с нетерпением ожидая наступления того дня, когда он сможет начать работать в конюшне охотничьего комитета, но тут Гуинни Эванс погиб в автомобильной катастрофе.

Винс обратился еще в несколько мест, но нигде не было свободных вакансий, а затем он принял решение, которое могло навсегда разрушить надежды Дика: он решил оставить Хораса Смита и открыть собственные конюшни, а это означало, что помощь Дика будет необходима дома более, чем когда-либо раньше.

Винс трудился на Хораса Смита усердно и с большим успехом. «В период между двумя войнами, с 1920 по 1939 год, наш бизнес по разведению охотничьих лошадей процветал, — писал Хорас Смит в своей автобиографии, — и некоторые наилучшие выставочные гунтеры страны, а также большое количество их работящих родственников были выведены в наших конюшнях». В тридцатых годах среди учеников его школы верховой езды были принцессы Елизавета и Маргарет, а позднее он также учил принцессу Александру, герцога Кентского, принца Михаила Кентского, принца Чарлза и принцессу Анну. Именно благодаря Хорасу Смиту принцесса Елизавета однажды произнесла свою знаменитую фразу: «Я хотела бы быть дамой, живущей в сельской местности с большим количеством собак и лошадей», а к концу Второй мировой войны она часто брала уроки в конюшнях Холипорта, когда останавливалась в Виндзоре.

Однако Винсу казалось, что Смит платит ему недостаточно хорошо и самостоятельно он сможет добиться большего финансового успеха. Поэтому в начале 1938 года он оставил надежную работу и переехал в расположенный в девяти милях Уокингем, где потратил все свои сбережения на покупку конюшен Эмбрук-хаус, большого викторианского строения с двадцатью пятью стойлами для лошадей. Теперь Дик даже не мог и подумать, чтобы работать где-нибудь еще. Его отец нуждался в нем, и мечта стать жокеем казалась ему, как никогда, несбыточной.

Охотничьи конюшни У. Дж. Смита в Холипорте давно снесены, и в наше время об их существовании напоминает лишь название переулка современных домов, построенных на их месте: они называются Кэдоган Клоуз в честь Литл Кэдоган Плейс в Лондоне, где находились первые конюшни Хораса Смита. Дом Фрэнсисов также не сохранился. На его месте стоит ряд современных коттеджей — и ни на одном из них нет даже маленькой мемориальной таблички с надписью, возвещающей о том, что здесь когда-то жил всемирно известный писатель и жокей, учившийся ездить верхом на этом самом месте. Для самого Дика такое упущение вполне понятно: он никогда не видел большого смысла в истории.

Детство Мэри Бренчли проходило совсем иначе. Она рассказывала мне много лет спустя:

«У моего отца была типографская фабрика. Он печатал обложки для сигаретных пачек, и уже с самого детства я знала, как работают машины, а моя первая игровая площадка находилась на фабрике среди стучащих машин. Одно из моих первых детских воспоминаний, относящееся примерно к четырехлетнему возрасту, связано с тем, как отец показывает мне банку консервированных персиков и спрашивает, во сколько цветов напечатана этикетка».

Первый этаж фабрики, которая находилась в южной части Лондона на Клэпхем Коммон, в шести милях к северу от дома Мэри в Вустер-парк, был заполнен огромными прессами, работавшими настолько шумно, что здесь невозможно было разговаривать, но маленькой девочке они казались такими мощными и загадочными, что она сразу же полюбила их. Как она рассказывала позднее, сопровождавший ее на протяжении всей жизни интерес к тому, как устроены вещи, произошел от этого раннего увлечения «огромными, ревущими монстрами». На втором этаже находились машины поменьше, а на верхнем этаже работали сравнительно тихие сортировочные, режущие, склеивающие и брошюровочные машины. Механизмы, расположенные на верхних этажах, приводились в действие толстыми ремнями, протянутыми вдоль потолков, которые были присоединены к двигателю, размещенному на первом этаже. Все эти огромные, грохочущие, двигающиеся ремни, шпиндели, шкивы и барабаны были не только развлечением для маленькой девочки, но и представляли собой серьезную опасность: как-то раз одного из рабочих ее отца затянул тяжелый ремень, и он был раздавлен насмерть. Мэри на всю жизнь запомнила это ужасное происшествие. Через сорок лет он стал прообразом такого же жуткого инцидента, описанного в романе Дика Фрэнсиса «Высокие ста́вки», в котором злодей попадает в подобную смертельную ловушку.

Обучение Мэри было значительно более спокойным, стабильным и академичным, чем у Дика. В то время как Дик с самого раннего возраста был страстным любителем лошадей, Мэри даже маленькой девочкой вела себя очень тихо и уравновешенно. 18 сентября 1930 года, когда Мэри исполнилось шесть лет и три месяца, родители отдали ее в саттонскую высшую школу для девочек, расположенную в двух милях от ее дома на Кингсмеад-авеню, и она училась здесь без перерыва на протяжении семи лет. Это была весьма респектабельная частная школа, где учились привилегированные, благородные отпрыски представителей среднего класса, которые часто оставались здесь до семнадцати-восемнадцати лет и по окончании школы поступали в престижные высшие учебные заведения, и некоторым даже удавалось получить Оксбриджскую стипендию. В программу обучения входили не только французский, латынь и естественные науки, но также греческий и немецкий, что в то время было большой редкостью в школах для девочек. Когда Мэри пошла в эту школу, там насчитывалось более пяти сотен учениц, а через год их стало шестьсот, но ни в одном из классов не было более тридцати девочек, а в том, где она начала обучаться, их было двадцать девять. Школа обладала богатыми возможностями для внеклассных занятий, которые варьировались от клуба классической музыки и исторического общества до литературного и ораторского обществ, фотографического клуба, групп кадетов-рейнджеров и девочек-скаутов. Девочки ставили французские пьесы, такие, как «Комус» Мильтона, играли в крикет, хоккей на траве и теннис, имели возможность брать уроки игры на пианино, скрипке и виолончели.

За четыре месяца до того, как Мэри пошла в школу, в ней с четырехдневной проверкой побывало семь инспекторов Министерства образования, которые доложили о том, что общие стандарты обучения здесь весьма удовлетворительные и особенно высок уровень обучения истории, французскому и английскому. Они также отметили школьную библиотеку и «превосходный» школьный оркестр. Кроме того, большое впечатление на них произвели стандарты, принятые в начальной школе, куда Мэри вскоре должна была поступить. «Преподавательница, заведующая младшими классами, как нельзя лучше подходит для своей должности», — докладывали они.

Школа, расположенная по адресу Чим-стрит, 55, Саттон находилась на прямой дотации и частично субсидировалась правительством, но здесь также взымалась плата за обучение. Директриса школы, мисс Эдит Лис, была религиозная женщина, во всем стремившаяся к совершенству и пользовавшаяся любовью большинства своих учениц. Записи выпускниц в школьных архивах содержат теплые свидетельства ее душевных качеств. «Когда мы работали или играли, она настаивала на том, чтобы мы все делали с полной концентрацией над стоящей перед нами задачей, — сообщает одна из них. — Она строго следила за нашими манерами и требовала от нас внимательного отношения к чувствам других людей. Она часто жестко реагировала на проявления слабости, но была скора и на похвалу, если могла найти для нее хоть какой-то повод». Другая выпускница пишет: «Аристократичная по натуре, охваченная безудержным стремлением ко всему лучшему, никогда не позволявшим ей опуститься до тривиальности, она тем не менее была щедра душой... она также проявляла необычайную доброту ко всем ученицам... Для детей она была просто идеальной директрисой». Одна из одноклассниц Мэри, Шейла Рид (урожденная Уайт), сказала мне: «Мисс Лис успокаивала нас одним взглядом. Она была очень добрая, но при этом все время повторяла нам: «Если работу стоит сделать, ее стоит сделать хорошо». Этот принцип, а также привитая всем ученицам строгая дисциплина впоследствии позволяли нам справляться с трудностями, уготованными для нас судьбой». Несомненно, это та самая философия, которую приняла сама Мэри и которая помогала ей преодолевать бесчисленные препятствия и проблемы, осаждавшие ее на протяжении всей жизни».

Казалось бы, такая одаренная маленькая девочка, как Мэри, должна была блистать в саттонской школе, однако записи свидетельствуют об обратном. Во всех классах каждый год вручались награды, но Мэри никогда ничего не выигрывала. Школьный журнал был оформлен очень красочно, и он содержит немало творческих подношений от лица девочек, но ни одно из них не принадлежит Мэри, за исключением, возможно, одного: короткого отчета о деятельности девочек-скаутов, включающего описание их традиционного похода в Нью-Форест летом 1935 года, подписанного инициалами «МБ» и еще двумя другими. На протяжении всех лет, что Мэри провела в саттонской школе, там ставились многочисленные пьесы и устраивались концерты, но ни в одной из программок не упомянуто ее имя. Она отличилась только в плавании, что, вероятно, было следствием регулярно проводимых ею каникул на морском побережье в Корнуолле и Суссексе. В одиннадцать лет Мэри была капитаном команды по плаванию в своем классе, а в тринадцать ее выбрали в школьную плавательную команду, где она выступала с девочками, которые были значительно старше. «Я не помню, чтобы она чем-то выделялась среди нас, — рассказывала мне Шейла Рид. — В ней не было ничего особенного, и хотя в таком возрасте девочки обычно имеют нескольких близких подруг, у Мэри их не было». Возможно, у нее просто было позднее развитие.

Другая ее одноклассница, Мэри Хардинг, в замужестве Мэри Юлл, сказала мне, что она вообще не помнит Мэри по саттонской школе, «но меня часто приглашали в дом Бренчли на вечеринки в честь дня рождения, которые мне очень нравились. Мама Мэри обычно вручала нам большую коробку, где у нее хранилась старая одежда, и на протяжении почти всей вечеринки мы играли в шарады в саду». Шарады и переодевания разожгли в Мэри любовь к театру, сохранившуюся в ней на всю жизнь.

Жизнь в саттонской школе для девочек протекала тихо и безмятежно, словно смена времен года в Англии: ежедневная двухмильная поездка на автобусе от Кингсмеад-авеню до Саттона по тенистой Мэлденроуд, Чим-Хай-стрит и Чим-роуд; четкое расписание уроков, внеклассных занятий и игр; весенний праздник в мае, посвященный сбору средств на строительство нового теннисного корта; летние спортивные соревнования и дни плавания; осенняя церковная служба в честь Дня перемирия; выезд девочек-скаутов в Виндзорский замок для осмотра королевского Кукольного домика; ежегодная раздача призов в ноябре. 17 ноября 1931 года, в день вручения призов ученицам начальной школы, девочки ходили строем, демонстрируя свои скаутские навыки, пели песни и показывали сцены, адаптированные из «Гайаваты» Лонгфелло, для которых они сами шили индейские костюмы, изготовляли реквизит, и этот ранний опыт, вероятно, также пробудил в маленькой Мэри интерес к театру. Кроме того, оркестр из ее класса исполнил мелодию под названием «Маленький бродяга».

В сентябре сестра Мэри, Джин, тоже поступила в саттонскую школу для девочек, начав ходить в детсадовский класс, хотя ей было только пять лет и два месяца, а в январе 1931 года в доме 17 по Кингсмеад-авеню на свет появился их брат Эвин. Но, несмотря на ответственность, связанную с тем, что теперь она стала старшей из трех детей, Мэри казалась младше своего возраста: в восемь лет она плакала, когда в город приехал цирк сэра Алана Кобхэма, а мать отказалась позволить ей совершить один из пятишиллинговых развлекательных полетов; Мэри пришла домой вся в слезах. Миссис Рид рассказывала мне:

«У нее были очень светлые волосы, и она носила золотистые хвостики. Мне навсегда запомнился один наш разговор. Мы не были близкими подругами, но как-то раз Мэри ожидала на Чим-роуд автобуса, чтобы доехать до дома, но, очевидно, получила указание не возвращаться без младшей сестры Джин, которая тоже была очень светлая. Я не помню своего вопроса, но ее ответ навсегда врезался мне в память. Мэри сказала, что любит Джин, поскольку это ее сестра, но она совсем не нравится ей!»

Контраст между образованием Мэри и отсутствием оного у Дика не мог бы быть более разительным. Каждый год она усердно трудилась для того, чтобы перейти в следующий класс, и принимала участие в различных внеклассных занятиях, дававших дополнительную пищу ее уму. В школе было учреждено научное общество, а затем и школьное драматическое общество, что дало дополнительный толчок развитию ее любви к театру. Они занимались народными танцами, а основание четырех отрядов младших девочек-скаутов было отмечено празднеством с рисовым пудингом и концертом, в ходе которых девочки показывали своих кукол Коричневой Сове, распевая при этом:

Мы скауты-малышки,
Понятна наша цель...

В 1934 году школа отмечала свой пятидесятилетний юбилей неделей праздников в конце мая и начале июня: чаепитие в саду для родителей; демонстрация физической подготовки; исполнение произведений Бетховена; серия пьес и песен на французском, немецком и латыни; демонстрация навыков рейнджерами и девочками-скаутами; крикетный матч в Чиме; благодарственная служба в саттонской церкви. В 1935 году они отмечали юбилей короля Георга V благодарственной службой в Чим-парке. В школе был построен новый актовый зал, и старшие классы представили там постановку греческой трагедии «Медея». Драматическое общество средних классов в течение года также представило здесь большое количество коротких пьес, а после вручения призов в средних классах девочки выступили в актовом зале с песнями и балладами на английском, немецком, а также представили пьесу на латыни «Голова Горгоны». Хотя класс Мэри, где было тридцать учениц, получил пять призов, она не выиграла ни один из них. Но ее ожидали моменты славы в плавательном бассейне. В летний семестр 1936 года ее избрали капитаном плавательной команды класса, и ее команда заняла второе место в школьной эстафете среди младших классов. Годом позже она снова была избрана капитаном, и на этот раз ее команда победила в эстафете. А пик ее карьеры в саттонской школе пришелся на июль 1937 года, когда за месяц до своего тринадцатилетия и за неделю до ухода из школы она были избрана в школьную плавательную команду и приняла участие в межшкольных соревнованиях в Хэмпстеде как член саттонской эстафетной команды, занявшей в итоге третье место. В свой последний год Мэри также выиграла среднесрочный сертификат Королевского страхового общества.

Она оставила саттонскую школу для девочек 27 июля 1937 года, чтобы поступить в школу-интернат Милтон-Моунт Колледж, расположенный в Уорт-парке, возле Кроули в Суссексе, где училась ее мать, — учебное заведение, предназначенное в первую очередь для дочерей и внучек конгрегационных священников. У Нетты Бренчли остались самые теплые воспоминания о своих школьных днях в Милтон-Моунте. Она поддерживала связь со своими школьными подругами, занимала должность секретаря общества выпускниц, и, вполне естественно, ей хотелось, чтобы дочь последовала по ее стопам.

Мэри окунулась в новую жизнь в Милтон-Моунте в конце 1937 года, за несколько недель до того, как Дик также начал свою новую жизнь, переехав из Холипорта в Уокингем. Оба переместились на восток, в сторону новых горизонтов, она только войдя в подростковый возраст, а он уже выйдя из него. Еще раз их жизни развивались по схожему сценарию. Осталось только семь лет до того момента, когда они встретятся и изменят судьбы друг друга.

Глава 3

УОКИНГЕМ И УОРТ-ПАРК (1938—1940)

Когда в начале 1937 года Винс, Молли, Даг и Дик переехали в Уокингем, это был приятный маленький провинциальный городок, когда-то знаменитый своим оживленным птичьим рынком, но теперь превратившийся в тихую гавань с узкими, хаотично проложенными улочками, центральными торговыми рядами, высокой башней с курантами и населением менее восьми тысяч человек. Прошел лишь один год с тех пор, как в городе открылся кинотеатр «Ритц», и тринадцать — с момента появления здесь электричества. Взглянув на какую-нибудь тихую улочку, вы смогли бы почувствовать дыхание Средневековья. Восемь «заслуженных» нищих до сих пор жили в доме призрения, основанном в 1451 году, где еженедельно проводилась раздача мяса, бакалейных товаров и угля. Каждый год «бедные девицы» и малоимущие прихожане делили между собой деньги, завещанные городу церковным советником Карла I, архиепископом Кентерберийским Лаудом, когда он был обезглавлен в 1645 году. Другое завещание, датируемое 1661 годом, ежегодно обеспечивает горожан необходимыми средствами на «приобретение быка для травли на Рождество». До 1939 года здесь все еще действовал работный дом для бедных на Баркхэм-роуд, а главная заявка города на знаменитость была сделана в тот день, когда в начале восемнадцатого столетия Джон Арбатнот, Джон Гей, Александр Поп и Джонатан Свифт остановились в местной таверне «Роуз» и посвящали свои поэмы прекрасной дочери ее хозяина.

Эмбрук-хаус, где Фрэнсисы основали свои конюшни, был большим строением из красного кирпича с шестью спальнями, тремя акрами земли, подъездной аллеей, домиком для прислуги и двадцатью пятью стойлами, расположенным по адресу Рединг-роуд, 100, в миле от города по тенистой проселочной дороге. Здесь Винс открыл свой бизнес по содержанию и производству лошадей вместе с ирландским конюхом Пэдди Гэллахером, который поселился в домике для прислуги в конце подъездной аллеи, а также Диком и Дагом — теперь уже высоким жилистым двадцатиоднолетним парнем, — приступившими к работе в качестве его помощников. Даг оставил свои амбиции стать профессиональным наездником после того, как в восемнадцать лет он попал в аварию на мотоцикле, чуть не стоившую ему ноги, а Дик, помогая отцу устроить собственный бизнес, работал так усердно, что его собственные мечты стать жокеем почти полностью испарились. В течение нескольких месяцев у него даже не было времени на серьезные занятия верховой ездой, хотя в тот год он выиграл чемпионскую розетку, выступая на Сэре Роджере на Ричмондском Королевском конно-спортивном празднике. Ему также пришлось оставить соревнования в летних скачках с препятствиями, поскольку лошади Винса никогда не оставались в конюшне достаточно долго, чтобы набрать нужную форму.

Вскоре после того, как они переехали в Уокингем, семья была опечалена известием о смерти Бертрама Миллса, который умер в апреле в возрасте шестидесяти пяти лет. Но они быстро осваивались в своем новом доме, и мать Дика радовалась тому, что в ее распоряжении наконец-то оказалось достаточное количество жилого помещения. Она заставляла бесчисленные комнаты старинной мебелью, которую выискивала на аукционах — она всегда испытывала пристрастие к старине, — и оказывала материнскую заботу в отношении платных учеников, приходивших к Винсу поучиться искусству управления конюшнями.

Дик утешил себя тем, что обзавелся своей первой настоящей подругой, Берил Боннер, которая была дочерью друга Винса, Гарри Боннера. «Дик не принадлежал к числу тех молодых людей, которые все время водят девушек в кино и на вечеринки, — рассказывал мне Гарри Боннер. — Берил, пожалуй, была его единственным серьезным увлечением до того момента, пока он не повстречал Мэри, и это был хороший выбор с точки зрения Дика». Но в конце концов их помолвка была расстроена после того, как Дика отправили за границу во время Второй мировой войны. Луч надежды блеснул на горизонте, когда Оливер Диксон, друг Винса, также занимающийся разведением лошадей, попросил Дика выступать на его лошадях в скачках с препятствиями на следующее лето, но, прежде чем это произошло, Диксон умер. Сначала умер Гуинни Эванс, а теперь вот Оливер Диксон. Казалось, что Дика преследует злой рок. А затем надежды Дика были разбиты полностью на шесть лет, когда в 1939 году, незадолго до его девятнадцатилетия, началась Вторая мировая война.

Война оказала разрушительное воздействие и на бизнес Винса. Кто теперь мог позволить себе тратить время и деньги на содержание лошадей или выезды на охоту и выступление в скачках с препятствиями? Трудно было выбрать более неудачное время для того, чтобы открыть свое дело. Если бы он остался с Хорасом Смитом в Холипорте, то у него был бы надежный заработок на протяжении всей войны. Смит уже достаточно прочно стоял на ногах, чтобы пережить временный спад, в то время как Винс был вынужден наблюдать за тем, как его дело медленно умирает. В последней вспышке славы, когда ему уже исполнилось пятьдесят, он выиграл в тот год чемпионат гунтеров на последнем из когда-либо проводившихся Международном конно-спортивном празднике в Олимпии на Моунт Ройал, но во всем остальном «дела Винса Фрэнсиса пошли под уклон после того, как он оставил Хораса Смита», рассказывала мне Джоан Хиэрни. Никто не мог позволить себе содержать лошадей во время войны, поскольку их нечем было кормить. Неудачи Винса не вызвали сочувствия у его старого босса. Через семнадцать лет после того, как Винс оставил Холипорт, Хорас Смит безжалостно написал в своей автобиографии, опубликованной в 1955 году: «Винсент Фрэнсис покинул меня, забрав с собой нескольких лошадей. Некоторые из моих работников оставляли меня, переманивая к себе клиентов, но ни один из них не добился впоследствии заметного успеха».

Чтобы хоть как-то сводить концы с концами, Винс сдал Эмбрук-хаус индийскому принцу, махарадже Банди, который был достаточно богат для того, чтобы содержать огромный автомобиль, а также собственного доктора, секретаршу, шофера, телохранителя и подарить истребитель «Спитфайер» Королевским ВВС. Махараджа, одевавшийся по традиционной индийской моде и не разговаривавший по-английски, всюду появлялся в окружении свиты из шести человек и двадцатилетней девушки, Элизабет Эллетт. Она свободно владела хинди, поскольку выросла в Индии, где ее отец служил в армии, и была нанята махараджей для того, чтобы прислуживать ему за столом и играть в шашки с индусами. «Дик и вся его семья остались в доме, — рассказывала мне мисс Эллетт, — и Дика часто приглашали на чай или кофе, но он всегда держался в стороне и не присоединялся к нам. Я никогда не видела, чтобы Дик носил что-то еще, кроме джодпуров и сапог. Он всегда был в конюшне со своими лошадьми».

Поскольку у Дика теперь было мало работы в конюшнях у отца, в начале 1940 года он записался добровольцем в кавалерию, надеясь присоединиться к некоторым из своих знакомых, служивших в королевском драгунском полку, расквартированном в Эдинбурге, чей командир, Джо Даджеон, был другом Винса. Однако в вербовочном пункте Дику сказали, что для него открыта лишь должность помощника повара в пехоте. Он попробовал снова, на этот раз обратившись с просьбой зачислить его пилотом ВВС, но ему ответили, что пилотов хватает и без него. Хотя он может стать стрелком или членом наземного обслуживающего экипажа: механиком. Нет, нет, он хочет стать пилотом, настаивал Дик. И тут он попался на старейшую уловку из арсенала офицеров, вербующих новобранцев: ему сказали, что если он поступит в вооруженные силы механиком, то позднее легко сможет стать пилотом. Дик клюнул на эту удочку, записался механиком по обслуживанию самолетов и присоединился к Королевским ВВС в должности рядового второго класса, 922385 AC2*Francis R* — низшая форма существования в ВВС. Это было одно из самых неудачных решений в его жизни.

Новая школа Мэри Бренчли, Милтон-Моунт Колледж, куда она поступила в сентябре 1937 года в возрасте тринадцати лет, несомненно, была роскошным заведением по сравнению с саттонской школой для девочек. Она размещалась в просторном четырехэтажном загородном особняке, расположенном на восьмидесяти акрах земли в Уорт-парке, возле Кроули в Суссексе, и окруженном живописными лесами, лужайками, английским садом, фонтанами, бассейном, конюшнями и шестью теннисными кортами. Здесь также имелись две лаборатории, музыкальный блок, гимнастический зал, художественная студия, и все внутренние помещения были необычайно просторными и роскошными для школы. Стены школьного актового зала украшали золотистые шелковые драпировки, потолок был покрыт сложной лепниной, здесь были мраморные колонны и арки, высокие окна, необычайно элегантные лестницы из красного дерева, а внутреннее убранство каждой комнаты поражало тонким орнаментом. Здесь все девочки распределялись по шести домам, которые были названы в честь британских героев — Гордон, Ливингстон, Рэлей, Скотт, Шеклтон, Шефтсбери — и состязались между собой не только в лакроссе, нетболе, английской лапте, теннисе и плавании, но и в аранжировке цветов, пунктуальности, бережливости, опрятности и народных танцах. В школе даже разыгрывался специальный кубок за безупречные манеры. В сравнении с Милтон-Моунт Колледж мейденхедская школа для мальчиков выглядела как заведение для слабоумных недорослей. Поэтому вполне понятно, почему Дик так гордился Мэри и в последующие годы постоянно хвастался тем, что, хотя сам он почти необразован, она училась в Милтон-Моунте.

Школа была основана для дочерей священников конгрегациональной церкви, и, как пишет главная учительница Мэри по английскому языку мисс Хильда Хэрвуд в своей книге «История Милтон-Моунт Колледж», «не только для того, чтобы дочери священников могли получать хорошее образование за невысокую плату... но также и для того, чтобы многие из них могли впоследствии стать учительницами». Поэтому при школе существовало большое количество всевозможных клубов и обществ, где девочки занимались музыкой, живописью, литературой, фотографией и естествознанием, а также две группы девочек-скаутов и одна группа рейнджеров.

Что касается академических стандартов Милтон-Моунта, то в среднем пять выпускниц этой школы ежегодно поступали в университеты и по крайней мере одна из них в Оксфорд или Кембридж. Директриса, мисс Д. М. Хенман, потерявшая мужа на Первой мировой войне, имела кембриджскую степень магистра гуманитарных наук, и, кроме нее, все основные учителя (кроме тех, которые преподавали французский и немецкий) получили ученые степени в Кембриджском или Лондонском университетах. За четыре года до начала обучения Мэри комиссия из Министерства образования дала школе очень высокую оценку, а в предыдущий год двадцать из двадцати четырех кандидатов получили свои школьные аттестаты и несколько выпускниц поступили в университет. Школа также славилась высоким уровнем преподавания живописи и музыки, и в тот год двадцать семь девочек сдали общественные музыкальные экзамены, двое из них с отличием. Первый семестр Мэри был отмечен визитом русского виолончелиста Михаила Чернявского, который исполнял избранные произведения Боккарини, Бетховена, Падеревского и Шопена, кроме того, в мае каждого года в школе устраивался превосходный концерт, а порой ставились и оперы. Здесь также регулярно ставились пьесы, причем не только школьным драматическим обществом — которое во время второго семестра Мэри поставило пьесу Шеридана «Школа злословия», — но и отдельными домами, классами и клубами.

Мать Мэри, Нетта — светловолосая, широкобровая, миловидная женщина с мягким голосом, сама училась в Милтон-Моунте с 1906 по 1912 год, была чемпионом школы по теннису и выдающейся певицей. После школы Нетта начала обучаться на врача, но работа показалась ей слишком тяжелой, она заболела, оставила занятия и вышла замуж за отца Мэри, так что в последующие годы она вспоминала свои школьные дни с той особой ностальгией, часто встречающейся у тех людей, которым кажется, что они не реализовали свой потенциал. Нетта Бренчли стала одной из тех вечных выпускниц, которые не могут до конца обрезать пуповину, связывающую их со школой. Из-за этого собственная жизнь Мэри в Милтон-Моунте проходила в тени ее матери, которая постоянно появлялась в школе, заняла должность секретаря Милтонского Союза, была избрана в правление и стала представителем школы в Лондонском благотворительном обществе Кэннинг-Таун, помогавшем бедным девушкам из Ист-Энда. В детстве Мэри и Джин провели множество долгих утомительных часов, подписывая для своей матери конверты, адресованные выпускницам, и наклеивая тысячи марок, и, наверное, им не раз хотелось, чтобы ее присутствие в школе не было таким постоянным.

Мэри начала свой первый семестр в Милтон-Моунте в то же самое время, что ее саттонская одноклассница Мэри Хардинг, которая рассказывала мне: «В этом возрасте большинство девочек отправляются в школы-интернаты, и с самого начала мы оказались в одном доме, Ливингстон-хаус, размещенном в красивом старом здании». В школе училось 158 девочек: 133 жили здесь постоянно, а остальные были «дневными бабочками». Живое описание повседневной жизни в Милтон-Моунте в тридцатые годы дала жена премьер-министра Харольда Уилсона, Мэри, которая училась здесь с 1929 по 1933 годы под своим девичьим именем Глэдис Бэлдвин, в интервью Линде Блэк из *Crawley Observer* в мае 1988 года. Даже через пятьдесят пять лет леди Уилсон с ностальгией вспоминала тенистые аллеи Уорт-парка, «насыщенный ароматами воздух цветущего сада, огромный, подавляющий своим величием актовый зал, — рассказывала она Линде Блэк. — У меня остались о школе самые теплые воспоминания. Это было такое замечательное место». Хорошие манеры и строгая дисциплина имели здесь самый высокий приоритет, и девочки наказывались плохими отметками, если они сидели ссутулившись или бегали по коридору. Сладости полагались лишь дважды в неделю, а всякий контакт с мальчиками был строго запрещен. Здесь отсутствовало радио, а все книги должны были получить одобрение директрисы. Письма перед отправкой на почту читались учителями: «Я полагаю, это делалось для того, чтобы мы не писали своим мальчикам, — говорила леди Уилсон, — хотя мы всегда могли передать письмо с теми девочками, которые жили в своих домах. Нам также не позволялось читать газеты. Директриса обычно сама читала нам на собраниях выдержки из *The Times*».

Визиты в Кроули были редкими. «Мы выходили в город лишь раз в месяц, чтобы посетить местную конгрегациональную церковь, — рассказывала леди Уилсон. — Мы шли туда разбившись на пары, взявшись за руки». На самом деле, девочки повсюду ходили, выстроившись в колонну по двое, за исключением учениц шестого класса, которым разрешалось ходить независимо, но только если их собиралось не менее шести. «Нас сопровождала наставница, даже когда мы ходили в местную парикмахерскую, чтобы подстричь волосы, — говорила леди Уилсон. — Обучение в Милтон-Моунте представляло собой, главным образом, духовный опыт. Нас совсем не учили там реальной жизни. Должна признать, когда я покинула школу, у меня было неверное представление о мужчинах. Я думала, что они все большие романтики, как Байрон или Карл II... Воспитание, полученное нами в Милтон-Моунте, основывалось на принципах простой жизни и высоких идеалах».

«Это была очень строгая школа в сравнении с сегодняшними», — рассказывала мне Мэри Юлл (в девичестве Хардинг). Через несколько недель после того, как они стали ученицами Милтон-Моунта, состоялось торжественное собрание, посвященное раздаче призов, и девочки получили первое представление о том, чего от них здесь ожидают. Призы вручала одна из самых знаменитых выпускниц, мисс Эвелин Лоуи, которая была в числе первых женщин — мировых судей и первой женщиной, занявшей пост председателя совета графства. Она рассказала девочкам о том, что им очень повезло, поскольку они имеют значительно больше возможностей, чем предыдущее поколение женщин, и призвала их полностью реализовать свой потенциал. Затем гости посмотрели демонстрацию физкультурных упражнений в гимнастическом зале, о которых *The Miltonian* впоследствии написал: «Публика хорошо повеселилась, наблюдая за тем, как ученицы шестого класса демонстрируют незамысловатые упражнения, больше подходящие для степенных сорокалетних матрон!» Это была истинно английская, ужасно правильная школа, где в учебную программу часто включались просветительские лекции, а пианино всегда называли фортепьяно.

Другим примечательным событием в первый семестр Мэри — в ходе которого школа была охвачена всеобщим сумасшествием по поводу перманентной завивки и моделей животных — стал праздник в декабре, когда ее вкус к театру был раздразнен французскими костюмированными танцами, пьесой «Остров Оливера», поставленной четвертым классом, и представленной пятым классом серией мрачных живых картин, заканчивавшихся сценой, где Макбет забрызгивает толпу «кровью».

Среди новых подруг Мэри одной из самых близких стала Неста Эванс, девочка, которая двумя годами ранее получила стипендию Королевской музыкальной академии на обучение пению и которая оказала огромное влияние на будущее Мэри, поскольку именно на ее свадьбе Мэри наконец повстречается с Диком Фрэнсисом. Стандарты преподавания музыки в Милтон-Моунте всегда были на самом высоком уровне, и третий семестр обучения Мэри закончился ежегодным майским концертом, составленным из инструментальных и вокальных номеров как сольных исполнителей, так и школьного оркестра. Кроме того, два младших класса представили оперетту «Сын угольщика» Л. Дю Гарда Пича и В. Хели-Хатчинсона, с превосходно исполненными декорациями и реквизитом. Школьный журнал

The Miltonian впоследствии похвалил «волшебный замок с блестящими красными крышами и лестничным пролетом, ведущим прямо к черному зловещему отверстию логова людоеда… хорошо вымуштрованная армия в красных мундирах и киверах на истинно английский манер... дракон с серебристой чешуей». Любовь Мэри к театру уже начала прорастать на благодатной почве саттонской школы, и теперь, в Милтон-Моунте, она получила превосходные условия для дальнейшего развития.

То же самое можно было сказать и о ее интересе к деятельности общества девочек-скаутов. В конце июля 1938 года она провела целую неделю в палаточном лагере на ферме в Суррее, в нескольких милях к северу от Кроули, где, кроме представительниц Милтон-Моунта, были девочки-скауты из Паддингтона и Кэннинг-Тауна. Там девочки сами ставили палатки, разводили костры, готовили, исследовали окрестности, патрулировали, совершали пешие походы, играли в следопытов, крикет и английскую лапту. Мэри получила свой значок первого класса за то, что возглавляла одну из групп во время одного из походов. Субботним вечером, собравшись вокруг лагерного костра, они пели песни, играли на флейтах, и впоследствии Мэри написала отчет об этой неделе для школьного журнала *The Miltonian*, из которого видно, что уже в четырнадцать лет ее стиль отличался тем ироничным юмором, который позднее стал отличительной чертой романов Дика Фрэнсиса. Там Мэри пишет, что все утро девочки были заняты уборкой лагеря, а вечером снова приводили его в беспорядок.

Из всех ее подростковых увлечений и хобби было лишь одно, которым она занималась без особого энтузиазма: верховая езда. Учитывая, что большую часть своей жизни она проведет с блестящим наездником, прославившимся как автор захватывающих дух романов о лошадях, есть тонкая ирония в том, что сама

Мэри никогда не испытывала к ним особого интереса. На протяжении пары лет она училась ездить верхом, но оставила это занятие, когда ей исполнилось пятнадцать, и впоследствии лишь несколько раз садилась на лошадь.

Осенью 1939 года угроза войны бросила свою мрачную тень даже на зеленые поля Южной Англии, и поскольку Милтон-Моунт находился на пути немецких бомбардировщиков, которые могли направляться на Лондон, мисс Хенман переоборудовала подвал в бомбоубежище и уже строила планы относительно того, как затемнить все окна, запастись дополнительным продовольствием и обеспечить каждую девочку противогазом. Но ей так и не пришлось руководить школой в годы войны, поскольку она была вынуждена оставить директорский пост после операции на сердце, перенесенной летом 1939 года.

Погода в этот последний мирный год была почти такой же унылой, как и новости из Германии. Весенний и летний семестры оказались настолько сырыми, что многие девочки стали жертвами эпидемии свинки. Дождь испортил традиционный концерт в мае — на котором Неста Эванс была одним из младших декламаторов стихов, — как и дневной поход в Эшдаун-Форест в июне. Но сама Мэри наконец-то начала блистать. Теперь уже превратившаяся в светловолосую голубоглазую красавицу с бледной кожей, в июне она выиграла призы по биологии и цитированию Библии, а также получила бронзовый медальон Королевского страхового общества и сдала экзамен третьей степени по игре на фортепьяно. Одна из блистательных соучениц Мэри по Милтон-Моунту, Элисон Шрабсоул, которая была младше ее на десять месяцев, получившая степени Лондонского и Кембриджского университетов, впоследствии занимавшая должность ректора кембриджского Хомертон Колледжа с 1971 по 1985 год и награжденная Крестом Британской империи, даже через шестьдесят лет хорошо помнила школьницу Мэри. «Ее образ прочно ассоциируется у меня со словами из гимна, который мы часто пели, — яркая и красивая, — рассказывала она мне. — Мы все завидовали ее пепельно-белым волосам, голубым глазам и веснушкам, которые нам казались очаровательными. Она демонстрировала большие способности как к академическим дисциплинам (хотя, я подозреваю, никогда себя особенно не утруждала), так и к спорту: она была отличной теннисисткой».

Мэри Юлл соглашается с ней:

«Мы были с ней в одной команде по лакроссу. Она хорошо играла в эту игру, а также показывала великолепные результаты в теннисе, и мы часто выступали с ней в паре. Ее интересовали все виды спорта. И она, конечно же, была страстной читательницей. Мне часто досаждала ее привычка просиживать все занятие с романом на коленях — помню, одним из них был «Энтони Эдверс», — а затем набрасываться на меня, чтобы наверстать упущенное. Она обладала очень цепкой памятью, что, конечно же, позволяло ей оказывать большую помощь Дику, и, разумеется, у нее был значительно более широкий круг интересов, чем у меня. Я не помню, чтобы Мэри имела «страсть» к чему-либо. Она была достаточно уравновешенной личностью и никогда не теряла голову. У нее были роскошные светлые волосы — красивая и толстая белая коса, — и она заметно выделялась на фоне других девочек».

В это беспокойное лето Бренчли отправились на свой любимый морской курорт, расположенный в Брэклесхэмском заливе в Суссексе, и в предчувствии надвигающейся войны Нетта «временно забрала» тринадцатилетнюю Джин из саттонской школы для девочек. В августе Нетта организовала вечеринку с купанием в Брэклесхэмском заливе для выпускниц Милтон-Моунта с ленчем, чаем и ужином, которая в свете последующих событий оказалась горьким прощанием с мирной жизнью за две недели до начала войны. Есть трогательная фотография, на которой Джин и пятнадцатилетняя Мэри едут верхом вдоль морского берега в это их последнее мирное лето золотого детства. С той поры она еще лишь несколько раз садилась на лошадь.

Наследницей мисс Хенман на посту директрисы стала учительница из Христианского приюта мисс М. Л. Фаррелл, получившая степень магистра гуманитарных наук в Кембридже, которая к концу августа быстро перевела школу на военное положение, позаботившись о том, чтобы каждое окно в большом здании при необходимости можно было затемнить. Мисс Хэрвуд в своей истории школы пишет:

«Купола и стеклянные крыши были покрашены в черный цвет, окна закрыты коричневой бумагой, чехлы для платьев и мебели раскроили для изготовления оконных занавесей! К тем местам, где сквозь занавеси проникал свет, были пришиты кусочки фетра. Большие рулоны черной бумаги, заказанные мистером Джонсом, прибыли, когда работа была почти закончена. Девочки, уже находившиеся в школе, были заняты тем, что резали бумагу, пришивали кольца к занавескам и т. д. К счастью, погода была хорошей, и они имели возможность выполнять свою работу на открытом воздухе».

В воскресенье, 3 сентября, в тот день, когда Великобритания и Франция объявили войну Германии, преподаватели и ученицы, собравшиеся в столовой на воскресную службу, услышали первый сигнал воздушной тревоги и спустились в подвал, где и просидели до тех пор, пока не прозвучал сигнал отбоя. В течение девяти месяцев, пока продолжалась «странная война», школьная жизнь протекала почти так же, как и раньше, хотя мать Мэри, опасаясь немецких бомбежек, отказалась вернуться в Лондон и оставалась жить на побережье Брэклесхэмского залива даже в холодный, промозглый октябрь. Занятия в школе шли по обычному расписанию, и в весенний семестр им больше мешала эпидемия коревой краснухи, чем война с Германией, но в начале 1940 года здесь регулярно проводились учения по обращению с противогазом, и девочки часто спускались в подвал по сигналу учебной воздушной тревоги. Когда «странная война» подходила к концу, девочки представили широкой публике собственную постановку оперы Верди «Трубадур», собрали деньги на покупку шерсти, после чего согласно годовому отчету мисс Фаррелл «усердно вязали для флота».

2 июня, когда Германия уже приготовилась провести первую массированную бомбардировку Великобритании, в школе разразился ужасный скандал. Учительница немецкого, получившая у девочек прозвище «Гун», была заподозрена в шпионаже в пользу нацистов, и после заседания чрезвычайного комитета школьного правления ее уволили всего лишь с двухнедельным пособием. «Хотя какие-либо прямые доказательства непатриотичности мисс Мишел отсутствуют, ее поведение вызывает подозрение у преподавательского состава, — сообщает нам протокол заседания. — Ввиду серьезной угрозы, перед лицом которой стоит вся наша нация, мы сочли необходимым попросить ее незамедлительно оставить школу». Чем бы ни были вызваны подозрения преподавательского состава относительно учительницы немецкого, по словам Мэри Юлл, она определенно была «странной персоной».

Мисс Мишел оказалась не единственной изгнанницей. Вскоре вся школа оказалась под угрозой выселения. В субботу, 22 июня, Уорт-парк был реквизирован военным министерством, и школе предоставили лишь семь дней на выселение. Через три дня девочки были отправлены по домам, хотя многим из них еще предстояло сдать важные экзамены — в том числе и Мэри, которая через три недели должна была получить свой кембриджский школьный аттестат, — и сто канадских солдат прибыли в особняк, чтобы упаковать мебель и книги. «Последующие несколько дней превратились для нас в настоящий кошмар, — пишет мисс Хэрвуд в своей истории, — но к полудню субботы, 29 июня, все здание было пустым, и большую часть мебели сложили во дворе, комнаты для музыкальных занятий были заполнены стульями, а декоративная парковая дорожка столами».

И все-таки даже в таких условиях было найдено время для вручения призов, и Мэри снова отличилась, разделив приз за лучшую успеваемость среди учениц пятого класса с Б. Мэсон и Э. Шрабсоул и приз по английскому с Дж. Кинг и Э. Шрабсоул. Разделить два приза с блистательной Э. Шрабсоул было большим достижением. И, несмотря на чрезвычайное положение, Мэри, как и все другие претендентки на получение школьного аттестата, сумели сдать свои экзамены. Некоторые из них, получив билеты, готовились к ответу в соседних со школой коттеджах. Примечательно, что девятнадцать из двадцати четырех кандидатов успешно сдали экзамены, а шестеро (в том числе и Мэри) с освобождением от вступительных экзаменов, и все пятеро кандидатов на получение аттестата средней школы также успешно прошли. Просто удивительно, что мисс Фаррелл нашла время провести экзамены, поскольку в то время ее основной задачей как директрисы был поиск подходящего здания, расположенного как можно дальше от войны, чтобы школа смогла вновь открыться с началом нового семестра, 5 сентября. На протяжении двух недель она вела отчаянные поиски по всему Уэльсу и западным графствам, подыскивая подходящий особняк для аренды, и во вторую неделю июля с удивительной скоростью обнаружила, что отель «Империал» в Линтоне, в Северном Девоне, сдается внаем. Она арендовала его до конца войны и за несколько коротких недель — несмотря на то что в отеле все еще жили постояльцы — мисс Фаррелл с несколькими помощниками превратила его в школу-интернат для девочек.

По ее пятам следовала мать Мэри, которая была настолько обеспокоена возможностью оказаться под бомбежками в Лондоне, что в начале 1940 года она оставила семейный дом на Кингсмеад-авеню и решила не возвращаться туда до окончания войны. Нетта так боялась бомбежек, что даже оставила свой пост в лондонском благотворительном обществе Кэннинг-Таун, и теперь, после того как школа переехала в Северный Девон, она тоже поселилась в Линтоне, арендовав коттедж прямо напротив.

Глава 4

ЗАПАДНАЯ ПУСТЫНЯ И МАЛЕНЬКАЯ ШВЕЙЦАРИЯ (1940—1942)

В то время как шестнадцатилетняя Мэри, ее мать, сестра и брат, убегая от войны, в сентябре 1940 года переехали в Девон, Дик, девятнадцатилетний механик Королевских ВВС, готовился к тому, чтобы оказаться в самой ее гуще. Он проходил подготовку как механик по корпусу самолета в лагере возле Конингсби в Линкольншире, погрязнув по колено в самолетных деталях, и в течение последующих двух с половиной лет он беспрестанно разбирал, смазывал, чинил и собирал снова каждую часть самолета, за исключением двигателя. Он ненавидел это занятие всей душой. Снова и снова он просил направить его обучаться на пилота. Снова и снова его прошения игнорировались. Вместо этого в конце 1940 года его отправили на Ближний Восток, и, совершив длительное морское путешествие вокруг Африки, через Кейптаун, занявшее десять недель, он прибыл в Египет, где ему предстояло обслуживать самолеты Королевских ВВС на протяжении всей долгой войны с Германией и Италией в Западной Пустыне, тянувшейся в Северной Африке с переменным успехом с сентября 1940-го по май 1943-го.

Жизнь «эрка» — принятое в армии прозвище для самого младшего чина в иерархии ВВС — была живо описана несколькими сослуживцами Дика в двух собраниях воспоминаний о войне Чаза Боуера «Бомбардировщик «Веллингтон» и «Веллингтон» на войне». «Не для них залихватски заломленная набок форменная фуражка, нарочито оставленные незастегнутыми верхние пуговицы кителя, завораживающий блеск пары «серебряных крыльев» и ряд ярких наградных планок, красноречиво свидетельствующих о заслугах», — рассказывает Боуер в книге «Бомбардировщик «Веллингтон». Или вот что он пишет в книге «Веллингтон» на войне»: «Мужественные летчики-истребители и члены экипажа бомбардировщиков могут «монополизировать рынок» блестящих наград и общественного признания, но все же без стоического терпения и непрерывного труда наземных экипажей летный состав просто не смог бы подняться в воздух».

«Эрк» получал очень мало, и его жилое помещение в пустыне могло представлять собой наспех вырытую яму в песке. В 1941 и 1942 годах Дик большую часть времени провел в развалинах разбомбленных аэродромов и затерянных в пустыне посадочных площадок, перемещаясь с места на место по мере того, как армии союзников наступали, отступали, наступали, отступали и снова наступали по Западной Пустыне. В другое время он был вынужден прятаться в окопах, когда вражеские бомбы сыпались на него днем и ночью. При этом он и его товарищи механики напряженно работали, обслуживая и ремонтируя поврежденные самолеты, чтобы они как можно скорее могли вернуться в небо.

Семидневная рабочая неделя являлась нормой, 36- или 48-часовое увольнение было редкостью, а настоящий отпуск недостижимой роскошью. Чаз Боуер пишет:

«Велосипед, даже самый древний, был самым желанным личным средством передвижения — машины являлись роскошью, доступной только офицерам, — а развлечение в свободное от службы время полностью зависело от способности к импровизации. На самом деле импровизация была основой жизненного существования «эрка» как в работе, так и в отдыхе; четко следовать инструкциям, особенно в технических вопросах, часто было просто невозможно, ввиду отсутствия нужных инструментов и деталей. Но подобная нехватка никогда не считалась уважительной причиной задержки в обслуживании. Вездесущие «эрки» всегда умудрялись находить решение, пусть даже грубое и временное, используя доступные материалы. Их популярный девиз гласил: *Ubendum, Wemendum*».

Один из свидетелей Боуера, Селвин Баррет, механик, служивший в Египте одновременно с Диком, вспоминает, что на человека в день полагалась одна бутылка воды, а их кожа постоянно была покрыта песком:

«Пару раз в неделю грузовик возил группы на море... Путешествие было просто ужасным — более 20 миль по проложенной через пустыню ухабистой дороге, — и никто не знал, что лучше, стоять или сидеть: в любом положении тряска переносилась одинаково болезненно. Купание в море приносило долгожданное облегчение, и соленая морская пена была хорошим средством для очистки кожи от слоев песка. Однако через несколько минут обратного пути тело снова покрывалось песком, и ко времени возвращения в лагерь мы годились лишь на то, чтобы полностью обессиленными рухнуть на свои койки и уснуть».

Но в их жизни были и радостные минуты.

«Чтобы облегчить напряжение от работы в условиях пустыни, где воды постоянно не хватало, о пиве не приходилось и мечтать, а пища была ужасной, механикам порой давали пятидневную увольнительную в Тель-Авив. Это были поистине благословенные минуты отдыха с дополнительным бонусом в виде нескольких мешков апельсинов для общего стола».

Другой механик, служивший в Египте в 1941—1942 годах, Дж. Ф. Уилсон, рассказывал Боуеру:

«На обед мы получали наш постоянный пустынный рацион — мясо и овощи с рисовым пудингом. Как-то раз, в самом начале своей службы, я спросил другого «эрка», сидевшего напротив меня, почему он выбирает из риса изюминки и складывает их на краю тарелки. Когда он сказал, что это на самом деле мухи, я почувствовал сильный приступ тошноты, поскольку уже съел весь свой рис вместе с мухами».

Как и Баррета, Уилсона также постоянно преследовал недостаток воды, и вот его воспоминания о жажде в пустыне:

«В каждой палатке жило по восемь человек, и время от времени грузовик привозил нам воду в 50-галлонных бочках из-под масла. Каждая палатка получала по пять галлонов маслянистой воды, которой мы должны были умываться, и нет нужды говорить, что среди «эрков» не находилось больших любителей помыться. На день мы получали одну пинту питьевой воды, и требовался строгий самоконтроль, чтобы растянуть запас воды до следующего дня. Обычно я мыл волосы парафином, а одежду стирал в бензине — последнее было надежным средством уберечься от платяных вшей».

Джим Гарднер вспоминает:

«Невиданный дух товарищества среди всех чинов; по крайней мере, когда вы находитесь на острие событий... Все сводится к одному приоритету — поддерживать самолеты в боеспособном состоянии, чего бы это ни стоило. Мы испытывали недостаток практически во всем — в пище, воде, запасных частях и т. д., — но импровизация всегда приходила нам на выручку. Условия жизни были такими же простыми — лопата помогала вырыть квадратную яму в песке, две деревянные планки с натянутым на них мешком служили койкой, а брезентовый тент становился крышей дома... Пища была однообразной, но достаточно питательной, поскольку я не помню, чтобы мне когда-нибудь приходилось испытывать настоящий голод — только вечную жажду. Мысль надеть рабочую одежду на расположенных возле передовой аэродромах никому не приходила в голову, и такое предложение расценивалось бы как шутка. Разнообразие в стилях одежды — как офицеров, так и рядовых — напоминало парад клоунов; она варьировалась от хаки до любовно связанных, причудливых пуловеров и жакетов, присланных родственниками из Великобритании или каким-нибудь благотворительным обществом содействия армии. Наиболее распространенным цветом являлся коричневый — голубая униформа ВВС была редкостью, и ее обычно носили только те, кто недавно прибыл в часть. Пара выцветших шорт, носки и ботинки были обычной и вполне достаточной одеждой на протяжении дня, но по ночам часто бывало достаточно холодно и возникала необходимость в дополнительной верхней одежде или куртке на меховой подстежке. На солнце любая ткань выгорала до нейтрального песчаного цвета, и даже черные ботинки через некоторое время приобретали такой оттенок».

И, по словам Гарднера, пустыня порой оказывала странное воздействие на некоторых людей. Он вспоминает «опьяненного песком» капрала, который держал у себя ручного скорпиона и выводил его на утреннюю прогулку на тонком поводке, и летчика, ходившего повсюду с хамелеоном, привязанным шнурком от ботинка к отвороту его кителя.

Неудивительно, что для аккуратного и чистоплотного Дика время, проведенное им в пустыне, тянулось мучительно долго. Эти два года стали самым несчастливым периодом в его жизни. Он ненавидел грязь, нудную, монотонную работу и недостаток приватности. Но даже несмотря на это, он был представлен к званию ведущего механика, что позволило ему в качестве знака отличия носить пропеллер на рукаве своей униформы. К тому же далеко не все его воспоминания об Африке были мрачными. Он наслаждался короткими поездками в Каир и вверх по Нилу, а в длительные увольнительные совершал длительные путешествия автостопом до Иерусалима, Тель-Авива, Бейрута и Дамаска. На фотоснимке, сделанном в Тель-Авиве в 1942 году, он выглядит красивым и франтоватым в своей военной униформе, щегольском берете и с короткой дымящейся трубкой во рту. В тот день, когда он отправился осматривать пирамиды, ему даже впервые за много месяцев удалось проехаться верхом: не на лошади, а на облезлом верблюде. Устроившись на горбе верблюда, Дик почувствовал приступ тошноты, когда животное двинулось вперед своей неровной походкой, и вскоре ему стало так плохо, что он был вынужден спешиться.

Он продолжал обращаться к начальству с просьбами направить его обучаться на летчика и примерно раз в шесть месяцев проходил через еще одно собеседование, но ему неизменно отвечали отказом, поскольку механиков не хватало, а пилотов было в избытке. В ходе каждого собеседования Дика спрашивали, какое у него хобби, и поначалу от отчаяния он называл самые различные увлечения, которые могли бы убедить начальство в его огромной любви к небу. Он рассказывал о том, что любит наблюдать за птицами, запускать воздушных змеев, увлекается астрономией, но в конце концов исчерпал все идеи, и когда на следующем собеседовании раздражительный командир эскадрильи спросил, какое у него хобби, Дик честно ответил: «Охота, стрельба и рыбалка». Его немедленно выгнали за проявленное нахальство. Лишь в начале 1943 года Дик наконец сбежал от монотонной жизни в Северной Африке.

Для Мэри годы с 1940-го по 1942-й, напротив, были периодом расцвета, когда она добилась больших академических успехов, стала лидером своего дома и получила выпускную стипендию и место в Лондонском университете, начав реализовывать свой истинный потенциал.

После того как Милтон-Моунт переехал в Линтон, расположенный на скалистых уступах у северного побережья Девона, между Илфрэкомбом и Мэйнхедом, он оказался вдали от шума и жестокостей войны. Тысячи раненых и изможденных военнослужащих направлялись в этот район для восстановления после отступления из Дюнкерка, и, кроме того, тысячи детей эвакуировались из Лондона в Северный Девон, особенно в расположенный в двенадцати милях Илфрэкомб, куда, как писал *Miltonian News Sheet* в декабре 1940 года, не доносились «звуки войны». В течение сорокового года девочки могли видеть, как тяжелые немецкие бомбардировщики бомбили Кардиф и Суонси, находящиеся на противоположном берегу Бристольского залива, в Уэльсе, — но до Суонси было двадцать шесть миль, а до Кардифа тридцать. Позднее, начиная с февраля 1942 года, в деревне начали расквартировывать американских солдат, но они начали прибывать в большом количестве только в то лето, когда Мэри уже оставила школу. Как директриса мисс Фаррелл написала в своем годовом отчете за 1940—1941 гг: «Нас не беспокоили воздушные налеты с самого момента нашего прибытия, и хотя вражеские самолеты пролетали над нами по пути в Уэльс и курсом на северо-запад, бомбы не падали и зенитки не стреляли в радиусе двадцати миль от Линтона».

Разумеется, было введено нормированное распределение продуктов — сахара, масла и мяса, но не колбасы, — и «мы совсем не чувствовали, что где-то идет война», — говорила мне в 1998 году семидесятичетырехлетняя Джойс Гринслейд, жившая в доме, расположенном прямо напротив школы, в Тарр-коттедже, который мать Мэри арендовала с 1940 по 1944 год. Нетта Бренчли была далеко не единственной беженкой, нашедшей себе приют в Линтоне. «Сюда во время войны эвакуировались четыре школы, и обе местные гостиницы были полны богатых беженцев», — рассказывала миссис Гринслейд, прожившая в деревне всю свою жизнь и девочкой игравшая в хоккей на траве против команды Милтон-Моунта. «Это были хорошие девочки, — говорила она, — очень дружелюбные». Она также вспоминала о том, как на ее глазах несколько британских кораблей затонули в Бристольском заливе: «Я помню, как один из кораблей взорвался, прежде чем пойти на дно». А ее муж, Эдди, однажды был напуган, когда, возвращаясь домой в увольнительную, он шел по тропинке, проложенной вдоль края утесов на высоте не более трехсот футов над уровнем моря, и увидел прямо перед собой немецкий бомбардировщик. «Я не мог поверить, что он летит так низко, — рассказывал он. — Он находился на одном уровне со мной. Я даже бросил в него камень». Бомбардировщик, вероятно, был «Юнкерс-88», поскольку именно такие самолеты постоянно минировали Бристольский залив начиная с июля 1940 года.

По словам миссис Гринслейд, Линтон почти не изменился со времен войны и по-прежнему представляет собой тихую, маленькую деревушку, приютившуюся в складке береговой линии, в пятистах футах над морем и маленьким морским курортом Линмоуф, деревней-двойником, расположившейся у подножия скал, на берегах быстрой горной речушки. Даже в 1998-м Линтон походил на реликт тридцатых годов со своими узкими, извилистыми улочками, колокольней тринадцатого века, старыми деревенскими магазинчиками, тремя церквушками, расположенными в трехстах ярдах друг от друга, маленькими, сонными пабами, меблированными комнатами и крутой викторианской гидравлической железной дорогой («Подъемник»), связывающей его с Линмоуфом. Местные жители называют этот район «Маленькая Швейцария... где Эксмур встречается с морем», и его репутация необычайно живописного места вполне заслуженна. Шелли, Вордсворт и Кольридж в свое время были очарованы красотой этого места — Шелли жил в Линмоуфе в 1812 году, — и здесь на самом деле ощущается захватывающая дух атмосфера романтизма. Линтон расположен на высоких утесах, среди вересковых пустошей и поражает многообразием живописных видов на Уэльс через Бристольский залив — в месте, где лесистые крутые холмы резко обрываются к морю, зазубренные скалы окрашиваются в красный цвет на закате, освежающий морской бриз дует даже в июне, а все названия просто пахнут Англией: Долина Камней, Скалистая Бухта, Лесистая Бухта, Охотничья Таверна, Устье Хеддона, Дачный Холм. По ночам отдаленные огни Южного Уэльса мерцают на горизонте, словно светлячки. В 1940 году Линтон не имел ничего общего с Западной Пустыней.

В это мирное, идиллическое место мисс Фаррелл привезла своих подопечных в сентябре 1940 года, и вскоре 112 учеников разместились в двадцати девяти спальнях отеля «Империал» и двух соседних зданиях, которые руководство арендовало вместе с мебелью до тех пор, «пока не пройдет три месяца с момента восстановления нормального почтового сообщения между Англией и Германией». Отель, из окон которого открывался величественный вид на Уэльс через Линмоуфский залив, имел пристройку на Кастл Хилл и большую квартиру площадью 100 ярдов в доме на Черч Хилл. Местный конгрегациональный священник, преподобный Х. Ф. Сандерс, позволил школе использовать церковный зал собраний в качестве классной комнаты и гимнастического зала, а напротив отеля, на Кастл Хилл, находился пустырь, на котором мисс Фаррелл решила организовать игровую площадку для младших девочек, где они могли бы играть в дома и магазины в тени большого самбукового дерева. Поблизости также располагалась общественная зона отдыха с площадкой для крикета и четырьмя теннисными кортами, и, кроме того, школа арендовала несколько помещений для танцев и занятий живописью.

Но оставался еще целый ряд проблем: дом на Черч Хилл, который в школе называли Черчхилл-хаус, находился в плохом состоянии и был так переполнен, что мисс Фаррелл называла его «Кроличья нора». Ковровые дорожки в самом отеле были сильно протерты. Дренаж почти не работал, и мисс Фаррелл настолько беспокоилось о «бактериологическом» загрязнении воды, что настояла на том, чтобы ее кипятили и фильтровали до тех пор, пока система водоснабжения не будет улучшена. Условия проживания также были весьма стесненными: девочки набивались в спальню, словно в пригородную электричку, и едва могли передвигаться по столовой. Здесь не было актового зала, и поэтому игровая комната отеля в течение дня попеременно служила в качестве зала собраний, классной комнаты, помещения для музыкальных занятий и вечерней игровой комнаты. Позднее, когда зал для собраний конгрегациональной церкви был реквизирован местным комитетом по образованию и превращен в классную комнату для эвакуированных детей, игровая комната отеля стала служить еще и как гимнастический зал Милтон-Моунта. Здесь не было лабораторий или музыкальной комнаты, из-за чего пианино втиснули в спальни, распихали по чердакам и вестибюлям. Но то, что мисс Фаррелл и ее помощникам удалось найти новое место для школы и переехать туда всего лишь за десять недель, несомненно, было выдающимся достижением. Они не дрогнули даже тогда, когда перевозчики привезли книги прежде, чем книжные шкафы, а матрасы раньше, чем кровати.

Несмотря на все многочисленные проблемы, здесь были и свои преимущества. Мисс Хэрвуд написала в своей истории Милтон-Моунта:

«С самого начала девочки жили вместе, а не размещались по отдельным квартирам, что пришлось пережить многим эвакуированным школам. Во-вторых, они оказались в сердце самого красивого уголка Англии, и, поскольку это была настоящая сельская местность, им здесь предоставили значительно больше свободы, чем в достаточно беспокойном окружении Уорт-парка. В-третьих, они жили в маленьком городке и со временем смогли принять реальное участие в его жизни. Ученицы давали преставления в здании городской ратуши, порою в пользу местных благотворительных организаций. Девочки-скауты занимались сбором макулатуры. По субботам девочки имели возможность самостоятельно ходить по магазинам, и эта привилегия очень их радовала. За исключением дней воскресной службы, «хождения парами ушли в прошлое», и девочки теперь ходили на «домашние вечеринки» под присмотром старших учениц. Кроме того, здесь были купания в плавательном бассейне Линмоуфа, возвращение по гидравлической железной дороге или подъем по крутой горной тропинке, а при случае и купания в морской воде залива Ли».

Бадминтонная школа из Бристоля также нашла приют в этом районе — в отеле «Торс» в Линмоуфе, — и две школы проводили спортивные матчи, разделяли между собой стоимость лекций и концертов, обеспечивали друг другу дополнительную аудиторию во время театральных представлений, первым из которых была рождественская мистерия «Святые поиски», поставленная ученицами старших классов (в том числе и

Мэри), представленная публике в конце первого семестра в здании городской ратуши. Несмотря на все трудности, школа сумела организовать в конце семестра рождественскую распродажу, рождественское богослужение и провести торжественное собрание.

Школа оставалась открытой на протяжении всех рождественских каникул ради двадцати девочек, не имевших возможности поехать к родителям, и для них был устроен веселый рождественский вечер, одним из главных организаторов которого была мать Мэри. Нетта Бренчли арендовала Тарр-коттедж — убогий, грязный, маленький домишко с крохотной лужайкой и хорошим видом на море — так близко расположенный к стенам отеля «Империал», что восточные окна, балконы и пожарные лестницы буквально нависали над садиком коттеджа. «Это был забавный маленький домик», — рассказывает Джойс Гринслейд, и Мэри определенно испытывала клаустрофобию из-за того, что ее мать живет так близко от школы и постоянно заглядывает внутрь. Но неутомимые усилия Нетты на благо школы высоко ценились ее сотрудниками, и Хильда Хэрвуд написала о ней в своей истории школы, сказав, что в те годы она проявляла «большую доброту и радушие к девочкам и учителям, особенно из шестого класса». Взамен школа позволила мисс Бренчли держать четырнадцатилетнюю сестру Мэри, Джин, дома и посылать ее в школу как дневную ученицу за значительно меньшую плату, в тридцать гиней в год вместо обычных ста гиней или больше. Мэри также, по сути, стала дневной ученицей, к зависти многих своих подруг. «Я помню, что думала, как замечательно иметь возможность каждый день приходить домой, не только ради домашней пищи, но и ради возможности иметь тихое местечко для чтения», — рассказывала мне Элисон Шрабсоул. А другая соученица, Урсула Уолкер, рассказывала: «Каждый воскресный полдень мать Мэри приглашала подруг Мэри или младшей ее сестры Джин к себе на чай, что всегда было для нас большим удовольствием».

Нетта испытала особенно сильное облегчение от того, что она убежала от угрозы лондонских бомбежек после того, как 16 августа 1940 года Нью-Мелден подвергся самому массированному воздушному налету за всю войну: восемьдесят человек погибло, около пятисот ранено, восемьдесят четыре дома были полностью разрушены, 1300 повреждено, также сильно пострадала железнодорожная станция, оказались разорванными водопроводная и газовая магистрали. Весь сентябрь Кингстон сильно бомбили, а затем, в ночь на 7 ноября несколько фугасных бомб упало перед фасадом и в саду дома, на углу Кингсмеад-авеню и Лондон-роуд, причем ближайшая из них не более чем в двухстах ярдах от дома Бренчли, расположенного по адресу Кингсмеад-авеню, 17. В действительности бомбы лишь слегка задели овощные грядки позади дома 12 по Кингсмеад-авеню — и другие бомбы, падавшие поблизости в течение всей войны, приземлились на расстоянии около трети мили в дальнем конце Кингсмеад-авеню, на задворках сада у дома 24 по Ховард-роуд, — но сам Нью-Мелден за время войны пострадал от падения не менее чем 570 фугасных бомб, двадцати двух снарядов и сотен зажигательных бомб. В результате этих бомбежек погибло 552 человека, было разрушено 330 домов и повреждены почти все дома в этом районе. Более четырех тысяч женщин и детей были эвакуированы из Нью-Мелдена в течение войны и почти 1400 человек остались бездомными.

Первый семестр 1941 года в Милтон-Моунте начался с собственного потрясения: буквально через неделю одна из учениц, Мэри Биллс, была исключена из школы «за тлетворное влияние». Затем школа пострадала от эпидемии кори, хотя это не помешало девочкам играть в лакросс, организовать музыкальный фестиваль, конкурсы ораторского искусства, живописи и вышивания и поставить несколько спектаклей для конгрегационального и методистского обществ, в том числе пьесу Шеридана «День святого Патрика, или Коварный лейтенант», где режиссером была Мэри, а актерами ученицы шестого класса. Девочки-ска́уты уже вернулись к активной деятельности, и старшие девочки вовсю продолжали вязать для армии и штопать носки солдатам, расквартированным поблизости. Возможно, Мэри собственноручно связала один из этих «странных пуловеров», которые, по словам Гарднера, посылались рядовым ВВС в пустыню — и, кто знает, может быть, именно его носил Дик Фрэнсис?..

Мэри расцвела в течение двух последних лет обучения в Милтон-Моунте. Она усердно трудилась, много читала, занималась плаванием, представляла школу в соревнованиях по теннису и принимала самое деятельное участие во многих театральных постановках, например таких, как пьеса Лоуренса Хаузмена «Братское солнце», которую девочки представили в ноябре 1941 года в актовый день, и еще трех постановках, которые драматическое общество представило в весенний семестр 1942 года. «Одной из отличительных особенностей Мэри было ее необыкновенное очарование, — рассказывала мне Элисон Шрабсоул. — Когда мы уже учились в шестом классе, нам разрешили после уроков спускаться по тропинке к подножию утесов и купаться в море возле Линмоуфа. Однажды вечером мы несколько задержались с возвращением. Тут Мэри пришла в голову идея попросить ее подвезти редкого автолюбителя, проезжавшего мимо. Ни у кого из нас не было с собою денег, но ее очарования оказалось достаточно. Она спокойно поехала вверх, в то время как мы бежали всю обратную дорогу, опасаясь, что вернемся в школу слишком поздно».

Как ни странно, Мэри не выиграла в последний год никаких призов, даже один из трех призов по французскому языку, которые вручали в 1942 году, но она превосходно училась, была главой Дома Рэлей, и получила Знак Отличия за заслуги перед школой — серебряный щит с выгравированными на нем буквами ММК. Более чем через сорок лет Мэри написала открытое письмо всем выпускницам, опубликованное в *Miltonian News Sheet*, чтобы выразить свою благодарность школе за привитые ей здесь высокие стандарты, а через девять лет написала еще раз, для того чтобы повторить то же самое. Контраст со школьными годами Дика вряд ли мог быть более разительным. «Мы прекрасно проводили время в Линтоне», — рассказывала мне Мэри Юлл.

«Вспоминая годы, проведенные нами в Линтоне, — писала Хильда Хэрвуд, — забываешь о всех трудностях и неудобствах и вспоминаешь славные походы через вересковые пустоши или вдоль побережья, с рюкзаками за спиной с принадлежностями для пикника... Вспоминаешь также праздники, когда старшие девочки выходили в долгие экспедиции и эксперты умело ловили форель руками, которую затем готовили на берегу реки...» Более всего удивительно то, что мисс Фаррелл и учительскому персоналу как-то удавалось поддерживать стандарты обучения в Линтоне на том же высоком уровне, что и в Уорт-парке, и, несмотря на нехватку нужного оборудования, результаты экзаменов были необыкновенно хорошими не только в академических дисциплинах, но также в музыке и естественных науках.

На протяжении последних двух лет обучения Мэри в Милтон-Моунте ее любимыми предметами были английский и французский языки, которые преподавали мисс Хэрвуд и мисс Рэби, обе получившие степень бакалавра гуманитарных наук в Лондонском университете, и данное обстоятельство, несомненно, повлияло на решение Мэри пойти учиться в то же учебное заведение после того, как в июле 1942 года она успешно сдала экзамены на получение аттестата средней школы.

Нет сомнений, что своими отличными результатами Мэри во многом обязана обеим женщинам, и, когда летом 1942 года в возрасте восемнадцати лет она оставила Милтон-Моунт, школа наградила ее одной из выпускных стипендий Торнли, гарантирующей ей стипендию в течение трех последующих лет. Из пяти девочек, получивших стипендию Торнли в тот год, лишь Мэри и еще одна оказались достаточно вежливы, чтобы написать в правление школы благодарственное письмо. И каждый семестр, на протяжении последующих двух лет, с прибытием нового чека из Милтон-Моунта, она писала снова, чтобы поблагодарить правление. Нетта Бренчли правильно воспитывала свою дочь.

Последний семестр Мэри в Линтоне был типичным для Милтон-Моунта тех времен. Она и ее подруги из шестых классов дважды в неделю организовывали чаепития для раненых из местного госпиталя. Они присматривали за новым огородом, где выращивались овощи для школы. В июне они приняли участие в практической помощи школьников округу, работая курьерами и санитарами, а на концерте в честь актового дня ученицы старших классов исполняли кантату «Леди из Шалотт». И в последний уик-энд, проведенный Мэри в школе, в ходе традиционной встречи с выпускницами в первые три дня августа она играла в крикет за шестой выпускной класс против команды старых выпускниц — школьницы победили 57:33, — а затем приняла участие в огромном общем пикнике на Холлердей Хилл, за которым последовал ужин и две пьесы, представленные выпускным классом. В понедельник они сыграли свой финальный теннисный турнир, прежде чем покинуть школу четвертого августа. Здесь все было очень по-английски и по-милтонмоунтски.

В 1946 году школа Милтон-Моунт в конце концов вернулась в Уорт-парк и просуществовала до июля 1960 года, после чего была закрыта вследствие сочетания финансового кризиса и постоянной угрозы строительства новых зданий, окружавших колледж и его земли. Школа также страдала от все усиливающегося шума и беспокойства, вызванного расширением расположенного поблизости аэропорта Гэтвик. «Где еще недавно росли красивые леса и зеленели поля, покрывавшиеся лютиками по весне, текли тихие ручьи вдоль берегов, поросших нарциссами, теперь пролегли шумные дороги и возникли ряды безликих домов», — с печалью писала Хильда Хэрвуд. Главное здание школы было снесено, чтобы уступить место земельным участкам под новую застройку, в том числе и блок башен под названием Милтон-Тауэрс — «жуткое нагромождение шестиэтажных строений, — рассказывала мне Мэри Юлл. — Но сады все еще там, как и парковая дорожка, по которой мы с Мэри в свое время так любили прогуливаться». Двумя годами позже Милтон-Моунт был слит с колледжем Вентуорт из Боурнмоута. Что касается отеля «Империал» из Линтона, то после войны он снова превратился в отель, но с тех пор был перестроен, и теперь в нем находятся семнадцать роскошных квартир. Но Тарр-коттедж все еще находится здесь, зажатый между старым отелем и рестораном. Сегодня маленький сад камней, расположенный слева от входной двери, охраняют пять крохотных садовых гномов. Нетта Бренчли пришла бы от них в ужас.

Глава 5

ЮЖНАЯ РОДЕЗИЯ И РОЙАЛ ХОЛЛОУЭЙ (1943—1944)

В конце 1942 года двадцатидвухлетний Дик Фрэнсис по-прежнему находился в Западной Пустыне, продолжая упрашивать командование Королевских ВВС позволить ему обучаться на пилота, и в начале 1943 года его неослабевающее упорство в конце концов было вознаграждено. К тому времени война в Африке уже почти была выиграна, служба Дика в качестве рядового механика уже не была так жизненно необходима, как когда-то, и его отправили обучаться на пилота в британскую центральноафриканскую колонию Южная Родезия. С чувством огромного облегчения он покинул Западную Пустыню и на военном транспортном корабле отправился к Кейптауну через Средиземное море и Атлантику, а затем на поезде через дикий Трансвааль к южнородезийскому городу Булавайо, где всего лишь пятьдесят лет назад находилось столичное селение короля Лобенгулы, предводителя воинственного племени матабеле.

Королевскими ВВС в соответствии с государственным планом летной подготовки было организовано десять летных учебных школ в Южной Родезии (а другие в Канаде и Южной Африке), поскольку в лояльном заморском окружении молодые пилоты имели возможность летать при хороших погодных условиях и не опасаясь вражеских атак. Южная Родезия с миллионами акров пустынного вельда, гранитными скалами, живописными пейзажами, непугаными дикими животными и огромными чистыми небесами была великолепным местом для обучения молодых людей летному искусству. Как написал Хью Морган в своей истории этой программы подготовки пилотов «Сиденьем ваших штанов», «курсанты прибывали в страну, свободную от бомбежек, где ярко горели огни, было много роскошной пищи и жили гостеприимные и порой необычайно щедрые люди, что представляло разительный контраст с разрухой, всеобщим затемнением и нормированным распределением, оставленными курсантами в Великобритании».

Дик поначалу был направлен в эскадрилью начальной подготовки, расквартированную в Хиллсайде, в нескольких милях к югу от Булавайо, возле того места, где впечатляющий барельеф Сесила Родеса высечен высоко среди скал Матопо Хиллс. К счастью, прибытие его группы ожидалось в отличие от группы из трехсот человек, прибывшей на несколько месяцев ранее, к ужасу руководства родезийского центра летной подготовки, которое попросило Военное министерство в Лондоне выслать три сотни пропеллеров, а вовсе не три сотни летных экипажей[1]. Прибытие на Хиллсайд было описано в книге «Сиденьем ваших штанов» Аланом Холлоуэем, побывавшим здесь на восемнадцать месяцев ранее Дика:

«Тренировочный самолет «Тайгер моф» (Tiger Moth) стоял рядом со строевым плацем, несомненно, для того, чтобы поддерживать в нас надежду, но сам лагерь вовсе не был аэродромом, а скорее представлял собою сельскохозяйственную выставку и рынок Булавайо. Многие из нас жили в переоборудованных стойлах для скота и свинарниках, в то время как остальные размещались в длинных рядах брезентовых палаток или домиков с зияющими пустотами в тех местах, где обычно находятся окна и двери. Казалось, что здесь нас тысячи, и очень скоро мы лишились всяких иллюзий и уже не рассчитывали быстро подняться в воздух. Местность вокруг Булавайо казалась красной и пустынной, наполненной лишь красной землей, пылью и дорогами, представлявшими собой две узкие полоски асфальта, проложенные в центре автомобильной колеи. Уборные находились на большом расстоянии от жилых блоков, поэтому возле дверей домиков выставлялись ряды ведер для ночного использования. После одной из вечеринок несколько курсантов привели с собой в лагерь девушек, чтобы показать им домики, в которых они живут. Одна из девушек невинно поинтересовалась: «А что это за ведра?» Смущенный курсант, проявив находчивость, ответил: «Это пожарные ведра». «Но они пус-

[1] Airscrew — пропеллер; aircrew — летный экипаж *(англ.)*.

тые», — продолжала упорствовать девушка. «Э... да, — сказал молодой человек, — но мы обязательно наполним их позднее».

После прохождения начальной подготовки в Хиллсайде Дик был направлен в летную учебную школу в Кумало, расположенную в нескольких милях к северо-востоку от Булавайо, для прохождения двенадцатинедельного базового летного курса, за которым должен был последовать более основательный двадцатичетырехнедельный курс на аэродроме Торнхилл, возле Гвело. Оба этих курса требовали налета 225 часов — включая ночные полеты и полеты в плохих погодных условиях, — и лишь потом пилоты получали свои крылышки.

Дик провел в Родезии около года, и очень скоро ему пришлось пожалеть о всех своих школьных прогулах. Никогда не уделяя должного внимания математике, он столкнулся с большими трудностями при обучении навигации — ему приходилось считать на пальцах, когда требовалось определить широту и долготу, — и на этот раз Дик не совершал побегов, а час за часом слушал лекции в аудитории по теории полетов, средствам связи, метеорологии и дюжинам других предметов. Но когда дело дошло до самих полетов, Дик оказался в своей стихии. Его первый инструктор был рад услышать, что в гражданской жизни Дик увлекался лошадьми, поскольку хорошие наездники легко обучаются технике полета, вероятно, потому, что их легкие чувствительные руки так же хороши при выравнивании самолета и точном контроле за положением штурвала, как и при управлении лошадью. Так и оказалось, даже несмотря на то что Дику приходилось подкладывать на сиденье подушку, чтобы доставать до пульта управления. Один из инструкторов, лейтенант Томас Шелдон Килпатрик, позднее оценил его как «среднего» пилота, но для Дика полет на самолете, во всех его деталях, был именно таким радостным и освобождающим опытом, как он и мечтал. Он наслаждался своим одиночеством в небесах, особенно при выполнении фигур воздушной акробатики — вращая, переворачивая и заваливая на крыло свой маленький маневренный одномоторный самолет. Он радостно выделывал курбеты в небе Центральной Африки, как человек, освободившийся от всех забот, перепрыгивая через облака, словно снова был всадником, его самолет — лоснящимся гунтером, а облака — всего лишь препятствиями из живой изгороди, протянувшейся в воздухе. Он пренебрегал опасностью, в точности так же, как он всегда это делал, занимаясь охотой и стипль-чезом, даже несмотря на то что обучение полетом было по-настоящему опасным занятием и неоперившиеся пилоты нередко терялись в буше и порой убивали себя и своих инструкторов.

Однако обучение Дика не было полностью безоблачным. «У нас был один инструктор, известный тем, что он постоянно кричал по интеркому во время полета, и это могло вывести из себя любого, — рассказывал мне Рой Палмер, который тоже в тот год обучался на пилота в Родезии и позднее стал другом Дика на всю жизнь. — Чем больше он кричал, тем хуже вы управляли самолетом, и Дик оказался настолько невезучим, что именно этот человек был его инструктором в Торнхилле».

В своей автобиографии Дик уделяет году, проведенному в Родезии, менее одной страницы и ничего не говорит о тех новых друзьях, которыми он там обзавелся, — других пилотах, таких, как Джон Стефен и Эрик Джинжер, — но живое преставление о тамошней жизни ВВС можно получить из дневников «Годы надежды» будущего кабинет-министра Энтони Веджвуда Бенна, который обучался на пилота в Южной Родезии сразу же после отбытия оттуда Дика. Бенн также проходил подготовку в Гвело, и он рассказывает о том, что их будили каждый день в 6.15 утра африканским криком «уаки, уаки»; им позволяли получать не более одного авиаписьма в неделю; им платили 5—10 фунтов в неделю, но они имели возможность покупать десять крепких сигарет «Том Том» за один пенни; они регулярно ходили в кино и смотрели фильмы с такими кинозвездами, как Рита Хэйворт; и о частых вечерах в клубе для военнослужащих, где они танцевали и флиртовали с несколькими местными девушками и женщинами из польских ВВС. Как и Дик, Бенн имел проблемы с точной навигацией, и он описывает, как однажды ночью у них проходили занятия по ориентированию в буше:

«Нам были выданы плотные гетры, карты и компасы, и мы сели в грузовик, когда заря только занялась. Грузовик тронулся с места, и, когда мы поехали через Булавайо, все затянули старую сентиментальную солдатскую песню, которая на фоне окружавшего нас пейзажа звучала очень приятно. Небо на востоке пожелтело и стало золотисто-оранжевым, а над грядою черных облаков сияла Венера, утренняя звезда. Нас выбросили в начальной точке, задав курс 168 градусов и расстояние пятнадцать миль по пересеченной местности. Я продирался вперед, но постепенно, по мере того как жара возрастала, а местность становилась все более трудной, начал все чаще спотыкаться и ругаться сквозь стиснутые зубы».

Однажды вечером в лагере появился Ноэль Ковард и дал сольное представление, исполнив на нем песни «Не пускай свою дочь на сцену», «Миссис Уортингтон», «Давай улетим» и «Не позволяй себе быть бесчеловечным с немцами». Как почти каждый курсант, проходивший там подготовку, Бенн совершил путешествие к водопаду Виктория, чтобы посмотреть на бабуинов, крокодилов и восхититься сокрушительной силой одного из величайших чудес, которое местные жители на своем диалекте называют «Моси-оа-туниа», «Дым, который гремит». Там были и увольнительные, которые курсанты проводили в родезийской столице

Солсбери. «Находиться там было значительно приятнее, чем в Англии, особенно когда дело касалось еды, — рассказывал мне Рой Палмер. — Мы заходили в отель и заказывали роскошный ужин, который ни за что не смогли бы отведать в то время в центре Соединенного Королевства».

Как и Дик, Тони Бенн наслаждался самим полетом, даже несмотря на то, что два курсанта и инструктор погибли в двух разных катастрофах, произошедших в течение менее трех недель, — в одной из них самолет врезался в высоковольтную линию, а в другой в воздухе столкнулись два «Оксфорда». Из чистого озорства и ради развлечения он порой летал так низко над обожженной солнцем землей, что его самолет опускался ниже самых высоких деревьев и скалистых холмов. Африканцы махали руками, когда он с ревом проносился над их хижинами, или разбегались врассыпную и в ужасе прятались в укрытия, если он летел слишком низко. А порою он и его инструктор, Кроуншеу, летали над рекой Лунди, высматривая внизу крокодилов: «Мы увидели трех бегемотов в центре реки, и, когда наш самолет оказался прямо над ними, они медленно погрузились на дно, словно подводные лодки». В другой раз он намеренно пролетел над большим пожаром в буше и горячий воздух поднял его самолет на высоту более 9 000 футов.

Он наслаждался даже ранними вылетами, которые начинались в 5.20 утра. «Мы с Кроуншеу поднялись в воздух, когда солнце только начинало вставать, и это было потрясающее зрелище, — писал Бенн. — Лежавшая под нами земля была покрыта оттененным пурпуром туманом, и ясные голубые, оранжевые и желтые краски родезийского восхода постепенно уступали место яркому белому свету восходящего солнца. Мы долетели до Сенале, где начали отрабатывать взлет, круг и заход на посадку». Другим ранним утром, когда у Бенна были часовые сольные упражнения по воздушной акробатике, он видел восход солнца дважды: «Поднявшись над землей, я посмотрел на восток и увидел слабый желтый свет приближающейся зари. Когда я поднялся еще выше, на значительную высоту, сцена восхода солнца предстала передо мной во всем своем великолепии, и вот уже вскоре я летел в лучах солнечного света, наблюдая за тем, как подо мной отблески нового дня еще только золотят вершины гор. Я продолжил свой подъем, очарованный красотой всей этой картины...»

Неудивительно, что Дик испытывал радостное возбуждение после того, как он много месяцев увязал в песке, занимаясь утомительной, нудной работой в Западной Пустыне. Когда Тони Бенн в марте 1945 года наконец оставил Родезию на поезде, он записал в своем дневнике: «Я стоял в дверях последнего вагона поезда и в последний раз наблюдал за заходом солнца в Родезии. Это было впечатляющее зрелище, позволяющее почувствовать всю магию Африки».

Дик, должно быть, испытывал примерно то же самое, когда он закончил свою подготовку и в 1944 году вернулся в Англию, чтобы присоединиться к боевым действиям и встретить женщину, которая окажется величайшей любовью всей его жизни.

Пока Дик учился летать, в выпуске за 1943 год литературного журнала «Эринна», ежегодника, авторами и издателями которого были преподаватели и студенты Королевского Холлоуэй Колледжа при Лондонском университете, появился короткий, живой рассказ о летчике-истребителе ВВС. Рассказ назывался «Летчик», и его автором была Мэри Бренчли. Там с необычайной точностью описывались те самые чувства, которые испытывал Дик во время тренировочных полетов, — радостное возбуждение и пустота, счастье от свободы в одиноких небесах, среди смеющихся облаков — и он ясно свидетельствует о том, что в возрасте девятнадцати лет Мэри испытывала глубокую любовь к слову, уже выработала в себе строгий повествовательный стиль и использовала некоторые литературные трюки, которые вновь всплывут на поверхность через двадцать лет в романах Дика Фрэнсиса. В семи коротких абзацах, описывающих напряжение воздушного боя, боль потери, разочарование победы, безнадежную надежду на лучший мир, вы можете расслышать подлинный голос каждого героя Дика Фрэнсиса из всех его будущих книг. Журнал «Эринна» — названный в честь молодой греческой поэтессы, чья белая мраморная статуя украшала картинную галерею и все еще стоит в аркаде часовни — был одним из многих увлечений Мэри в Холлоуэй. В 1944 году она стала секретарем журнала и написала еще один рассказ для очередного выпуска. В этом рассказе, под названием «Пожарник», действие происходит в ходе бомбардировки Лондона, и написан он тем же сжатым и образным языком, как и любой триллер Дика Фрэнсиса.

Мэри поступила в женский Королевский Холлоуэй Колледж 1 октября 1942 года, за три недели до того, как генерал Монтгомери провел наступление в Северной Африке, которое привело к победе при Эль-Аламиене. Хотя Холлоуэй являлся частью Лондонского университета, он располагался в восемнадцати милях к западу от Лондона, в Энглефилд Грин, возле Эгхема в Суррее и не более чем в двенадцати милях от конюшен Винса Фрэнсиса в Уокингеме. Это было огромное четырехэтажное здание из камня и красного кирпича, построенное на поросшем лесом участке площадью девяносто четыре акра. Учебное заведение было основано в 1886 году викторианским миллионером и филантропом Томасом Холлоуэем, заработавшим себе огромное состояние на продаже слабительных пилюль и мазей. Должно быть, по прибытии туда Мэри испытала священный ужас, хотя она уже имела опыт обучения среди архитектурного великолепия Уорт-парка, поскольку Холлоуэй был еще больше и внешне скорее напоминал сказочный замок, чем современное место для обучения. Он имел фантастический вид со своими бесчисленными башенками, террасами и колоннадами, сорокаметровой башней с часами, огромными воротами и обширными лужайками, расчерченными двойными квадратами, среди которых стояли памятники королеве Виктории, Томасу Холлоуэю и его жене Джейн. Еще там были винтовые лестницы, озеро с лодками, часовня, знаменитая картинная галерея, наполненная бесценными полотнами Констебля, Гейнсборо, Лендсира, Миллайса и Тернера. «Как символ... как образ, как приманка для туристов, Королевский Холлоуэй Колледж был непревзойден, — писал историк архитектуры Джон Мордаунт Кук. Он разделял все величие — и неудобства — своего главного прототипа, дворца Шамбо... Результат был сенсационным».

В это переполненное культурой и академичностью строение прибыла восемнадцатилетняя Мэри Бренчли, которая теперь уже выглядела как сказочная принцесса со своими светлыми волосами, как будто фарфоровой кожей, покрытой веснушками, и глубокими голубыми глазами. Она была одной из семидесяти трех новых студенток, которые довели общее число обучающихся до 170, и каждая из них платила 144 фунта в год за обучение и проживание. Перед войной каждая студентка Холлоуэя имела отдельную спальню и кабинет, но требования войны привели к тому, что теперь ни одна студентка младшего курса не могла занимать более одной комнаты и многие девушки даже были вынуждены разделять одну, поскольку восточное крыло было занято Территориальной вспомогательной службой под школу младших офицеров. Так что Мэри пришлось разместиться в маленькой комнатке на третьем этаже, где из обстановки были диван-кровать, стол, один стул, гардероб и окно с видом на внутренний двор.

Продолжительность ее обучения также была сокращена. Ранее большинство студенток имели три года для получения своей степени, но Мэри, как и двадцать две другие девушки, была вынуждена комплектовать свой курс обучения, рассчитывая всего лишь на два года, поскольку согласно новым правилам военного времени каждая женщина, достигшая двадцати лет, была обязана каким-то образом исполнять воинскую повинность. Это постановление жестоко урезало университетскую карьеру Мэри, и, что самое обидное, как только она оставила Холлоуэй в июле 1944 года, течение войны повернуло вспять, и согласно новым смягченным правилам девушки, которые приступили к обучению в октябре 1943 года, как и раньше, имели полных три года на получение ученой степени.

Война, конечно же, оказывала большое влияние на социальную жизнь студенток, так же, как и на условия их обучения. Каждое из многочисленных огромных окон колледжа должно было затемняться по ночам каким-нибудь темным материалом, чтобы даже отблеск света не смог привлечь внимания немецких бомбардировщиков. Девушкам было запрещено принимать ванну более чем в трех дюймах воды, и, хотя горничные затапливали в комнатах камины, это разрешалось делать только через ночь, поэтому студентки бродили по окрестностям в поисках дров для своих каминов и не снимали с себя ночные рубашки в течение дня, чтобы сохранить их тепло. По чьему-то хитроумному замыслу зимой в колледже единственной по-настоящему теплой комнатой была библиотека. Еда была нормирована, и огромные спаржевые грядки колледжа были перекопаны под посадку картофеля, хотя колледж также имел свои парники, фруктовый сад и свиноферму, поэтому завтраки, по крайней мере, были обильными, с кусками жирной свиной колбасы. Одна из соучениц Мэри, Филиппа Мойллер, рассказывала Каролине Бингхэм для ее книги «История Королевского Холлоуэй Колледжа»: «У нас всегда было много бульона, так что наша обычная процедура состояла в том, чтобы схватить и проглотить наспех первое блюдо, схватить и проглотить наспех пудинг, а затем залить все это бульоном. Это вызывало сожаление у наших наставников». Служебные коридоры под колледжем были переоборудованы в бомбоубежище, и поскольку многие из членов обслуживающего персонала были призваны для прохождения воинской повинности, студенткам платили по 10 пенни в час за оказание помощи в работе по дому, за то, что они подметали сухие листья и поддерживали порядок в саду. Некоторые девушки даже занимались сельскохозяйственными работами, и большинство студенток вязали и шили для армии или собирали книги и макулатуру в пользу Красного Креста. И все же некоторые из старых, довоенных стандартов поддерживались невзирая ни на что. Так, например, в воскресенье вечером девушки надевали длинные вечерние платья и выходили в холл — парами, что напоминало Мэри Милтон-Моунт, — где им за столом прислуживали горничные в униформе, под бдительным присмотром дворецкого колледжа Фрэнка Пайна.

Поскольку другие колледжи Лондонского университета были эвакуированы и студенческий союз закрыт, больше не существовало полезного довоенного обмена между Холлоуэем и родственными колледжами, расположенными в опасной столице. Межинститутские лекции и спортивные матчи тоже были отменены, и, кроме того, студентки оказались отрезаны от лондонских театров, кино, выставок, картинных галерей и музеев. Время от времени в Холлоуэй на танцы приглашались кадеты из расположенных поблизости Сэндхарста и Кэмберли, но во все оставшееся время социальная жизнь девушек была ограничена маленькими вечеринками с чаем, которые они устраивали в своих комнатах, или велосипедными прогулками по Эгхэму, Энглефилд Грину или Раннимеду, по дорогам, лишенным указательных знаков из-за страха вторжения. Студенток, изучающих французский, порой направляли в Лондон, где они исполняли роль официанток во французском офицерском клубе на площади Сент-Джеймс, но эти редкие случая вряд ли могли компенсировать для девушек скудость социального общения. Но даже несмотря на это, за время обучения Мэри две девушки вышли замуж, а третья умудрилась забеременеть. Будущую мать попросили оставить колледж по той причине, что «некоторые студентки еще очень молоды».

Современные студентки никогда бы не приняли ограничения и правила, существовавшие в Холлоуэе в те дни, поскольку жизнь девушек была так строго отрегулирована, словно они все еще обучались в школе. Их будили по звонку в 7 утра, призывали в часовню по другому звонку в 7.50, затем следовали занятия, длившиеся с девяти до часу, когда другой звонок призывал девушек на ленч. После чая в четыре они снова занимались до семи, после чего два новых звонка объявляли о первой и второй смене на ужин. После ужина они снова должны были заниматься от 20.30 до 22.00, за исключением субботы. В 22.25 звучал сигнал к отбою, и в 22.30 во всех общественных помещениях гасился свет. От студенток требовалось посещать утреннюю молитву и лекции, а по воскресеньям ходить в часовню при колледже или «другие места богослужения». Все обращались друг к другу не иначе как «мисс», а всевозможных мелких ограничений и правил существовало огромное число:

«От студенток требуется ежедневно выполнять физические упражнения. Им запрещается прогуливаться или кататься на велосипеде в одиночестве далее непосредственной близости от здания колледжа, и они обязаны находиться на его территории не позднее одного часа после захода солнца, за исключением тех случаев, когда имеется разрешение на отсутствие»; «Студентки должны находиться во внутренних помещениях к десяти вечера, когда дом запирается, за исключением тех случаев, когда имеется разрешение на отсутствие»; «Ни одна студентка не может отсутствовать в столовой без разрешения директора колледжа или заместителя директора»; «Мужчины, кроме отца, брата или опекуна, не могут приниматься на территории колледжа без специального разрешения, полученного от директора или его заместителя».

Каждая вновь прибывшая девушка получала листок бумаги с отпечатанными на нем инструкциями, указывающими ей, что она должна застелить постель и открыть окно, прежде чем в 8 утра выйти из своей спальни на завтрак. В комнатах запрещается держать вино и другие спиртные напитки. Если студентка хочет выйти после ужина, ей необходимо до 7 вечера получить соответствующее разрешение директора или его заместителя. И так далее и тому подобное. Даже визит к преподавателю строго регламентировался. Чармиан Холлиоак (в девичестве Хамфрейс) рассказывала Каролине Бингхэм: «Если вас пригласили на чай, вы можете остаться на сорок минут, если на кофе, то не более чем на двадцать». Когда в 1943 году комиссию по вопросам образования попросили определить послевоенную политику колледжа, она признала, что в Холлоуэе царит «атмосфера школы-интерната» и колледж слишком изолирован от Лондонского университета, в результате чего потенциал студенток и преподавателей не используется в полной мере ввиду отсутствия интеллектуальных стимулов. Кроме того, комиссия отметила, что «недостаток социальных контактов, особенно с мужчинами, порождает в студентках чувство неуверенности, из-за чего многие из них покидают колледж недостаточно зрелыми для того, чтобы в полной мере выполнять свои социальные обязанности». Неудивительно, что в такой замкнутой, застоявшейся атмосфере Холлоуэя девушки редко вступали в контакт с теми, кто обучался на других курсах или изучал другие предметы, а обычно ограничивали круг своего общения тем, что называлось «семьи», состоящими из однокурсниц или ровесниц.

Когда Мэри поступила в Холлоуэй — который теперь является колледжем совместного обучения и носит названия Ройал Холлоуэй энд Бедфорд Нью Колледж, — почти сразу же засела за подготовку к экзамену по дополнительной латыни и успешно его сдала, а затем полностью сосредоточилась на изучении французского и английского языка. Она начала изучать старофранцузский язык, французскую прозу, филологию, переводы старой и современной французской литературы. Девушки из группы Мэри были умными, сообразительными, и их учителя радовались за них. Самая молодая из преподавательниц, Нэнси Джонс, охарактеризовала в своем рапорте студенток предыдущего курса — «группа, лишенная мозгов», — но о группе Мэри она написала в конце первого семестра, что это «превосходные студентки... Всегда полностью погружаются в работу. Проявляют большой энтузиазм и высокий интеллект». Другая преподавательница, мисс Маквильям (известная как «Куилли»), согласилась с ней: «Очень хорошие студентки. Первый курс проявляет энергию и индивидуальность».

На своем курсе английского языка Мэри изучала сравнительную грамматику, литературную критику, фонологию, фонетику, древнюю и средневековую английскую грамматику и тексты, литературу Ренессанса, английскую драматургию с 1400 по 1700 год (включая пьесы Шекспира и Марло) и литературу шестнадцатого — восемнадцатого веков. Контраст с полулитературным образованием Дика вряд ли мог быть бóльшим.

Мэри была «приятная, открытая, дружелюбная девушка, и она обычно носила свои светлые волосы заплетенными в косы, которые она оборачивала вокруг головы, — рассказывала мне ее однокурсница Маргарет Линдсей (в девичестве Спенсер). — Она была популярной и очень общительной». Другая ее однокашница, Берил Кэйнк (в девичестве Уайтхэд), отзываясь о Мэри, говорит, что это была «яркая личность... стройная девушка с льняными волосами, которые она носила заплетенными в косы, обернутыми вокруг головы, наподобие короны, яркими голубыми глазами, стройной фигурой и ясной улыбкой — на самом деле я просто не могу представить себе ее лицо без улыбки, часто насмешливой. Я думаю, у Мэри хорошее чувство юмора». Когда через много лет мисс Кэйнк узнала, что в своей последующей жизни Мэри научилась управлять самолетом, она сказала: «Я подумала про себя: «Конечно же, она сделала это, даже не моргнув глазом и от души веселясь!»

Среди ближайших подруг Мэри (всем, кроме одной, было по восемнадцать лет) были Барбара Крокетт, дочь бухгалтера из Питерборо; Гвендолин Феллоуз, дочь директора школы из Лестера; Патриция Фицмаурис-Келли, приехавшая из Хоува в Суссексе; Маргарет Гриффитс, дочь упраляющего банком из Эшера; Маргарет Халл, дочь йоркширского викария из Тэдкастера; Маргарет Оджден, дочь ювелира из Аккрингтона; Джоан Плэтер, дочь строителя из Коулсдона; Хонор Сеуэлл, дочь владельца приготовительной школы из Норфолка; и Джин Синклейр, сирота из Лондона.

«Мы все были членами одной «семьи» — так у нас в колледже называли неформальные группы из семи-восьми подруг, которые имели обыкновение собираться в комнатах друг друга, чтобы вести поздние разговоры, попить чаю и т. д., — рассказывала мне Гвендолин Феллоуз (мисс Морлей-Моуер). — Чаепитиям в комнате Мэри придавал особый колорит ее чайный сервиз из девонского фарфора — простые круглые чашки различных однотонных цветов — это было необычно, стильно и очень характерно для Мэри». Мисс Морлей-Моуер добавила:

«У Мэри был стиль. Она выглядела просто потрясающе со своими длинными белыми волосами, заплетенными в косу и образующими корону вокруг головы. Глядя на ее неторопливые манеры, можно было подумать, что перед вами скандинавская или русская принцесса, особенно в тех случаях, когда на ней была меховая шапка. Но она не была высокомерной или жеманной — вовсе нет. Она обладала великолепным чувством юмора и талантом разрушать высокомерие в других, но дружелюбно и без злости. Я не помню, чтобы она когда-нибудь была сердитой или подавленной: если, например, она не успевала с работой в срок, ей всегда удавалось при этом выглядеть спокойной и беззаботной, в то время как другие в такой же ситуации впадали в панику. Она не поддавалась студенческим причудам и забавам, а производила впечатление человека, который спокойно ступает по своему пути, целеустремленно, но без агрессии. Оглядываясь назад, я думаю, что она была более эмоциональной натурой, чем некоторые из нас в том возрасте, более уверенной в себе. Я не удивилась бы, если бы она сама сделала блестящую литературную карьеру».

Хонор Сеуэлл (позднее миссис Престон) вспоминает, что Мэри всегда была очень оживленной. «Мы очень много занимались, но, несмотря на все трудности войны, нам все-таки удавалось наслаждаться жизнью, — рассказывала она мне. — Мэри раз в неделю посещала курсы скорой помощи за пределами колледжа, специализируясь на перевязывании ран. У нее также было прекрасное высокое сопрано».

Несмотря на необходимость закончить трехлетний курс за два года, Мери жила согласно девизу колледжа, *Nil Desperadum,* и окуналась в жизнь колледжа с удовольствием и удивительной энергией. Она вступила в студенческий союз, дискуссионный клуб, общество любителей французской пьесы, общество кадетов-рейнджеров, музыкальное общество «Орфей» и драматическое общество CHARD (анаграмма начальных букв названия Royal Holloway College Amateur Dramatics). Она поставила две пьесы, «Виктория Рейгна» и «Маленькая леди», а в некоторых других играла сама. Она пела в хоре, играла на флейте в оркестре, стала членом команды санитаров колледжа и смотрителем по этажу. В первый год своего обучения Мэри играла в теннис, завоевала себе место в команде по лакроссу и во второй команде по нетболу, кроме того, занималась фехтованием, лодочным спортом и стала членом комитета лодочного клуба и секретарем фехтовального клуба. Она даже находила время оказывать помощь за пределами колледжа вместе с местными организациями девушек-скаутов. Когда Мэри наконец оставила Холлоуэй в 1944 году, директор колледжа мисс Фанни Стрит написала в ее характеристике следующее: «Она принимала участие почти во всех видах деятельности внутри колледжа, отличалась в спорте, драматическом искусстве и иных сферах». Очевидно, что мисс Стрит любила Мэри, но она дала понять, что ее энергия и живость порой могут истощаться. «Ее личность универсальна так же, как и приятна, — писала мисс Стрит. — Ее очень привлекательная внешность, задорный характер и веселый [*sic*] интерес к вещам делают общение с ней всегда приятным, хотя некоторое проявление безответственности порой провоцирует нетерпение. При прекрасном развитии и большей самодисциплине она, как мне кажется, способна достичь больших высот в любой работе, которой будет заниматься».

Класс Мэри продолжал радовать преподавателей на протяжении всего 1943 года. «Очень хороший класс, — докладывала Нэнси Джонс. — Должен продемонстрировать отличные результаты». И в самом деле, Мэри без проблем прошла через экзамены, когда сдавала их в июне, в конце первого года обучения. «Моя подруга, которая вместе с Мэри занималась разговорным французским, помнится, была поражена тем, с какою легкостью и непринужденностью она говорила на этом языке», — рассказывала Маргарет Линдсей. Когда они вернулись в колледж после летних каникул, все продолжалось примерно так же. Мэри как специальный предмет изучала французского писателя-романтика Альфреда де Виньи, старофранцузский текст «Тристана», а также морфологию и синтаксис целого набора текстов шестнадцатого века, литературу восемнадцатого века и ее переводы. «Хороший класс, который на славу трудился и доставлял удовольствие своим учителям», — написала Нэнси Джонс в своем отчете о первом семестре. На следующий семестр она добавила, что девочки очень умные и проницательные, и это «класс, с которым интересно работать. Думают сами и всегда готовы к дискуссии».

В свой второй и последний год обучения Мэри почувствовала себя более занятой, чем когда-либо. Она стала офицером студенческого союза, членом редколлегии из восьми человек, выпускавшей журнал «Эринна», и членом комитета драматического общества «CHARD», привлекавшего ее в последний семестр 1943 года для участия в актерских труппах, а также для постановки двух пьес: «Избранник судьбы»[1] и «Беркли-сквер»[2]. Позднее, в тот же год «CHARD» поставило еще несколько пьес — среди них «Товия и ангел»[3], «Ричард Бордоский»[4] и «Тандер Рок»[5] — причем Мэри играла герцога Ратлендского в «Ричарде Бордоском» и отличилась как постановщик пьесы Йена Хэя «Маленькая леди». Эта пьеса была представлена в старом Лекционном театре, где имелась лишь узкая сцена и отсутствовал проход за кулисы. Ее вкус к театру пре-

[1] Пьеса Б. Шоу («Arms and the Man»), в других переводах — «Человек судьбы», «Муж рока».

[2] Пьеса Джона Бэлдерстона, инсценировка незаконченного романа Г. Джеймса «Чувство прошлого».

[3] Опера английского композитора Артура Блисса.

[4] Пьеса англ. писательницы Джозефины Тей, писавшей под псевдонимом Гордон Дэвиот.

[5] Пьеса Роберта Ардри.

вратился в пристрастие и в обозрении пьесы «Маленькая леди», опубликованном в ноябрьском выпуске за 1944 год «Бюллетеня Колледжа», Дж. У. Пиил похвалила ее сценическую постановку, написав следующее: «Всем хорошо известно, с какими трудностями связана любая театральная постановка в Лекционном театре... Следует отдать должное М. Бренчли за гладкость и легкость актерской игры, поскольку очевидно, что именно ее усилия привели к такой видимой непринужденности». Успехи Мэри в качестве режиссера-постановщика привели ее к работе в театре двумя годами позднее. В этот семестр она также выиграла турнир для самых опытных членов фехтовального клуба, где теперь работал профессиональный тренер.

В середине июня она успешно сдала экзамены на получение степени бакалавра гуманитарных наук, наряду с двадцатью двумя другими девушками, которые также были вынуждены закончить свое обучение всего лишь за два напряженных года. Вторая неделя ее выпускных экзаменов была омрачена атаками немецких самолетов-снарядов, из-за чего последняя подготовка и ночной сон были связаны с дополнительным нервным напряжением. «Но экзамены все равно были проведены (под стеклянной крышей!), несмотря на сохранявшуюся угрозу воздушных атак, — рассказывала мне Хонор Сеуэлл. — Мы все успешно сдали экзамены и затем встретились в Лондоне, чтобы отпраздновать это событие». Бомбежка, наряду с тем фактом, что Мэри была вынуждена спешить, чтобы пройти все свои курсы за два года, возможно, объясняет, почему она получила степень бакалавра только с отличием третьей степени, хотя несколько ее подруг, обучавшихся в такие же сроки, добились лучших результатов. Но наставники Мэри остались довольны ее третьей степенью. «Отчеты преподавателей показывают, что данный результат соответствует ее способностям, — написала мисс Стрит в характеристике Мэри. — Очевидно, он подтверждает ее способность делать свою лучшую работу в нужный момент». И далее она пророчески дополняет: «Ее обычные работы демонстрируют быстрый, но неглубокий интеллект и определенный вкус к литературе».

Как права она была.

Глава 6

КРЫЛЬЯ И ПРОПЕЛЛЕРЫ (1944—1945)

В начале 1944 года Дик получил свои крылышки и вернулся в Англию как раз в то время, когда Мэри сдавала свои выпускные экзамены, но к данному моменту армии союзных держав достигли превосходства в воздухе над всей Европой, из-за чего в Королевских ВВС образовался избыток пилотов при явном недостатке работы.

Широко бытует мнение, что Дик Фрэнсис совершал боевые вылеты за штурвалом «Спитфайера», знаменитого истребителя Второй мировой войны — самолета, который он позднее описывал как «превосходный» и «свою первую любовь». Однако его товарищ-пилот и друг на всю жизнь, Рой Палмер, с которым они познакомились на транспортном судне, когда возвращались в Англию из Кейптауна, сказал мне, что, хотя они оба летали на «Спитфайерах», это была всего лишь часть их тренировочной программы, и они управляли легендарным истребителем только в небе Британии. По его словам, никто из них не участвовал в боевых действиях, и он не думает, что Дик когда-либо летал над Германией в ходе войны. «Нет, большую часть времени мы провели, слоняясь без дела в Харрогите, — сказал мне мистер Палмер, — а затем, в мае 1944-го, нас отправили в Шотландию, в Перт, чтобы мы не теряли летных навыков и практиковались в полетах на обычном учебном самолете. Большую часть войны мы просто тренировались». Однако Дик, по его отзыву, был «очень хорошим» пилотом, «очень стабильным. Всегда можно было чувствовать себя в полной безопасности, выполняя упражнения в одном звене с ним. Там, конечно же, были и другие пилоты, с которыми мне доводилось испытывать некоторое напряжение: они часто вели свою машину слишком напористо, сильно сокращая дистанцию». Что касается Дика как человека, «у него превосходное чувство юмора, и он всегда удачно выбирал слова для своих шуток. Физически его нельзя назвать спортсменом, и он никогда не занимался спортом».

После Шотландии Дика отправили обратно в Харрогит, а затем перевели в Торнхилл в Шропшире, и на протяжении последующего полугода он посещал базы ВВС, разбросанные по всей Британии. Поскольку он не был востребован как летчик-истребитель, его перевели в эскадрилью бомбардировщиков, где, к ужасу Дика, ему пришлось проходить переподготовку на управление бомбардировщиком «Веллингтон». Он был в унынии: после свободного скольжения в небе на «Тайгер-мофе» — штопора, бочек и петель — он оказался на неповоротливом «Веллингтоне», настолько тяжелом и неподатливом, что руки ныли после каждой посадки.

Некоторые пилоты испытывали самые нежные чувства к неуклюжему, тупоносому «Веллингтону» — или «Вимпи», как они любовно называли его в честь ленивого, круглолицего персонажа популярного в войну мультфильма Дж. Веллингтона Вимпи. По мнению историка самолетостроения Мартина Боумана, это был «один из величайших бомбардировщиков Второй мировой войны», а после того, как Чаз Боуер, проводивший исследования для своей книги «Бомбардировщик «Веллингтон», опросил нескольких бывших членов экипажа «Веллингтона», он написал: «За одним очень редким исключением, все были единодушны в своих похвалах и искренней привязанности к «доброму старому «Вимпи». Любители этого самолета были особенно ему благодарны за его прочный, конструктивно выверенный, гибкий металлический каркас — сотовую алюминиевую конструкцию, покрытую тканью, — позволявший «Веллингтону» снова и снова возвращаться домой даже в тех случаях, когда огонь зенитных батарей повреждал его настолько, что любой другой тип бомбардировщика на его месте непременно бы развалился в воздухе. Необычайная живучесть самолета спасла жизнь сотням экипажей «Вимпи».

С другой стороны, этот самолет заставлял пилотов переживать некоторые весьма неприятные моменты. «При взлете всегда требовалось резко сбрасывать газ, чтобы заставить работать бензонасос, ибо в противном случае двигатели могли заглохнуть при переходе на полную мощность, — рассказывал Боуеру один из пилотов «Вимпи», Денис Уайт. — При посадке следовало поддерживать своего рода автоматический дифферент, для чего при подлете к посадочной полосе требовалось с силой давить на штурвал. Ну а при выравнивании было необходимо соблюдать особую осторожность, поскольку нос самолета мог резко задраться вверх. Автопилот бомбардировщика представлял собой достаточно рискованное устройство, порою заставлявшее «Вимпи» резко нырять вниз. На такой случай следовало держать под рукой пожарный топор, чтобы разрубить гидравлический шланг, если автопилот нельзя было быстро отключить. Другая неприятная особенность заключалась в том, что над летчиком потоком воздуха порой срывало люк». Боуман, в свою очередь, отмечает, что самолет обладал такой потрясающей гибкостью, что один испуганный пилот сказал во время шторма: «Если эта чертова машина будет дальше махать своими крыльями, нам больше не понадобятся двигатели».

«Однако в целом «Веллингтон» пользовался всеобщей любовью», — написал в своей книге «Управление боевым самолетом» бывший пилот военной авиатранспортной службы Хью Бергел. «Это была такая послушная и дружелюбная машина». Однако благодаря своей гибкой несущей конструкции самолет «имел обыкновение — вводя в замешательство пилота — время от времени вилять из стороны в сторону, словно бы дружелюбно помахивая вам хвостом. На нем было легко летать (хотя, если один из двигателей выходил из строя, возникали некоторые проблемы), а обзор из кабины был настолько хорошим, что его вполне можно назвать одним из лучших самолетов для плохих погодных условий. На нем было необычайно просто совершать посадку». Его точку зрения поддерживает другой пилот, перегонявший «Вимпи» к месту назначения, Х. А. Тейлор, который написал в своих воспоминаниях «Летчик-испытатель на войне»: «Как только пилот привыкал к мелким причудам его поведения и несколько беспорядочно расположенным приборам управления, он находил, что самолет необычайно легок в управлении и прощает многие ошибки. Однако когда машина попадала в сильную болтанку — и штурвал начинал беспорядочно дергаться вперед-назад по мере того, как управляющие тросы натягивались в соответствии с изгибами фюзеляжа, — ни у кого не оставалось сомнений в прочности его несущей конструкции. Мы тоже всем нутром чувствовали, что такое настоящая гибкость».

Первая реальная работа Дика в качестве пилота заключалась в том, что, управляя «Веллингтоном», он участвовал в ложных воздушных рейдах, предназначенных отвлечь внимание немцев и ввести их в заблуждение относительно мест нанесения главных бомбовых ударов британцев. В своей автобиографии Дик утверждает, что в ходе одной из таких ночных миссий он отвлекал внимание от знаменитой атаки бомбардировщиков Королевских ВВС плотин Мехне и Едер, но это невозможно, поскольку бомбежка плотин произошла 16 мая 1943 года, когда он все еще находился в Родезии.

В конце 1944 года, к смятению Дика, его и Палмера отправили на базу Шобдон, в Херефордшире, для прохождения подготовки к управлению тяжелыми транспортными планерами, которые должны были помочь завершить вторжение в Германию через Рейн. Эти безмоторные летательные аппараты были еще более неуклюжими, чем «Веллингтон», и, чтобы еще больше усугубить страдания Дика, его с Палмером отправили на базу Ларкхилл, расположенную на равнине Солсбери, где им пришлось среди морозной зимы пройти курс подготовки армейского десанта, куда входили и такие упражнения, как ползание на животе по снегу под садистские окрики старшины. Цель этих занятий состояла в том, чтобы укрепить их физически, поскольку, совершив посадку на своем планере с солдатами в Германии, они должны были взять винтовку и присоединиться к сражению в качестве пехотинцев. «Мы были единственными командированными офицерами на этом курсе, — говорил мистер Палмер. — Это было достаточно тяжелое испытание, и к нам относились очень плохо. Зима 1944-го выдалась на редкость суровой, и ползание на животе по равнине Солсбери с винтовкой за плечами, обучение различным тонкостям наземного боя... короче говоря, если бы мы хотели стать пехотинцами, то пошли бы служить в армию».

Реальность оказалась как нельзя более далекой от того, что представлял себе Дик, когда мечтал получить свои крылышки. Но судьба распорядилась так, что ему не пришлось сажать тяжелый планер на территории Германии: к концу войны сопротивление немцев оказалось слабее, чем ожидалось, и только двадцать групп тренированных пилотов-планеристов были призваны для выполнения своей задачи; группа Дика была по счету двадцать вторая, и ее так и не отправили на фронт. Он был так этому рад, что вернулся к своим неповоротливым «Веллингтонам», чувствуя себя почти счастливым. Его перевели на базу ВВС, расположенную на территории Шотландии, в Тернхаусе, и, поскольку война в Европе подходила к концу, у бомбардировщиков становилось все меньше и меньше работы. Дика вместе с его «Веллингтоном» и всем экипажем направили в распоряжение прибрежного командования, где они превратились в некий эквивалент воздушных ковбоев, загоняющих скот, выполняя неторопливую, скучную задачу по конвоированию сдавшихся немецких судов в порты Британии. Это была такая рутинная, неквалифицированная работа, что экипаж Дика стал называть его «шофером», и он взял за обыкновение, передав управление автопилоту, вытягиваться у себя в кабине и лежать, глядя в небеса. Однако однажды он с ужасом заметил, что другой самолет находится так близко над ним, что до него почти можно дотянуться рукой. После этого он больше не позволял себе терять бдительность.

После того как почти все вражеские суда были эскортированы, Дику поручили еще одну малоприятную работу — на этот раз он должен был нянчить молодых штурманов, нуждавшихся в практике. Ему приходилось каждый день летать над Северным морем с каким-нибудь нервозным штурманом, от которого затем требовалось проложить курс самолета обратно на базу. Если штурман совершал ошибку, Дику приходилось находить путь домой самостоятельно, а поскольку он сам никогда не был силен в навигации — и, кроме того, обучался ей в Южном полушарии, где привык ориентироваться по Южному Кресту, — несколько раз он был близок к тому, чтобы полностью потеряться.

После того как война закончилась, Дику не терпелось поскорее вернуться к своим любимым лошадям, и он подал рапорт об увольнении по семейным обстоятельствам, на том основании, что отец нуждается в его помощи в своем бизнесе. Но бюрократическая машина ВВС была отнюдь не такой быстрой, как «Спитфайер», и прошло несколько месяцев, прежде чем он наконец демобилизовался. Между тем ему пришлось научиться пилотировать другой неуклюжий бомбардировщик, «Ланкастер», представлявший собой толстого, четырехмоторного, двухвостого зверя с таким количеством приборов управления, тумблеров и кнопок, что Дик поначалу взирал на него с ужасом. И все же многие пилоты оценивали «Ланкастер» как «превосходный тяжелый бомбардировщик». Легендарный летчик, капитан Леонард Чешир, кавалер многих боевых орденов, считал этот самолет значительно более живучим и надежным, чем «Веллингтон», и написал в своем предисловии к книге Д. Б. Таббса «Бомбардировщик «Ланкастер», что «согласно существующим данным он нанес существенно больший урон войскам и индустриальным объектам гитлеровской Германии, чем любой другой тип бомбардировщика, будь то британский или американский». Маршал авиации сэр Артур Харрис соглашается с ним и говорит, что «Ланкастер» был наиболее значительным единичным фактором, помогшим одержать победу во Второй мировой войне». В своей книге Таббс цитирует другого пилота, который говорит: «Ланк» был фантастически прочным. Если после прохождения линии германской обороны от него оставалась хотя бы четверть, эта четверть долетала до дома».

Несмотря на свою первоначальную отрицательную реакцию на «Ланкастер», Дик вскоре полностью овладел управлением и летал на этом самолете вплоть до того дня, когда уволился из ВВС. Как ни печально, но его карьера в ВВС сложилась вовсе не так, как он надеялся. «Нельзя сказать, что он ненавидел свою службу, — говорил Рой Палмер, — но в то же время она не вызывала у него особого энтузиазма. Он оставил авиацию почти сразу же после того, как закончилась война».

С окончанием войны и в связи с тем, что Мэри завершила свое образование, в 1944 году ее мать вернулась из Девона, чтобы вновь поселиться на южной окраине Лондона. Семейный дом все еще стоял на Кингсмеад-авеню — хотя дом 52 по Доннингтон-роуд, расположенный всего в полумиле, вечером 27 июля 1944 года был полностью разрушен прямым попаданием одной из новейших немецких ракет V1.

Сестра Мэри, Джин, только что закончила Милтон-Моунт и стала обучаться на врача, а их брат, Эвен, начал свой первый семестр в школе Милл-Хилл. Сама Мэри, уже достигшая двадцатилетия и получившая ученую степень, попала под постановление Управления труда и начала отбывать свою воинскую повинность, поступив на курсы чертежников в государственном подготовительном центре в Кройдоне. «Согласно постановлению Управления труда можно было стать медсестрой, учителем, пойти на производство, работать на земле или служить в армии, — рассказывала она мне много лет спустя. — Я не хотела носить униформу, от меня было бы мало проку на ферме, и я предпочла бы работать доктором, чем санитаркой, поэтому решила стать чертежницей».

В 1945 году Мэри вышла на работу сроком на шесть месяцев в отдел пропеллеров гигантского промышленного комплекса самолетостроительной компании Де Хэвилленд, расположенного в северном Лондоне, где она присоединилась к дюжине других чертежниц. Их работа заключалась в том, чтобы составлять сложные, детальные чертежи пропеллеров всех типов самолетов от «Тайгер-мофа» до «Москита», а также и других деталей самолетов, от обтекателей и деталей втулки до устройств для поддержания постоянной скорости и борьбы с обледенением. Один подробный чертеж мог содержать до девяноста девяти частей, тщательно подписанных и показывающих каждый отдельный компонент, от удерживающей винт гайки и запирающего диска до вращающегося кулачка, поршня, клапана, регулировочных прокладок и заднего антифрикционного кольца. «Я чертила кальки пропеллеров, — рассказывала мне Мэри в 1980 году. — Это была сумасшедшая работа. Я до сих пор вздрагиваю, когда вспоминаю ее. У меня не было инженерного образования, а только краткие курсы инженерного черчения. Де Хэвилленд только что изобрел гидравлический тормоз для пропеллера, им потребовалась для него инструкция по эксплуатации, и они поручили мне ее написать! Это было сумасшествие!»

Мэри была одной из трех чертежниц, работавших вместе: другими девушками были двадцатиоднолетняя Морин Бокар из Хэмпстеда и малазийка Бетти Тагима. «Вспоминая то время, я думаю, что мы все были настоящими умницами!» — рассказывала мне Морин Бокар (теперь Морин Болден). Они работали в маленьком домике в глубине фабрики — том самом домике, где Джеффри де Хэвилленд сконструировал «Тайгер-моф». «Было известно, что здесь по вечерам и уик-эндам собираются войска местной обороны, — вспоминает мисс Болден, — и мне было несколько неуютно находиться в нем».

Каждый день на протяжении всего лета 1945 года Мэри путешествовала через весь Лондон от Уорчестер-парка до Барнт Оак, приходила на фабрику к девяти часам, компостировала свою карточку в регистрационной машине, как все остальные рабочие, и трудилась в своем домике до перерыва на ленч — который она обычно проводила со своими коллегами по чертежному отделу в пабе «Зеленый человек» у Кингсбери, где в меню ежедневно был кролик, — а затем возвращалась в свой домик, где чертила до пяти, и, покинув фабрику, совершала обратное путешествие в Уорчестер-парк.

Миссис Болден рассказывала:

«Для такой работы требовалось иметь некоторые способности к черчению и математике. Мы обладали всеми качествами работавших там людей, и было интересно наблюдать за теми, кто схватывал основы черчения, конструирования и прочих предметов, которыми никогда не занимались раньше. И в этой фирме было очень интересно работать. Мне очень повезло, что я оказалась там. Мы выполняли самые различные задачи. Пропеллеры были самыми сложными деталями для черчения, поскольку они имеют изогнутую и развернутую форму. Бывало, вычертишь все его секции, а затем смотришь на эти красивые чертежи и думаешь: «*Как, черт возьми, мне удалось это сделать?*» И за нами не следили внимательно. После войны я долгое время боялась летать на самолетах, поскольку в Де Хэвилленд кто-то однажды сказал: «если этот шплинт сместится, весь двигатель выйдет из строя», и каждый раз, думая о полетах, я представляла себе шплинт, поломка которого способна привести к ужасным последствиям. Так как мы с Мэри неплохо разбирались в математике, мы часто подготавливали спецификации для ВВС: по сборке, разборке, ремонту и т. д. Я любила это занятие. В такой работе требовалось иметь талант как в искусстве, так и в математике, и Мэри, будучи умной и приятной девушкой, прекрасно с ней справлялась. Она обладала обаятельной внешностью и волшебным характером и при этом была очень умной».

В свободное время Мэри начала погружаться в мир профессиональной литературы. «Она писала рецензии на книги для издательства, — рассказывала мисс Болден, — в которых должна была изложить свое мнение о каждой из них в двадцати пяти словах. Она получала за эту работу жалкие гроши — полкроны за книгу, — но у нее был огромный интерес к английскому языку, книгам, и она много читала каждую неделю. Это была очень одаренная девушка — и еще она играла на пианино. Я помню, как однажды она пришла к нам домой и играла для нас».

Мэри очень скоро наскучила работа, которая была слишком скучной и однообразной для ее беспокойной творческой натуры. «Мне стало очень скучно, — рассказывала она мне, — и поскольку единственная другая доступная для меня профессия была профессия учителя, я на год стала школьным преподавателем. А затем я встретила Дика».

Глава 7

ЛЮБОВЬ С ПЕРВОГО ВЗГЛЯДА (1945—1947)

Они повстречались солнечным осенним днем 21 октября 1945 года, в 140-ю годовщину великой победы Нельсона в Трафальгарском морском сражении в 1805 году, и Дик тоже был побежден после того, как он в первый раз взглянул на Мэри. Он влюбился в нее еще до того, как они успели сказать друг другу хотя бы слово.

Они встретились в отеле его Нэнси Эванс на Уэстон-супер-Мэр, Сомерсет, куда он и Мэри были приглашены на бракосочетание тридцатилетнего приятеля Дика по службе в ВВС Сэма Колемана с двадцатилетней подругой Мэри по Милтон-Моунту, Нестой Эванс, кузиной Дика. Война закончилась уже два месяца назад, но Дик смотрелся щеголем в своей летной униформе с крылышками и наградной планкой медали за африканскую кампанию. Было четыре часа дня, и холл отеля заполняли родственники Фрэнсисов, Томасов и Эвансов, без умолку болтающие друг с другом, так что прошло некоторое время, прежде чем Дик заметил скромную красивую девушку в коричневом платье, с бледной кожей, длинной золотистой косой, обернутой вокруг головы, и смеющимися глазами, которая стояла на коротком пролете ступенек чуть в стороне от шума толпы. Тетя Дика, мать Несты, представила его. Они улыбнулись друг другу, и Дик каким-то образом сразу же почувствовал, что перед ним его будущая жена.

На Мэри эта встреча также произвела большое впечатление. Она рассказывала мне через тридцать лет:

«Если бы он сказал: «*Давай поженимся завтра*», я бы не задумываясь согласилась. Мы сразу же почувствовали влечение друг к другу, и я сказала своей матери: «*Я встретила единственного мужчину, за которого хочу выйти замуж*». Но себе я сказала: «Это смешно, ты не должна так терять голову», и наша свадьба состоялась только через восемнадцать месяцев. Я часто задумывалась над тем, чего такого особенного было в Дике, и вспоминаю только то мгновение, когда увидела его, стоящего в холле. Эта картина до сих пор четко сохранилась в моей памяти. Все произошло очень быстро, и мы весь вечер провели, разговаривая друг с другом».

Через пять лет после этого разговора она рассказывала Линде Ли-Поттер из *Daily Mail*:

«Потом еще несколько недель я не чувствовала земли у себя под ногами. Это абсолютная правда — то, что у людей порой возникает такое ощущение, будто они ступают по воздуху».

Дику было почти двадцать пять, Мэри двадцать один. Она не испытывала никакого интереса к лошадям, никогда не бывала на скачках, и у нее еще не было настоящего бойфренда, но с того момента они не взглянули ни на кого еще на протяжении более двадцати лет. В их первое свидание он провел с ней вечер в

Лондоне, а уже через несколько дней, когда Дик отвез ее домой после бала охотников, сидя в машине и держа Мэри за руку, он сделал ей предложение. Она отказала ему. Еще слишком рано, сказала она. Им следует подождать. «Она не хотела быть женой, а мечтала стать театральным режиссером», — рассказывал Дик Джанет Менсис из *Daily Express* в 1990 году. «Нет, — возразила Мэри. — Просто мне казалось, что я еще не жила. Мне казалось, что жизнь заканчивается с браком. Если бы я знала, что в действительности она начинается только после того, как выходишь замуж». Но в течение месяцев он настойчиво продолжал делать ей предложения, пока она не согласилась. Они обручились после того, как он отвез ее домой после охотничьего бала зимой 1946 года и снова сделал предложение в гараже.

Вскоре после их встречи Дик демобилизовался из ВВС и вернулся в Уокингем, чтобы помогать отцу в его умирающем коннозаводческом бизнесе. Даг оставил дом еще в 1942 году, женившись на Джулии Телуэлл, и теперь работал управляющим имением и шталмейстером у герцога Виктора Денниса в Северном Уэльсе. Винс, которому уже исполнилось пятьдесят шесть лет, как-то умудрялся поддерживать свой бизнес на плаву при помощи конюха-ирландца Пэдди Гэллахера, но состояние дел было просто ужасным. Он цеплялся за свой бизнес только потому, что хотел, чтобы Дик имел работу после того, как демобилизуется. Однако Дик вовсе не испытывал большого энтузиазма по этому поводу, хотя с готовностью стал помогать отцу, взяв на себя самую грязную и тяжелую работу.

Поскольку Мэри преподавала французский и английский в школе в Харроу, расположенной примерно в двадцати пяти милях от Уокингема, они часто виделись, и она регулярно проводила уик-энды с Фрэнсисами, позднее рассказывая друзьям: «Весь период ухаживания я провела, прислонившись к нижней половине двери конюшни, в то время как Дик выгребал навоз из-под бесконечного ряда лошадей, а в воскресенье днем мы устраивались в комнате, где хранилась упряжь, и Дик отмывал горы грязной кожи». Кроме того, что Мэри была литературно и интеллектуально образованна, а Дик, совершенно определенно, нет, их отношения были странными еще и потому, что она не особенно любила лошадей. «Когда мне было восемь или девять лет, я порой каталась на пони по песку вдоль берега моря, — рассказывала она мне через много лет, — но когда я встретилась с Диком и он посадил меня на лошадь, то сразу же почувствовала, что он испытывает из-за меня смущение, хотя это была самая смирная лошадь на конюшне. Дик все время кричал мне: «Прижимай локти!», и я решила, что его девушка должна быть очень хорошей наездницей или не ездить верхом вовсе. Лошади такие красивые животные, и мне нравится смотреть на них, изучать их поведение, как поведение людей. Я люблю лошадей — но на расстоянии».

Так что же у них было общего? Очень мало, за исключением некой таинственной химии чувств, и для благовоспитанной девушки из семьи конгрегационального священника выйти замуж за жокея было чем-то неслыханным. Когда они обручились, никто не отважился сказать об этом дедушке Мэри, священнику Джону Форсону, который был таким пуританином, что даже не разрешал держать у себя в доме колоду карт, и, конечно же, даже слышать не хотел об азартных играх и букмекерах.

«Меня всегда удивляло, что Мэри полюбила такого человека, который ездит верхом, в то время как она нет, — рассказывала мне Морин Болден. — Это казалось невероятным. Она не любила лошадей и, кроме того, имела над ним большое интеллектуальное превосходство. И он был слишком серьезным для нее. Я не знаю, что она в нем нашла». Возможно, объяснение кроется в одном из старых, избитых клише: противоположности притягиваются. «О, он очень привлекателен! — сказала мне автор детективных романов Гвен Батлер, ставшая другом семьи Фрэнсис в семидесятых годах. — Он обладает огромным шармом. Я уверена, все дело именно в этом. К тому же он очень чувственен — и сексуален».

Винс продал Эмбрук-хаус Чарльзу Кирби, который переехал туда вместе с женой, сыном и тремя дочерьми, одна из которых, Кэтлин, продолжала вести дела с помощью Пэдди Гэллахера. «Винс был превосходным лошадником, и конюшни превосходно выглядели после него, только они не приносили прибыли, — рассказывала мне Кэтлин Кирби (позднее миссис Гейл). — Винс был очень приятный человек, невысокий, слегка кривоногий; и его жена тоже была очень милая женщина. То же самое можно сказать и о Дике, которого я знала очень хорошо. Они по-прежнему содержали большое количество выставочных лошадей, и мы с Диком обычно вместе ездили на шоу». В конце концов Эмбрук-хаус был снесен, чтобы уступить место участку под современную застройку.

Винс и Молли переехали в значительно меньший по размеру дом, расположенный поблизости, на другой стороне тенистой Рединг-роуд, и он по-прежнему существует: покрытое штукатуркой с каменной крошкой бунгало с огромным каштаном перед фасадом (который и дал дому его название Честнат-коттедж), обширным садом позади дома, протянувшимся до самой железнодорожной линии. В конце сада имелся маленький летний домик, где спал Дик всякий раз, когда приезжал домой. Очевидно, Винс был образован ничуть не лучше собственного сына и испытывал проблемы даже с написанием имени собственной жены: когда в 1945 году он регистрировал себя и Молли в списке избирателей, то в графе против имени жены написал «Catherine», в то время как перед войной он писал, что ее зовут «Kathleen», а двумя годами позже, в 1947 году, написал «Katherine». Эврил Мей, которая в то время была маленькой девочкой, жившей по соседству, рассказывала мне, что Молли Фрэнсис была «очаровательная женщина — высокая, седовласая, тонкая, элегантная — и всегда держалась с большим достоинством. Она всегда носила замечательные вязаные костюмы и давала моей матери образцы узоров».

Дик вскоре понял, что он никогда не будет счастлив, просто вернувшись к своей старой довоенной жизни, главными занятиями в которой были охота и демонстрации лошадей. В конце концов он начал испытывать стойкое отвращение к миру лошадиных шоу, решив, что он слишком мелок и к тому же поражен тщеславием, завистью и злословием. Больше чем когда-либо ему хотелось стать жокеем, особенно после того, как зять Дага, Боб Телуэлл, позволил ему управлять его лошадьми на нескольких скачках с препятствиями в Денбишире. В первой скачке, состоявшейся 23 марта 1946 года, Дик одержал победу в Фермерском Дивизионе на лошади по кличке Ред Покер. Тремя неделями позже он выступал на Людовике Великом в Чешире, но упал. Через пару недель после этого он в первый раз появился на настоящем скаковом круге, снова выступая на Людовике Великом. Это были скачки с препятствиями в Бангор-он-Ди на северо-востоке Уэльса. Он не занял там призового места, но наслаждался каждой минутой скачек и позднее написал письма всем тренерам скаковых лошадей, с которыми был знаком лично или через отца, упрашивая принять его на работу в качестве жокея-любителя. Тщетно. Общенациональные соревнования по стипль-чезу только возобновлялись после войны, и тренеры проявляли большую осторожность при наборе персонала. Родители также пытались его отговорить. Они оба хотели, чтобы он занялся семейным бизнесом, в каком бы чахлом состоянии он ни находился. Винс предупреждал Дика о том, что ему будет очень трудно вести достойную жизнь в качестве жокея, а Молли говорила, что она всегда будет беспокоиться о его безопасности, поскольку скаковой мир на редкость безжалостен. Время проходило: Дику уже было почти двадцать шесть, и на карьеру жокея у него в запасе оставалось чуть больше десяти лет, так как эта профессия была очень требовательна к здоровью. Однако Дик имел одно важное преимущество: при необходимости он мог сбросить свой вес до 9 стоунов 10 фунтов, что было идеальным весом для жокея, выступающего в скачках с препятствиями.

Но тут Даг примчался к нему на помощь, когда услышал, что бывший жокей Джордж Оуэн, выигравший Челтенхемский Золотой Кубок в 1939 году, а теперь занимающийся сельским хозяйством и разведением лошадей в окрестностях Честера, нуждается в человеке, который привел бы в порядок его запущенные дела. Оуэн будет платить ему еженедельно, позволит жить в своей семье и даст возможность выступать на своих лошадях в некоторых скачках. Это была настоящая удача, поскольку Оуэн имел дар выводить в люди молодых жокеев. Дик ликовал. В октябре 1946 года он сел на поезд и, проехав 150 миль на север до Честера, попал в будущее, о котором всегда мечтал.

Честер — славный древний город, сохранившиеся древние здания которого обладают налетом «редкой» элегантности. Здесь воздух словно бы содержит некую магическую примесь, вызывающую чувство, что вся английская история заключена в его широких, мощеных, прихотливо петляющих улицах, ею веет от 2000-летних стен, возведенных римлянами для защиты от мародерских набегов диких уэльсцев, величественного, вызывающего трепет кафедрального собора, который норманны и Плантагенеты строили на протяжении двух с половиной веков, от черно-белых деревянных тюдоровских домов и каменной башни, с которой, по преданию, Карл Первый наблюдал за поражением своей роялистской армии в ходе английской гражданской войны. И при этом Честер вовсе не кажется музеем:

это на удивление молодой и живой город, наполненный энергией; город, знающий себя и счастливый своей судьбой.

Утиная ферма Джорджа Оуэна — названная так в честь расположенного неподалеку озера для приманки уток, вырытого одним из генералов Оливера Кромвеля — была расположена в трех милях к юго-западу от городского центра по Лэч-лейн и всего лишь в двух милях от честерского скакового круга. Дика встретили Оуэн, его жена Маргот и три маленькие дочери. Они приняли его как члена семьи и представили широкому кругу своих друзей и родственников, так что вскоре Дик чувствовал себя совсем как дома.

Каждое утро Дик выезжал с двумя группами лошадей, разминал их и тренировал одолевать препятствия, а днем он с головой погружался в деловую неразбериху Оуэна, продираясь сквозь джунгли неоплаченных счетов, неотправленных накладных, оставшихся без ответа писем и потерянных записей. За шесть месяцев Оуэн не отправил ни одного счета за тренировку лошадей своих клиентов, а это означало, что он терпел огромные убытки на тренировке лошадей. Дик вернул потерянные деньги, придумав статью расходов, названную им «Химия», которую он добавлял к счетам клиентов — его первая попытка в жанре художественного вымысла.

Оуэн предоставил Дику возможность впервые выступить в профессиональных скачках через неделю после прибытия, на стипль-чезе для новичков в Уоре, расположенном в двадцати милях от Честера. Его лошадь, Русский Герой, большой шестилетний мерин, уже несколько раз выступал в скачках с препятствиями, но еще ни разу ему не доводилось участвовать в профессиональных соревнованиях. На скаковом круге Дик почувствовал нервозность, несмотря на свой долгий опыт наездника. Он одолжил бриджи и шлем у слуги и прошел всю дистанцию, чтобы ее почувствовать, внимательно изучая каждое препятствие. На протяжении нескольких последующих лет он обходил каждую новую дистанцию, прежде чем по ней проехаться, чтобы его не застал врасплох неожиданный поворот или неудобное препятствие. Став жокеем, он начал выполнять свою домашнюю работу значительно прилежнее, чем когда-либо в школе.

В тот день он занял достойное четвертое место на Русском Герое и вскоре уже регулярно управлял лошадьми Оуэна на скачках, правда, поначалу только лошадьми, не имевшими реальных шансов на успех, поскольку владельцы фаворитов предпочитали ему более опытных жокеев. Дик находил унизительным для себя тренировать новых лошадей и выступать на них в их первых скачках лишь для того, чтобы «приводить их в форму» в ожидании тех скачек, которые им будет по силам выиграть, но в течение этих первых нескольких месяцев с Оуэном он заложил надежный фундамент своей карьеры жокея, научившись тому, как правильно оценивать темп скачки и других лошадей, как использовать себе на пользу внезапно раскрывшийся впереди просвет. И он внимательно слушал, впитывая в себя все советы. Джек Молони, который трижды приходил вторым в Большом национальном стипль-чезе до войны, сказал ему, что перед началом скачки нужно следить не за лентой, а за рукой стартера, чтобы сорваться с места на секунду раньше остальных жокеев, в то же мгновение, когда рука стартера нажмет на рычаг, освобождающий ленту.

Он также впервые столкнулся с обманом и грязной игрой, которыми впоследствии были наполнены все триллеры Дика Фрэнсиса. Большинство жокеев были порядочными и дружелюбными людьми, но один жокей как-то раз попытался в ходе скачки вытолкнуть Дика из седла, ударяя коленом по его бедру, когда они скакали бок о бок, а другой намеренно заблокировал ему путь, из-за чего его лошадь сбилась с шага и сошла с дистанции.

В начале 1947 года Оуэн продал Утиную ферму и арендовал у маркиза Чолмондели просторные элегантные конюшни, расположенные возле его замка в Мэлпасе, в двадцати милях к юго-востоку от Честера. Сложенные из красного кирпича и заросшие плющом конюшни с их башенками и массивными деревянными дверьми стояли среди лесистых холмов на землях замка Чолмондели, в самом сердце необычайно красивой местности. Но зима выдалась на редкость холодной, и она стала настоящим кошмаром для переезда со всеми лошадьми по заснеженному шоссе и узким, обледенелым проселочным дорогам. Скачки были прерваны на период с 23 января по 15 марта, и Оуэн с Диком укрылись в своем величественном новом доме, ожидая таяния снега, — Дик на первом этаже, слева от огромного арочного входа. Но скаковых лошадей нельзя оставлять без ухода, и каждый день, в течение восьми мучительно долгих недель, независимо от погоды, Дик и мальчики-конюхи выводили лошадей и гоняли их по кругам, покрытым заснеженной травой.

Когда в середине марта скачки возобновились, Дик снова стал выступать на молодых лошадях, старых лошадях и лошадях, не подающих надежд. Неделя за неделей он выступал в соревнованиях, но в тридцати девяти скачках ни разу не смог занять достойного места. Вскоре он впал в депрессию и почувствовал разочарование. Неужели именно это — то, о чем он так долго мечтал? Чего ради он каждый день гнул спину, выгребая из-под лошадей навоз, поил их, кормил, чистил и снова выгребал навоз, а вечером обессиленный падал в кровать? Какой в этом был смысл? Но вот 2 мая он одержал свою первую победу — и почувствовал себя великолепно.

Вместе с лошадью по кличке Ренбери Тайгер они пришли первыми в скачках с препятствиями на дистанции в Бангор-он-Ди с отрывом более двухсот ярдов. Дику необыкновенно повезло в том, что ему вообще дали возможность выступить в скачках: первый жокей Оуэна Мики Мосли несколькими днями ранее получил травму, а его второй номер, живший в Беркшире, решил, что Чешир находится слишком далеко для того, чтобы ехать туда ради одной скачки, таким образом, благодаря удачному стечению обстоятельств Дик одержал свою первую из 345 побед. В завершение этого незабываемого дня он пришел вторым на скачках с гандикапом и одержал свою вторую победу на Блиц Бое в скачках для новичков. Ко времени окончания сезона, завершившегося через шесть недель, он одержал девять побед — достаточно для того, чтобы подняться в среднюю часть таблицы жокеев-любителей, составленной по результатам года.

На ранней фотографии Дик запечатлен с лошадью по кличке Лайтхед в секторе для победителей на ипподроме в Бангор-он-Ди, и на ней он выглядит смущенным, словно бы стесняясь того, что оказался здесь. Избушку на заднем плане нельзя назвать стильной; владелец лошади, Чарли Рид, застыл в напряженном внимании, его брюки подвернуты на три дюйма, пуговицы пиджака застегнуты слишком туго, раздутые карманы набиты до предела; а мальчик-конюх, держащий лошадь, выглядит неловким и недокормленным. Дик совершенно определенно непохож на того щеголя в форме пилота ВВС, которым он когда-то был. Однако он ничуть не сожалел о своей новой карьере. Именно этим он и хотел всегда заниматься. Это была его судьба.

Первые пять месяцев 1947 года Мэри провела, работая за кулисами театра «Каунти» в Херефорде, маленьком симпатичном городке, расположенном в восьмидесяти милях на юго-запад от замка Чолмондели. «Я хотела узнать, как работает театр», — рассказывала она мне. Устав от преподавания французского и английского в Харроу и всегда испытывая любовь к театру, в конце 1946 года она поступила на работу ассистентом помощника режиссера в херефордскую театральную труппу Дерека Сэлберга.

Херефорд был уютным маленьким городом, который на протяжении всего Средневековья страдал от бесконечных осад и сражений, но в 1946 году он стоял в полном спокойствии на берегу реки Уай, знаменитый своим лососем, сидром, регатой и скачками. Как и у многих старинных английских городов, его камни дышат историей: фрагменты древних саксонских стен; высящийся над городом кафедральный собор одиннадцатого века с библиотекой из 1400 книг и картой мира, составленной шестьсот лет назад, Марра Mundi; здание городской ратуши, расположенное по адресу Черч-стрит, 20; Старый Дом — черно-белое деревянное здание, построенное в 1621 году. Здесь в Херефорде в 1461 году был обезглавлен Оуэн Тюдор, дедушка Генриха VII. Здесь «круглоголовые» и «кавалеры» сражались снова и снова за обладание городом, когда в ходе гражданской войны Карл I и Оливер Кромвель вытрясали душу из Англии. История Херефорда связана также и с театром. Здесь в 1650 году, на следующий год после казни Карла I, в лачуге на Гуинн-стрит (позднее Пайпуэлл-лейн) родилась будущая любовница его сына, актриса Нелл Гуинн — та самая Нелл Гуинн, которая впоследствии жила возле дома, где прошло детство Дика в Холипорте. В Херефорде в 1717 году родился Дейвид Гаррик и был крещен в церкви Всех Святых. Здесь на Плас Гуин с 1904 по 1911 год жил сэр Эдвард Элгар. И здесь же в театре «Палладиум» перед войной труппа Дерека Сэлберга начала принимать активное участие в местной социальной жизни. В 1947 году, в новогодние праздники театр «Палладиум» был переименован в театр «Каунти» и в нем снова обосновалась труппа Сэлберга.

Мэри переехала в меблированные комнаты мисс Уолл, расположенные на Бартон-роуд, возле паба «Королевский дуб». «Она была настоящая золотоволосая английская роза с настоящей английской фигурой и замечательным характером», — рассказывал мне Мел Лукас, который в 1947 году занимал в театре должность помощника режиссера. Еженедельник *Citizen and Bulletin* приветствовал возвращение в город актерской труппы, поместив 3 января на первой странице большую фотографию труппы, на которой есть и Мэри. Позади нее на фотографии располагается коренастая фигура Артура Лоуи, уже лысого и в очках, хотя ему всего лишь тридцать один, который впоследствии прославился в роли напыщенного и хвастливого банковского менеджера капитана Мэйнуорига в комедийном телесериале «Dad…s Army». Лоуи работал актером всего лишь год — после того как демобилизовался из армии в звании сержанта — и все еще получал всего лишь 3 фунта в неделю, треть которых у него уходила на оплату жилья и треть на еду. Из-за того что он был низкорослый, лысый и в очках, «ему никогда не предлагали ведущие мужские роли, — признавал его сын Стивен в своей биографии «Артур Лоуи: Жизнь», — но он был настоящей находкой для характерных ролей». Сэлберг рассказывал Стивену, что Артур никогда не знал свою роль, но на протяжении года он появлялся на сцене Херефорда не менее чем в сорока двух пьесах, выучив основные трюки своего ремесла и заложив фундамент для будущей громкой славы. По какому-то странному стечению обстоятельств последняя пьеса, в которой Лоуи появился на сцене в Херефорде, «Призрачный поезд», была написана Арнольдом Ридли. Который также обессмертил себя участием в сериале «Dad…s Army» в роли неловкого и трусливого рядового Годфри.

«Артур стал хорошим другом Мэри», — рассказывал мне Джон Ходжес, который в 1947 году был шестидесятилетним полупрофессиональным актером, появлявшимся на сцене Херефорда в маленьких ролях и помогавший Мэри в ее работе за кулисами.

«Я знал ее очень хорошо. Это была очень симпатичная и милая девушка. Она участвовала в массовках и занималась всем подряд. Она обладала превосходным чувством юмора и работала очень усердно, была предана своей работе и любила театр. Она все свое время проводила там и на самом деле была очень хороша в своей работе. Если что-то требовалось сделать, например, покрасить какую-нибудь поверхность, она тут же оказывалась на месте и делала все сама. Она на несколько недель с головой уходила в изготовление декораций, и в такое время ее часто можно было встретить перепачканную краской и довольную этим. У нее был веселый характер и всегда под рукой книга, в которую она погружалась в свободные минуты, но, кроме этого, у нее не было никаких интересов, помимо театра. Впрочем, в Херефорде выбор развлечений был невелик».

Что касается Артура Лоуи, «он был просто удивительный человек, наделенный озорным чувством юмора». Нэнси Поуэлл, актриса, присоединившаяся к труппе в 1948 году, соглашается с ним. «В те дни он был худой и очень энергичный, — рассказывала она мне. — Большой весельчак, превосходно смотревшийся в тех многочисленных ролях, которые он играл, в основном характерных. Он на самом деле выделялся на фоне остальных». А Майкл Моррис, другой полупрофессиональный актер, вспоминая Лоуи, говорит, что это был «обаятельный человек с рыжими волосами, достаточно худой и низкорослый, но обладавший необычайно выразительным голосом: из его маленького туловища доносились глубокие, мелодичные тона».

Начальником Мэри, помощником режиссера в труппе, была молодая любовница Лоуи, Джин Гейтхаус (в девичестве Купер), на которой он через год женился. Джин была лишь на год старше Мэри, но она уже имела достаточный опыт и как актриса, и как помощник режиссера. «Джин была настоящая милашка, — рассказывала мне Нэнси Поуэлл. — В ней напрочь отсутствовал всякий налет богемности. Это была самая обычная, очень приятная женщина».

Режиссер-постановщик херефордской труппы, Мартин Бенсон, только что вернулся из армии после того, как основал театр в Египте, в Александрии, где Лоуи был его сержантом. Роль администратора театра исполнял Энтони Раттер, художником был Майкл Эллис, а, кроме Лоуи, остальными членами актерской труппы были Дуглас Белл, Джеральд Кафф, Марианна Диминг, жена Кеннета Мора Берил Джонстоун, Ричард Лич, характерная актриса Нэнси Робертс, необычайно красивая, восходящая двадцатилетняя звезда Маргарет Стоун, Хелен Аттли, Питер Уайлд, Одри Уинтер и Лесли Ио и еще несколько полупрофессиональных актеров, которые приходили и уходили — некоторые из них сделали себе хорошую карьеру, и среди них Нэнси Робертс, позднее прославившаяся в роли бабушки Грув в первой телевизионной мыльной опере Би-би-си «Семейство Грув».

Некоторые члены театральной труппы Херефорда стали друзьями Мэри на всю жизнь. «Я обзавелась там огромным количеством друзей среди актеров и актрис, — рассказывала она мне, — и дружба со многими из них продолжалась многие годы». На самом деле эта труппа была необычайно счастливой. «Большинство из нас только начинали свою карьеру, были переполнены энтузиазмом и спешили поскорее оставить войну позади и начать новую жизнь», — рассказывал мне Кристофер Бонд, который играл в труппе юношеские роли под своим настоящим именем, Джефри Бонд, а впоследствии стал лауреатом многих премий в качестве сценариста, редактора, продюсера и режиссера сотен фильмов, пьес и телевизионных программ. «О царившей в нашей труппе атмосфере много говорит то обстоятельство, что мы поддерживали контакт друг с другом еще долгие годы, — говорил Бонд. — И распускающийся талант этой труппы, пусть еще грубо отесанный, был просто удивительным».

Перси Эрроусмит, который содержал театральное общежитие в Херефорде в 1947 году и встречался с большинством актеров, подтверждает то, что это была очень дружная и счастливая компания, как и Джон Ходжес, сказавший мне следующее: «Это была одна большая семья. Мы все вместе ходили в паб, а после спектакля обычно собирались в маленьком уютном баре над театром и позволяли всем присутствующим покупать нам напитки. Мэри нравились эти вечеринки, и многие из нас еще много лет продолжали встречаться друг с другом».

Театр «Каунти» — теперь игорный дом для бинго — был расположен на Беррингтон-стрит, в трехстах ярдах от кафедрального собора, и вмещал 580 зрителей. «Публика в Херефорде состояла в основном из представителей верхних слоев среднего класса, была очень респектабельной и любила посещать театр», — рассказывала мне Мэри Бенсон. Они, конечно же, поспешили посетить первую постановку труппы 6 января 1947 года, когда премьера пьесы Дж. Б. Пристли «Инспектор пришел» привлекла нескольких местных знаменитостей, и в том числе члена парламента А. Е. Бэлдуина. «Следует поздравить Мартина Бенсона, режиссера-постановщика, с той сыгранностью, которая была продемонстрирована актерами, собравшимися вместе всего лишь неделей ранее», — писала *Hereford Citizen and Bulletin*.

Работа Мэри в качестве ассистента помощника режиссера включала в себя все, что происходило за кулисами на протяжении шести вечерних спектаклей и двух утренних, дававшихся каждую неделю. Она помогала с репетициями, декорациями, освещением, эффектами, суфлированием, работала с рабочими сцены, расставляла мебель, договаривалась с актерами относительно реквизита и проверяла, что он у них есть перед каждым спектаклем. Кроме того, она вела записи репетиций и, в общем, была правой рукой Джоан Купер и исполняла роль девочки на побегушках — даже приготавливала чай и заучивала некоторые из второстепенных ролей на случай внезапного кризиса. Работа за сценой была особенно рискованной, поскольку сцена имела лишь 14 футов в глубину, и в эти послевоенные месяцы приходилось сталкиваться с нехваткой всего необходимого, даже малярных кистей. Часто бывало невозможно найти нужный реквизит, а поскольку спектакли менялись раз в неделю, каждый уик-энд требовалось выполнять огромное количество работы по подготовке декораций и реквизита к очередной премьере в понедельник вечером.

Первое представление второго спектакля, поставленного труппой, — пьесы Ноеля Коварда «Блаженный дух», — прошло несколько хаотично, но *Citizen and Bulletin* написала, что актеры «преуспели в представлении пьесы». Третья постановка, пьеса «Розовая бечевка и воск для печатей» Роланда Пертуи, была «еще лучше... Спектакли становятся лучше с каждой неделей, по мере того как актеры притираются друг к другу», и газета *Hereford Times* соглашается с этим мнением: «Роли ирландского доктора и его сына адвоката были превосходно сыграны Артуром Лоуи и Ричардом Личем... Очевидно, что, если эти высокие стандарты будут поддерживаться в дальнейшем, успех к новой театральной труппе непременно придет». Что касается четвертого спектакля, пьесы «Пока сияет солнце» Теренса Рэттигана, в которой Лоуи играл французского офицера, то *Citizen and Bulletin* написала, что «горячая страсть», кипевшая в груди Артура Лоуи... доводила нас до состояния беспомощного смеха».

Мэри была счастлива, что стала частью этого мира после многих лет участия в спектаклях в школе и университете: искренние дружеские отношения с творческими людьми, общее напряжение и возбуждение перед премьерой каждую неделю, уютные посиделки допоздна по их окончании. Компанию сплотила еще сильнее ужасная погода, стоявшая в январе, феврале и марте, когда Англия страдала от самой суровой зимы за многие десятилетия. Бушевали страшные метели, и это был самый холодный февраль с 1895 года, со средней температурой 28,7 градуса по Фаренгейту. В то время как Дик пытался сохранить тепло, разминая замерзающих лошадей Джорджа Оуэна в замке Чолмондели, Мэри была поймана в Херефорде арктической зимой с ее снегами и морозами. Дни были темными и мрачными, а улицы своим видом напоминали зимние сцены со старомодных рождественских открыток. Дети и солдаты бросались в друг друга снежками на улицах. Главные дороги были непроходимыми, поезда отменялись, а грузовые перевозки по железной дороге осуществлялись с такими перебоями, что угля постоянно не хватало и происходили частые отключения электричества. В начале февраля в Херефорде были отключены все уличные фонари, и поэтому после окончания вечернего спектакля публика была вынуждена добираться домой в холодной темноте, что, несомненно, удерживало многих от посещения театра. Когда 3 февраля труппа отважно решилась поставить первую серьезную пьесу, «Привидения» Ибсена, в зале было много пустых мест, и они оставались пустыми до конца недели.

После «Привидений» Мартин Бенсон поставил еще только одну пьесу, «Глазами червя» Р. Ф. Делдерфилда, после чего оставил работу в театре и, переехав в Лондон, снял восемьдесят три фильма, среди которых «Клеопатра», «Король и я», «Голдфингер» и «Омен». Джон Ходжес вспоминает о спектакле «Глазами червя» с особым восхищением:

«Кто-то убрал матрас из-под окна, в которое должен был вылететь Артур Лоуи, и положил вместо него лист гофрированного железа. Артур нырнул в окно и, приземлившись на гофрированное железо, произвел страшный шум. Мэри подсказала ему: «Скажи, что это была горячая жестяная крыша», и Артур, вернувшись, со своим обычным апломбом произнес: «Это была горячая жестяная крыша». Это был один из мелких фрагментов, которые делали Мэри такой хорошей в своей работе».

Бенсона заменил Вернон Фортескью, характерный австралийский актер, который однажды работал в Голливуде в качестве дублера С. Обри Смита, и он начал с постановки пьес «Освещенная полоса» Теренса Рэттигана и «Зеленая кукуруза» Эмлин Уильямс.

В эти холодные месяцы Мэри нечего было делать за пределами театра, кроме как пытаться сохранить тепло, читать книги и местные газеты, которые в марте написали о том, что тяжелый камень отломился от парапета на Сент-Питер-стрит и убил трех прохожих. После снега и льда наступили бесконечные дожди: март был самым влажным месяцем с 1929 года, и таяние снега стало причиной сильнейших наводнений за последние 155 лет. Сотни домов оказались затопленными, скачки в Херефорде были отменены, но ничто не могло остановить поток новых постановок в театре «Каунти», когда в конце этой ужасной зимы публика хлынула назад. В субботу на Пасху в театре был полный зал на премьере спектакля по пьесе Кеннета Хорна «Джейн уходит», и местная пресса отметила работу Джоан Купер и Мэри, после того как труппа представила пьесу Агаты Кристи «Десять негритят», действие в которой происходило на фоне декораций острова: «На протяжении всего спектакля звучит фоновая музыка волн, ветра и крика чаек, что производит сильное впечатление», — писал обозреватель *Citizen and Bulletin*, а когда труппа поставила пьесу «Как важно быть серьезным», он отметил: «Отличительной особенностью этого спектакля являются превосходные декорации. Для каждой из трех сцен используются разные декорации, и они одни из лучших, которые вообще можно увидеть в театре». 18 апреля, отмечая заслуги

Джоан Купер, газета упомянула и Мэри, назвав ее по имени, похвалила ее работу и добавила: «Без подобного самоотверженного труда за сценой ни один спектакль не имел бы шансов на успех».

Апрель закончился постановкой пьесы Ноеля Коварда «Счастливая невеста», а в мае главным событием была «Кандида» Бернарда Шоу, но к этому времени погода улучшилась настолько, что Мэри стала выходить на улицу, а Дик смог чаще приезжать, чтобы с ней увидеться. «Он обычно приходил в театр в субботу вечером, после скачек, — рассказывали мне Мел Лукас и Перси Эрроусмит. — Он давал советы некоторым из актеров о том, на кого лучше делать ставки». В Духов день Мэри привела с собой нескольких членов труппы на ипподром в Херефорде, чтобы посмотреть на выступление Дика, и он порадовал их, придя к финишу на победителе, которого они все поддерживали.

Но короткая жизнь Мэри в театре подходила к концу, поскольку она собиралась пожертвовать своей карьерой ради него. «Я любила театр и хотела стать помощником режиссера, — рассказывала она Кассандре Джардин из *Daily Telegraph* в 1997 году, — но я никак не могла сочетать это с его работой в качестве жокея». В июне она вернулась домой, чтобы приготовиться к их свадьбе. Легендарное партнерство уже было готово появиться на свет.

Глава 8

РАДОСТЬ И СТРАХ
(1947—1950)

За неделю до того, как Дик и Мэри должны были пожениться, она стала свидетельницей его падения с лошади на скачке в Ньюпорте, в результате которого он сломал ключицу, так что, когда ее отец отвез их в

Лондон на мюзикл «Оклахома!», рука Дика находилась на перевязи и оставалась в том же состоянии во время их свадьбы в Лондоне, состоявшейся в субботу, 21 июня 1947 года, хотя во всем остальном он выглядел безупречно в своем строгом костюме, жилете, цилиндре, белых перчатках и с гвоздикой в петлице. Сломанная ключица не помешала веселым гостям отпускать сальные шутки по поводу того, что эта ночь будет самой короткой в году.

В 1947 году было почти невозможно купить новую одежду, поэтому Мэри сама сшила свадебное платье из марлевой ткани, украсив его золотыми блестками вдоль каймы. Оно обошлось ей совсем недорого, включая стоимость «молнии», но на свадебной фотографии она все равно выглядит белокожей красавицей в длинном платье с буфами на рукавах, прической и фатой, а огромный букет невесты из гвоздик и папоротника каскадом сбегает вниз до самых ее коленей. Их обвенчали в Паддингтонской конгрегациональной церкви на Мэрилебон-роуд дядя Дика, методистский священник Джонатан Эванс, и дедушка Мэри Джон Форсон, чьи строгие антижокейские принципы растаяли сразу же после того, как он встретил Дика, и который позднее стал заядлым читателем газетных разделов, посвященных скачкам.

Дику было двадцать шесть, Мэри двадцать три, и Даг исполнял роль их шафера. У многих их друзей и членов семьи этот брак вызывал недоумение ввиду полного отсутствия у Мэри интереса к лошадям. «Мои родители пытались меня отговорить, — рассказывала мне Мэри через тридцать с лишним лет. — Для такой девушки, как я, было достаточно необычно выходить замуж за жокея. Это была настоящая авантюра. У нас не было жилья, надежной, хорошо оплачиваемой работы и каких-либо перспектив. Дик получал всего лишь 4—10 фунтов в неделю как секретарь Джорджа Оуэна, помощник тренера и мальчик на побегушках, что было не слишком много. Он получал небольшое денежное пособие от BBC, но все эти деньги он тратил на себя, выступая как жокей-любитель». Как жокей-любитель Дик получал значительно больше работы, чем он мог бы ожидать, выступая в статусе профессионала, поскольку многие клиенты Оуэна были обычными фермерами, для которых услуги профессионального жокея были не по карману, но выступать даром было достаточно накладно ввиду того, что ему приходилось покупать большое количество дорогого снаряжения — седла, бриджи, сапоги, — а также платить из своего кармана служащим ипподрома и самостоятельно оплачивать проезд.

Винс и Молли подарили им на свадьбу маленький зеленый автомобиль «Уолсли» и свой медовый месяц они провели, путешествуя по Шотландии. Мэри сидела за рулем, а Дик из-за своей травмированной руки выполнял обязанности штурмана — достаточно глупый поступок, поскольку у Мэри еще не было водительских прав и Дик взялся обучать ее вождению во время медового месяца. У них произошла первая ссора, когда Мэри заглушила двигатель на подъеме, и Дик сказал: «Какого черта ты это сделала?» Она ответила: «Все! С меня хватит. Я выхожу», но, к счастью, они находились в безлюдной местности за много миль до ближайшего жилья, и ей пришлось забраться обратно в машину. Это была одна из немногих ссор, которые у них случались за много лет семейной жизни.

Лето выдалось необычайно теплым и солнечным, и молодая пара была счастлива поселиться в их первом доме — комнате, которую они снимали в Фэддили, в четырех милях от замка Чолмондели. Мэри рассказывала мне:

«Это была всего лишь спальня в доме, где к тому же отсутствовало электричество, но арендная плата составляла всего лишь двадцать восемь шиллингов в неделю. Мы жили в основном на каше, но в субботу вечером позволяли себе рыбу с жареной картошкой. Это очень трудно, быть замужем за жокеем стипль-чеза и иметь постоянную работу, особенно в сельской глуши в Чешире. Жокеи стипль-чеза имеют обыкновение падать и получать травмы, и им нужна жена, которая бы отвозила их домой и ухаживала бы за ними, поэтому я всегда сопровождала Дика на скачки».

«Обычно она читала книгу, — рассказывала мне дочь Джорджа Оуэна, Джейн, — но всегда ездила на скачки вместе с ним». Мэри также исполняла роль его пресс-секретаря. «Ее работа заключалась в том, чтобы прогуливаться во время скачек вдоль трибун, — рассказывал мне писатель Гэвин Лиалл, который в последующие годы стал большим другом семьи Фрэнсис, — и, видя ее, люди говорили: «О, да это же Мэри Фрэнсис. У меня появилась идея: почему бы мне не попросить Дика выступить на моей лошади?»

Мэри рассказывала мне:

«С тех пор как мы поженились, я никогда не работала. Мне значительно больше хотелось просто поддерживать Дика. Я никогда не чувствовала, что чего-то от этого теряю, поскольку получала большое удовольствие от того, что являюсь частью его жизни. У нас была общая жизнь. Я никогда не ощущала себя в чем-то обманутой из-за того, что не делаю собственную карьеру. Я на самом деле вела полную и интересную жизнь».

Когда друзья спрашивали Мэри, не переживает ли она, когда смотрит за выступлениями Дика, она полушутливо отвечала: «Только когда он начинает махать белым флагом, вызывая «Скорую помощь». В частной беседе она призналась в том, что ее сердце подскакивало в груди каждый раз, когда срывались стартовые ленты, и страх не стал слабее даже после того, как Дик на ее глазах участвовал в сотнях скачек. Всякий раз, когда он возвращался к ней с окровавленным лицом, она с опаской спрашивала его: «Твои зубы все еще на месте?» — а Стэн Мэллор, который позднее сам стал жокеем-чемпионом, говорил: «Когда Дик отправлялся на старт, Мэри провожала его таким взглядом, словно не надеясь увидеть его снова».

Дик утверждал, что он никогда особенно не беспокоился о собственной безопасности, хотя был готов к тому, что будет падать примерно в каждой пятнадцатой скачке — он сравнивал это с падением с крыши автомобиля, движущегося со скоростью 30 миль в час, — и даже несмотря на то, что один из пятисот жокеев погибал каждый год. Он ломал одну или две кости каждый сезон и все же по-прежнему считал, что шансы получить серьезную травму, которая вывела бы его из строя на долгое время, примерно такие же — 500/1. Даже когда он серьезно упал в Сэндоуне и его лошадь, Файтинг Лайн, перекатилась через него, Дик отделался несколькими синяками. «Глядя со стороны, можно было подумать, что я уже мертв, но мне повезло, — рассказывал он через пятьдесят лет журналисту из *Mail on Sunday*. — Я просто встал и отошел в сторону». В Тоучестере с ним произошел такой же неприятный инцидент, когда он упал на голову и потерял сознание, лошадь лежала у него на голове и плечах, перекатываясь из стороны в сторону в течение нескольких минут; в конце концов лошадь поднялась на ноги, Дик пришел в себя, встал и приехал домой, даже не испытывая головной боли. Как он говорил, обычно падение оставляло ему лишь несколько больших синяков, легкую потерю подвижности и, возможно, еще несколько ссадин там и здесь. В отличие от многих тогдашних жокеев, он всегда надевал шлем и любил повторять, что мойщики окон значительно чаще гибнут на своей работе, чем жокеи на скачках.

Мэри рассказывала мне:

«Да, я обычно переживала за него, но невозможно переживать все время. Дик был жокеем на протяжении десяти лет, и за это время он ломал кости двадцать один раз — не считая ребер. Двенадцать раз он ломал ключицу, пять раз нос, а также руку, лопатку, позвоночник и кисть, а позднее проломил и череп. После того как он вывихнул левое плечо, доктор показал мне, как ставить его на место, и я делала это для Дика множество раз».

На самом деле Дик за свою карьеру умудрился вывихнуть оба плеча. Когда в 1948 году он вывихнул правое плечо, оно было так подвижно и так легко выпадало из впадины, что вывих случался несколько раз прямо во время скачек. Знаменитый специалист по спортивным травмам, Билл Такер, выполнил болезненную операцию, чтобы привести плечо в порядок, после которой у Дика ушло четыре месяца на восстановление. Но когда в 1954 году то же самое произошло с его левым плечом, Дик даже не хотел думать о еще одной мучительной операции и связанном с ней периоде отлучения от скачек — учитывая, что в то время он был лидером сезона и имел все шансы стать жокеем-чемпионом — и поэтому оставил свое плечо непрооперированным и остаток жизни просто скрипел зубами, когда Мэри вправляла ему вывих.

«Это очень больно, — рассказывал мне Дик. — Я был вынужден выступать на скачках со стягивающей повязкой, а когда ложился в кровать, то плечо могло выйти из впадины, если я поворачивался не в ту сторону».

«Мне требуется десять минут на то, чтобы вправить вывихнутое плечо, — рассказывала Мэри, — и для него это очень болезненная операция. Плечо встает на место с громким щелчком». Весь малоприятный процесс вправления вывихнутого плеча описан во всех тошнотворных деталях в романе Дика Фрэнсиса 1974 года «Сокрушительный удар» [*Knock down*]. Его главный герой, в прошлом знаменитый жокей Джон Дерхем, также страдает от хронического вывиха плеча и, как и Дик, вынужден ходить затянутым в бандаж, который не позволяет ему поднимать руку. Как и Дик, он надевает смягченный вариант бандажа, когда ложится в постель, и подружка Дерхема, Софи, удивлена тем, что он не снимает бандаж, даже когда занимается любовью, поскольку энергичный секс может вывихнуть поврежденное плечо. Когда плечо Дерхема, причиняя ему жуткую боль, выходило из впадины, Софи вправляла вывих следующим образом: держа его за запястье правой рукой, она просовывала другую руку под его локоть и направляла верхнюю часть кости обратно во впадину, выпрямляя ему руку, притягивая локоть к груди, сгибая запястье и подталкивая верхнюю часть руки по направлению к плечевому суставу. Этот процесс был крайне утомительным для Мэри и мучительным для Дика.

Кроме того, Дик так часто ломал нос, что его чувство обоняния было сильно повреждено. Когда Мэри однажды спросила, нравятся ли ему его духи, он спросил: «Какие духи?»

Ввиду того что жизнь жокея связана с такой болью и неудобствами — не говоря уже о тех разочарованиях, которые вызывают у жокея дни, потерянные из-за тумана или льда, поражения, пережитые после того, как ты уже считал себя победителем, глупые ошибки, совершенные на глазах у зрителей, чувства, вызванные тем, что ты подводишь тренеров, владельцев и игроков, или тем, что тебя «обставили» в пользу другого жокея, — кажется удивительным, почему кто-то вообще хочет быть жокеем, выступающим в скачках с препятствиями. Дик объяснял это тем, что он любит скорость и риск скачек, а победы вызывают у него необычайный душевный подъем. Даже если бы он был миллионером, говорил Дик, он все равно бы оставался жокеем.

После нескольких недель аренды комнаты в Фэддили Мэри и Дик переехали в переоборудованный сенной сарай, расположенный поблизости от конюшен в

Хиггинсфилде, где «ветер сдувал ковер с пола, если мы оставляли дверь открытой», — рассказывал мне Дик в 1980 году. «Но мы чувствовали себя необычайно счастливыми, — добавила Мэри. — И у нас было электричество! Первое время мы ходили по всему дому, включая и выключая свет».

Их счастье было настолько полным, что они имели лишь четыре серьезные ссоры на протяжении всей семейной жизни, и три из них произошли в первые два года. Во втором случае Мэри нагнулась, чтобы почистить камин, и Дик игриво похлопал ее по заду. Она пришла в ярость и крикнула, угрожая ему кочергой: «Не смей так делать снова! Или я больше никогда не буду чистить камин!» И она сдержала свое обещание. В третьем случае они планировали провести короткий отпуск в Париже, но когда Винс попросил Дика вместо этого выступить на конно-спортивном шоу на его лошади, тот сразу же согласился, и Мэри запричитала: «Ты больше думаешь о своем отце, чем обо мне». Дик был озадачен. «Но он так много делал для меня всю мою жизнь», — сказал он. В конце концов Мэри согласилась отложить поездку, а Дик пообещал, что они проведут в Париже больше времени. Что касается четвертой ссоры, то она произошла после десяти лет супружества и они не разговаривали друг с другом два или три дня, но через несколько лет никто из них уже не мог вспомнить, из-за чего началась ссора. В 1988 году Мэри сказала Фионнуале Макхью из *Daily Mail*: «Ничто так не цементирует брак, как осознание того факта, что твой муж может погибнуть днем из-за того, что ты не сдержалась и устроила с ним ссору утром».

Поначалу большую часть своего свободного времени они проводили, украшая свою квартиру, но в августе стартовал новый сезон Национального охотничьего комитета, и им пришлось уехать, чтобы провести пару недель в двухстах милях от дома, в Девоне, где Дик выступал на нескольких лошадях Оуэна на полудюжине ипподромов Девона, всегда открывавших сезон, начинавшийся со скачек в Ньютон-Абботе. Дику всегда нравились эти южные старты, поскольку здесь было еще достаточно тепло, чтобы наслаждаться отдыхом у моря, и, кроме того, они предоставляли ему возможность встретиться со старыми друзьями после двухмесячного летнего перерыва. Он и Мэри настолько полюбили эту часть Девона, что вскоре стали возвращаться туда каждый год.

Только 30 августа он одержал свою первую победу — не слишком радостную, поскольку его лошадь была единственным претендентом, но вскоре победы пошли одна за другой, особенно на Ромпурти и Русском Герое. Ромпурти — маленький коричневый мерин — принадлежал энергичному боссу Дага, герцогу Виктору Деннису, и это была одна из любимых лошадей Дика на протяжении нескольких последующих лет, несмотря на то что лошадь выглядела неряшливой и косматой, поскольку терпеть не могла стричься. Вместе они победили в двух скачках до конца года, в 1947 году выиграли пять, а всего одержали тринадцать побед и еще восемнадцать раз приходили вторыми. В ходе своих выступлений Дик и Мэри подружились с Виктором и Уэнфрой Деннис, и они часто проводили вместе веселые уик-энды, когда Дик выступал на одной из лошадей Денниса вдали от дома.

На Русском Герое Дик до конца года победил дважды, и к тому времени, когда он отправился в марте на скачки в Челтенхеме, ему довелось выступить более чем в ста скачках — больше любого другого жокея-любителя и меньше лишь четверых ведущих профессионалов. Он победил в десяти скачках, и наиболее удивительную победу ему удалось одержать в Хэйдоке на Салмон Реноуне, который почти упал на втором препятствии, сильно отстал от основной группы, поскользнулся, перепрыгивая канаву с водой, но все-таки каким-то образом сумел догнать соперников, выйти вперед и выиграть на финише у ближайшего преследователя десять корпусов.

В тот сезон дождливым субботним днем произошел один забавный случай, когда Дик и несколько других жокеев почти голые сидели в длинной жокейской раздевалке на ипподроме в Ротбери, когда среди них внезапно появилась пожилая женщина, как оказалось, разыскивающая дамскую уборную. Посетив душевую для жокеев, она проделала обратный путь, разглядывая обнаженных мужчин, и вышла из домика, но почти сразу же появилась вновь и повторила свое путешествие: она оставила зонтик, сказала дама, лукаво улыбаясь, «по ошибке».

Дик стал такой заметной фигурой на скаковых кругах, что в марте он был вызван стюардами Национального охотничьего комитета. Ему сказали, что если он хочет продолжить свое выступление в профессиональных скачках, то должен сам стать профессионалом. Он стал выступать слишком успешно, чтобы и дальше делать это бесплатно, тем самым лишая профессиональных жокеев их средств к существованию. Дик уже принимал нелегально тайные «подарки» от благодарных владельцев — ужин в ресторане, бутылка вина, фотография в рамке, вересковая трубка — так что он уже был готов стать профессионалом, но волею судьбы неудачная скачка в Челтенхеме, закончившаяся падением и очередным переломом ключицы, вывела его из строя на первые три недели выступлений в ранге профессионала. Но, как с удовольствием обнаружил Дик, после того как его ключица срослась, количество скачек, в которых ему предлагали выступать, почти не уменьшилось, даже несмотря на то, что теперь он брал плату за свои услуги.

Он выиграл свою первую скачку в качестве профессионала на Рисэдженте в соревнованиях для лошадей, ни разу не бравших приза, состоявшихся 14 апреля в Ладлоу, а на скачках в День Св. Троицы в Картмеле он порадовал своего брата Дага, который стал тренером, победив на одной из его лошадей, Коастал Комманде. Но эти первые победы были омрачены печалью, когда 1 мая 1948 года умер отец Мэри в возрасте всего лишь пятидесяти восьми лет. Он, Нетта и Эвен переехали несколькими месяцами ранее с Кингсмеад-авеню в самое сердце Лондона, где они купили пансион, расположенный по адресу Суссекс-гарденс, 129, — элегантное пятиэтажное здание, приютившееся на широкой тенистой улице возле Паддингтонского вокзала. Именно здесь Уильям Бренчли умер от сердечного приступа, в то время как Нетта сидела возле его кровати. Хотя он оставил ей все свое небольшое состояние, но, судя по всему, в последующие годы Нетта прикладывала большие усилия, чтобы свести концы с концами. После смерти мужа она продолжала содержать пансион, где в том году было восемь постоянных жильцов, и занималась этим еще девять лет, но, как показывают учетные книги Паддингтона, она часто запаздывала на несколько месяцев с уплатой местных налогов и регулярно вызывалась в районный совет для погашения просроченных платежей. В 50-е годы она жила в доме на Суссекс-гарденс вместе со своей матерью, Джин и Эвеном, который вернулся после службы в армии и жил в доме еще пять лет, обучаясь на управляющего отеля, после чего женился и переехал на остров Уайт, где в конце концов он стал директором департамента туризма острова Уайт. К 1998 году дом 129 по Суссекс-гарденс превратился в дешевую гостиницу под вывеской «Гоуер». Что касается Кингсмеад-авеню, где Бренчли жили на протяжении двадцати двух лет, сегодня это длинная, голая, малопривлекательная дорога, засаженная чахлыми деревьями, где царит атмосфера неописуемого пригородного уныния. Дом под номером 17, где родилась Мэри, был снесен, а на его месте жилищно-строительная ассоциация возвела современное многоквартирное здание для пожилых людей с проживающими смотрителями, доской объявлений в холле и жестоким названием Поллед-хаус[1]. По странному совпадению первые два дома Мэри превратились в дома престарелых.

Дик закончил сезон 1947—1948 гг. с шестнадцатью победами, шесть из которых были одержаны в ранге профессионала, что привлекло к нему внимание одного из самых преуспевающих владельцев лошадей, лорда Бичестера, который предложил выступать за него регулярно. Бичестер, восьмидесятиоднолетний банкир и лорд-наместник графства Оксфордшир, нуждался во втором жокее, который выступал бы на его лошадях, когда основной жокей, Мартин Молони, выступает где-то еще. Это был настоящий подарок судьбы для Дика, поскольку лошади Бичестера считались одними из лучших в стране и они участвовали во всех основных скачках сезона. Среди его лошадей, выступавших в стипль-чезе, большинство которых тренировал Джордж Биби в Кемптене, были и три лучших прыгуна страны: Финнур, Роймонд и Силвер Фейм. Дик испытывал угрызения совести из-за того, что он бросает Джорджа Оуэна после всего того, что тот для него сделал, но Оуэн великодушно согласился с тем, что ему нельзя упускать такую блистательную возможность. Дик выступал за Бичестера до самой его смерти, последовавшей через восемь лет. Что касается вклада Оуэна во взращивание таланта Дика — а впоследствии и двух других жокеев-чемпионов, Тима Брукшоу и Стэна Меллора, — то, по мнению Дика, главное не то, что Оуэн был великолепным учителем, умеющим внушать оптимизм, а то, что он позволял своим молодым жокеям получить огромный опыт выступлений на самых различных лошадях, а затем разрешал им уходить, когда они уже были готовы расправить свои крылья.

Первое выступление Дика за Бичестера должно

[1] P o l l a r d — дерево с подрезанной верхушкой *(англ.)*.

было состояться только в октябре, поэтому в августе он вместе с Мэри снова провел несколько недель на скаковых кругах Девона с лошадьми Оуэна. Они остановились вместе с Виктором и Уэнфрой Деннис в отеле южнобережного курорта Торки, где царили шум и веселье и повсюду развевались флаги ввиду проводившейся здесь олимпийской регаты. Деннис, как всегда переполненный энергией, однажды ночью выбрался со своего балкона, осторожно прополз по стеклянному козырьку над входом в отель и привязал к нему два ночных горшка так, что в результате они свисали над входной дверью рядом с олимпийскими флагами. Вскоре под ними на тротуаре собралась шумная толпа, управляющий вызвал полицию, и в конце концов дежурный портье срезал горшки. Через несколько недель Деннис умер. Он знал, что жить ему оставалось недолго, но решил насладиться своим последним праздником вместе с ними. Его смерть, последовавшая через три месяца после смерти отца Мэри, напомнила им о том, что жизнь коротка и бесценна, даже если вам двадцать шесть и двадцать три.

Конюшни Джорджа Биби в Кемптене находились в 130 милях к югу от замка Чолмондели, и поначалу Дик тратил огромное количество времени, совершая туда поездку два или три раза в неделю. Но терпеть такое долго было невозможно, и Дик с Мэри вскоре решили, что все их будущее на юге и им следует переехать в Беркшир.

Дик сильно привязался к старому лорду Бичестеру за то время, что ему довелось за него выступать. Ему нравилось, как он обращается со своими лошадьми, каждый день приходит посмотреть на них с карманами, набитыми сахаром и орехами, всегда заботится о том, чтобы животные проводили ежегодный летний отпуск в полях, окружающих его роскошный дом, Тасмор Парк. Дик в первый раз нарядился в цвета его светлости — черная рубашка, золотые рукава, красная жокейская шапочка — 26 октября в Ноттингеме, где он выступал на удивительно надежном скакуне — Парфеноне. Однако его карьера второго жокея Бичестера началась неудачно. Парфенон пришел к финишу без места, а через четыре дня, когда Дик выступал на Силвер Фейме, считавшемся главным фаворитом на скачках в Вустере, уже подъехав к линии старта, он заметил, что нос лошади кровоточит. Не зная, что ему делать, Дик нервно спросил стартера, нельзя ли ему сняться со скачки, и испытал большое облегчение, когда Биби поздравил его с принятым решением, сказав, что если бы Силвер Фейм скакал с лопнувшим кровеносным сосудом, то это могло бы пагубно сказаться на здоровье лошади. Вскоре он впервые выступил на ипподроме в Айнтри, приняв участие в Большом сефтонском стипль-чезе на Парфеноне. Дик сильно нервничал и испытывал большое возбуждение, когда в первый раз выехал на двухмильный ливерпульский скаковой круг, приготовившись прыгать через его огромные препятствия с пугающими откосами на стороне приземления. Например, канава с водой перед ужасным «Креслом» имела ширину шесть футов, сам барьер был высотою более шести футов и шириной один ярд, и когда Парфенон перемахнул через массивное препятствие на «Ручье Бичера», Дику показалось, что он летит. Но после второго препятствия он начал просто наслаждаться скачкой, и в итоге они финишировали вторыми. Позднее Дик не раз говорил, что считает Айнтри величайшей трассой стипль-чеза в мире и эта дистанция стала его любимой — наряду со скаковыми кругами в Харст-парке и Кемптене — если только он выступал на хорошем прыгуне, наделенном отвагой.

Кровотечение у Силвер Фейма прошло к 13 ноября, когда Дик победил на нем в скачке в Стратфорд-он-Эйвон, и к концу скаковой карьеры у Дика сложилось мнение, что эта лошадь — большой гнедой с белой звездой на лбу — была лучшей из всех лошадей, когда-либо принадлежавших Бичестеру, животное, всегда настроенное на победу, точно знающее, что нужно делать, и никогда не сдающееся. 4 декабря Дик снова победил, на этот раз в Кемптен-парке на Финнуре, большом гнедом мерине, которого он полюбил больше всех остальных лошадей за его интеллект, резвость, мощные прыжки и головокружительную скорость на финише. Но Дик никогда не позволял себе слишком сильно привязываться к какой-либо лошади. «Вы не должны позволять себе испытывать сентиментальные чувства по отношению к лошади, — рассказывал он репортеру из *Western Mail* в 1989 году. — Они слишком часто падают, ломая себе шею или ногу, и на следующей скачке после такого падения ты чувствуешь себя выбитым из колеи». На самом деле Финнур дожил до преклонного возраста.

28 декабря Дик снова победил на Финнуре в Кемптене и пришел вторым на Роймонде в одной из важнейших скачек года, Стипль-чезе на приз короля Георга VI. Роймонд имел величественный внешний вид — большой, мускулистый конь темно-гнедой масти, — но по характеру он достаточно сильно отличался от Финнура и Силвер Фейма. Хотя Роймонд был превосходный прыгун, его поведение было непредсказуемым: когда ему хотелось победить и он прикладывал для этого усилия, Роймонд был просто превосходен; в других случаях он просто не хотел напрягаться, и Дик, как и любой другой жокей, ничего не мог с ним поделать, поэтому скакать на нем было крайне утомительным занятием.

В декабре Дик также пережил одно событие, воспоминания о котором преследовали его на протяжении многих лет. Оуэн уехал на ярмарку племенных лошадей в Ньюмаркет и оставил Дика управлять конюшней. Поздно вечером, совершая заключительный обход, Дик заметил, что Русский Герой страдает от сильной боли, хрипит, потеет и бьет копытами. Дик вызвал ветеринара, который сказал, что у лошади сильные колики, мучительная, порой смертельная болезнь, вызванная сплетением кишок. Они подняли лошадь на ноги, и ветеринар дал Дику указание вместе с конюхом прогуливать Русского Героя по двору, если потребуется, всю ночь, пока кишки сами не распрямятся. Дик и конюх не смыкали глаз до рассвета, заставляя Русского Героя ходить по двору, и к утру он оклемался. Дик спас лошади жизнь, но позднее сказал, что лучше бы он этого не делал.

В конце марта наконец осуществилась мечта Дика выступить в Большом национальном стипль-чезе, когда Бичестер заявил его на скачку вместе с Роймондом. Несмотря на свое желание выступить в скачке, любой жокей признается в том, что самые мучительные часы в его карьере приходятся на первую половину дня их первого выступления в Большом национальном стипль-чезе. В ночь накануне почти невозможно заснуть, воздух в раздевалке кажется плотным от напряжения и нервного возбуждения, застывшие в тревожном ожидании бледные жокеи сидят молчаливыми рядами, глядя на свои сапоги. Каждый из них мечтает победить в скачке, но боится поверить в то, что такое может случиться. Вот она, величайшая скачка — тридцать грозно возвышающихся препятствий, многие из них высотой пять футов, и каждое с пугающим откосом на стороне приземления; и в 1949 году они выглядели еще более устрашающе, чем сегодня.

Дик всегда настаивал на том, что Большой Национальный приз — не особенно опасная скачка, поскольку жокеи редко получают в ней серьезные травмы. Он признавал, что порой там гибнут лошади, но в то же время указывал на то, что такое же количество лошадей гибнет на маленьких опасных скаковых кругах, расположенных в провинции, но никто не обращает на это внимания, поскольку такие скачки не освещаются достаточно широко. Он клялся в том, что большинство лошадей любят Айнтри, и об этом можно судить хотя бы потому, что многие из них пытаются закончить скачку после того, как потеряют своих жокеев. По крайней мере, внешне он оставался совершенно спокойным, когда, оседлав Роймонда, выехал на демонстрационный круг, а затем — поскольку Роймонд нес самый большой дополнительный вес: 11 стоунов, 12 фунтов — возглавил парад из сорока трех участников, проехавших мимо трибун по направлению к стартовой линии, среди четверти миллиона размытых лиц и жужжащих камер кинохроники.

Перед началом скачки шансы Роймонда оценивались как 22/1 — фаворитами были Милдмэй на Кромвеле (6\1) и Брайан Маршалл на Хэппи Хоуме (10/1) — и, когда стартовые ленты разлетелись в стороны, уже не оставалось времени на то, чтобы думать и волноваться. В своей автобиографии Дик пытается описать возбуждение — даже экстаз, — которое испытывает жокей, выступающий в Большом национальном стипль-чезе, но в конце концов признается в том, что его перо здесь бессильно. Здесь было лишь внезапное одиночество среди оглушительного топота копыт, трение бедер, вспышки ярких красок на шелковых рубашках, свист ветра, насыщенный запах несущихся галопом лошадей, хриплое дыхание, быстро приближающаяся громада каждого препятствия, парящий полет, взгляд на мир с высокой точки, а затем удар от приземления, падения, возможно, со всех сторон — лошади, бьющие по земле ногами, громкое ржание, проклятия жокеев, брызги грязи, а затем галоп по направлению к следующему препятствию, и так снова и снова на протяжении четырех с половиной миль и почти десяти безжалостных, захватывающих дух минут. Сначала пять препятствий, а затем через «Ручей Бичера», названный так в честь полковника Бичера, который упал здесь два раза в ходе Большого национального стипль-чеза 1839 года и отметил позднее, как отвратителен вкус воды, не разбавленной бренди. Далее еще одно препятствие и резкий поворот налево под девяносто градусов у «Канального поворота», затем «Ручей Валентина». Затем три новых препятствия, расположенных вдоль канала Ливерпуль — Лидс. Еще раз налево, и перед вами несчастливое препятствие под номером тринадцать, а следом и четырнадцатое. Потом, о боже, чистый ужас в виде огромного «Кресла». Далее мимо трибун. «Водяной прыжок». Рев толпы ураганом проносится у вас в ушах. Снова налево у самого старта и еще раз вся дистанция по второму кругу: снова «Ручей Бичера», «Канальный поворот», «Ручей Валентина» и падения на протяжении всего пути, спереди, с боков и позади, падения повсюду — но только не ты.

Из сорока трех лошадей, стартовавших в тот день, финишировали только одиннадцать, и среди них Роймонд. Дик управлял блестяще, Роймонд прыгал просто превосходно, и всю дистанцию они держались в шестерке лидеров. На одном из отрезков они вырвались вперед, первыми взяв несколько препятствий, и, лидируя на последней миле, Дик осмелился поверить в то, что он может выиграть Большой Национальный приз с первой попытки. Но тут, к его ужасу, их обошла до боли знакомая лошадь, чей жокей носил не менее знакомые цвета — черно-белую рубашку, разделенную по четвертям, — цвета, в которых он так часто выступал сам. Его обходил аутсайдер, с шансами 66/1, не кто иной, как его старый товарищ Русский Герой. Под рев огромной толпы лошади ноздря в ноздрю неслись в направлении трибун, но, когда они вышли на последний отрезок, Дик с болью в сердце осознал, что его и Роймонда оставит на втором месте лошадь, чью жизнь он спас всего лишь три месяца назад. И если бы он не оставил Джорджа Оуэна, чтобы выступать за лорда Бичестера, то он, вероятно, сейчас сам бы скакал на Русском Герое и выиграл бы Большой Национальный приз с первой попытки.

Дик и Роймонд отстали от Русского Героя на восемь корпусов и получили второй приз для лорда Бичестера, который был очень доволен, поскольку ни одна из его лошадей еще ни разу не занимала выше седьмого места в Большом национальном стипль-чезе. Владелец Русского Героя, Фиэрни Уильямсон, устроил в тот вечер роскошный ужин для сотен гостей в честерском отеле «Блоссомс», куда были приглашены и Дик с Мэри. После того как Уильямсон, Оуэн и жокей Лео Макморроу произнесли свои речи, Дик поднялся со своего места и сказал, что он искренне за всех рад, но если бы три месяца назад ему стало известно, что Русский Герой лишит его победы, «я бы позволил этому мерзавцу умереть!». И, что самое обидное, Русский Герой не выиграл больше ни одной скачки.

Небольшим утешением для Дика послужила победа в Уэльском Большом национальном стипль-чезе, состоявшемся в апреле в Чепстоу, где он выступал на Файтинг Лайне, тренируемом Кеном Канделлом в Кемптене. Неделей позже он одержал первую тройную победу, выступив на трех победителях в Бангор-он-Ди. Одну из побед принес ему Ромпурти, которого тренировал его брат, Даг, а две другие — Картмел, и в результате общее количество одержанных им побед в первый же сезон выступлений в качестве профессионала достигло двадцати трех.

Родители Дика переживали и радовались его успеху, особенно после того, как Винс в возрасте шестидесяти лет удалился на покой, и, продав Честнат-коттедж, они с Молли переехали в квартиру в перестроенном старом доме на самой окраине Уокингема. Дик начал выступать настолько успешно, что еще один тренер обратился к нему с просьбой выступать на его лошадях. Это был Джеральд Бэлдинг, чьи конюшни находились в Уейхилле, возле Эндовера, в двадцати пяти милях от конюшен Бичестера, и, начиная с 1949 года,

Дик выступал на скачках за Бэлдинга и Канделла, так же как за Биби и Бичестера.

Так насколько хорошим жокеем он был?

Нет никаких сомнений в его смелости: он приближался к каждому препятствию с бесстрашной отвагой, высоко сидя в седле со стременами значительно более длинными, чем приняты у сегодняшних жокеев, предпочитающих ездить в более жестком стиле. Дик считал, что длинные стремена позволяют ему лучше обхватывать лошадь ногами, чтобы более эффективно посылать ее на препятствие и чувствовать единство с животным. На многих фотографиях он элегантно парит над огромным препятствием, вытянув ноги, из-за чего создается впечатление, будто он летит. Как написал британский комментатор скачек Питер О'Салливан в предисловии к книге Брайони Фаллер «Дик Фрэнсис: жокей стипль-чеза», Дик был «одним из самых выдающихся наездников своей эпохи». Сэр Эдвард Казалет, чей отец, Питер Казалет, в 50-х годах в течение трех лет пользовался услугами Дика в качестве своего первого жокея, соглашается с ним. В предисловии к книге госпожи Фаллер сэр Эдвард говорит, что Дик был превосходным наездником, чьи лошади всегда были хорошо уравновешенными и спокойными. Фред Уинтер, один из главных соперников Дика в качестве жокея, говорил Казалету, что Дик «был очень неуступчив, но он переносил свои поражения лучше всех жокеев, против которых мне довелось выступать. Он никогда не сдавался в скачке, но после финиша был готов первым подойти и сказать: «Хорошая работа», если тебе посчастливилось оказаться лучшим». А брат Дика, Даг, говорил госпоже Фаллер: «Я очень им горжусь, поскольку он был замечательный жокей. Он имел лучшие руки, и вы никогда не смогли бы застать его в ходе скачки в неверном положении. По моему мнению, Дик был лучшим наездником из всех ведущих жокеев, которых мне посчастливилось видеть в деле».

Лес Фостер, главный конюх Фрэнка Канделла в конце сороковых годов, сказал мне, что Дик, несомненно, входил в десятку лучших жокеев стипль-чеза тех лет, наряду с Фредом Уинтером, Майклом Скадмором и Брайаном Маршаллом. «Он был великий жокей и отличный парень, настоящий джентльмен, — говорил мистер Фостер. — Как жокей он был одним из лучших, потому что обращался с лошадьми так, словно они составляют с ним одно целое, и никогда не злоупотреблял хлыстом. Он управлял ими своей любовью. Он *сделал* Крадвела, поскольку знал, как правильно его воспитать. Он выиграл на Крадвеле пятьдесят скачек, но Крадвел поначалу совсем не мог прыгать, пока Дик не взялся за него».

Кэт Уэлвин, вдова тренера Фалька Уэлвина, за которого Дик выступал в качестве жокея конюшни в 1954—1955 годах, сказала мне, что он был «удивительный наездник и лошади всегда замечательно прыгали для него. Он не был сильным финишером, но всегда подводил лошадь к препятствию в нужном месте и в нужное время. Он входит в мой список двадцати лучших жокеев всех времен. Он выглядел настоящим джентльменом, всегда безукоризненно одет, очень милый и спокойный». Бывший жокей и скаковая знаменитость лорд Оакси соглашается с ней. «Он был превосходным наездником, но не превосходным жокеем, — говорил он мне. — Он замечательно подводил лошадь к препятствию, но не был так же хорош на финише».

Пишущий о скачках журналист Том Форрест, который впоследствии в течение многих лет работал с Диком в *Sunday Express*, сказал мне, что Дик был «очень, очень хорошим наездником. Его сильной стороной было умение управлять крупными лошадьми». Но Форрест также добавил:

«Я не могу включить его в тройку лучших жокеев стипль-чеза из тех, которых мне доводилось знать, но он, несомненно, был одним из лучших по части умения подвести лошадь к последнему препятствию. На протяжении трех миль он управлял крупной, тяжеловесной лошадью, заставляя ее прыгать через препятствия, и, когда она подходила к последнему барьеру, совсем не чувствовалось, что эта лошадь участвует в скачке. Она выглядела такой же свежей, как и перед первым препятствием. В этом Дик был очень хорош. Но как жокей он всегда имел один серьезный недостаток, и это было его неумение устроить по-настоящему энергичный финиш. Он не мог это делать, потому что имел очень много травм и хронический вывих плеча. Его рука постоянно выпадала из сустава. По этой причине он не стал одним из самых, самых величайших жокеев. Но все равно он был отличным жокеем. Если у вас была хорошая лошадь, вы не смогли бы найти лучшего жокея, который бы оставил ее хорошей лошадью».

Иное мнение на этот счет имеет другой жокей-чемпион (в сезоне 1946—1947 гг.), Джек Доудсвел, который соревновался с Диком сотни раз. Он считает, что Дик плохо ездил верхом, особенно после того, как начал выступать за королеву (позднее королеву-мать) и ее тренера Питера Казалета. Вот что рассказал мне мистер Доудсвел в своем доме в Ламборне:

«Поскольку Дик был жокеем королевы и Казалета, он думал, что ему принадлежит скаковая дорожка и кратчайший путь к финишу. Порою он был достаточно задиристым — слишком беспокоился о том, как проложить себе путь, и делал это достаточно грубо. Я не думаю, что его грубость была намеренной, но он проталкивался там, где классный жокей добился бы преимущества за счет скорости. Брайан Маршалл, великий жокей, терпеть его не мог, поскольку думал, что Дик всегда считает себя собственником скакового круга. Дэйв Дик тоже его не любил, я знаю это. Дик Фрэнсис был хороший малый, но только очень необщительный.

Он никогда не имел среди жокеев близких друзей, друзей, которые были бы готовы сделать для него что-то существенное. «*Ты гребешь в собственной лодке,* — говорили они, — *и мы не будем присматривать за тобой!*» Когда он попадал в тяжелое положение, никто не приходил к нему на выручку, чтобы подтолкнуть обратно в седло. Из-за того что он выступал за Казалета и королеву, у вас возникало чувство, что он уверен в том, что сам, так сказать, правит морями. Он привык слишком во всем полагаться на королевскую семью».

Доудсвел описывает Дика как очень мрачного жокея: «он выжимал из лошади все до последней унции, но не был при этом хорош», и, по его воспоминаниям, Дик никогда не проявлял настоящего дружелюбия по отношению к своим приятелям жокеям:

«В то время в скачках с препятствиями царил дух подлинного товарищества. После скачек — например, в Кемптене, Сандауне или Виндзоре — мы собирались в шеффордском пабе «Лебедь» и проводили там около часа, обсуждая события прошедшего дня, как это делают приятели, но Дик всегда держался в стороне. Я никогда не слышал, чтобы Дик пошел в паб с другими жокеями. Он был для нас словно посторонний. Когда Мэри приезжала на скачки, она сидела в машине и вязала весь день, а затем они тихо уезжали домой и ужинали в семейном кругу. Я никогда не слышал, чтобы он с кем-то общался. В каком-то смысле он был непопулярной фигурой. У него никогда не было больших, настоящих друзей. Он не тот парень, с которым можно быть близким».

Лорд Оакси в свою очередь говорил мне:

«Я думаю, это правда. Дик никогда не был жокеем типа Дэйва Дика. В то время субботними вечерами жокеи устраивали шумные гулянки, и Дэйв, обладавший необычайно веселым и жизнерадостным характером, во всем отличался от Дика. Часть мира скачек, ведущая разгульный образ жизни, с презрением относилась к Дику, считая его слишком чопорным и правильным. Я не думаю, что он когда-нибудь напивался».

Кэт Уэлвин соглашается с ним:

«Дик в этом смысле был очень воздержанным. Он не гулял с ребятами. Такие жокеи, как Дэйв Дик, полностью отличались от него, и они не слишком ладили друг с другом. Они обладали совершенно противоположными характерами. Дэйв был настоящим сорвиголовой, для которого жизнь была прекрасна и удивительна, и он хотел исчерпать ее до конца: он все время веселился, пил по уик-эндам, а Дик считал, что этого нельзя делать, если ты занимаешься скачками. Дик всегда держался так, словно он является членом благородного сословия. Он производил впечатление любителя, и я описала бы его именно так: очень хороший жокей-любитель».

Один знаменитый жокей, недолюбливавший Дика, всегда называл его «Мамаша Фрэнсис», а другой жокей, выступавший вместе с Диком много раз, подтвердил, что он «не был одним из нас», а далее добавил: «Мне нечего о нем сказать». По его мнению, Дик был лишь «посредственным» жокеем. «Дик был хорошим наездником, — признает он, — таким парнем, которого бы я посадил на необученную лошадь, чтобы тот подготовил ее для охоты, но если бы я хотел делать на эту лошадь ставки, то не стал бы подпускать его к ней. Я не могу назвать его жокеем: он был просто наездник».

Стэн Меллор, также много раз соревновавшийся с Диком и тоже становившийся жокеем-чемпионом, соглашается с таким мнением. «Он не был жокеем в истинном смысле этого слова, — рассказывал мне Мэллор. — Он был скорее очень хорошим наездником, выступающим в стипль-чезе, который умеет стильно брать препятствия, совершая прекрасные прыжки. Его карьеру испортили травмированные плечи — для Дика это была настоящая трагедия, — но он был хорошим наездником, в этом нет никаких сомнений». Мэллор вспоминал, что Дик всегда появлялся на скачках в своей голубой летной куртке пилота ВВС и начищенных до блеска ботинках. «Он всегда был аккуратен, хорошо одевался и походил на настоящего денди. Дик ассоциировал себя только с самым лучшим и всегда старался удостовериться в том, что находится в подобающем ему месте. Он имел хорошие связи и держался несколько высокомерно. Многие жокеи не любили его по этой причине. Он всегда был для них посторонним». Жена Мэллора, Элейн, считает, что Дик был таким необщительным ввиду своей природной замкнутости «и все, в чем он нуждался, ему давала его Мэри».

Поскольку все три тренера, за которых Дик регулярно выступал в 1949 году, жили далеко к югу от замка Чолмондели, для него было совершенно абсурдно терять столько времени на поездки к месту работы, особенно после того, как Мэри забеременела в июле. Они начали думать о том, чтобы поскорее переехать на юг, до того как у них родится ребенок, но в октябре их постигло ужасное несчастье: Мэри заболела полиомиелитом и ее положили в больницу.

Эффективные вакцины от полиомиелита появились только в пятидесятых годах, и в 1949 году это заболевание еще было крайне опасным. Вирус полиомиелита обычно вызывал умеренный жар, головную боль, раздражение в горле, понос, а порой и рвоту, но если он атаковал головной мозг или позвоночник, то у его жертвы мог случиться паралич, онемение конечностей, серьезное повреждение дыхательных и глотательных мышц, и исход даже мог быть фатальным. Мэри заразилась полиомиелитом, когда гостила у матери в Лондоне, в то время как Дик выступал на скачках в Шотландии и Челтенхеме. Ее положили в нейсденскую инфекционную больницу, и когда Дик поспешил к постели жены, он ужаснулся, увидев, какой больной, серой и старой она выглядит, а вернувшись на следующий вечер, Дик испугался еще больше, обнаружив, что Мэри подключена к аппарату искусственного дыхания. Из большой серой коробки виднелась лишь ее голова, а электрические насосы нагнетали воздух ей в легкие. Она была полностью парализована от коленей до шеи. Внезапно он почувствовал сильнейший приступ страха. Неужели его красивая любимая двадцатипятилетняя жена должна умереть? Или остаться калекой на всю жизнь? Быть до конца своих дней прикованной к этой коробке? Или, может быть, она, как некоторые жертвы полиомиелита, будет подвергнута трахеотомии, операции, в ходе которой в шее вырезается отверстие, которое позволяет дышать легче? А что будет с их ребенком, пока еще трехмесячным зародышем? Дрожа от страха, он нашел телефонную будку и позвонил своим родителям. Когда к телефону подошла его мать, он залился слезами.

Несмотря на все храбрые попытки спрятать от Дика собственные страхи, Мэри тоже глубоко переживала за свое будущее, и ее страхи вышли на поверхность почти через двадцать лет, в седьмом романе Дика Фрэнсиса «Ставка на проигрыш» [*Forfeit*], опубликованном в 1968 году. В этом романе жена главного героя сильно пострадала от последствий полиомиелита, перенесенного в двадцать с небольшим лет, она абсолютно беспомощна, навсегда прикована к аппарату для искусственного дыхания и во всем полностью зависит от своего мужа. Она не может дышать без электрического насоса и тяжелого респиратора, ее нужно кормить, мыть, водить в туалет. Ее ни на минуту нельзя оставлять без присмотра ввиду возможного отключения электричества. В романе «Ставка на проигрыш» даже обсуждается с удивительной откровенностью то, как сложно заниматься сексом с женщиной, страдающей от полиомиелита, и главный герой, как и его жена, в конце концов оставляют эти попытки. В последующие годы Дик не раз говорил, что они с Мэри всегда наслаждались радостями супружеской жизни, и этот отрывок в «Ставке на проигрыш», очевидно, был навеян пережитыми страхами из-за того, какой может стать их физическая близость в случае тяжелых последствий пережитого Мэри полиомиелита.

К счастью, болезнь Мэри оказалась не столь тяжелой, чтобы приговорить ее к искусственному легкому до конца жизни. Она провела на нем три недели, и пока Мэри лежала в больнице, медленно восстанавливаясь и набираясь сил, Дик сломал после падения руку, а затем снова ключицу, что вывело его из строя на три недели, и теперь он мог каждый день проводить возле кровати жены и решать вместе с ней кроссворды.

Поразившее их обоих проклятие вскоре потеряло свою силу. Сезон 1949—1950 годов оказался для Дика на редкость успешным, и в День подарков[1] он принял участие на Финнуре в одной из самых блестящих скачек в своей карьере — Стипль-чезе на приз короля Георга VI в Кемптене. Явным фаворитом с шансами 4/6 был Коттедж Рейк, под седлом Обри Брабазона, который завоевал два предыдущих Челтенхемских Золотых Кубка, но Финнур и Коттедж Рейк вплоть до последнего препятствия шли ноздря в ноздрю, а затем Дик и Финнур медленно вырвались вперед и победили в захватывающей скачке, обойдя соперника всего лишь на полкорпуса. Другой напряженный финиш состоялся у Дика в Челтенхеме, где он выступал на Томми Траше и выиграл один корпус, а в третьей захватывающей дух скачке, чемпионском стипль-чезе в Ливерпуле, на Финнуре, Дику с трудом удалось обойти Артура Томпсона на Калэд Скулбое, снова на корпус, после того две лошади скакали бок о бок и брали препятствия на протяжении двух бескомпромиссных миль.

А затем Кен Канделл предложил Дику и Мэри

[1] Второй день Рождества, когда слуги, посыльные и т. д. получают свои подарки.

новый дом в Кемптене, Ютри-хаус, черно-белое здание семнадцатого века с островерхой крышей, расположенное неподалеку от его конюшен, и хотя Кемптен представлял собой унылую, пустынную деревню, а сам дом нуждался в ремонте и декоративной отделке, они наконец получили возможность переехать в Беркшир. Между тем они оставались в Лондоне, где Мэри сделали операцию по трансплантации сухожилия на левой руке, и она каждый день ходила в больницу на физиотерапию, чтобы помешать ослабшим мышцам полностью атрофироваться. В последующие годы она всегда страдала от слабости рук и запястий, но ей сравнительно повезло, поскольку у почти четверти жертв полиомиелита остаются серьезные увечья. «Я на самом деле необычайно везучая. Просто ходячее чудо, — рассказывала она мне через тридцать лет. — Я до сих пор не могу поднять левую руку, у меня необычайно слабый прикус, затрудненное дыхание, мои грудные мышцы были повреждены, поэтому я задыхаюсь и не могу бегать. Когда-то я плавала и ныряла как рыба, но, попробовав плавать после полиомиелита, я прыгнула в воду и просто пошла ко дну. Мне потребовалось четырнадцать лет на то, чтобы вновь начать играть в теннис». Усмехнувшись, она продолжила: «И все же у последствий полиомиелита есть и своя положительная сторона — я не могу выполнять большое количество домашней работы и поэтому мне требуется помощь по хозяйству. Я не слишком рьяная домохозяйка и не помешана на своем доме, но я прирожденный оптимист. Даже лежа в больнице на искусственном легком, я никогда не думала, что останусь в таком положении навсегда. Все главные несчастия в нашей жизни в конечном итоге оказывались не такими уж и большими несчастиями».

В марте 1950 года Дик и Мэри переехали в Кемптен, счастливые тем, что наконец-то имеют собственный дом после того, как два с половиной года они ютились в убогих маленьких комнатушках. Дик испытывал радостное волнение еще и оттого, что 25 марта ему вновь предстояло выступать на Реймонде в Большом национальном стипль-чезе и в этот год они были фаворитами с шансами 10/1 вместе с Джимми Пауэром на Фрибутере. Но этот день оказался несчастливым для Дика, несмотря на прекрасную весеннюю погоду: Роймонд был в плохом настроении, отказывался нормально прыгать, и они с Диком упали на седьмом препятствии, позволив Фрибутеру победить. Перед тем как упасть, они настолько грациозно взяли «Ручей Бичера», что фотограф из прессы запечатлел их высокий прыжок на живописной фотографии, которая в течение последующих нескольких лет использовалась для рекламы сигарет «Плейерс» под неточным лозунгом «Далеко впереди». И все же Дик сумел взять реванш, когда, выступая на Силвер Фейме, он победил Джимми Пауэра и Фрибутера в Сандауне и закончил сезон с двадцатью девятью победами, причем три из них были одержаны в важнейших скачках. Выступая всего второй сезон в качестве профессионала, он уже заявил о себе в качестве ведущего жокея стипль-чеза.

Ввиду того что Мэри была частично парализована, доктора предложили ей сделать аборт. «Нет, я хочу родить своего малыша, — настаивала она. — Может быть, у меня уже никогда не будет другого». И вот вечером 1 апреля, в День дураков, она родила своего первого сына в одном из родильных домов Оксфорда. «Это, конечно же, были особые роды, поскольку я была парализована, — рассказывала она Лесли Гарнеру из *Mail on Sunday* в 1982 году. — Все оказывали мне помощь и повышенное внимание, и в конечном итоге роды прошли на удивление хорошо. Это был один из самых волнующих дней в моей жизни. Я помню, как лежала на кровати и тихонько смеялась, потому что была очень счастлива».

Дик, словно ветер, примчался на юг из Бангор-он-

Ди, где он выступал в нескольких скачках, но никаких причин для беспокойства у него не было: Мэри и младенец чувствовали себя хорошо. Они назвали ребенка Меррик Эвен Даглас, и ночной кошмар окончился.

Глава 9

ТРИУМФ И НЕСЧАСТЬЕ (1950—1956)

Счастливые Дик, Мэри и маленький Меррик поселились в своем новом домике в Кемптене, и Дик теперь имел возможность выступать за двух тренеров из этого поселка, Джорджа Биби и Кена Канделла, не наматывая сотни миль на спидометр своего автомобиля. Однако, как все преуспевающие жокеи, он по-прежнему должен был шесть дней в неделю, на протяжении всей зимы, совершать дальние поездки, чтобы выступить на одном из сорока пяти ипподромов Национальной охотничьей ассоциации, разбросанных по всей стране. В среднем Дик проезжал семьсот миль в неделю, но, к счастью, он получал удовольствие от поездок на автомобиле, и, кроме того, Кемптен расположен всего лишь в восьми милях к северу от Ньюбери, сердца беркширского скакового мира, и такое местоположение позволяло ему добираться до большинства ипподромов за два или три часа. Ему нравилось быть хозяином самому себе, нравился простор загородных шоссе и нравилось приезжать на ипподром, где его приветствовал запах заливных угрей, крики продавцов газет, вкрадчивый шепот «жучков». Он любил саму атмосферу скачек: суматоху, напряжение, слухи.

Руки Мэри все еще были слишком слабыми, чтобы кормить и поднимать ребенка или менять ему пеленки, поэтому они наняли для него постоянную няню, Элси

Лео, а также приходящую уборщицу, что освободило Мэри и позволило ей почти каждый день снова ездить с Диком на скачки. В сентябре они в первый раз взяли с собой на ипподром пятимесячного Меррика. Мэри по-прежнему не испытывала большого интереса к скачкам, предпочитая книги и чтение, и ездила туда, «чтобы собирать осколки», как она это называла. Один раз ее спросили, какой масти Роймонд, и она ответила «золотисто-каштановой». В ответ последовало изумленное молчание. Никто никогда не называл лошадь золотисто-каштановой: правильный термин «темно-гнедая». Они с Диком никогда не обсуждали лошадей или скачки, и, хотя Дик был одержим и тем и другим, он говорил, что отсутствие интереса у Мэри помогает ему сохранить чувство гармонии в отношении своей работы.

Он выступал на нескольких лошадях в день, и такая жизнь, конечно же, была изнуряющей, но в то же время и волнующей. Требовалась большая сила и выносливость, чтобы управлять большой, сильной лошадью, заставляя ее прыгать через препятствия, и порой после трудной скачки руки Дика, казалось, были готовы выскочить из суставов, и когда он спешивался, его колени подгибались, а ладони тряслись. Он избегал плотной пищи и алкоголя, рано ложился в постель, за исключением вечера вторника, когда они с Мэри ходили посмотреть новую постановку в оксфордском Новом Театре: ее любовь к театру осталась такой же сильной, как и прежде. Новый день также начинался для Дика очень рано. Укутавшись в свитера и шарфы, он еще до рассвета выезжал на своем «Лендровере», чтобы поупражнять лошадей Биби и Канделла, прогнать их рысью сквозь редеющий туман по продуваемым всеми ветрами беркширским известковым холмам, навстречу поднимающемуся солнцу. Порою ему помогал его приятель, пятнадцатилетний жокей Лестер Пиггот, выступавший на лошадях Канделла в гладких скачках, о котором Канделл как-то сказал Дику: «Этот парень станет величайшим жокеем всех времен, запомни мои слова». Другой обязанностью Дика было обучение молодых лошадей, и примерно в течение часа он учил их прыгать через бревна и другие невысокие препятствия. Затем, по окончании занятий, он возвращался домой, принимал душ, менял одежду и после торопливого завтрака вместе с Мэри отправлялся на скачки. Там он переодевался в свои скаковые цвета, наспех проглатывал ленч, проходил взвешивание, выезжал на демонстрационный круг перед первой скачкой, обсуждал тактику прохождения дистанции с тренером и владельцем первой лошади, садился в седло и выезжал на старт с надеждой выиграть что-нибудь между первой и седьмой скачкой, которые должны были состояться в этот день. После каждой скачки он возвращался в весовую комнату, чтобы заново пройти всю процедуру взвешивания. После последней скачки Дик перехватывал чашку чая с сэндвичем или ломтиком фруктового кекса и возвращался домой. Каждый вечер он чувствовал себя полностью разбитым.

Несмотря на такой изнурительный и опасный образ жизни, лишь немногие жокеи стипль-чеза в 50-х годах зарабатывали хорошие деньги. Но суммы призовых денег были просто мизерными в сравнении с гладкими скачками, где жокеи могли стать по-настоящему богатыми, поскольку гладкие скачки были более быстрыми, зрелищными и модными, чем скачки с препятствиями, и всегда привлекали к себе более богатых владельцев и спонсоров. Любой жокей, победивший в скачке, был также вправе ожидать, что владелец лошади выдаст ему от 10 до 11 процентов призовых денег, но некоторые владельцы проявляли необычайную скупость: один из них оказался настолько прижимистым, что после того, как Дик выиграл для него скачку, он всего лишь предложил ему рюмку хереса, достав бутылку из багажника своей машины на автостоянке.

Большинство жокеев стипль-чеза выступали ради чистого удовольствия, и не более сорока из них — из четырех сотен — зарабатывали себе на жизнь исключительно скачками, для чего им приходилось принимать участие более чем в ста скачках за сезон. Дик зарабатывал лучше большинства остальных. Как один из двенадцати ведущих жокеев он мог выступать в двухстах скачках за сезон, что приносило ему 1500 фунтов в год — эквивалент 22 000 в 1999 г. плюс «подарки» и призовые деньги. Кроме того, ему платили щедрое вознаграждение за особые услуги сразу два тренера, так что в итоге он попадал в высшую категорию налогообложения. Но при этом у него были и высокие расходы: определенный процент от денег, полученных за выступление в каждой скачке, требовалось заплатить в фонд страхования жокеев; костюм и снаряжение часто требовали замены после падения; также ему приходилось каждый день платить служащим ипподрома, которые стирали, ремонтировали, чистили его снаряжение и приглядывали за ним. Но все равно Дик был достаточно хорошо обеспечен: совсем немногие жокеи имели возможность нанять уборщицу и постоянную няню, благодаря которым Дик и Мэри могли позволить себе встречаться со старыми друзьями, такими, как Рой Палмер и Эрик Джинжер, порой проводя с ними целые уик-энды.

В следующем сезоне — 1950—1951 годов — он лишь ненамного превзошел свое предыдущее достижение, двадцать девять побед за сезон, победив тридцать раз. Его выступление в Кемптене сразу же после Рождества было особенно запоминающимся: он выиграл трехмильную скачку на Блаф Кинге; пришел вторым на Силвер Фейме в Стипль-чезе на приз короля Георга VI; победил в Чисвикском стипль-чезе на Поссибле и выиграл Рождественские скачки с препятствиями на Куп д'Эпе. Но его выступление в Большом национальном стипль-чезе в апреле закончилось жестоким разочарованием. Он выступал на своей любимой лошади, Финнуре, и хотя они стартовали с шансами 22/1, Дик был убежден в том, что у него есть превосходные шансы на победу. К несчастью, стартер, Лесли Фирт, нажал на стартовый рычаг слишком рано. Когда большинство из тридцати шести участников все еще топтались на месте, стартовые ленты внезапно слетели и многие жокеи оказались застигнутыми врасплох. «После того как жокеи сорвались с места, отчаянно пытаясь восстановить потерянные позиции, началась самая сумасшедшая свалка, которая когда-либо происходила на скаковом круге», — написал Рег Грин в своей книге «Каждый за себя: История Большого Национального приза». Лошади ушли со старта плотной, охваченной паникой группой и понеслись по Меллинг-роуд к первому препятствию, где некоторые упали. Финнур великолепно взял препятствие, но приземлился в самом центре свалки и споткнулся, подвернув скакательный сустав так сильно, что прошло еще полтора года, прежде чем он смог снова участвовать в скачках. Но Финнур уже не был таким, как прежде, и вскоре был вынужден оставить соревнования. На этом первом препятствии упало двенадцать лошадей, и есть фотография, на которой восемь упавших жокеев стоят возле препятствия, не веря постигшему их несчастью. Дик выглядит разгневанным.

Семейная жизнь в 1951 году складывалась более удачно. Мать Мэри и родители Дика ладили между собой так хорошо, что в апреле старшие Фрэнсисы покинули свою квартиру в Уокингеме и переехали в лондонскую квартиру брата Молли — в доме 48 по Норфолк-сквер, возле Паддингтонского вокзала — и купили меблированные комнаты в доме 131 по Суссекс-гарденс, расположенном по соседству с пансионом, где Нетта Бренчли жила с Джин. Правда, через несколько месяцев Джин вышла замуж за другого Дика, Дика Йорка, и переехала жить в Глазго. Пансион Фрэнсисов был зарегистрирован на имя Молли, и она вместе с Винсом управляла им в течение семи лет. В отличие от Нетты она никогда не запаздывала с уплатой налогов.

Следующий год оказался неудачным для карьеры Дика, принеся ему только двадцать восемь побед, и лишь однажды он одержал достойную победу, когда на Сенлаке выиграл Оклэндский стипль-чез, проводившийся в Кемптене в День подарков. В Челтенхеме он перенес еще одно неприятное падение, а холодным, промозглым, туманным днем он упал на седьмом препятствии на Большом национальном стипль-чезе, на этот раз выступая на Скайрихолме. Однако его карьера пошла в гору, когда в следующем сезоне, 1952—1953 годов, он побил свой рекорд, одержав тридцать восемь побед. Одна из лошадей, Лорд Хорнблоуэр, на которой он выступал в августе на скачках в Девоне, как оказалось позднее, сильно повлияла на его будущее. Владельцем этой лошади был издатель Майкл Джозеф, чья компания впоследствии опубликовала все книги Дика Фрэнсиса. Джозеф пригласил Дика и Мэри в свой отель в Девоне на коктейль, и эта короткая встреча привела в результате к сотрудничеству, продолжавшемуся более сорока лет.

Также около полувека продолжалась привязанность Дика и Мэри к прибрежному отелю «Редклифф», расположенному поблизости от Пэйнтона, где они остановились, когда встретили Майкла Джозефа. Тем летом Фрэнсисы провели в нем десять дней, пока Дик выступал на скачках в Ньютон-Абботе, Эксетере и Бакфастлейте, и им настолько здесь понравилось, что они возвращались сюда каждое лето.

Среди лошадей, на которых Дик одерживал победы в тот год, была большая, грациозная гнедая лошадь Дороти Пэйджет, Мон Тремблан, из конюшни тренера Фалька Уэлвина. Дик начал на ней выступать после того, как Дэйв Дик сломал ногу в Челтенхеме. На Мон Тремблане он выиграл две скачки в Сандауне, пришел вторым в Стипль-чезе на приз короля Георга VI в День подарков, и позднее Дик скажет, что Мон Тремблан был одной из шести или семи лучших лошадей, на которых ему довелось выступать. В декабре он также одержал первую победу на другой великой лошади, Крадвеле, выступая в трехмильном стипль-чезе для лошадей, не бравших приза, в Харст-парке. Дик и Крадвел — легкая светло-гнедая лошадь, больше похожая на скакуна, выступающего в гладких скачках, чем на гунтера — образовали прекрасный союз на несколько последующих лет. Крадвел был одной из лошадей Фрэнка Канделла из конюшни в Астон-Тирролде, расположенной неподалеку от Кемптена. Когда Дик в первый раз выехал на нем на просторы беркширских известковых холмов, у него сразу же возникло предчувствие, что ему суждено наладить с этой лошадью особое взаимопонимание. Так и произошло. На скачке в Харст-парке между ними мгновенно установилась полная гармония, и казалось, каждый из них знает, о чем думает другой. Это было что-то сверхъестественное. Хотя Крадвел в первый раз участвовал в стипль-чезе, он без всяких проблем брал препятствия, оставив позади большинство лошадей, а на финишной прямой мягко ускорился и одержал легкую победу. Из последующих девяти скачек они победили в восьми, установив поразительный рекорд, и за годы своих выступлений Крадвел выиграл больше скачек с препятствиями, чем любая другая лошадь с начала столетия.

Хотя Дик всегда утверждал, что скаковой мир вовсе не настолько коррумпирован, как можно подумать, прочитав несколько романов Дика Фрэнсиса, ему как жокею не раз приходилось сталкиваться с людьми, чья порядочность вызывала серьезные сомнения. Некоторые жокеи брали предложенные им взятки, соглашаясь проиграть в конкретной скачке, а те, кто отказывался, нередко оставался без работы, поскольку коррумпированный владелец лошади отказывался от его услуг. Однажды Дику предложили приличную сумму за то, чтобы он проиграл скачку, выступая на одной из лошадей Дага в Бангор-он-Ди, но Дик послал взяткодателя к черту. Тренер Тим Фитцджордж-Паркер, за которого Дик выступал от случая к случаю, сказал мне, что Дик всегда был «прямой, как стрела».

Использование допинга также было достаточно распространенным явлением, и Дику дважды приходилось принимать участие в скачках, после которых у него осталась твердая уверенность в том, что его лошади дали допинг, чтобы она победила. Первая лошадь была настолько возбуждена, что ее глаза выкатывались из орбит, на губах выступила пена, и она неистово металась по паддоку, а после того, как в ходе скачки Дик упал, лошадь, покинув скаковой круг, бешеным галопом умчалась прочь, и в конце концов ее поймали в десяти милях от ипподрома. Вторая лошадь всегда была ленивой и ненавидела скачки, но в тот конкретный день она скакала с удивительной энергией и легко победила. Когда Дик в следующий раз выступал на той же лошади, она, как обычно, никуда не спешила.

К Джеку Доудсвелу в сороковые и пятидесятые годы несколько раз подходили с предложением «остановить» лошадь, а однажды даже предложили огромную сумму за то, чтобы он придержал фаворита. «Не сумев договориться со мной, они чем-то опоили лошадь, и она пришла только третьей! — рассказывал он мне. — В те годы использовалось большое количество допинга. Одному из тренеров, за которого я выступал, угрожали расправой, если он заявит свою лошадь на скачку в Солсбери, а в начале пятидесятых убили одного уэльского букмекера».

В течение трех лет Дик с удовольствием выступал за Бичестера и двоюродных братьев Канделл, и они с Мэри вели счастливую семейную жизнь со своим маленьким сыном. Им нравилось жить в 350-летнем доме Кена Канделла, несмотря на сырость, просачивающуюся сквозь отштукатуренные стены, неровные полы и старый камин, который пришлось разобрать ввиду его аварийного состояния. Но все эти радости были мелкими по сравнению с тем, что вскоре должно было произойти в их жизни. 1953 год воистину стал для них настоящим *annus mirabilis.* Сначала, 10 февраля, в том же самом оксфордском родильном доме Мэри произвела на свет их второго сына. Они назвали его Феликс Ричард Роджер. А через месяц Ричарда впервые попросили выступить на лошади королевского тренера Питера Казалета, одного из самых преуспевающих и модных тренеров страны. Если бы не этот подарок судьбы, то имя Дика Фрэнсиса помнили бы сегодня разве что старые конюхи и горсточка фанатов скачек. Он никогда не стал бы жокеем-чемпионом. Он никогда не выступал бы на лошадях королевы-матери. Он никогда не получил бы международную известность благодаря своему выступлению на Девоне Лохе в Большом национальном стипль-чезе 1956 года. Его никогда бы не попросили написать свою автобиографию. И никогда бы не появились на свет триллеры Дика Фрэнсиса, поскольку кто бы стал покупать романы никому не известного жокея? В тот момент, когда в марте 1953 года Питер Казалет попросил Дика выступить на Стейткрафте в Челтенхемском Золотом Кубке, в его судьбе произошел переломный момент. Он больше никогда не оглядывался назад.

Королева Елизавета и королева-мать, чей муж Георг VI умер годом ранее, испытывали большой интерес к скачкам, проводившимся под эгидой Национального охотничьего комитета, и им принадлежало несколько лошадей, которых тренировал Питер Казалет в своих изысканно стильных конюшнях, расположенных возле Тонбриджа, в Кенте. В день накануне Челтенхемского Золотого Кубка — скачки, которую

Дик собирался посетить в качестве зрителя, — один из жокеев Казалета получил травму, и Казалет попросил Дика выступить вместо него. Перед самой скачкой, на демонстрационном круге, Казалет представил его королеве и королеве-матери, через двадцать лет после того, как Дик впервые встретился с королевой. Тогда она была задумчивой шестилетней девочкой, подаривший ему скаковой хлыст. Сегодня на ней была шуба и желтый шарф. Он поклонился, пожал руки обеим царственным особам и смутился из-за того, что не смог снять свой шлем, который был прочно закреплен на его голове. Это было начало взаимоотношений между Фрэнсисами и королевской семьей, которые продолжаются уже почти пятьдесят лет.

В ходе той скачки Стейткрафт потянул сухожилие, и Дик был вынужден сойти с дистанции, но королева-мать и Казалет приметили Дика в качестве возможной замены покидающего скачки жокея Брайана Маршалла, который решил сам стать тренером. Через пару недель в Айнтри Дик выиграл Толхемский приз на Айриш Лизарде, а двумя днями позже он сумел прийти пятым в Большом национальном стипль-чезе, правда, только потому, что финишировало только пятеро участников: остальные двадцать шесть лошадей упали или сошли с дистанции, и четыре лошади погибли. Дик в тот день выступал на Сенлак Хилле, кошмарном звере Бичестера, который отличался такой тупостью и безрассудностью, что букмекеры зачислили его в главные аутсайдеры с шансами 66/1, и даже принимали ставки с соотношением 50/1 против того, что эта лошадь вообще закончит скачку. Но, к удивлению всех зрителей, Сенлак Хилл брал препятствия со спокойной уверенностью и прошел оба круга, перелетая через все, что попадалось на пути, в то время как большинство соперников падали вокруг него в густую грязь, и, хотя он пришел к финишу далеко позади первых четырех лошадей, по крайней мере ему удалось закончить дистанцию.

Через месяц в Сандауне Казалет предложил Дику выступать за него и королеву-мать весь следующий сезон в качестве основного жокея. Дик не мог поверить своему счастью. С конца 1953 года он будет ездить на лучших лошадях страны и носить цвета самого уважаемого владельца, королевы-матери: голубая рубашка в бледно-желтую полоску и черная вельветовая шапочка с золотой кисточкой. Дик сказал, что сначала ему нужно получить согласие и Бичестера и Фрэнка Канделла. Такая щепетильность и скромность были типичными для него. Сын Казалета, сэр Эдвард Казалет, который сам в молодые годы был жокеем, а позднее стал судьей Верховного суда, любит рассказывать о том, как состоялась первая встреча Дика и его отца: Казалет, как местный сквайр, имел право назначать приходского священника, и в тот же самый день у него была назначена встреча с потенциальным новым викарием. И вот, когда прибыл Дик, сама скромность и очарование, Казалет около пятнадцати минут обсуждал с ним церковные гимны и проповеди, прежде чем Дик сумел его остановить.

Бичестер и Канделл согласились с тем, что Дику надо выступать за Казалета, и начиная с августа он стал главным жокеем королевы-матери. В те годы он множество раз встречался с королевой, королевой-матерью и принцессой Маргарет в конюшнях Казалета, а также и на скачках. Любовь двух королев к лошадям была широко известна, и часто Дик наблюдал за тем, как они шлепают по грязи под проливным дождем, чтобы подойти поближе к лошадям. Королева-мать «вставала рано и, повязав голову шарфом и обувшись в галоши, чтобы защитить себя от утреннего холода, выходила посмотреть на то, как ее лошади, разминаясь, скачут по кругу галопом, — пишет Годфри Талбот в своей книге «Описание сельской жизни королевы Елизаветы и королевы-матери. — Затем... она обходила конюшни с корзинкой моркови и пригоршней сахара, разговаривая со всеми людьми и животными, которые попадались ей на пути. Тренеры, конюхи и жокеи считали ее превосходным владельцем». Однажды в Лингфилде промозглым дождливым днем Дик выехал из конюшни, чтобы принять участие на лошади королевы-матери во второстепенной скачке, где было лишь четыре участника, и был изумлен, увидев, что она стоит снаружи под проливным дождем, чтобы посмотреть на свою лошадь и пожелать ему удачи. Его всегда приглашали на веселую вечеринку для всего скакового мира, которая регулярно устраивалась в ее лондонском доме Клэренс-хаус, — и каждый год, на протяжении последующих сорока пяти лет, она отправляла ему поздравительную открытку на Рождество.

При наличии трех тренеров, за которых он выступал, и нескольких лучших лошадей страны Дик начал коллекционировать победы, словно сошедший с ума однорукий бандит. В первые же четыре дня после открытия сезона он одержал пять побед для Казалета. В ноябре, в Сандауне, он провел шесть скачек за два дня и в трех из них одержал победу, дважды был вторым и один раз третьим. Перед Рождеством он победил в трех скачках подряд на лошади королевы-матери Мас-Ту-Ву, а в Кемптене в День подарков он снова оказался в тройке лидеров Стипль-чеза на приз короля Георга VI, придя третьим на Легал Принсе. Уже к концу года он побил свой личный рекорд — тридцать побед в сезоне, притом что скачки должны были продолжаться еще пять месяцев.

Теперь он зарабатывал достаточно много денег, и они с Мэри решили, что наконец могут позволить себе купить собственный дом с участком земли, где Меррик и Феликс смогут держать своих пони, когда подрастут. Но ни один из домов, имевшихся на рынке недвижимости, не понравился им, поэтому Мэри решила набросать эскиз бунгало своей мечты на листе чертежной бумаги. Большинство семейных пар покупают мебель, которая подходила бы для их дома; Мэри сначала обмерила свою мебель, а затем построила вокруг нее дом. Они купили у одного фермера пятьдесят акров земли возле оксфордширской деревни Блеубери, в четырех милях от Кемптена напрямую, через известковые холмы, но в десяти, если ехать по дороге, и строители приступили к работе уже в декабре.

В новом, 1954, году победная серия продолжилась. 2 января в Ньюбери Дика обошел восемнадцатилетний Лестер Пиггот — несколько раз выступавший в стипль-чезе в самом начале своей карьеры, прежде чем перешел в гладкие скачки, — но Дик взял у него реванш через две недели в Сандауне, где он победил Пиггота на Диэл Паке и одержал в тот день три победы. В феврале он победил в стипль-чезе в Лестере на своем любимом Крадвеле, а затем узнал, что Казалет хочет, чтобы в конце апреля он совершил путешествие в Нью-Йорк и принял участие в новых американских открытых скачках, Международном стипль-чезе в Белмонт-парке, где должны были выступить лошади из нескольких стран, в том числе Ирландии и Франции. Америка! И все расходы оплачиваются! Плюс гонорар за выступление! Он сможет взять с собой Мэри, остаться там на две или три недели и навестить друзей по ту сторону океана. Каким восхитительным оказался этот год.

Только Челтенхемский Золотой Кубок и Большой Национальный приз снова закончились большим разочарованием. Казалось, что в этих двух великих скачках его преследует злой рок. В Золотом Кубке Дик должен был выступать на лошади лорда Бичестера Маринерс Лог, но в более ранней скачке, состоявшейся в тот же день, он снова упал, вывихнул левое плечо, и, когда Мэри привезла мужа в челтенхемскую городскую больницу, медсестра, дежурившая в отделении травматологии, встретила его возгласом отчаяния: «Что? Опять вы!» В Большом национальном стипль-чезе он выступал с шансами 40/1 на Айси Кэлме, он был вынужден придержать лошадь примерно после трех миль дистанции, когда она устала и начала прыгать неуверенно. К его досаде, скачку второй год подряд выиграл Брайан Маршалл. Как Маршалл сумел сделать это дважды, в то время как он не может выиграть здесь даже один раз?

Неделей позже он сделал очередной дубль, на этот раз на Пондапатарри и Трамбезе в Бангор-он-Ди, после чего общее число одержанных им в сезоне побед дошло до семидесяти восьми, и с этим потрясающим результатом он теперь так далеко оторвался в таблице результатов, что ни один другой жокей не мог его догнать. К концу сезона он выступил в 331 скачке, больше всех остальных жокеев, жокей, занявший второе место, Рене Эмери, одержал только пятьдесят восемь побед, и Дик стал жокеем-чемпионом с огромным отрывом. Семьдесят восемь побед — это меньше обычного результата сегодняшних жокеев-чемпионов, но следует учитывать, что в 1954 году проводилось значительно меньше соревнований, чем сегодня, тогда не существовало вечерних скачек и жокеи не могли увеличивать количество своих выступлений, перемещаясь с одного скакового круга на другой. Также следует помнить и о том, что Дик мог бы и не стать жокеем-чемпионом, если бы его главный соперник Фред Уинтер не сломал бы ногу в первой же скачке сезона, из-за чего он не мог выступать целый год. «Вот почему Дик стал чемпионом, — рассказывал мне лорд Оакси, — Фред тогда совсем не мог выступать». Кэт Уэлвин сказала мне, что Дику повезло, поскольку он выступал на большом количестве лошадей Казалета в тот сезон, а Джек Доудсвел считает, что Дик «никогда не стал бы жокеем-чемпионом, если бы он не выступал за Казалета», но добавил: «то же самое касается и всех нас. Я хочу сказать, давайте смотреть правде в лицо: именно лошади делают чемпионов».

Дик стал жокеем-чемпионом после шести сезонов выступлений в качестве профессионала. Он осуществил вторую из своих основных амбиций. Оставалось реализовать свою главную мечту: победить в Большом национальном стипль-чезе когда-нибудь и как-нибудь.

Неделей позже он взял Мэри и детей на Бофортские скачки с препятствием в Глостершире, чтобы провести с ними пикник на апрельском солнце, но с ним произошел очень неприятный инцидент, когда Пондапатарри упал и свалил другую лошадь, которая сильно ударила Дика копытом в спину. Все его тело онемело, и он почувствовал тошноту и страх. Он лежал на земле, не в силах пошевелиться. Что это? Неужели пришел конец всем его мечтам? Жестокая насмешка судьбы в конце лучшего сезона в его карьере? Неужели это он, а не Мэри, будет парализован и, возможно, проведет в инвалидной коляске остаток своей жизни? Врач внимательно осмотрел Дика прямо на месте падения, проверил рефлексы, а затем Мэри и два санитара со всеми предосторожностями перевезли его в бристольскую больницу, в то время как Брайан и Мэри Маршалл приглядывали за Мерриком и Феликсом. К счастью, удача, сопровождавшая Дика весь сезон, не оставила его: рентген показал, что хотя в одном из позвонков есть большая трещина, вскоре он должен срастись. Хирург Билл Такер даже разрешил Дику выступить в Америке через две недели при условии, что он будет носить пластиковый жакет в течение последующих четырех дней, а затем специальный бандаж из стальных прутьев и кожи. Чувствуя себя как средневековый рыцарь, облаченный в доспехи, в конце апреля Дик вместе с Мэри взошел на борт пассажирского лайнера «Королева Елизавета», чтобы совершить пятидневное путешествие через Атлантику.

Огромная послевоенная волна эмиграции в то время еще не захлестнула Британию, поэтому, когда Дик и Мэри сошли на берег в Нью-Йорке и проехались по Гарлему, они удивились, увидев такое большое количество черных людей в ярких, разноцветных одеждах, продающих арбузы, рядом с написанными от руки плакатами, на которых можно было прочитать: «Хорошенько промойте свой желудок» или «Очистите свои почки». Прокатившись по Лонг-Айленду, где они находились большую часть своего трехнедельного пребывания в Америке, Фрэнсисы были поражены огромным количеством свободного пространства в сравнении с тесной и маленькой старой Англией. Им понравился ипподром в Белмонт-парке, с его озерами, яркими цветами, гигантскими и сложными машинами тотализатора. Позднее они полюбили уединенные и пустые пляжи, протянувшиеся на многие мили. Но больше всего их поразили различия между британскими и американскими скачками: тот факт, что американские скачки в течение нескольких недель проводятся на одной и той же скаковой дистанции; что препятствия в американском стипль-чезе достаточно податливые и лошади могут продираться через них; что тренеры и жокеи запуганы злобной нью-йоркской прессой.

Но самое необычное было то, что американские власти успешно вели борьбу с мошенничеством и коррупцией на скачках. Дик был удивлен, когда его закрыли в раздевалке за четыре часа до скачки и держали под замком до тех пор, пока все не закончилось. Американским жокеям даже не разрешалось разговаривать перед скачкой со своими тренерами и владельцами лошадей. Каждая скачка снималась с близкого расстояния на пленку, которая тщательно изучалась сразу же после финиша, так что любой жокей, пытавшийся «остановить» свою лошадь или обмануть соперников, немедленно подвергался дисквалификации. После скачки жокеям не разрешалось слезать с лошади, пока они не получат специального разрешения, и Дик поразился, увидев, как американские жокеи, сидя в седле, поднимают руки, спрашивая разрешения спешиться. Зато им позволялось делать ставки на самих себя — что обеспечивало дополнительный стимул к победе, — а чтобы тренеры, заявившие двух лошадей на одну и ту же скачку, не могли делать так, чтобы лучшую из них обходила худшая, все лошади из одной конюшни или от одного владельца расценивались как одна, так что победа одной из них распространялась и на других. У каждой победившей лошади брался анализ слюны, что делало невозможным применение допинга, все ставки контролировались тотализатором и их разрешалось делать только в день проведения скачек. Благодаря всем этим ограничениям у Дика сложилась твердая убежденность в том, что скачки в США проводятся настолько честно, насколько это вообще возможно. Если бы они с Мэри жили в Америке, то романы Дика Фрэнсиса никогда бы не увидели свет, поскольку у мошенников здесь просто не было никаких шансов на успех.

Международный стипль-чез оказался большим разочарованием для всех участвовавших в нем европейских жокеев. Их лошади прибыли в Америку лишь за три дня до скачки и все еще страдали от резкой смены часовых поясов после тридцатидвухчасового воздушного перелета. Поэтому все первые четыре лошади на финише были американскими, и хотя Дик выступал на отличной скаковой лошади Казалета Роуз Парк, они далеко отстали от лидеров.

Вернувшись обратно в Англию, Дик и Мэри почувствовали себя достаточно обеспеченными, чтобы устроить себе отпуск после окончания скакового сезона. Оставив детей с няней, они совершили путешествие на автомобиле по Шотландии и Европе. В июле, взяв с собой мальчиков, Фрэнсисы вновь провели целый месяц в отеле «Редклифф» возле Пэйнтона, а в августе закончилось строительство их бунгало с тремя спальнями, и они с облегчением наконец-то переехали в свой первый собственный дом. Они прожили в нем тридцать один год.

«Они назвали его Пенни-чез, поскольку Дик всегда говорил, что если присматривать за пенни, фунты сами о себе позаботятся, — сказал мне Стэн Меллор. — В то время он, вероятно, был несколько прижимист. Другая пословица, которую он постоянно цитировал, была о том, что нужно всегда стремиться находиться в наилучшей компании, а своих лошадей держать в наихудшей. Этими двумя принципами он и руководствовался». Дом Фрэнсисов в Кемптене, Ютри-хаус, впоследствии был снесен, и на его месте построен комплекс современных домов с общим названием Ютри-стейблз.

Блеубери была симпатичная, сонная оксфордширская деревушка с шестью сотнями обитателей, церковью двенадцатого века, двумя старыми мельницами, старинным поместьем и пятью пабами: «Ячменный стог», «Король Вильгельм», «Красный лев», «Топор лесоруба» и «Бремя забот». Там также было около двух сотен других строений, некоторые из которых были построены еще четыре века назад из обломков флота Генриха VII, приплывших по Темзе. Но непритязательное бунгало Фрэнсисов было совершенно новым и стояло на пустынном, продуваемом всеми ветрами участке, в стороне от деревни, у дороги на Дидкот. Там почти не было деревьев, и дом окружали лишь голые поля. Но все равно Дик и Мэри полюбили свой новый дом: он находился всего лишь в миле от конюшни Фрэнка Канделла в Астон-Тирролде, и Дик мог ездить туда на велосипеде. Им нравился вид на огромные курганы железного века на востоке, гряду холмов на юге с проложенной вдоль их подножия древней дорогой. Здесь они могли сосредоточиться на своем счастливом браке — уже насчитывавшем семь лет, но еще не снедаемом семейной скукой, — растить четырехлетнего

Меррика и полуторагодовалого Феликса, учить их ездить верхом, любить жизнь и английские сельские просторы. Даже когда они принимали вместе ванну и застряли в ней из-за того, что руки Мэри оказались слишком слабыми, чтобы вытащить ее тело, а Дик не мог пошевелиться, поскольку снова вывихнул плечо, эта нелепая ситуация вызвала у них лишь веселый смех. В конце концов они выбрались из ванны после того, как сначала выпустили из нее всю воду.

Когда в августе начался новый сезон, Мэри попрежнему имела возможность ездить с Диком на скачки, поскольку их няня, Элси Лео, переехала в Блеубери вместе с ними. Дик начал новый сезон с места в карьер, почти сразу же победив в Ньютон-Абботе на Диего Рубио, но главное событие той осени состоялось в октябре, когда его пригласили в качестве виновника торжества на ежегодный торжественный ужин в Челтенхеме, устраиваемый в честь жокея-чемпиона предыдущего сезона, где Дик произнес сбивчивую речь перед членами Национального охотничьего комитета, стюардами, представителями прессы, а также тренерами, владельцами лошадей и другими жокеями. Это была вершина его карьеры. Ему уже почти исполнилось тридцать четыре, и, независимо от всего того, что произошло позднее, невзирая на огромную литературную популярность и льстивые похвалы, расточаемые ему в последующие годы, это было величайшим событием в его жизни. Ничто другое не могло сделать его таким же счастливым, ни один список мировых бестселлеров. Ничто иное — за исключением победы в Большом национальном стипль-чезе. У него осталась лишь одна цель. Пожалуйста, позвольте мне в нем победить. И это нужно было сделать в ближайшее время: уже через два или три года ему предстояло закончить свою карьеру жокея.

Этой осенью он одержал три победы подряд на Лохрое, наиболее почетную из них в Харст-парке, на проводившемся там в декабре Стипль-чезе Генриха VIII. Несмотря на свой маленький, узкий костяк, Лохрой вскоре стал одной из его любимых лошадей, с которой у Дика установились особые взаимоотношения. Казалось, это животное получало удовольствие, выступая на скачках с Диком, и они вместе победили в тридцати из пятидесяти восьми скачек. В Кемптене, в День подарков Дик выиграл Чисвикский стипль-чез на Цинтре и пришел третьим на Маринер Логе в Стипль-чезе на приз короля Георга VI, но в Рождественские скачки с препятствиями он снова вывихнул травмированное плечо и у него состоялся трудный финиш против Фреда Уинтера. Он опасался возможности еще одной болезненной операции, но Билл Такер, который оперировал его правое плечо, обнаружил, что левое плечо выходит из впадины только в тех случаях, когда Дик поднимает руку над головой, и, вероятно, будет оставаться на месте, если все время носить повязку поперек верхней части плеча. С тех пор он ходил перемотанный, словно тряпичная кукла.

Как ни печально, но триумф сезона 1953—1954 годов больше никогда не повторился и дальше карьера Дика пошла под уклон. Хотя он без устали выступал весь сезон, приняв участия в 283 скачках, ему удалось одержать лишь тридцать три победы, что составляло меньше половины его прошлогоднего результата. В Челтенхемском фестивале, несмотря на то что Дик принимал участие сразу в нескольких скачках, ему ни разу не удалось финишировать в тройке лидеров. На залитом водой Большом национальном стипль-чезе, который чуть не отменили из-за продолжавшегося три дня проливного дождя, он выступал за лорда Бичестера на Маринер Логе, но упал на первом же препятствии. В Уэльском национальном стипль-чезе, состоявшемся в апреле, выступая на Крадвеле, он пришел десятым. Этот год не был запоминающимся.

Но следующий сезон оказался еще хуже — значительно хуже.

Начался он относительно хорошо. Дик быстро открыл счет своим победам, дважды выиграв в Ньютон-Абботе, а 25 ноября он одержал первую победу на великой лошади, с которой впоследствии всегда будет ассоциироваться его имя: большом, смышленом, храбром гнедом мерине королевы-матери Девоне Лохе. Позднее Дик говорил, что это величайшая и самая благородная скаковая лошадь стипль-чеза из всех, что когда-либо ей принадлежали. Девон Лох не участвовал в скачках два года из-за постоянных проблем с ногой, но, после того как Дик выступил на нем в ноябре в первый раз, он сразу же сказал Казалету, что хотел бы принять участие на этой лошади в Большом национальном стипль-чезе. Он был убежден в том, что Девон Лох — будущий победитель Айнтри. Их первая совместная победа пришла после первой же скачки Девона Лоха на три мили в Лингфилде, и они выиграли снова в Сандауне в декабре, а в марте, выступая на скачке с гандикапом в Челтенхеме, он продемонстрировал такую выдержку и выносливость, что, даже несмотря на сильное отставание от основной группы на первой половине дистанции, им с Диком удалось к концу скачки наверстать упущенное и финишировать третьими, притом что Девон Лох нес значительно больший дополнительный вес, чем лошади, занявшие первые два места. Скачка была необычайно быстрой, и у Дика уже сложилась твердая уверенность в том, что эта удивительная лошадь наконец позволит ему победить в Большом национальном стипль-чезе.

За пятнадцать дней до великой скачки Дик упал и снова сломал ключицу, уже в девятый раз. Он мог слышать, как концы сломанной кости скребутся друг о друга у него в плече. Он оказался в крайне затруднительном положении. Если он скажет Казалету о переломе, тот ни за что не позволит ему выступить в Большом национальном, а если он промолчит и проиграет скачку, Казалет никогда ему этого не простит. Что делать? Должен ли он отказаться от своего лучшего шанса, возможно, последнего шанса, выиграть великую скачку?

Дик ничего не сказал и продолжал участвовать в скачках с плотно забинтованным плечом. Он несколько успокоился после того, как травмированная кость выдержала нагрузку даже после напряженной скачки в Лингфилде, где ему удалось обойти Фреда Уинтера на четверть корпуса после сумасшедшего финиша. В последнюю неделю перед главной скачкой сезона Дик выступил еще на нескольких дистанциях и одержал очередную победу, не почувствовав каких-либо неудобств из-за сломанной ключицы. Казалось, не было никаких причин что-то говорить Казалету. Все будет хорошо. Он примет участие в Большом национальном стипль-чезе, и он должен победить.

В день проведения этой незабываемой скачки, в субботу, 24 марта 1956 года, Дик, Мэри, Винс и мальчики остановились в гостинице «Олень» неподалеку от дома Дага в Бангор-он-Ди, примерно в тридцати пяти милях к югу от Айнтри, но Дик большую часть утра провел в одиночестве, молча составляя свой план атаки. Снова и снова он мысленно проходил дистанцию, сравнивая возможности Девона Лоха с каждым препятствием, оценивая каждый барьер, прогнозируя тактику своих главных соперников, пытаясь предусмотреть все случайности.

Среди огромного количества зрителей, собравшихся на ипподроме в Айнтри, присутствовала группа официальных лиц из Советского Союза, в том числе бывший премьер-министр Георгий Маленков, и атмосфера в раздевалке в тот день была напряженной, как обычно. На кону стояла крупная сумма для владельца победившей лошади — примерно 124 000 фунтов сегодня, — по меньшей мере 10 процентов от которой причитались ее наезднику, и все двадцать девять нервничающих жокеев были бледными и молчаливыми, сидя наедине со своим страхами и надеждами. Фаворитом, с шансами 7/1, считался Берт Морроу на Масте, за ним следовал Фред Уинтер на Сандью с 8/1 и Боб Тарнел, с 10/1 на Кэрейс Коттедже. Дик и Девон Лох расположились на четвертом месте с шансами 100/7 вместе с Дэйвом Диком на И-эс-би и Джимми Пауэром на Пиппикине. Другой лошадью королевы-матери, участвовавшей в этой скачке, Мас-Ту-Ву, управлял Артур Фриман, а старый партнер Дика Маринер Лог в тот день выступал под седлом Рене Эмери, но сам лорд Бичестер, к сожалению, уже не мог присутствовать на скачке: он умер незадолго до того, в возрасте восьмидесяти восьми лет. Среди других жокеев, выступавших в тот день, были Брайан Маршалл на Ерли Мисте и Стэн Меллор на Мартинике.

С неистово бьющимся сердцем и пересохшим ртом Дик перекинулся несколькими словами с королевой, королевой-матерью и принцессой Маргарет во время демонстрационного круга, и все согласились с тем, что судья был вполне справедлив, назначив Девону Лоху 11 стоунов 4 фунта дополнительного веса. Затем Дик сел верхом на великую десятилетнюю лошадь, члены королевской семьи пожелали ему скорости ветра, и он направился к стартовой линии вместе со всеми остальными участниками. Это был тот момент, ради которого он родился, рос, тренировался и о котором мечтал еще с тех пор, как впервые закинул маленькую ногу на спину старой ослицы Джесси в окрестностях Кодекэнласа тридцать лет назад. Это была его судьба.

Как всегда, последовал энергичный старт, и дикая кавалькада помчалась галопом через Меллинг-роуд, возглавляемая Джеком Доудсвелом на Арморале III. И, как обычно, несколько лошадей упали на первом же препятствии, на этот раз их было четыре, в том числе фаворит, Маст, и Ерли Мист вместе с Брайаном Маршаллом, но Девон Лох скакал так, словно на него снизошло божье вдохновение, прыгая, как ангел. Они шутя перемахнули через «Ручей Бичера» и седьмое препятствие, где Дику дважды пришлось испытать жестокое разочарование в своих предыдущих выступлениях, с легкостью прошли «Канальный поворот». Даже когда Домата споткнулась и упала прямо перед ними на открытой канаве двумя препятствиями позднее и Дик уже был уверен в том, что они тоже упадут, Девон Лох каким-то непостижимым образом извернулся в воздухе, мелко перебирая ногами, словно четвероногая балерина, отскочил в сторону и продолжил свой бег.

Препятствие за препятствием — это была скачка, сотворенная на небесах. Через страшное «Кресло» они перемахнули так, словно это была скамеечка для ног, затем взяли «Водяной прыжок» и, снова промчавшись мимо стартовой линии по Меллинг-роуд, пошли на второй круг. Еще раз взяв «Ручей Бичера», они вышли на отрезок дистанции, протянувшийся вдоль канала Ливерпуль —Лидс, по пути обгоняя одну лошадь за другой. Артур Фриман и Мас-Ту-Ву упали на девятнадцатом препятствии, Фред Уинтер и Сандью не смогли пройти «Ручей Бичера», а когда они во второй раз подошли к «Канальному повороту», перед ними остался лишь один участник скачки — Джек Доудсвел на Арморале III. В первый раз за все время своего участия в Большом национальном стипль-чезе Дик почувствовал себя абсолютно уверенно и придержал лошадь, чтобы успокоить ее и выждать подходящий момент для атаки. Арморал III упал на двадцать шестом препятствии, и, хотя Алан Оугтон на Игл Лодже в какой-то момент поравнялся с ними, Девон Лох легко ушел в отрыв, устремившись к трем оставшимся препятствиям. О боже, сейчас это произойдет, сейчас это на самом деле произойдет. Девон Лох взял последнее препятствие с такой же легкостью и неторопливостью, как и все остальные, а затем начал свой затяжной рывок к финишному столбу мимо переполненных, ревущих трибун. И-эс-би, Онтрей и Джентл Мойя остались далеко позади, и огромная толпа зрителей громким ревом встретила Девона Лоха и Дика Фрэнсиса, причем Девон Лох выглядел на удивление свежим после более четырех миль дистанции и теперь уже никто не мог его настичь. О боже, какое замечательное ощущение, лучшее из всех, что он когда-либо испытывал в своей жизни, мчаться галопом к финишу самого быстрого в истории Большого Национального приза — даже быстрее, чем великий Голден Миллер, — находясь лишь в нескольких десятках ярдов от финишного столба и больше не имея перед собой препятствий, через которые нужно прыгать. Казалось, весь мир радостно ликовал, глядя на него. «С трибун доносился самый громкий приветственный рев, который когда-либо можно было услышать на ипподроме, когда огромная толпа зрителей начала выражать свою радость по поводу первой победы королевского жокея в Большом национальном стипль-чезе за последние пятьдесят шесть лет», — писал Рег Грин в своей книге «Каждый за себя: История Большого Национального приза». Вот он, финишный столб, до него осталось лишь пятьдесят ярдов или всего лишь дюжина шагов. Это наконец-то случилось с ним. Величайший триумф, после которого можно умереть счастливым. Величайшая радость, которую только может испытать жокей стипль-чеза. Мощный выброс адреналина. И это было так замечательно, как он всегда себе представлял.

И тут Девон Лох просто упал.

Мгновением раньше он был стопроцентным победителем, уверенно скакал вперед, всего лишь в нескольких секундах от победы — а в следующий момент задние ноги Девона Лоха внезапно напряглись, все четыре одновременно разъехались в стороны, и, ударившись животом о грязь, он заскользил по земле.

Дик на мгновение застыл в немом изумлении,

словно прилипнув к седлу, но когда Девон Лох, шатаясь, поднялся на ноги, он попытался снова пустить его вскачь. *Вперед, вперед!* Даже сейчас он еще мог пересечь финишную линию и победить. Но Девон Лох, казалось, был парализован. Он едва мог пошевелиться, и, когда его задние ноги снова подогнулись, Дик подумал, что одна из них, должно быть, сломана. Мимо него промчался удивленный Дэйв Дик на И-эс-би и выиграл скачку, опередив на десять корпусов Джентл Мойя, Ройал Тана и Игл Лоджа. Дэйв Дик не мог поверить своему счастью. «Когда Дик взял последнее препятствие, он помчался вперед словно чертов ураган, — рассказывал он мне. — И у меня просто опустились руки. Я подумал: «Ну все, теперь уже я не смогу его настигнуть». Затем Девон Лох упал, и я чуть не врезался в его зад».

Дик Фрэнсис спешился и в отчаянии отбросил в сторону свой хлыст. Многочисленные свидетели утверждают, что в ту минуту он плакал, хотя сам Дик впоследствии это отрицал. Но его слезы были бы вполне объяснимы: ни одна лошадь еще не была так близка к победе. Словно в тумане он побрел по скаковой дорожке, разыскивая свой хлыст, затаив дыхание, пытаясь осознать произошедшее и опасаясь того момента, когда ему придется прокладывать себе путь назад в раздевалку сквозь притихшую толпу зрителей.

Конюх Девона Лоха, Джон Холе, увел лошадь.

Рядом с ним остановилась машина «Скорой помощи». «Залезай, парень», — крикнул ему водитель. Дик забрался в машину, укрывшись от всех этих глаз, и доехал на ней до пункта первой медицинской помощи. Он словно онемел. Всего пять минут назад это был величайший момент во всей его жизни, теперь же он чувствовал себя абсолютно несчастным. Как такое могло случиться? Что пошло неправильно? Вихрь возможностей закружился у него в голове. «Когда он уходил, про его лицу текли слезы, — сообщал Грэхам Стенфорд в *News of the World* на следующий день, — а оказавшись в раздевалке, он сразу же отбросил в сторону свой хлыст и спрятал лицо в ладонях».

«Потом я оказался вместе с ним в весовой комнате, — рассказывал репортер из *Sunday Express* Том Форрест газете *Wales on Sunday* в 1990 году. Далее он продолжил: — У него в глазах стояли слезы — но это не значит, что он рыдал, — и никакие слова не в состоянии описать его чувства. В тот момент он мог лишь бессвязно бормотать. Абсолютное спокойствие сохранила только королева-мать. Она всем своим видом выражала сочувствие и, как всегда, казалась невозмутимой и преисполненной достоинства... хотя это наверняка было одним из сильнейших разочарований в ее жизни».

Молодой герцог Девонширский и личный секретарь королевы Майкл Эдани оба находились в королевской ложе в момент падения Девона Лоха, и тремя днями позже они сидели рядом с сэром Харольдом Николсоном за ленчем в Лондоне, рассказывая ему о том, как все это было. На следующий день Николсон записал в своем дневнике:

«Наступила полная тишина. Принцесса Маргарет повторяла, взволнованно дыша: «Этого не может быть! Этого не может быть!» Королева-мать даже не повела бровью. «Я должна спуститься вниз, — сказала она, — и утешить этих несчастных людей». Она вышла из ложи, осушила слезы жокея, похлопала по плечу Питера Казалета и настояла на том, чтобы увидеть конюхов, которые тоже были все в слезах. «Я надеюсь, русские видели это, — сказал герцог Девонширский. — Это было самое прекрасное проявление королевского достоинства из всех, что мне доводилось лицезреть».

Специализирующийся на скачках корреспондент *Daily Telegraph* написал на следующий день:

«Это было самое печальное и драматическое событие из всех, что мне приходилось видеть на скаковой дистанции. Я никогда не забуду, как королева-мать с улыбкой на лице направилась к конюшням ипподрома, чтобы проведать свою лошадь, в тот самый момент, когда туда с триумфом заводили И-эс-би. Несколькими минутами позже королева и королева-мать поздравляли владельцев И-эс-би так, словно не произошло ничего необычного».

Когда Дик уже одевался, такой же ошеломленный Питер Казалет просунул голову в дверь раздевалки. О боже, бедный Питер: двадцатью годами раньше его лошадь Дэви Джонс, под седлом Энтони Милдмэя, должна была победить в Большом национальном стипль-чезе, когда вдруг внезапно порвалась уздечка, и вот теперь невероятное случилось с ним во второй раз. Бедный Питер. Дважды. Какой ужас. Как это несправедливо.

«Пойдем в королевскую ложу, — печально вымолвил Казалет. — Они хотят видеть тебя».

О боже — теперь еще королева-мать. Что он скажет ей? Как он ей все объяснит? В королевской ложе царило напряженное молчание, лица всех присутствующих были мрачными, но они приветствовали его — две королевы, принцесса, принц Филипп — с искренним сочувствием, от которого у него на глаза снова навернулись слезы. Они сказали, как сильно ему не повезло, как хорошо он управлял лошадью, как замечательно прыгал Девон Лох и как великолепно они провели всю скачку. В горле Дика застрял комок, но ему удалось извиниться, хотя в том, что произошло, не было его вины.

«Как это случилось?» — спросила королева-мать.

«Я не знаю», — ответил Дик.

Королева-мать пожала плечами. «Что ж, это скачки», — произнесла она печальным тоном.

Так что же все-таки произошло? Некоторые считают, что у Девона Лоха случился микроинфаркт или что он пытался перепрыгнуть через несуществующее препятствие, возможно «Водяной прыжок», мерцающий слева от него, когда он скакал к финишному столбу. Как сказал мне Дэйв Дик в 1999 году, он до сих пор уверен в том, что у лошади случился какой-то приступ. «Когда я скакал рядом, то видел, что язык Девона Лоха свешивался изо рта и был черным, что является признаком кровотечения в легких. Я говорил об этом многим людям, но никто не обращал внимания на мои слова».

Дик Фрэнсис отбросил все эти теории с самого начала. Через четыре дня после того, как он приехал в Лондон с Мэри и своими родителями, чтобы несколько раз посмотреть на замедленной скорости повтор скачки в программе кинохроники, Дик сказал Джеку Вуду из *Daily Mail*: «Я убежден, что всему виной судорога задних ног. Я уверен в этом сейчас. Вы можете забыть все версии по поводу того, что он испугался шума трибун или огромной толпы людей, бегущих к нему». Но позднее и он сам и королева-мать пришли к мнению, что Девон Лох на самом деле испугался приветственного рева трибун, налетевшего оглушающей волной, когда огромная толпа из 250 000 человек осознала, что лошадь королевы-матери должна выиграть скачку. Одна из причин, повлиявших на смену позиции Дика, заключалась в том, что непосредственно перед падением уши Девона Лоха дернулись так, словно его ударила внезапная пугающая волна шума.

Дик и Казалет покинули королевскую ложу и отправились в конюшни, где ветеринар внимательно осмотрел Девона Лоха, но не смог обнаружить у него никаких повреждений. Лошадь стояла и спокойно жевала сено. Казалет сам проверил его ноги, но они были в полном порядке. Дик похлопал лошадь по шее и прижался к ней головой. «Ах, Девон Лох, — думал он, — что с тобой случилось?» Все еще оцепенелый и раздавленный горем Дик вместе с Мэри и Винсом в полном молчании вернулся в дом Дага. Что здесь можно было сказать? Когда они вошли, дети, как его, так и Дага, встретили их целым шквалом вопросов. «Все это выглядело очень глупо, не так ли?» — сказал один из них с детской жестокостью. «Папа, а королева на тебя не рассердилась?» — спросил Меррик. А трехлетний Феликс бегал по комнатам, падал на живот и кричал: «Я Девон Лох. Я упал, бум».

Чтобы скрыться от беспрерывных телефонных звонков, Дик и Мэри пошли прогуляться при лунном свете по проселочной дороге, ведущей к реке Ди. «Ты не хочешь прыгнуть в воду?» — спросила Мэри.

«Она кажется мне слишком мокрой и холодной», — сказал Дик, и они оба рассмеялись, но затем всю ночь пролежали без сна, спрашивая себя снова и снова, почему это произошло. Почему? *Почему?*

Другие теории предполагали, что Девон Лох страдал от недостатка кислорода, избытка глюкозы, слабости задних ног, кровяного тромба или что он просто поскользнулся на участке мягкой земли. Один из тренеров высказал предположение настолько необычное, что оно вполне подошло бы для одного из будущих романов Дика Фрэнсиса: согласно его теории Девона Лоха поразил сильный электрический разряд от проложенного под землей кабеля, замкнувшегося на его подковах. Многие люди из мира скачек подозревали, что, возможно, имеется какой-то серьезный изъян в конституции лошади. Брайан Маршалл выступал на Девоне Лохе несколько раз и, беседуя с Джеймсом Лоутоном из *Daily Express* в 1979 году, он согласился с тем, что это был «превосходный прыгун», но в то же время заметил следующее: «Каждый раз, когда я выступал на Девоне Лохе, в ходе скачки у него наступал момент кризиса. Только что все шло превосходно, а в следующее мгновение ситуация становилась хуже некуда. Этому не было никаких разумных объяснений. Складывалось такое впечатление, будто силы истекают из него. Каждый раз кризис быстро проходил, но, возможно, тогда в Айнтри, в 1956 году, он потратил слишком много сил и у него их просто не осталось». Маршалл говорил нечто подобное и Дэйву Дику. «Брайан дважды рассказывал мне о том, что, когда он выступал на Девоне Лохе в Сандауне, лошадь начала раскачиваться под ним из стороны в сторону. Если лошадь начинает раскачиваться под вами, даже если при этом она идет шагом, вам следует как можно скорее покинуть седло, поскольку это верный признак проблем с сердцем». Тренер из Ньюмаркета сэр Ноель Марлес, который через несколько лет часто ездил на Девоне Лохе как на прогулочной лошади, сказал Лоутону, что это просто была «на редкость глупая и неуклюжая лошадь. Даже идя медленным шагом, он умудрялся спотыкаться, переступая через ветки». Данное замечание вызвало сильное раздражение у Дика Фрэнсиса, который указал на то, что Девон Лох уже был стар, когда Марлес на нем ездил, и эта лошадь превосходно прыгала до момента той памятной катастрофы.

Самое экстраординарное из всех объяснений было опубликовано в 1991 году в издании *People*, где сообщалось о том, что, по твердому убеждению главного выездного конюха Казалета, Билла Брэддона, Девона Лоха в тот день свалил с ног сильнейший выброс газов из желудка. Как утверждает газета, перед своей смертью в 1989 году Брэддон поведал двум близким друзьям, Питеру Якобу и Эрику Бриджеу, о том, что до сих пор винит себя в том роковом падении лошади, поскольку он чуть туже затянул ей подпругу перед самым стартом. «Только потом я узнал, — рассказывал Брэддон, — что Питер Казалет уже сделал то же самое в деннике... затянув подпругу еще на два отверстия для удачи. Это означает, что подпруга была затянута значительно туже, чем следовало». Как утверждает Брэддон, когда Девон Лох упал, он сразу же подбежал к лошади, и, «как только я ослабил подпругу, из задней части ее тела донеслось могучее *вуууш*. Я никогда не слышал ничего подобного. Мне сразу же стало ясно, что произошло. Бедное животное скакало четыре мили с газами, скапливавшимися внутри ее желудка из-за того, что подпруга была слишком тугой. В конце концов газы начали вырываться наружу на полном скаку, и от первого взрыва ноги лошади просто подогнулись». Как объяснил Брэддон, он хранил секрет своей вины так долго, поскольку «Казалет сошел бы с ума, если бы только узнал, что на самом деле произошло».

Дик отказался принять теорию Брэддона, продолжая отстаивать свою. В среду, на следующей неделе после скачки, он и королева-мать приехали в Фейрлаун, чтобы проведать Девона Лоха. Дик проехался на нем верхом и убедился в том, что с ним все в порядке. Его падение было и остается полной тайной. И словно в какой-то мрачной шутке нашелся, по крайней мере, один зритель, решивший, что Дика подкупили с тем, чтобы он «остановил» Девона Лоха, — Дик Фрэнсис, тот человек, который впоследствии стал знаменитым как автор книг о безупречно честных жокеях». Питер Лорд, в то время работавший режиссером спортивной радиопередачи Би-би-си в Бристоле, смотрел скачку по телевизору в одном из уэльских пабов и услышал, как после падения лошади один из посетителей сказал: «Я думаю, он ее придержал».

По иронии судьбы трагичный финиш Большого национального стипль-чеза 1956 года до сих пор считается самым знаменитым из всех, и Дика Фрэнсиса помнят значительно лучше многих других жокеев, которые побеждали в этой скачке.

Дик получал сотни сочувственных писем, и, когда он посетил Виндзорский замок по приглашению королевы-матери, она вручила ему серебряный портсигар с памятной надписью и чек на крупную сумму. А когда владелица Айнтри, мисс Мирабель Томас, в конце концов продала ипподром в 1974 году, она подарила Дику кусок дерева, отпиленный от финишного столба, из которого он изготовил пресс-папье.

В то время Дик испытывал мрачные подозрения на тот счет, что через много лет его будут вспоминать не как победителя 345 скачек и не как жокея-чемпиона, а как человека, который не выиграл Большой национальный стипль-чез. И все же по прошествии сорока лет во всем мире есть миллионы людей, для которых имя Дик Фрэнсис означает «автор бестселлеров», даже не подозревающих, что он когда-то был профессиональным жокеем. Судьба, как всегда, сыграла свою маленькую шутку.

Далее в его скаковой карьере последовал закономерный взлет. Через три дня он победил в скачке для лошадей, не бравших приза в Сандауне, а неделей позже одержал сразу две победы — одну из них на Крадвеле в Уэльском национальном стипль-чезе. Сезон Дик закончил победой на Лохрое в Челтенхеме, доведя свой итоговый счет до сорока одной победы. Но ничто не могло заменить ему Девона Лоха. Дик оставался безутешным, и пережитое им разочарование преследовало его до конца жизни. И все же эта неудача сделала Дика знаменитым, его имя стало хорошо знакомым миллионам людей, никогда не интересовавшимся скачками, и в конце концов она принесла ему такую славу и богатство, о которых он никогда не мечтал. Если бы Дик победил в той скачке, то теперь он был бы совершенно забыт за пределами мира скачек, поскольку кто еще помнит имена всех остальных жокеев, побеждавших в Большом национальном стипль-чезе в пятидесятых годах, — Джимми Пауэр, Джонни Баллок, Артур Томпсон, Брайан Маршалл, Пат Тааффи? Но из-за того что Дик *проиграл*, из-за остроты пережитой им трагедии его попросили написать автобиографию, затем и романы, после чего имя Дика Фрэнсиса стало знаменитым во всем мире.

«Всю свою жизнь он мечтал победить в Большом

национальном стипль-чезе, — рассказывала мне Мэри в 1980 году, — но по иронии судьбы, если бы он все-таки победил, то не было бы ни его автобиографии, ни романов...»

Глава 10

ЖУРНАЛИСТ
(1956—1962)

Через несколько недель после того ужасного Большого национального стипль-чеза мать Дика пригласила к себе на чай одну пожилую даму, мисс Джонсон. Сын мисс Джонсон, лондонский литературный агент по имени Джон, привез ее на машине и обратил внимание на вставленную в рамку фотографию, на которой Дик и Девон Лох берут последний барьер в Айнтри. Молли сказала ему, что этот жокей — ее сын; Джонсон был заинтригован. Может быть, Дик напишет книгу о скачках? На такую захватывающую историю наверняка найдется спрос на рынке, и Джонсон готов порекомендовать ему теневого писателя.

Дик и Мэри заинтересовались этим предложением, и Джонсон направил к ним в Блеубери теневого писателя для обсуждения проекта. Но Мэри твердо заявила, что посторонняя помощь им не потребуется. Да, Дик не имеет никакого представления о том, как писать, и его правописание оставляет желать лучшего, но почему они должны делить гонорар с кем-то еще? Разве она не писала рассказы и эссе и не работала в качестве внутреннего рецензента издательства? Разве она не имеет степень по французскому и английскому? Они решили, что напишут автобиографию вместе.

«Я никогда не думал о том, чтобы писать книги, — рассказывал мне Дик через много лет. — Я совершенно определенно не проявлял никаких литературных талантов в школе». Но Мэри выжала из мужа его воспоминания, разгладила морщины и отполировала острые углы. «У меня по крайней мере было литературное образование, а у него нет, — сказала она мне. — В конце концов, он оставил школу в пятнадцать лет, поэтому я отредактировала книгу, поставив точки там, где были запятые. С самого начала один или два человека знали о том, что я помогаю ему писать автобиографию».

Пока они работали вместе над книгой, Дик возобновил свою карьеру жокея, когда в августе стартовал новый сезон, но после падения Девона Лоха в глубине его души словно бы что-то надломилось, и карьера Дика практически завершилась. Хотя они с Девоном Лохом в конце октября выиграли двухмильную скачку с препятствиями в Ноттингеме, а затем победили Ерли Миста в Сандауне, в конце ноября их самих обошел Кий Ройал в Кемптене, а затем через месяц снова в Кемптене они проиграли лошади, на которой Дик безуспешно выступал в Америке, Роуз Парк. Совершенно внезапно, в возрасте тридцати шести лет звезда Дика начала быстро закатываться. Он выиграл еще три скачки в декабре, а 7 января ему снова удалось победить в Лестере на своем старом любимце Крадвеле и довести количество своих побед в сезоне до двадцати двух, но это оказалась последняя победа в его карьере. Казалось символичным то, что Дик одержал свою последнюю победу именно на Крадвеле: этот их успех был пятнадцатым по счету и из всех своих двадцати двух совместных скачек они лишь трижды оставались без места. К тому моменту, когда Крадвел в конце 1960 года удалился на покой, но одержал победу в сорока трех скачках Национального охотничьего комитета, больше, чем любая другая лошадь.

Конец пришел с шокирующей внезапностью. В пятницу 11 января, выступая на скачке в Ньюбери на лошади по кличке Принц Стефан, Дик упал и попал под копыта нескольких других лошадей. Он сумел самостоятельно дойти до своего «Лендровера» и даже сказать доктору, что с ним все в порядке и ему ничто не помешает выступать на следующий день. Однако его травмы оказались значительно серьезней, чем он предполагал. Дик получил сильный удар копытом в живот, и, приехав домой, он почувствовал себя ужасно, и его начало трясти. Когда он лег в постель, его начали мучить пугающие спазмы, продолжавшиеся всю ночь, они были такими сильными, что даже не позволили ему раздеться. На следующий день врачи обнаружили у него перелом запястья и сказали, что по меньшей мере месяц он не сможет участвовать в скачках. Через восемь дней внезапно закончилась и скаковая карьера Девона Лоха. В Сандауне он выступал под седлом Артура Фримана и шел впереди основной группы лошадей, когда у него произошло растяжение сухожилия. Девон Лох сошел с дистанции и больше никогда не участвовал в скачках.

Если бы Девон Лох не вышел из строя, Дик продолжил бы свои выступления, хотя бы ради того, чтобы еще раз стать партнером этой лошади на Большом национальном стипль-чезе этого года и совершить свою финальную попытку. Но после того как Девон Лох был отправлен щипать траву на зеленых пастбищах, для Дика, судя по всему, тоже настало время уйти. Все старые травмы одновременно настигли его, после каждого падения он чувствовал себя все хуже, а на восстановление требовалось все больше времени. Владельцы из конюшни Казалета стали остерегаться доверять ему норовистых лошадей, поскольку они не хотели, чтобы он снова себя травмировал. И вот как-то вечером один из близких друзей королевы-матери, сорокадвухлетний маркиз Абергейвни, администратор скачек, который когда-то сам был жокеем-любителем, пригласил Дика в свою лондонскую квартиру и сказал ему, что пришло время красиво уйти. «Лучше уйти, пока еще находишься на вершине», — посоветовал он. Большинство жокеев продолжают выступать слишком долго, и всегда печально наблюдать за тем, как они все реже и реже принимают участие в скачках и их былая слава блекнет, пока они не становятся для всех обузой. Гораздо более достойно, сказал Абергейвни, уйти прежде, чем тебя к этому вынудили.

Дик был ошеломлен. Королева-мать дала ему отставку. Очевидно, что Абергейвни не стал бы ему ничего говорить, если бы она его об этом не попросила. Дик был в полной растерянности. Всего лишь через два года после того, как он стал жокеем-чемпионом, его уволили. Что еще он может делать? Его часто просили быть судьей в классе гунтеров на различных конноспортивных шоу, но это вряд ли можно назвать полноценной работой. Он не испытывал желания стать тренером и обрекать себя на изматывающее нервное напряжение, тяжелую работу, долгие часы без отдыха, ответственность перед владельцами и финансовые проблемы, которые неразрывно связаны с жизнью тренера, не говоря уже о многочисленной бумажной отчетности и сводящей с ума бюрократии. Как он объяснял через несколько лет в своей еженедельной колонке в *Sunday Express,* «многие жокеи успевают привыкнуть к свободе и относительной независимости за годы своей скаковой карьеры, поэтому они с трудом привязываются к постоянному месту работы и не умеют терпеливо сосредоточиваться на деталях», — навыки жизненно важные как для писателя, так и для тренера. Дик не обладал внутренней дисциплиной, необходимой для того, чтобы стать тренером, как и той скрупулезностью, которая требуется от писателя.

Когда Дик покинул квартиру Абергейвни в тот вечер, он брел словно в тумане по сумрачному Гайд-парку. «Мое отчаяние было так велико, что я чуть не бросился в пруды Серпентайн», — рассказывал он Анжеле Лэмберт из *Daily Mail* через сорок лет. Он несколько раз обсудил свою проблему с Мэри и взял ее с собой, чтобы еще раз встретиться с лордом Абергейвни, но его светлость оставался непреклонным: Дик во всех отношениях закончился как жокей, и ему следует вежливо откланяться. Но что он будет делать? Как ему зарабатывать на жизнь? Не стоит беспокоиться, сказал Абергейвни: что-нибудь обязательно подвернется.

Дик использовал свое появление в телевизионной программе *Sportsreview* 30 января, чтобы объявить о своем уходе после девяти лет и восьми месяцев выступлений в качестве жокея — после 2305 проведенных скачек и 345 одержанных побед, — и на следующий день удостоился самой высокой похвалы от прессы. Комментатор *Daily Telegraph* «Хотспэр» заявил, что он был «одним из лучших жокеев стипль-чеза со времен войны — и одним из самых отважных», а специализирующийся на скачках корреспондент *The Times* написал:

«Нам будет не хватать Фрэнсиса, этого замечательного наездника, наделенного яркой индивидуальностью. Его роль в скачках, которую мы так ценили, заключалась в тихом продвижении по скаковой дистанции. Его длинный повод и отсутствие суеты придавали лошадям уверенность, и они всегда старались показать себя ему с наилучшей стороны. Его стиль... позволял лошадям концентрировать все свое внимание на препятствиях и забывать о том, что кто-то сидит в седле. Фрэнсис на самом деле был наездником высшего класса, и если у него и имелся какой-то недостаток, то это, возможно, лишь то, что он не финишировал в форсированном жестком стиле гладких скачек. Присущая ему честность и улыбчивая прямота сделали его популярной фигурой, и при тех способностях, которыми он наделен, ранний уход из скачек, вероятно, нельзя расценивать как потерю, поскольку на них наверняка найдется спрос в других связанных со скачками областях».

Дик сказал корреспонденту *Telegraph*, что он очень опечален тем, что оставляет скачки — «это была моя жизнь» — и он совершенно не представляет, чем будет заниматься дальше. «Я не уверен в своем будущем, — заявил он. — У меня нет никакого хобби, и я ненавижу садоводство. Я надеюсь, что по-прежнему буду иметь дело с лошадьми, но еще не уверен в этом». Почти сразу же ему предложили три работы с частичной занятостью: официального судьи на скачках, комментатора и пишущего о скачках журналиста. Дик принял все три предложения, но вскоре отказался от должности комментатора, поскольку обнаружил, что ему трудно запоминать клички всех лошадей, цвета жокеев, и не меньшие трудности возникают, когда нужно о них что-то сказать. Но третья работа, которая поначалу заключалась лишь в том, что он позволил подписать своим именем серию статей, опубликованных в *Sunday Express*, привела к тому, что он вел в этой газете свою еженедельную колонку на протяжении последующих шестнадцати лет.

В 1956 году *Sunday Express* была преуспевающим общенациональным изданием с Флит-стрит: солидная «семейная газета», придерживающаяся традиционных взглядов, продававшаяся тиражом три с половиной миллиона экземпляров каждую неделю, а через четыре года ее тираж вырос до четырех с половиной миллионов. Последние два с половиной года ее главным редактором был раздражительный и напористый тридцативосьмилетний шотландец Джон Джуниор, который продолжал занимать эту должность еще двадцать девять лет и стал своеобразной легендой Флит-стрит, прославившись своими нетерпимыми пуританскими, правыми взглядами. Джон Джуниор безапелляционно заявлял, что никогда нельзя верить человеку, который носит бороду, и «только гомосексуалисты пьют белое вино», а когда я сам пришел работать в качестве репортера в эту газету в 1965 году, он призвал меня «избегать клише, словно чумы». И все же он обладал сверхъестественной способностью тонко чувствовать, что хочет читать обывательская масса, и в этот список входили колонки знаменитых спортивных звезд. В 1956 году футболист Стэнли Мэттьюз регулярно поставлял для газеты материалы, посвященные футболу, а игрок в крикет Дэнис Комптон и футболист Дэнни Блэнчфлоуэр также вели еженедельные колонки в *Sunday Express* на протяжении многих лет. Джуниор не имел никакого представления о скачках, но он чувствовал, что имя Дика Фрэнсиса поможет повысить тираж. Характерной чертой эгоцентричного характера Джуниора было то, что он почти не имел контакта с Диком, как и с другими спортивными знаменитостями, работавшими на него, и в своей автобиографии «В ожидании полуночного трамвая», опубликованной в 1990 году, никто из них не упомянут даже вскользь. В глазах Джуниора все эти спортивные коны были лишь средствами для повышения тиража.

Поначалу Дик сильно беспокоился о том, справится ли он с работой. Если у него нет способностей к сочинительству и проблемы с правописанием, то как он сможет стать журналистом? «Дик говорил, что он не справится, — рассказывала мне Мэри через много лет, — но я успокоила его, сказав, что буду помогать ему вести колонку, и постепенно он чувствовал себя все более и более уверенно. Он учился писать на практике. Он учился этому, пока вел колонку для *Sunday Express*».

24 февраля, менее чем через месяц после того, как он закончил карьеру жокея, *Sunday Express* радостно объявила: «ДИК ФРЭНСИС присоединяется к нашему коллективу» и пообещала: «Начиная со следующего воскресенья, он будет предоставлять вниманию читателей еженедельный глубокий и авторитетный обзор событий, происходящих в мире скачек. Он знает тренеров, владельцев, жокеев и, на основании собственного бесценного опыта, приобретенного в седле, ЛОША-

ДЕЙ — и СКАКОВЫЕ ДИСТАНЦИИ, которые для них лучше всего подходят». Первая статья Дика Фрэнсиса объемом около тысячи слов появилась в газете 3 марта рядом с его большой фотографией, заняв четыре колонки, и под заголовком «ПОЧЕМУ Я ОСТАВИЛ РАБОТУ, КОТОРУЮ ЛЮБИЛ...». Она начиналась со жгучего признания:

«В первый раз за последние 10 лет я буду следить за ходом Челтенхемского национального конно-спортивного фестиваля вместо того, чтобы участвовать в нем. Смотреть, признаюсь, с завистью, поскольку мое сердце (если отбросить в сторону анатомическую точность) по-прежнему находится в седле. Я обнаружил, как трудно оставить работу, которую любишь, но стипль-чез — это спорт для молодых, а в свои 36 лет я и так уже был одним из самых старых жокеев, выступающих в скачках Национального охотничьего комитета. Мне кажется, что лучше сразу погасить свет, щелкнув выключателем, чем продолжать бороться с накапливающейся усталостью, в то время как нить накаливания становится все более тусклой».

Рассказывая об атмосфере Челтенхемского фестиваля, он написал, что это «трехдневный праздник для энтузиастов. Обедневшие сквайры копят на него деньги, ирландцы появляются здесь целыми толпами, а жокеи-любители придумывают себе умерших бабушек, чтобы отпроситься с работы и приехать сюда».

В статье также оценивались шансы различных лошадей на скачках в Челтенхеме, Ладлоу и Хэйдоке, которые должны были состояться на следующей неделе.

Это был весьма профессиональный старт, и очевидно, что Мэри приложила к нему свою умелую руку. Лес Вантер, который в то время был редактором спортивного раздела *Sunday Express*, сказал мне: «Когда Дик каждую неделю приходил в офис со своей статьей, на машинописной копии всегда были исправления, сделанные рукой его жены».

Вторая статья, опубликованная 10 марта, снова была посвящена Челтенхему, но ее объем составлял лишь семьсот слов, и на этот раз в ней оценивались лошади и скаковой круг. Однако на следующей неделе Джуниор предоставил Дику целую страницу для длинного пространного отчета на две тысячи слов о фиаско Девона Лоха в Большом национальном стипль-чезе. В действительности эта статья представляла собой отрывок из автобиографии Дика, которая уже была почти закончена и на данном этапе называлась просто: «История Дика Фрэнсиса». Поначалу Джон Джонсон хотел отправить рукопись книги в издательскую фирму Уильяма Коллинза, но Дик и Мэри попросили его попробовать обратиться в издательство Майкла Джозефа, поскольку они встречались с ним и Дик выступал на нескольких его лошадях. Джонсон думал, что мемуары жокея «не в профиле» издательства Майкла Джозефа — но Джозеф сразу же принял книгу и планировал опубликовать ее перед Рождеством.

На следующей неделе колонка Дика — на этот раз посвященная предстоящему Большому национальному стипль-чезу и тому, какие лошади могут победить в этой скачке — снова насчитывала около семисот слов и продолжала выходить в таком же объеме на протяжении последующих шестнадцати лет, за исключением особых случаев, таких, как Дерби и Большой Национальный, ради которых Джуниор предоставлял ему значительно больше места. 8 марта Дик получил лицензию, позволяющую ему выступать в качестве стартера и судьи на оставшихся скачках текущего сезона, но он по-прежнему испытывал боль от расставания с той жизнью, которую так любил. В своей колонке в *Sunday Express*, опубликованной на следующий день после проведения Большого Национального приза, он написал: «С моей стороны было бы глупо притворяться, что, наблюдая за парадом участников Большого Национального приза, я не завидовал этим тридцати пяти жокеям-счастливчикам или что я не испытывал острую боль, глядя на то место, где Девон Лох упал в прошлом году». Мэри тоже страдала. «Я плакала шесть месяцев из-за того, что он чувствовал себя таким несчастным, — рассказывала она мне в 1980 году. — Его тело состарилось раньше, чем его душа». Полное представление о его страданиях можно получить по последним трем мрачным предложениям второго издания его автобиографии, опубликованной в 1974 году, где он пишет, что, несмотря на огромный успех книг Дика Фрэнсиса, лучшие годы его жизни относятся к периоду, когда он был жокеем.

К счастью, работа в *Sunday Express* позволяла ему поддерживать тесный контакт с миром скачек. Три утра в неделю в поисках материала для своих статей Дик вставал раньше, чем обычно, и, сев в машину, отправлялся в расположенные выше Блеубери известковые холмы, чтобы ездить верхом, обучать и тренировать скаковых лошадей нескольких местных тренеров — Фрэнка Канделла, Хелен Джонсон-Хактон, Фреда Максвелла и Майкла Попа — а значит, у него по-прежнему была возможность каждую неделю ездить на великолепных лошадях. Два или три раза в неделю он посещал скачки в различных уголках страны и держался в курсе всех последних слухов. В мае он взял интервью у ставшего тренером бывшего жокея сэра Гордона Ричардса и катался с ним верхом по Даунсу. Он ездил проведать Девона Лоха, который все еще восстанавливался после падения. Он также совершил поездку в Ньюмаркет, чтобы осмотреть конюшни Сесила Бойда-Рокфорта и оценить его лошадей. И его отставка имела одну маленькую компенсацию. «Когда Дик выступал, он всегда называл меня «майор» или «сэр», — рассказывал мне Тим Фитцджордж-Паркер, — но закончив с выступлениями, он сказал мне: «Вы не против, сэр, если я снова буду называть вас Тим?»

В июне Дик предсказал, что Темпест выиграет

Дерби, но осторожно добавил: «Не ставьте на это что-то серьезнее пуговиц от вашей рубашки, поскольку жокеи всегда славились тем, что они плохо угадывают победителей!» Это был мудрый совет: в Дерби на самом деле победил Крепелло, которого поставил на первое место Том Форрест, главный специалист по скачкам в *Sunday Express*, хотя Темпест пришел четвертым. В действительности Форрест назвал правильно трех из четырех лошадей, пришедших первыми, и это заставило Дика скромно осознать, что как предсказатель исходов скачек он, по сравнению с Форрестом, выступает в младшей лиге.

Позднее, тем летом Дик съездил в Кингсклер, чтобы осмотреть конюшни Питера Хастингса-Басса, и в Ньюмаркет, где он посетил конюшни Фреда Армстронга. Затем он совершил путешествие в Гудвуд, чтобы взять интервью у одного из ведущих жокеев гладких скачек Скоби Брисли, в Огбэн, чтобы снова оценить скакунов Гордона Ричардса, и в Фейрлаун, чтобы совершить ностальгическую поездку на лошадях Питера Казалета. Осенью он ездил верхом по Южному Даунсу с Фредом Уинтером, теперь уже трехкратным жокеем-чемпионом, и с лошадьми Фреда Римелла в Киннерсли, возле Вустера, а волшебным ранним утром в конце сентября он снова проехался рысью на Девоне Лохе и с радостью узнал, что его старый друг и партнер почти полностью восстановился. В начале октября он совершил сентиментальное путешествие в замок Чолмондели, где катался верхом по любимому парку с лошадьми Джорджа Оуэна и его последним протеже, двадцатилетним жокеем конюшни Стэном Меллором.

Поначалу Дик не верил в то, что он будет писать для *Sunday Express* долгое время. В течение нескольких месяцев он рассматривал эту работу как временную замену: он был наездником, а не писателем. Редактор спортивного отдела Билл Смит постоянно предлагал ему заключить постоянный контракт, но Дик отказывался, пока наконец не понял, что у него нет другого выбора и, по крайней мере, журналистская работа позволит ему оплачивать счета и обеспечит свободный допуск на все ипподромы как представителю прессы, пишущему о скачках.

В ноябре, после того как Дик совершил путешествие в Ирландию, чтобы посмотреть на лошадей Винсента О'Брайена и Тома Дрипера, он наконец подписал полноценный контракт с *Sunday Express.* Учитывая то, что он был знаменитым жокеем-чемпионом, выступавшим за королевскую семью, ему платили плохо: всего лишь 20 фунтов в неделю, или — меньше, чем сегодня получает любой начинающий репортер с Флит-стрит, — и за эти деньги он даже должен был отказаться от авторских прав на все свои статьи. Бережливый Джуниор, верный своим шотландским корням, становился настоящим скупердяем, когда вставал вопрос о жалованье сотрудников редакции, и тот факт, что Дик согласился подписать такой эксплуататорский контракт, подчеркивает, насколько трудно ему было зарабатывать на достойную жизнь после окончания скаковой карьеры. «Он приходил в офис раз в неделю, обычно по пятницам, — рассказывал мне Том Форрест. — Он ждал, когда прочитают его материал, а потом уходил. Как журналист, он был для нас полезен, благодаря своему громкому имени. Его колонка, вероятно, помогла повысить наш тираж в самом начале, а дальше ему уже приходилось удерживать читателей. Люди, которые не интересовались особенно гладкими скачками, но неравнодушные к стипль-чезу, покупали *Sunday Express* ради колонки Дика».

Стэн Меллор соглашается с ним. «Это было первое, что мы все читали, — рассказывал он мне, — а потом еще целую неделю обсуждали прочитанное. С самого начала он знал, чем в своих репортажах зацепить людей. Порою вы говорили: «Только посмотрите, какую чушь пишет этот щелкопер!», но он все равно брал вас за живое».

Дик редко делал ставки на лошадей, поскольку он всегда утверждал, что ему не везет в азартных играх, но как советчик он был «не хуже большинства других», — говорит Форрест. «Дик не обладал искрометным характером, — признает Форрест, — но это был очень милый человек, и он мне очень нравился. Он был очень тихим, скромным и до сих пор остается таким же. Если вы ходили с ним пообедать, он мог немного оживиться, выпив спиртного, но в своем естественном состоянии это был тихий парень».

Гас Хайнес, помощник редактора спортивного отдела *Sunday Express* с 1961 года, сказал мне: «Что мне больше всего в нем запомнилось, так это его скромность. Я не хочу, чтобы это звучало как некая скучная подробность, поскольку он вовсе не скучный человек, но он на самом деле был скромным парнем. Мне было с ним приятно работать». Работа Хайнеса заключалась в том, чтобы редактировать статьи Дика. «Утром, каждую пятницу, он приносил свой материал, который практически уже был готов для публикации, — говорил Хайнес. — Порой у нас возникали с ним споры, но он всегда был очень сговорчивым, и мы никогда не ссорились».

Лесли Вантер, который стал редактором спортивного раздела в 1966 году, сказал мне, что Дик всегда был «очень милым, в скромной, наивной манере, но он никогда не пользовался авторитетом, не проявлял себя хорошим собеседником и не отличался особым умом». Вантер утверждает, что Дик совсем не мог писать статьи для своей колонки самостоятельно:

«Однажды у Мэри случился какой-то приступ, и она провела в больнице две или три недели, полностью прикованная к постели. Когда Дик в ту неделю, как обычно, пришел в редакцию, оказалось, что у него нет материала. Они с Гасом сели за пишущую машинку,

Гас задавал ему вопросы, и совместными усилиями они написали статью для его колонки — и продолжали делать это вместе на протяжении последующих двух недель».

У Хайнеса не сохранилось аналогичных воспоминаний:

«Нет, я не помню о подобном случае. Такое вполне могло произойти, но все это было очень давно. Я знаю, Лес рассказывал что-то похожее, но единственный материал, который я когда-либо видел, всегда появлялся из кармана Дика и ложился ко мне на стол. Если Мэри и принимала какое-то участие в написании статей, мне об этом ничего не известно. Я знаю только, что они с Мэри были очень преданы друг другу. Дик был очень симпатичный парень, но я не думаю, что он смог бы писать свои статьи, не имея Мэри у себя за спиной».

Алан Хоби, главный спортивный журналист газеты, говорит по данному поводу следующее:

«Многие люди подозревали, что его жена принимает большое участие в написании статей. Когда она подходила к телефону, то обычно была в курсе всех дел, и секретарша или Лесли могли обсуждать непосредственно с ней все вопросы, связанные с колонкой Дика. Но мне очень нравился Дик. Он всегда казался мне типичным сдержанным англичанином: вежливый, ненавязчивый, с тихим голосом».

Гас Хайнес вспоминает, что у Дика не было близких друзей в редакции *Sunday Express*:

«Обычно он просто приходил в офис, разговаривал с нами и оставлял свой материал. Порою мы заходили вместе в паб на Флит-стрит чего-нибудь выпить и съесть по сэндвичу, но он никогда не посещал вечеринки. Кроме этих редких совместных вылазок, он никогда не был одним из нас. Он из тех людей, о которых невозможно вспомнить ни одной истории. Он всегда держался в стороне. Позднее он звонил, чтобы узнать, пропустил ли Джон Джуниор его статью».

Работать на Джуниора было примерно то же самое, что сдавать экзамены в детском саду. «Когда ты рассказываешь о хороших ребятах, они всегда кажутся скучными, — говорил Хайнес, — но Дик никогда не казался мне скучным».

Несомненно, литературный талант Мэри сыграл свою роль в том, что автобиография Дика почти не нуждалась в редакторской правке, хотя в ней и содержалась приторно-льстивая благодарность в адрес королевы-матери «за великую честь, которую она оказала мне своим покровительством, и ее великодушное разрешение именно так озаглавить мою книгу» без всякого объяснения, почему было необходимо спрашивать ее разрешения на выпуск книги, озаглавленной «Спорт королев». В главе, которую он добавил во втором издании книги в 1974 году, Дик говорит нам, что писательство оказалось такой тяжелой работой, что он никогда бы не взялся за вторую книгу, если бы первая была отклонена.

В конце ноября руководство *Sunday Express* убедило Дика подставить себя под удар, выбрав дюжину лошадей, участвующих в скачках под эгидой Национального охотничьего комитета — «Двенадцать лидеров стипль-чеза», — которые, по его мнению, будут одерживать победы в скачках в течение последующих нескольких месяцев, после того как он посмотрит на них или сам попробует в деле. Три его совета оказались на удивление точными: Нобль Ледженд из конюшни Фрэнка Канделла победила в том году в пяти из девяти скачек и еще дважды приходила второй; Фелума, которую тренировал Райан Прайс, выиграла четыре из девяти скачек и один раз была второй; а Дабл Стар Казалета победила в трех из семи скачек и попадала в призеры в трех остальных. В конечном итоге двенадцать выбранных Диком лошадей в том сезоне приняли участие в восьмидесяти девяти скачках и одержали победу в двадцати восьми из них — 31 процент успеха — и пришли первыми, вторыми или третьими в 72 процентах скачек. Совсем неплохой результат для начинающего советчика.

Книга «Спорт королев» — стоимостью двадцать один шиллинг и с посвящением Меррику и Феликсу — была опубликована 2 декабря 1957 года. Это несколько странная книга, где замалчиваются определенные аспекты жизни Дика, наиболее примечательными из которых являются две из трех его школ в Мейденхеде и подготовка на пилота Королевских ВВС в Родезии. Там так же на удивление мало говорится о Мэри, и она появляется на страницах книги лишь как персонаж второго плана. Там совсем ничего не сказано о последних годах жизни его родителей, вероятно потому, что Винс в это время мучался от рака простаты и у них с Молли наступили тяжелые времена. Они были вынуждены продать пансион на Суссекс-гарденс и переехать в маленькую квартиру в доме 48 по Норфолк-сквер, расположенном в густонаселенной части Лондона, в 100 ярдах от шумного и переполненного людьми Паддингтонского вокзала. Они даже не являлись владельцами этой квартиры: по официальным бумагам ее владельцем числилась Мэри. Регистрируя Молли в списках избирателей, Винс сделал типичную для себя ошибку, написав ее имя Catherine как Katerine. Как это ни печально, но все трое из оставшихся в живых родителей Дика и Мэри переживали крах на закате своей жизни.

Газета *Daily Telegraph* поместила на своих страницах рецензию «Хотспэра» на «Спорт королев» в день ее публикации, где было сказано, что это «великолепно написанная», «захватывающая» и, «вероятно, лучшая автобиография со времен Джорджа Лембтона». Обозреватель добавил также, что Дик был «одним из самых выдающихся жокеев национального стипль-чеза за последнюю половину столетия» и «превосходным наездником». Первое издание было продано за две недели, и потребовался дополнительный тираж, в Америке книга была опубликована нью-йоркским издательством «Пензлер букс», и внезапно Фрэнсисы осознали, что можно зарабатывать приличные деньги сочинительством книг. За последующие два года в Великобритании было продано пять тысяч экземпляров книги «Спорт королев» в твердой обложке — «достаточно хороший показатель для тех времен», как сказал мне Лесли Крэмпхорн, который позднее стал руководителем отдела сбыта в издательстве Майкла Джозефа, — а в конечном итоге было продано около пятидесяти тысяч экземпляров. Почитатели таланта Дика из мира скачек собрали для него 1000 фунтов в качестве прощального подарка после того, как Казалет пустил по кругу подписной лист, и, присовокупив к этой сумме гонорар за книгу, Дик смог купить себе новую машину («Ягуар») и двух пони, названных им Жанна д'Арк и Смоки, для Меррика и Феликса.

Дик испытывал разочарование из-за того, что Меррик первое время предпочитал лошадям игры с мячом, но он утешал себя той мыслью, что оба мальчика растут вежливыми, воспитанными и аккуратными. Однако их няня, Элси Нотт, имела на этот счет свое особое мнение и заявила о своем уходе, сказав, что она больше не может с ними справиться. «Отец сделал вид, что он сердится и приказал нам: «Отправляйтесь в свою комнату», — рассказывал Меррик через тридцать лет Дженни Найт из *Sunday Times Magazine*. — Через некоторое время перед нами появилась грозная фигура отца с хлыстом в руке. Мы некогда не видели его таким неестественно сердитым, поэтому оба рассмеялись. Не выдержав, он тоже рассмеялся и был вынужден выйти из комнаты».

С начала 1958 года Дик установил для себя новый распорядок, который почти не изменялся на протяжении нескольких последующих лет. По утрам Дик чаще всего ездил верхом по Даунсу с одним из местных тренеров, порою помогая им обучать молодых лошадей, три или четыре раза в неделю он посещал скачки, где смотрел на лошадей, собирал идеи и слухи для своей колонки. Время от времени он посещал конюшню какого-нибудь тренера, чтобы взять интервью и оценить содержащихся в ней лошадей, по четвергам они с Мэри писали вместе статью, и в пятницу он относил ее в редакцию *Sunday Express* на Флит-стрит. Порою вместо простой оценки лошадей и их шансов на предстоящих скачках он писал «статьи-размышления», в которых бичевал чиновников, окружающих мир скачек, либо предлагал внести какие-то изменения в правила и условия проведения скачек. Например, в январе 1958 года он опубликовал статью, в которой описывал тяжелые условия труда конюхов, чье жалованье было совсем небольшим. Фрэнсисы начали принимать значительно более активное участие в социальной жизни. Они часто встречались с друзьями, такими, как Фальк и Кэт Уэлвин, за ужином или коктейлем, приглашали к себе в гости новых знакомых вроде Стэна Меллора, а в июне и июле каждого года, когда в сезоне Национального охотничьего комитета наступал перерыв, Дик брал отпуск на четыре или пять недель и вместе с Мэри и мальчиками проводил пару недель в своем любимом отеле «Редклифф», расположенном на южном побережье Девона, возле Пэйнтона, где ему понравилось останавливаться на время проведения скачек в Ньютон-Абботе, когда он еще был жокеем. Как это ни удивительно, но они возвращались в «Редклифф» год за годом, на протяжении сорока лет, даже после огромного успеха романов Дика Фрэнсиса, сделавших их миллионерами.

Отель «Редклифф» — самое невероятное пристанище для авторов бестселлеров: большое мрачное здание из серых бетонных блоков, возвышающееся над грязно-коричневым пляжем. Когда в 1998 году я прибыл

3. Маленький Дик Фрэнсис (задний ряд, третий справа, в полосатом галстуке) с учениками и учителями деревенской школы Лоуренни в 20-е годы.

4. Круглолицый одиннадцатилетний Дик (передний ряд, седьмой справа) выглядит значительно более веселым, чем он чувствовал себя на самом деле в первый семестр своего пребывания в Мейденхедской школе для мальчиков в 1932 году.

1. Дедушка и бабушка Дика по материнской линии, Вилли Томас и Энни Томас, в фермерском доме которых он родился в 1920 году и с кем провел большую часть своего детства.

2. Родители Дика, Молли и Винс Фрэнсис, в конце Первой мировой войны.

5. Похожая на дворец полная средняя школа Милтон-Моунт Колледж, расположившаяся на восьми акрах земли Уорт-парка в Суссексе, где Мэри Бренчли училась с 1937 по 1940 год.

6. Вход в читальный зал в Уорт-парке. Интерьер особняка кажется удивительно просторным и богато украшенным для английской школы-интерната 30-х годов.

7. Светловолосая четырнадцатилетняя Мэри (справа) со своими одноклассницами Шейлой Хирн (слева) и Маргарет Родерик возле плавательного бассейна в Милтон-Моунте в 1938 г.

8. Блистательная Элисон Шрабсоул (задний ряд, крайняя слева) и Мэри (задний ряд, третья слева) вместе с другими выпускницами и преподавателями Милтон-Моунта на вечере встречи в отеле «Империал» в Линтоне, Девон, в 1942 году. Крайняя справа в заднем ряду самая близкая подруга Мэри на всю жизнь, Мэри Юлл (урожденная Хардинг); Джанет («Нетта») Бренчли, мать Мэри, сидит третья справа в третьем ряду.

9. Мэри (вторая слева) в роли герцога Ратленда в постановке Королевского Холлоуэй Колледжа пьесы «Ричард Бордоский», 1942 г.

10. Поразительно бледная, красивая и еще не достигшая своего двадцатилетия: Мэри в Королевском Холлоуэй Колледже в мае 1944 г.

13. Дик Фрэнсис в начале своей жокейской карьеры, в 1947 году, с одним из своих самых первых победителей, Лайтхедом, в скромном секторе для победителей на ипподроме в Бангор-он-Ди. Владелец лошади — с биноклем и в плохо сидящих пиджаке и брюках — Чарли Рид; гордый конюх — Фрэнк Перкс.

11. Ассистент помощника режиссера Мэри Бренчли (вторая слева) с друзьями из Херефордской театральной труппы на крикетном матче в 1947 г.

12. Отставной сержант Артур Лоуи, в возрасте тридцати одного года и уже лысый, который позднее прославился в роли хвастливого капитана Мэйнуорига в комедийном телесериале Dad's Army, в самом начале своей актерской карьеры с Херефордской труппой в 1947 году. В Херефорде Лоуи получал лишь 3 фунта в неделю, все время забывал свою роль и стал другом Мэри на всю жизнь.

14. Мэри и Дик Фрэнсис в день своей свадьбы, в субботу, 21 июня 1947 года, в Паддингтонской конгрегациональной церкви в Лондоне. Рука Дика находится на перевязи, потому что он сломал ключицу за неделю до свадьбы, упав на скачках в Ньюпорте. Из-за послевоенного дефицита Мэри сама сшила себе свадебное платье.

15. Горько-сладкое утро после первого участия Дика в Большом национальном стипль-чезе в 1949 году, где он лидировал на Реймонде вплоть до последней мили, после чего его обошел Русский Герой, лошадь, которую он помогал тренировать и чью жизнь спас тремя месяцами ранее. Дик (крайний справа) подавил свое разочарование, чтобы поздравить владельца победившей лошади, а также ее тренера Джорджа Оуэна (крайний слева) и жокея Лео Макморроу (второй справа).

16. Восходящая звезда: 29-летний Дик Фрэнсис в феврале 1950 года, своего второго сезона выступления в качестве профессионального жокея. Это был для него удивительно успешный сезон, но его взволнованный вид вполне объяснимо: несколькими месяцами ранее Мэри заболела полиомиелитом и была подключена к аппарату для искусственного дыхания; в мае он собирался сделать важнейший в своей карьере переезд из Чешира в Беркшир; а в апреле Мэри должна была родить их первого сына, Меррика.

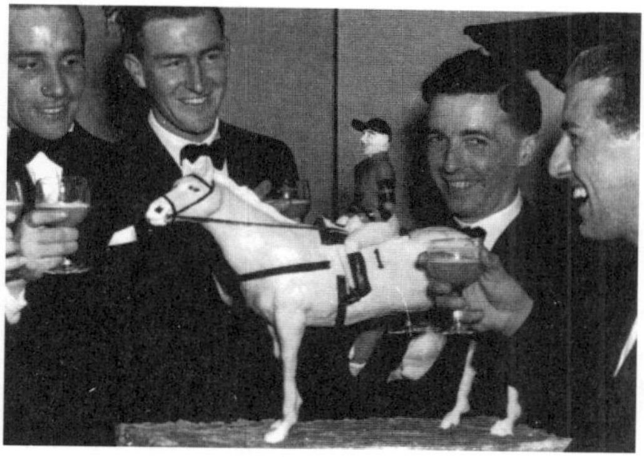

17. Умеющий проигрывать: Дик (второй справа) отважно улыбается на жокейском обеде Большого национального стипль-чеза в марте 1950 года.

18. Победитель: Дик и лошадь королевы-матери Девон Лох направляются к первой из многих совместных побед в Лингфилде 25 ноября 1955 года.

19. Королевский жокей: встреча с королевой на скачках — попытка поклониться и сорвать свой шлем — 1956 г.

20. Трагедия кадр за кадром: Девон Лох таинственно падает всего лишь в пятидесяти ярдах от финишного столба в Большом национальном стипль-чезе 24 марта 1956 года.

21. Не верящий и безутешный: Дик Фрэнсис, ошеломленный и сраженный горем, с работниками ипподрома Айнтри через несколько мгновений после загадочного падения Девона Лоха. Позднее он плакал.

22. Лицом к трудностям: Дик и Мэри дома — и в ожидании телефонного звонка — после событий 1956 года. Его карьера жокея почти закончилась. Что теперь?

23. Журналист: Дик на скачках в 1957 году, в тот год, когда он начал вести в Sunday Express колонку о скачках и опубликовал свою автобиографию «Спорт королев».

24. Фотограф: Мэри с фотоаппаратом, который послужил источником вдохновения для романа Дика Фрэнсиса 1980 года «Рефлекс змеи» и помог ей стать профессиональным фотографом.

25. Знаменитость: Дик Фрэнсис в костюме Дика Турпина на благотворительном мероприятии в июне 1983 года, в тот год, когда был опубликован роман Фрэнсиса «След хищника» — кстати, о похищении людей ради выкупа.

26. Прогулка по реке: Фрэнсисы дрейфуют по Темзе в 1983 году в своей новой моторной яхте с двумя каютами «Тенпенни».

27. Наблюдение за участниками: Дик на скачках в Ньюбери в феврале 1984 года, во время работы над романом «Торговец забвением».

28. Награжденный: Дик вместе с Мэри, Мерриком (слева) и Феликсом возле Букингемского дворца после получения ОБИ из рук королевы в 1984 г. «Она сказала мне, что ей нравятся мои книги», — гордо заявил Дик репортеру *Evening Standard*.

29. В эмиграции, 1986 год: Дик на пляже рядом с квартирой Фрэнсисов в Си-Ранч Клабе во Флориде...

30. ...и внутри квартиры вместе с Мэри, Феликсом, невесткой Энн и внуками Мэтью (в возрасте семи лет) и Уильямом (трехмесячным).

31. Феноменально успешное партнерство Фрэнсисов — литературное, супружеское и личное — в августе 1996 г.

32. Дик в возрасте семидесяти шести лет, когда наконец начал сказываться его возраст, на раздаче автографов в «Харродсе» по случаю выхода романа «По рукоять в опасности» в 1997 г.

33. Квартира Фрэнсисов за миллион фунтов (первый этаж, слева) на Семимильном пляже Большого Каймана в марте 1999 г.

34. Любимое место Дика для утренних прогулок: пляж возле квартиры на Большом Каймане на заре.

35. Место их последнего прибежища: две подготовленные могилы — в ста ярдах от Карибского моря — их Дик и Мэри купили на кайманском кладбище Уэст-Бэй в 1993 году, чтобы доказать американским налоговым органам, что они намерены провести остаток жизни на острове.

туда субботним днем, бар был закрыт, и, хотя я сказал, что собираюсь остановится в отеле как постоялец, мне ответили, что до открытия ресторана в 18.30 нет никакой возможности заказать даже пиво или сэндвич. Я вышел к берегу моря, где дул пронизывающий ветер, чтобы полюбоваться на шеренгу рекламных полотнищ, хвастающихся тем, что это не иначе как «Английская Ривьера», с изображенными на них высокими, стройными пальмами, голубым небом, лазурным морем и золотым песком, которым могли бы позавидовать даже Карибы. Единственными подобиями пальм здесь были некие жалкие, уродливые растения высотой не более двух футов, отчаянно пытающиеся устоять под порывами штормового ветра. Море и небо были серого цвета. Ветер завывал. Женщина и два маленьких ребенка в плотных куртках сидели, съежившись, на красной глине. Та еще Ривьера. Кстати, дело было 30 мая.

Поблизости и в самом деле расположены некоторые красивые места: живописная река Дарт возле Хексворти; старинный деревянный мост в Постбридже; деревни Кокингтон и Уайдкомб, окруженные вересковыми пустошами; Дартмур; Бакфастское аббатство одиннадцатого века. А когда семейство расширилось, Дик и Мэри полюбили брать с собой детей, а позднее и внуков, и кататься с ними на паровозе до Кингсвера, ходить на рыбалку, совершать с ними путешествие на пароме до Бриксхема, посещать зоопарк в Пэйнтоне или макет деревни в Бэбкомбе. Но привязанность Фрэнсисов к Пэйнтону, куда они возвращались каждый год, кажется такой странной по той причине, что это не более чем второсортный курорт, претенциозный и в то же время раздражающий своей безвкусицей, курорт такого типа, который привлекает полных мужчин в тесных майках без рукавов и с большими татуировками. В кафе на главной площади, в мужском туалете, есть автомат, торгующий презервативами, который украшают картинки с улыбающимися резиновыми контрацеп-

9 – 5449

тивами. На пирсе расположен кричащий и вульгарный «развлекательный комплекс», предлагающий одноруких бандитов, игровые автоматы, видеоигры и «Супер Бинго», управляемый при помощи электронных клавиш.

Непритязательный отель «Редклифф», конечно же, гордится своим самым знаменитым постояльцем, и небольшая гостиная на первом этаже носит имя «Комната Дика Фрэнсиса» и украшена фотографиями Дика, выступающего на скачках. «Фрэнсисы очень симпатичная семья, такая *солидная* семья», — сказал мне один из официантов. Так же, как и большинство их остальных клиентов. За ужином в ту субботу пожилая пианистка исполняла концерт по заявкам — «Земля надежды и славы», «Правь, Британия», «Здесь всегда будет Англия», — а когда она начала наигрывать мелодию «Пикник плюшевого мишки», десятки голосов затянули хором: «Если вы пойдете в лес сегодня, вас, конечно, ждет сюрприз...» Все это было очень мило.

Дома, в Блеубери, Дик часто ездил галопом на своем старом приятеле Крадвеле, а в сентябре он отправился в Кент, чтобы совершить еще одну сентиментальную верховую прогулку с лошадьми Питера Казалета из конюшни в Фейрлаун. В конце ноября он повторил то, что становилось для него ежегодной практикой, выбрав «Двенадцать претендентов на победу в стипльчезе», но на этот раз его прогноз оказался значительно менее успешным: двенадцать названных им лошадей выиграли лишь четверть своих скачек, а в тройку победителей попадали менее чем в трети из них. Четыре выбранные Диком лошади в совокупности участвовали в тридцати восьми скачках, но победили лишь дважды.

В декабре он снова пересек Ирландское море, чтобы посетить конюшни Дэна Мура в графстве Мит и попробовать в деле чемпиона американского стипльчеза Неджи. В одной из наиболее эмоциональных статей Дика, опубликованных в тот год, он писал о том, что большинство тренеров, готовящих лошадей для стипль-чеза, едва сводят концы с концами, и призывал руководство Национального охотничьего комитета повысить призовой фонд скачек за счет принятия спонсорства коммерческих компаний. Свой отпуск Фрэнсисы, как обычно, провели в отеле «Редклифф», но в конце июля стало очевидно, что отец Дика, теперь необычайно худой от съедающего его изнутри рака простаты, скоро умрет, и Дик примчался в Лондон, чтобы быть вместе с ним. Он находился у постели Винса, в его лондонской квартире на Норфолк-сквер, когда тот умер 26-го числа в возрасте семидесяти лет. Винс все оставил Молли, но его состояние не могло гарантировать ей обеспеченную старость. Она жила одна в своей квартире на протяжении последующих семи несчастных лет. «Его смерть надорвала сердце моей матери, — сказал Дик журналистке Линде Ли-Поттер из *Daily Mail* в 1998 году. — Она прожила еще несколько лет, но так и не восстановилась после этой утраты. Ее душа больше никогда не знала покоя».

Что касается матери Мэри, то Нетта в 1959 году оставила Лондон и переехала в Оксфордшир, чтобы быть поближе к Дику и Мэри. Ей теперь исполнилось шестьдесят четыре, и она уже пять раз стала бабушкой: Джин, жившая со своим мужем в Глазго, родила двоих детей, а Эвен только что стал отцом в первый раз после рождения сына Марка. Нетта переехала в Абингдон, расположенный в десяти милях от Блеубери. Брат Дика, Даг, теперь уже отец сына и дочери, также совершил переезд в 1959 году: он оставил Бангор-он-Ди и купил конюшню в Чешире, где продолжал тренировать скаковых лошадей, большинство из которых выступали в стипль-чезе.

Журналистская работа Дика вошла в легко предсказуемую колею: еще один отчет после верховой прогулки с лошадьми Казалета; еще одна поездка на Крадвеле; статья, требующая, чтобы повысили оплату труда жокеев в первый раз с 1947 года. Что касается «двенадцати претендентов» очередного сезона, то его прогноз оказался на редкость безуспешным. Только одна из лошадей победила в пяти скачках, а три названных Диком фаворита, проведя в совокупности тридцать скачек, победили лишь однажды. Это был не самый удачный день в редакции.

Дик вошел в *свингующие* шестидесятые, написав теплую статью, посвященную его старому наставнику Джорджу Оуэну, которому уже исполнилось пятьдесят два, в которой он предсказал, что последний его воспитанник, жокей конюшни Стэн Меллор, когда-нибудь станет жокеем-чемпионом — и всего лишь через пять месяцев Меллор так и сделал. В конце января Дик призвал руководство Национального охотничьего комитета более часто консультировать жокеев и высказался за создание ассоциации жокеев. Через месяц он снова отправился в Ирландию, чтобы осмотреть пару местных конюшен, и назвал Керстина, Тим Спирита и Мерримена II главными фаворитами Большого Национального приза. Скачку в итоге выиграл Мерримен II. В сентябре он снова катался верхом с лошадьми Казалета в Кенте и Невилла Крампа в Йоркшире, где сам испробовал в деле Мерримена II и предсказал, что следующие пять молодых жокеев вскоре станут звездами: Дэвид Моулд, Крис Стоббс, Реймон Аткинсон, Дик Бродвей и Джордж Рэмшоу. Он был прав насчет Моулда, но карьера остальных жокеев оказалась менее успешной.

В первую неделю октября Дик и Майкл Скадмор по очереди ездили на Крадвеле — который одержал уже больше побед, чем любая другая лошадь за последние 100 лет — по кругу в ходе каждого представления пятидневного праздничного шоу «Лошадь года» на Уэмбли. Опубликованный в конце года в *Sunday Express* список «двенадцати претендентов» оказался более успешным, чем предыдущий: четверть выбранных им лошадей побеждали в своих скачках, а более половины приходили первыми, вторыми или третьими, и его репутация предсказателя еще более усилилась после того, как выбранный Диком аутсайдер Наклекрэкер, с шансами 100/7, выиграл Золотой кубок Хенесси в Ньюбери в конце ноября, вырвавшись вперед на пятнадцать корпусов. А в декабре он снова подставил себя под удар, предсказав, что девятнадцатилетний баронет сэр Уильям Пиггот-Браун когда-нибудь станет ведущим жокеем-любителем страны, и юноша очень скоро оправдал его доверие.

Но самая примечательная из всех статей Дика, опубликованных в тот год, появилась в *Sunday Express* под Рождество 1960 года, поскольку в ней впервые давалось представление о тех неприглядных вещах, которые вскоре станут основой сюжета всех романов Дика Фрэнсиса. В большой статье, помещенной в верхней части газетной страницы, Дик рассказывал о том, как тренер Наклекрэкера Дерек Энсил, обеспокоенный тем, что мошенники могут попытаться испортить лошадь перед скачками на приз короля Георга VI, накануне вечером повесил новый большой замок на дверь ее стойла, а сам всю ночь спал рядом с тремя собаками на тот случай, если негодяи попытаются проникнуть в конюшню. Может быть, именно этот случай высек искру вдохновения, породившего первый роман Дика Фрэнсиса, «Фаворит» [*Dead Cert*]? Примерно в то же время стало ясно, что Дик и Мэри начнут писать свой первый триллер вместе. Мэри по-прежнему любила ходить в театр, и они сохранили свои постоянные места в оксфордском Плейхаусе, где однажды вечером 1960 г. они посмотрели триллер и по пути домой решили, что им вполне по силам самим написать роман. В последующие годы Дик всегда говорил, что «Фаворит» был написан только потому, что он недостаточно зарабатывал журналистикой и им требовалось еще немного денег, чтобы заменить протершийся ковер и устранить дребезжание в машине. «Мэри с самого начала принимала участие в написание триллеров, — сказал он Уильяму Фостеру из журнала *In Britain* в 1978 году. — Мы вместе разрабатывали сюжет, и лишь после этого я брал ручку и бумагу. Она оказывала огромную помощь, когда мне требовалось подыскать нужные слова. У нее есть университетская степень по французскому и английскому, и она хорошо справлялась с работой редактора». Они также обратились за профессиональным советом к своему соседу из Блеубери Джеффри Бамфри, шестидесятишестилетнему автору, который написал несколько книг и редактировал «Путеводитель по Британским островам» и «Оксфордскую энциклопедию для юношества».

В мае произошла еще одна история, которая вполне могла повлиять на формирование сюжета первого романа: за три недели до Дерби кто-то проник в конюшню Ноеля Марлеса в Ньюмаркете и вывел из строя одного из главных фаворитов, Пинтуричо, дав ему гигантскую дозу слабительного. Марлес усилил меры безопасности в своей конюшне, но злоумышленники вскоре сделали это снова, и в результате лошадь пришлось снять со скачки, после чего она больше никогда не выступала. Через несколько лет стало известно, что преступники действовали изнутри, заручившись помощью одного из конюхов Марлеса. Романы Дика Фрэнсиса, возможно, и являются вымыслом, но они всегда основаны на реальных событиях.

Это отнюдь не первая серия романов, посвященная миру скачек, и даже не первая, пользовавшаяся большим успехом. Многие авторы писали о скачках: Лесли Чартерис, Конан Дойл, Редьярд Киплинг, Эллери Куин, Самервилл и Росс, Эдгар Уоллес, Джон Уэлкам и другие. Сэр Джон Сквайр даже написал произведение, озаглавленное «Фаворит». Но наиболее успешным из предшественников был уроженец Манчестера, журналист Нэт Гоулд. В 1891 году Гоулд в возрасте тридцати трех лет опубликовал свой первый роман на тему скачек «Двойной исход», сразу же ставший бестселлером. Лысеющий, усатый Гоулд за последующие двадцать восемь лет с удивительной продуктивностью написал еще 131 произведение о лошадях, которые были проданы общим тиражом около двадцати пяти миллионов экземпляров, что позволило издателям называть его «самый популярный из всех ныне живущих писателей» и «самый читаемый автор в мире». Пять книг Гоулда, написанные между 1910 и 1914 годами, были экранизированы.

Проработав шесть лет журналистом в Ньюарке и одиннадцать лет в качестве спортивного журналиста в Австралии, Гоулд после возвращения в Англию написал до своей смерти в 1919 году десятки романов, посвященных скачкам, причем некоторые из них имеют схожие названия с книгами Дика Фрэнсиса. Один роман Гоулда, опубликованный в 1900 году, был озаглавлен «Полная уверенность» [«Dead Certainty» — «Dead Cert» у Фрэнсиса]. Другие его произведения, «Банкир и брокер» (1893) и «Шансы на выигрыш» (1920) [«Odds On»], имеют названия, созвучные с более поздними книгами Дика Фрэнсиса «Банкир» и «Шансы на проигрыш» [«Игра без козырей», «Odds Against»]. Сюжеты его романов во многом перекликаются с сюжетами Дика Фрэнсиса, поскольку они тоже наполнены нечистоплотными жокеями, продажными конюхами, «придержанными» фаворитами, богатыми владельцами, жадными игроками, зловещими негодяями и всевозможными грязными махинациями, окружающими мир скачек. В романе «Полная уверенность» рассказывается типичная для Фрэнсиса история о жокее, нечестном букмекере и двух женщинах, связанных с негодяями. В «Банкире и брокере», наполненном романтической атмосферой, как и во многих книгах Фрэнсиса, один жокей убивает другого во время скачки. То же самое происходит и в романе «Главный конюх», где нечестный жокей намеренно выталкивает из седла своего соперника в ходе Дерби и его жертва погибает в результате падения. В книге «Темная лошадка», еще одной истории с убийством и насилием, похищают скаковую лошадь по кличке Блэк Даймонд (как и в романе Фрэнсиса 1967 года «Охота на лошадей»). В романе Гоулда «Подвиги ипподромного детектива» следователь Ван Мартин распутывает дело о похищении жокея, которого держали в плену на яхте (как и героя Фрэнсиса в романе «Риск»); букмекера находят мертвым в зарослях кустарника возле Ньюмаркета (как и злоумышленников в романе Фрэнсиса «Перелом»); фавориты одной из конюшен начинают загадочным образом проигрывать свои скачки (как и в романе Фрэнсиса «Твердая рука»). В одной из историй злоумышленники пытаются вывести из строя фаворита, проникнув в конюшню ночью, накануне скачки, но дают заготовленный препарат не той лошади из-за того, что фаворита перевели в другое стойло; в романе Фрэнсиса «Бойня» негодяй пытается ночью убить фаворита, но по ошибке убивает другую лошадь из-за того, что фаворита перевели в другое стойло. И сюжет романа Гоулда 1901 года «Предупреждение» имеет удивительное сходство с сюжетом романа Фрэнсиса 1969 года «Расследование»: в обеих книгах добрый, безупречно честный жокей несправедливо отстраняется от скачек стюардами после того, как другой жокей дает против него ложные показания, после чего он клянется восстановить свое доброе имя.

Однако Гоулд выпекал по пять романов в год — некоторые из которых представляли собой полнообъемные 300-страничные издания в твердой обложке, другие были малоформатными «бульварными романами» на девяносто шесть страниц в мягкой желтой обложке с кричащим рисунком, которые продавались по шесть пенсов или одному шиллингу за экземпляр — и по своему уровню они никогда даже не приближались к романам Фрэнсиса. Их стиль наивен, груб и не отполирован сравнениями. Очень часто наполнены страницами непоследовательных диалогов, пересказами простых, бесхитростных историй со слабой интригой, неуклюжей расстановкой акцентов, лишенных повествовательной силы, утонченности или напряжения. И все же, должен признаться, у меня по спине побежали мурашки, когда я прочитал опубликованный в 1918 году роман Нэта Гоулда «Жокей стипль-чеза» и с удивлением обнаружил, что там описано роковое падение Дика Фрэнсиса на Девоне Лохе в Большом Национальном призе почти за сорок лет до того, как это произошло. Главный герой, Фил Росби, собирается выступить в Большом национальном стипль-чезе на своем гунтере Топпере, и старый морщинистый жокей советует ему быть особенно внимательным в конце дистанции: «Никогда не расслабляйся раньше, чем проскачешь мимо финишного столба. Я видел, как побеждают лошади, у которых не было ни малейшего шанса, только потому, что лидер вставал на колени перед последним препятствием». Само собой, Топпер чуть не проигрывает скачку, несмотря на то что он взял последнее препятствие, намного опережая остальных лошадей. «Фил ликовал. Ему оставалось лишь преодолеть чистый отрезок до финишного столба, и его верная старая лошадь скакала так хорошо, что поражение казалось невозможным. Он уже начал лелеять приятные мысли о победе... Но тут случилось нечто невероятное». Топпер, как и Девон Лох, словно бы пытался взять несуществующее препятствие за несколько ярдов до финишного столба. «Топпер словно ветер мчался к финишу, когда совершенно внезапно он совершил прыжок через тропинку, протоптанную поперек скаковой дорожки. Фил был так удивлен, что чуть не потерял равновесие; это произошло совершенно неожиданно. Зрители громкими криками встретили удивительный маневр Топпера; он вполне мог стоить ему победы в скачке».

Топпер, конечно же, пришел в себя и выиграл Большой национальный стипль-чез, но кажется просто удивительным, что Нэт Гоулд предсказал возможность инцидента на финише Большого Национального приза, подобного тому, который произошел с Девоном Лохом еще за два года до рождения Дика Фрэнсиса.

Большинство первых романов, хотя бы отчасти, являются автобиографичными, и роман Дика Фрэнсиса «Фаворит» не является здесь исключением. Его главный герой, Алан Йорк, двадцатичетырехлетний миллионер и жокей-любитель, участвующий в скачках Национального охотничьего комитета, приехал в Англию из Южной Родезии — из городка Индуна, в окрестностях Булавайо, где Дик начал свою подготовку на пилота ВВС в 1943 году. Друг Йорка, жокей Билл Дэвидсон, считается главным фаворитом на победу в конкретной скачке — на ипподроме в Мейденхеде, — но он погибает прямо во время скачки. У Йорка возникают подозрения, что это было убийство, он клянется найти убийц, после чего на него совершают нападение в мейденхедском лесу, поблизости от старой школы Дика. Далее его избивают, наносят ему ножевую рану, намеренно сбрасывают с седла во время скачки, после чего он попадает под копыта лошади, получает удары тяжелыми ботинками по лицу и ребрам, теряет сознание, безжалостная банда таксистов из Брайтона устраивает охоту на Йорка и ломает ему ключицу. Йорк еще не похож на израненного жизнью типичного героя Дика Фрэнсиса, но тетя его девушки — как и некоторые из родственников Мэри — высокомерно заявляет, что ей не следует общаться с жокеем; а прообразом одной из лошадей, Адмирала, по всей видимости, является Финнур или Крадвел.

Для первого романа «Фаворит» кажется на удивление цельным произведением, хотя недостаток профессионализма местами становится заметен и некоторые персонажи ведут себя просто неправдоподобно: пара девушек-телефонисток, полицейский сержант, главный злодей, нечестный жокей и сам Йорк. Они также разговаривают скорее языком Мэри, чем Дика, используя такие слова, как «ныне» и «толковать», и предложения вроде: «На ипподромах не предусмотрены удобства для женихов и невест». Эротические сцены неуклюжи и наивны, а внезапная концовка кажется неоправданно резкой. Но во всем остальном книга написана легким, живым языком и позволяет словно бы взглянуть изнутри на мир скачек. Она начинается с захватывающего описания скачки с препятствием, проходящей зимнем днем, наполненного запахом потных лошадей и холодным туманом, а заканчивается красочной и напряженной сценой, позволяющей ясно себе представить, что испытывает жокей, когда соперник в ходе скачки пытается вытолкнуть его из седла.

Вдова Майкла Джозефа, Антея, которая теперь управляла компанией, прочитала «Фаворита» в течение десяти дней после его появления у нее в издательстве и планировала опубликовать роман в январе 1962 года — хорошее время для писательского дебюта, поскольку в период послерождественской январской спячки выходит мало новых книг и у начинающего писателя больше шансов на то, что его заметят критики. Также по коммерческим причинам было более разумно опубликовать «Фаворита» как самостоятельную работу Дика Фрэнсиса, поскольку он прославился в качестве королевского жокея, которому не удалось победить в Большом национальном стипль-чезе. «Первоначально книга должна была выйти под именем Дика и Мэри Фрэнсис, — рассказывал мне Роли Тревельян, который в то время был главным редактором издательства Майкла Джозефа, — но вскоре нам стало ясно, что книга будет лучше продаваться, если на ее обложке будет написано просто Дик Фрэнсис. В конце концов, он был жокеем, а сама Мэри ничуть против этого не возражала. Как ни удивительно, даже первый роман Дика Фрэнсиса не нуждался в доработке или редактуре. «Я просто сразу же передал рукопись в печать», — сказал Тревельян.

На Питера Дэя, работавшего младшим редактором издательства Майкла Джозефа в начале 60-х, большое впечатление произвела готовность Мэри отдать всю славу Дику. «Можно лишь догадываться о том, как трудно ей было поначалу смотреть на то, как Дик принимает все похвалы, — рассказывал мне Дэй. — Я чувствовал, что Мэри обладает более сильным характером — она необычайно сильная. Когда они вдвоем входили в комнату, сразу становилось очевидным, что Мэри занимает доминирующее положение. Вы понимали, что никто не сможет взять над ней верх, в то время как Дик всегда был очень вежливым, настоящий джентльмен».

Издательство Майкла Джозефа, ориентировавшееся на традиционные вкусы представителей среднего класса, превосходно подходило для публикации триллеров Дика Фрэнсиса. Издательство уже имело свой список авторов бестселлеров, среди которых были Г. Е. Бейтс, Роалд Дал, Моника Диккенс, К. С. Форестер, Пол Галлико, Ричард Гордон, Артур Хейли, Ричард Ллевеллин, Нора Лофтс, Джон Мастерс, Глэдис Митчелл, Мисс Рид, Кейт Уотерхаус и Г. Д. Уэллс. Несколькими годами позже к ним присоединился Джеймс Хэрриот. Дик и Мэри оказались в превосходной компании.

Пока книга корректировалась, печаталась, переплеталась, заворачивалась в суперобложку и поступала в продажу, Дик вернулся к своей однообразной работе в *Sunday Express*. В конце февраля он вновь совершил путешествие в Ирландию, чтобы описать скачки в Леопардстауне, предсказал, что О'Мэлли Пойнт выиграет Большой национальный стипль-чез — на самом деле там победил Николас Силвер, поболтал с Лестером Пигготом во время верховой прогулки в окрестностях Блеубери, присуждал награды гунтерам на конно-спортивном шоу Бритиш Таймкин в августе, рассказал читателям о необычайно жизнестойкой двадцатиоднолетней лошади, выступающей в стипль-чезе, по кличке Крэггмор Бой в сентябре. В ноябре он снова выбрал своих «двенадцать претендентов» на победы в сезоне, и точность его прогноза оказалась примерно такой же, как и в предыдущем сезоне: 26 процентов названных им лошадей побеждали в своих скачках и 57 процентов приходили в тройке лидеров, хотя две лошади опять-таки ничего не выиграли, приняв участие в тринадцати скачках. Чтобы компенсировать их неудачу, один из выбранных Диком фаворитов, Анжио, из конюшни Фалька Уэлвина, победил в четырех из шести своих скачек и пришел вторым и третьим в остальных двух, а Грэенвилл, которого тренировал Райан Прайс, выиграл четыре из пяти скачек и один раз был третьим.

«Фаворит» незаметно вышел в свет в январе 1962 год, тонкий томик из 206 набранных мелким шрифтом страниц, продававшийся по цене пятнадцать шиллингов, с яркой обложкой, на которой была изображена лошадь, споткнувшаяся о препятствие и падающая вверх ногами на жокея. В день публикации Дик получил аванс 300 фунтов — эквивалент сегодняшних 3600 фунтов, — что было совсем неплохо для первого романа. Мэри, при ее любви к книгам и после тех многих лет, когда она сочиняла рассказы и оценивала рукописи других писателей в качестве внутреннего рецензента издательства, с особым нетерпением ожидала, когда напечатанный роман Дика Фрэнсиса наконец-то появится на полках книжных магазинов, в каталоге публичной библиотеки, на страницах книжных обозрений нескольких газет. Первый тираж составил осторожные три тысячи экземпляров. «Питер Хебдон, в то время занимавший в издательстве пост директора-распорядителя, любил повторять, что никогда не следует торопиться, — рассказывал мне Лесли Крэмпхорн, — но я также помню, как он сказал мне однажды: «Знаешь,

Лесли, этот автор скоро станет самым ценным из всего нашего списка». Но, даже несмотря на это, мы думали, что книги Дика достигнут лишь скромного тиража десять или пятнадцать тысяч экземпляров в твердой обложке, и среди его основных читателей видели лишь любителей скачек. Но к тому времени, когда я оставил издательство в 1984 году, каждая его новая книга продавалась тиражом не менее пятидесяти тысяч экземпляров в твердой обложке».

На «Фаворита» было мало рецензий, но обозреватель *Daily Telegraph* «Хотспэр» назвал его «вероятно, лучшим триллером на тему скачек, написанным после войны», а в *Sunday Telegraph* будущий поэт-лауреат Сесил Дэй-Левис, писавший криминальные романы под псевдонимом Николас Блейк, написал:

«Криминальный сюжет кажется неправдоподобным, но любовная интрига и связанные со скачками детали попадают точно в цель. Потрясающий финал — преступники в оборудованных радиотелефонами такси преследуют героя на лошади. Автор (бывший жокей-чемпион стипль-чеза) превосходно взял все препятствия в своем первом выступлении на скаковой дистанции криминального романа».

Караван писательского успеха Дика Фрэнсиса тронулся в путь. Издательский феномен обрел свое рождение.

Глава 11

РОМАНИСТ
(1962—1967)

В течение пятнадцати лет Мэри ставила Дика и детей на первое место, но вот наконец она приготовилась расправить свои крылья. Меррику было уже почти двенадцать, Феликсу почти девять, и ее многочисленные таланты получили возможность расцвести и полностью раскрыться. В последующие двадцать лет она не только стала основной движущей и направляющей силой при создании романов, но еще и летчиком, владельцем компании аэротакси, хозяйкой магазина модной одежды, художником, бухгалтером, виноторговцем, профессиональным фотографом, компьютерным программистом и путешественником. Летом 1961 года она начала с того, что открыла маленький магазинчик одежды вместе с женой Фрэнка Канделла, Барбарой, на Сент-Питер-сквер в Уоллингфорде, небольшом городке, расположенном в пяти милях от Блеубери, хотя ни у одной из них не было какого-либо предварительного опыта. «Это было не самое удачное место для магазина, поскольку он находился в стороне от оживленных улиц, но они создали ему имя», — рассказывал мне Кит Фостер, сын главного конюха Канделла. «Мэри и Барбара действовали очень удачно как партнеры, и вскоре их заведение превратилось в преуспевающий маленький магазин женской одежды, торгующий дорогими платьями и эксклюзивными моделями». Они назвали свой магазин Фрэнселле — часть от Фрэнсис, часть от Канделл, и окончание — как «она» по-французски.

Новый интерес Мэри отложил работу над вторым романом, который был написан только через два года. Поначалу не было никаких признаков того, что «Фаворит» может стать всего лишь первым романом из целой серии триллеров о скачках, но хорошие результаты продаж тиража в твердой обложке, как и тот факт, что роман был издан в Соединенных Штатах издательством «Хольт Райнхарт», заставили их приступить к работе над вторым произведением.

Между тем Дик продолжал исправно нести службу в *Sunday Express*, исполняя еженедельную рутинную работу, которая стала такой же предсказуемой, как бесконечные газетные статьи о Второй мировой войне. Каждый год в январе он публиковал пространную статью-размышление: в этом году он призвал к тому, чтобы ведущих жокеев официально страховали от потерь в заработке в длительные периоды плохой погоды. Каждый февраль и март он оценивал шансы участников Большого Национального приза, фестиваля в Челтенхеме, а также еще нескольких менее значимых скачек. Его прогнозы редко были успешными: в 1962 году он предсказал, что Френчманс Коув победит в Большом национальном стипль-чезе, опередив Николаса Силвера и Солфена, но все эти лошади оказались далеко позади от тройки лидеров. Дик поставил себя в еще более неловкое положение после того, как написал в своей колонке, что Большой национальный стипль-чез «очень редко или почти никогда» не выигрывают лошади старше двенадцати лет, как и те, которые не побеждают в течение всего сезона, и оказался полностью не прав, поскольку все три первые лошади (Килмор, Уиндборг и Мистер Уат) были старше двенадцати лет и только Уиндбург выиграл одну скачку в текущем сезоне. Каждый апрель Дик снова давал советы и публиковал статью-эссе — в 1962 году он критиковал служителей ипподромов за то, что они повышают стоимость своих услуг для жокеев — а в мае всегда писал о Дерби. После летнего перерыва в июне и июле он возвращался в Девон, посещал несколько второстепенных скачек, в сентябре совершал путешествие в Ирландию, в ноябре выбирал своих «двенадцать претендентов», а затем в декабре сезон скачек подходил к своему захватывающему апофеозу — Стипль-чезу на приз короля Георга VI в Кемптене, в День подарков. Время от времени он публиковал достаточно любопытный материал — в 1962 году такой была статья о семидесятичетырехлетнем дедушке, Бобби Рентоне, по-прежнему выступающем в скачках Национального охотничьего комитета, — или бичующую лекцию (в ноябре это был гневный выпад против владельцев лошадей, которые не платят своим тренерам). Но в общем каждый год был таким же, как и предыдущий.

Распорядок личной жизни Дика стал таким же предсказуемым: верховая прогулка каждое утро, днем посещение скачек, конюшен тренеров, интервью с ними и оценка их лошадей, визит в редакцию *Sunday Express* каждую пятницу, по субботам прогулка с мальчиками и их пони, отдых в Пэйнтоне каждый июль.

Искусство Дика как предсказателя достигло своей низшей точки в ноябре, когда его «двенадцать претендентов» на победы в сезоне 1962—1963 годов оказались наименее успешными за всю его карьеру. Лошадь, которая по его прогнозу должна была стать «сенсацией скакового сезона» и выиграть Золотой кубок, Дюк оф Йорк, не победила ни в одной из своих пяти скачек. Пять других лошадей тоже ничего не выиграли, и ни одна из двенадцати лошадей не смогла победить более чем в одной скачке сезона, хотя все вместе они приняли участие в пятидесяти восьми скачках. В среднем в тот год выбранные Диком лошади побеждали лишь в одной из десяти скачек. Возможно, на его прогноз повлияла стоявшая в ту зиму необычайно холодная погода — это была самая суровая зима в Англии с 1740 года, — хотя и другие скаковые лошади страдали от непогоды. Как это ни печально, но Девон Лох, находившийся на покое вместе с королевой-матерью в Сендрингхеме, которому уже исполнилось семнадцать, был слишком стар, чтобы пережить такой пронизывающий холод, и его пришлось усыпить. Однако такая погода как нельзя лучше подходила для того, чтобы сидеть в теплом доме и работать над вторым романом — «Нерв». Его сюжет вполне мог быть навеян старой статьей Дика в *Sunday Express* о Дереке Энсиле, боявшемся, что злоумышленники могут попытаться испортить Наклекрэкера, поскольку в нем описывается то, как мошенники могут портить лошадей, скармливая им кусочки сахара, начиненного медикаментами. Повествование начинается с захватывающей сцены самоубийства жокея на демонстрационном круге перед скачками, а далее рассказ идет о молодом, подающем надежды жокее Роббе Финне, который внезапно начинает одерживать победы, но затем все его лошади перестают выигрывать скачки и даже приходить в тройке лидеров. Может быть, их испортили? Кто? Как? Почему? Финн клянется выяснить это, и вскоре его бьют по носу, нападают на него с монтировкой, оглушают, связывают, похищают, окунают в ледяную воду и держат в заточении в холодной конюшне. Как всегда, книга наполнена автобиографическими моментами. Например, астма Мэри, доставшаяся ей в наследство от полиомиелита, в эту ужасную зиму разыгралась сильнее, чем когда-либо, и один из персонажей «Нерва» тоже страдает от нее: хрипит, хватает ртом воздух, находится на краю паники.

В старте Дик снова продемонстрировал, насколько трудно предсказать исход Большого национального стипль-чеза, когда он поставил на первое место Дэгмар Джителла, а следом за ним Спрингбока и Лавинг Рекорда, в то время как скачку выиграл Аюла, чьи шансы расценивались как 66/1, за которым пришли Кэрригбек и Хава Сонг, хотя следует признать, что он упомянул Хаву Сонга, как возможную темную лошадку. Его список «двенадцати претендентов» на победы в сезоне 1963—1964 годов, опубликованный в конце октября, оказался значительно более успешным и даже наилучшим за всю его карьеру: 34 процента его избранников побеждали в своих скачках и 60 процентов приходили к финишу в тройке лидеров во многом благодаря усилиям Снэйгоу (победившего в шести скачках из десяти и еще два раза финишировавшего вторым) из конюшни Верли Бевикка и Мэйджек Корта (выигравшего в четырех скачках из девяти) Томми Робинсона. Дик закончил год провокационной статьей, в которой утверждал, что Большой национальный стипль-чез перестал быть такой же рискованной скачкой, как в его время, после того как все препятствия были перестроены тремя годами ранее. «Они больше не могут считаться серьезным испытанием для отваги лошади», — писал он, но далее соглашался с тем, что скачку стало интереснее смотреть после того, как в ней стало меньше падений.

Когда издательство Майкла Джозефа опубликовало роман «Нерв» в 1964 году, газета *Daily Express* назвала его «необычайно захватывающим», но в остальном он остался почти не замеченным британскими обозревателями. Британские национальные газеты имели обыкновение помещать обзоры триллеров в тесных маленьких подвалах, и лишь немногим авторам уделялось более пятидесяти слов. Следует признать, что «Нерв», как и «Фаворит», порою кажется дилетантским произведением, особенно в концовке, где приводится достаточно неправдоподобное объяснение. Но основная идея просто великолепная, романтические отношения описаны тоньше и убедительнее, чем раньше, а от взгляда на скаковой мир изнутри просто захватывает дух. Здесь описывается высокомерие некоторых стюардов жокей-клуба, унижения жокеев и их постоянная борьба с лишним весом и последствиями падений, товарищеский дух раздевалки и различные сложности, связанные со ставками и букмекерством. Здесь также ощущается глубокая, почти болезненная любовь к скачкам, подтверждается существование мистического единства лошади и всадника, и вы можете почти физически почувствовать отчаяние Дика из-за его безнадежной любви к своей потерянной карьере. Что касается вклада Мэри в создание книги, то это определено знанием таких инструментов, как гобой, английский рожок и того, как великие музыканты извлекают замысел композитора из фрагмента музыкального произведения и создают его собственную интерпретацию. Но главное, это неожиданная глубина книги, разбросанные по ней намеки на философские размышления, редко встречающиеся в триллерах неизвестных авторов. После того как «Нерв» был опубликован в Нью-Йорке, он произвел сильное впечатление на известного автора криминальных романов Росса Макдональда, а Энтони Боучер написал: «Возникает мысль не о том, «как великий жокей смог написать такой хороший роман», а скорее «откуда превосходный романист может так много знать о стипль-чезе?» Хотя, в общем, лишь после третьего романа критики стали замечать, что появился автор триллеров, обладающий изяществом слога и стилем. Что касается продаж, то пройдет еще много лет, прежде чем книги Дика Фрэнсиса начнут продаваться большими тиражами. «Успех приходил к нему постепенно», — рассказывал мне Алан Брук, директор-распорядитель издательства Майкла Джозефа с 1980 по 1989 год. «Даже после выхода первых семи или восьми книг они продавались тиражом лишь десять или одиннадцать тысяч экземпляров. Первые два романа были выпущены в бумажной обложке издательством Penguin, но не имели большого спроса, поэтому права на издание последующих книг были переданы в «Pan». В те времена было почти невозможно продавать книги в Австралии. «Австралийские дистрибьюторы с пренебрежением относились к книгам Дика Фрэнсиса, — продолжал свой рассказ Брук, — поскольку они считали, что в Австралии никого не заинтересуют романы об английских скачках и они никогда не будут успешно продаваться».

Пока Дик продолжал вести свою еженедельную колонку на протяжении 1964 года — взял интервью у Фрэда Уинтера («величайший жокей стипль-чеза всех времен»), посещал конюшни и ипподромы по всей стране, совершил путешествие в Ирландию, — фабрика триллеров Фрэнсисов умудрилась произвести на свет сразу два новых романа, «Последний барьер» [For Kicks] и «Игра без козырей» [Odds Against], и 1965 год оказался единственным годом, когда были опубликованы две книги. К этому времени Меррик и Феликс оба покинули дом и оба учились в закрытой частной школе-интернате Милл-Хиллс, расположенной в Северном Лондоне, так что, пока Дик ошибочно предсказывал, что Акрополь будет одной из двенадцати лошадей, претендующих на победы в сезоне (ему лишь однажды удалось прийти третьим в девяти скачках), лихорадочное шуршание бумаги и скрип пера в Пенни-чез оставались такими же громкими, как и ранний топот копыт лошадей, на которых Дик скакал галопом по утрам. К несчастью, верховые прогулки Дика были прерваны в июле, когда он судил чемпионат гунтеров на Королевском шоу в Уорикшире; его лошадь поскользнулась на размякшем участке земли, и он упал, еще раз сломав ключицу и получив сотрясение мозга.

«Дик и Мэри были очень хорошими соседями, — рассказывала мне мисс Хейзел Декстер, которая в 1964 году переехала вместе с мужем и детьми в Блеубери, в расположенный по соседству дом, и в течение многих лет содержала там псарню. — Я не думаю, что у них были друзья в деревне, хотя они часто общались с людьми, связанными с миром скачек. Он был очень прилежным садовником и любил свои розы». Дочь миссис Декстер, Джейн, которая ныне содержит расположенный поблизости центр верховой езды и которой тогда было восемь лет, вспоминает, что Мэри часто нездоровилось, и, хотя пони Меррика и Феликса содержались в поле рядом с домом, она не помнит, чтобы мальчики когда-либо катались на них верхом. И в самом деле, Меррику в то время уже исполнилось четырнадцать лет, и он ездил на скаковых лошадях, а Феликс не испытывал никакого интереса к верховой езде, и поэтому Дик был рад, что она, ее сестра и еще пара подружек регулярно ездили на пони:

«Когда мы были в подростковом возрасте, наша компания почти все свое время проводила, катаясь на пони по паддоку. Дику, казалось, всегда нравилось, что мы весь день занимаемся с его животными. Я могу себе представить, как мы шумели, когда катались по окрестным полям, и меня удивляет, что он так рад был видеть нас вечно болтающимися возле сада позади его дома. Они были очень хорошими соседями, и я никогда не слышала от них какой-либо жалобы».

И все же Декстеров никогда не приглашали на большую ежегодную вечеринку с шампанским, которую Дик и Мэри устраивали для друзей в Пенни-чез и куда они приглашали местных фермеров, а также актеров, таких, как Артур Лоуи, Далси Грей и Майкл Деннисон, издателей в лице Антеи Джозеф и ее молодого директора-распорядителя Эдмунда Фишера, писателей, таких, как Гэвин Лиалл и его жена Кэтрин Уайтхорн, и людей из мира скачек, среди которых были Джордж Биби, Элен и Фальк Джонсон-Хактон, Майкл Поп, Барбара и Фрэнк Канделл, Кэт и Фальк Уэлвин. «Они держались обособленно, — объясняла мне Джейн Декстер. — Они никогда не встречались с людьми из деревни и не посещали местные пабы».

Гэвин Лиалл и Кэтрин Уайтхорн стали близкими друзьями Фрэнсисов, после того как познакомились с ними на собрании членов детективного клуба и регулярно гостили у них в Блеубери. «Они познакомили нас с Темзой, — рассказывал мне Лиалл. — В течение нескольких лет мы проводили долгие уик-энды, катаясь на лодках». По его воспоминаниям, Дик был «очень тихим и угрюмым парнем. Казалось, что его невозможно расшевелить. Но было очень сложно представить их отдельно: они всегда держались вместе. В политике он придерживался крайне правых взглядов. Когда мы проводили вечер вместе с ними, после ужина обычно разгорались политические споры, Кэт и Мэри вовсю трещали языками, а Дик просто засыпал. Но они были необычайно добрыми и щедрыми людьми, и нам всегда нравилось оставаться вместе с ними. По субботам Дик обычно брал Кэт с собой на скачки, а

Мэри говорила, что с нее уже достаточно, и мы проводили с ней время в пабе, разговаривая на разные темы. Мэри, судя по всему, была рада тому, что после окончания скаковой карьеры Дика ей больше не нужно ездить на скачки».

Лиалла особенно поразило то, как Фрэнсисы сохраняли верность своим самым старым друзьям и привычкам:

«Просто удивительно, насколько прочно они держались своих корней, привычек и старых друзей. Это была их сильная черта. Это, и еще, разумеется, их крайне почтительное отношение к королевской семье. Однажды в одном из лондонских ресторанов мы встретили королеву-мать во время обеда, на который нас пригласила Мэри, и я был просто ошеломлен: там какой-то парень разговаривал с королевой-матерью, *похлопывая* ее по щеке, по всей видимости, совершенно искренне. «Мне кажется, вы просто восхитительная женщина, мэм», — говорил он. Эта сцена казалась мне просто невероятной, а тот парень спокойно продолжал. Я словно бы онемел. Я не знал, что, черт возьми, тут можно сказать».

«Последний барьер» был первым романом, твердо обозначившим присутствие Дика Фрэнсиса на литературной карте. Идея, послужившая основой сюжету этой книги, пришла к Дику и Мэри, когда они смотрели собачьи бега перед скачками в Картмеле и задумались над тем, способны ли лошади, так же как и собаки, слышать звук высокочастотного пастушьего свистка, неразличимый для человеческого уха. Дик приобрел такой свисток и дунул в него, зайдя в паддок к своим пони в Блеубери. Пони навострили уши, хотя сам он ничего не слышал. Это была книга, которая заставила рецензентов использовать превосходные степени и получила приз Серебряный Кинжал от Ассоциации писателей детективного жанра как второй из лучших романов года. Ее обошел лишь роман Росса Макдональда

«Обратная сторона доллара», завоевавший Золотой Кинжал. Огромный успех книги кажется загадочным, поскольку это далеко не лучшее из творений Фрэнсиса. Повествование начинается в скучной, затянутой манере, развивается медленно, и, в общем, весь сюжет кажется малодостоверным. Там слишком много невероятных моментов, неестественных диалогов, а главный герой настолько положительный и терпимый, что очень скоро начинает вызывать сильное раздражение. Финал книги также кажется чрезмерно затянутым из-за необходимости увязать все концы. Но, даже несмотря на это, развязка сюжета очень удачная и неожиданная, а отпечатки пальцев Мэри отчетливо проявляются на протяжении всего повествования, там, где упоминаются предметы, которые она изучала в университете: древнеисландский и древнеанглийский языки, «Хроники» Альфреда Великого, философское сочинение «Наедине с собой» римского императора Марка Аврелия Антония, поэмы Джона Бечемана.

Главный герой романа, Дэниел Роук, богатый молодой владелец племенной фермы в Австралии, поддается на уговоры графа Октобера приехать в Англию и, выдав себя за конюха-кокни, расследовать под этим прикрытием то, каким образом десять посредственных, но сверхактивных скаковых лошадей — по внешнему виду под завязку напичканные допингом — сумели выиграть скачки, в которых они никогда не должны были выигрывать, и при этом анализы не обнаружили у них никаких следов запрещенных препаратов. По ходу развития наполненного насилием сюжета, ставшего типичным для триллеров Фрэнсиса, Роука несколько раз избивают, обвиняют в изнасиловании восемнадцатилетней девушки, он убивает одного из злодеев в ходе долгой садистской потасовки, любовно описанной на нескольких страницах, и, наконец, его арестовывают за убийство. Здесь, как обычно, есть несколько захватывающих сцен из мира скачек и несколько реальных тренеров появляются под своими собственными именами — Оуэн, Канделл, Биби, Казалет — но в конце есть несколько крайне неправдоподобных пассажей. Стюард жокей-клуба вступает в сговор, нацеленный на то, чтобы остановить одного из фаворитов скачки, хотя он один из хороших парней. Один полуграмотный конюх восклицает «О боги!» — в то время как другой заявляет: «Я сыт этим по коренные зубы». Молодой служащий заправочной станции, расположенной на северо-востоке Англии, говорит: «Чтоб мне провалиться!» и «Я спрашиваю вас!» — когда в действительности он сказал бы просто: «Проваливай отсюда, мерзавец!» В действительности кажется совершенно невероятным, чтобы такой богатый представитель среднего класса, как Роук, смог бы выдавать себя за неряшливого конюха так долго, сколько ему это удавалось; просто абсурдно, чтобы полиция могла так внезапно закрыть дело об убийстве; а сцена, где он наконец выясняет отношения с графом Октобером, как и последние несколько страниц, кажутся смехотворными.

Тем не менее, когда роман «Последний барьер» был опубликован в феврале, его тепло встретили критики. «Несомненно, первый класс», — написала *Sunday Times*, а *Daily Telegraph* пришла в такой восторг, что дважды отрецензировала книгу, один раз на литературной странице («Мистер Фрэнсис пишет почти так же хорошо, как и ездит верхом») и еще раз на странице, посвященной скачкам, где было написано, что «Дик Фрэнсис досконально знает всю подноготную скачек и он совершенно заслуженно завоевывает все большую популярность как автор захватывающих триллеров о скачках». *New York Times* тоже не скупилась на похвалы, назвав роман «замечательным» и добавив: «Детективная линия изобретательна и детальна; загадка просто превосходна; а описание жизни среди лошадей, тренеров, конюхов (и преступников) настолько реально, что вы словно бы физически ощущаете все запахи и вкусы. Как головоломка, как триллер это безусловный победитель».

Успех книги означал, что теперь иностранные издатели начнут покупать права на перевод. Однако в Соединенных Штатах издательство «Хольт Райнхарт», опубликовавшее «Фаворита» и «Нерв», отказалось от романа «Последний барьер». Том Уоллес, занимавший там должность главного редактора в 1964 году, сказал мне следующее: «Наш редактор детективных романов, Луиза Уоллер, прочитала книгу и отказалась от нее, поскольку первые две его книги расходились у нас не слишком хорошо — тиражом три или четыре тысячи, — поэтому мы решили вложить наши деньги куда-нибудь еще и выйти на книжный рынок с новым автором. Он был рыбкой, которая от нас ускользнула».

Для Дика и Мэри этот отказ в действительности обернулся подарком судьбы, поскольку роман тут же был подхвачен старейшиной среди нью-йоркских редакторов детективных романов Джоан Кэгн и издательством «Харпер энд Роу». Уоллес говорит:

«Это Джоан Кэгн сделала Дика Фрэнсиса. Когда она издала его роман, книготорговцы не думали, что «это книга Дика Фрэнсиса», а скорее «это автор Джоан Кэгн». Она была необычайно энергичной, очень маленькой, агрессивной, но очаровательной. На вечеринке она была на шесть дюймов ниже всех остальных гостей, но вы не могли от нее отойти, поскольку знали, что она здесь будет самой живой и интересной персоной».

Кэгн, чей рост едва ли достигал пяти футов, была настоящей легендой среди нью-йоркских издателей. Она испытывала особый интерес к британским авторам детективного жанра и редактировала многих из них, в том числе Джона Кризи, Сесила ДэйЛевиса, Николаса Фрилинга, Майкла Гилберта, Патрицию Хайсмит и Джулиана Симонса. Ее наследник на этом посту в издательстве «Харпер энд Роу» Ларри Эшмид рассказывал мне следующее:

«Она была весьма эксцентричной особой: бойкая, догматичная и бесцеремонная. Джоан всегда окружал крайний беспорядок. У нее все было свалено в кучу — старые рукописи, книги, бумаги — и в конце концов ее жилище настолько переполнилось различными вещами, что ей пришлось переехать во вторую квартиру. Она никогда ничего не выбрасывала. Это была сварливая, умная и проницательная женщина. Внешне она очень напоминала Пегги Гуггенхейм; имела такой же характерный внешний вид пожилой еврейки».

«Приключенческие романы Джоан Кэгн были такого высокого уровня, какой только можно достичь в пределах жанра», — рассказывал мне Мел Зерман, руководитель отдела сбыта издательства «Харпер энд Роу» в 60-х и 70-х годах. Но, несмотря на успех предыдущих книг Кэгн, отказ Луизы Уоллер от публикации романа «Последний барьер» был вполне оправдан, поскольку это не слишком хорошая книга. Другой роман Фрэнсиса, опубликованный в 1965 году, «Игра без козырей», значительно качественнее, и совершенно очевидно, что это была лучшая из всех книг Фрэнсиса, написанных до сих пор. Изданный через восемь месяцев после «Последнего барьера», этот роман вывел в свет первого из классических героев Дика Фрэнсиса: покалеченного жокея стипль-чеза Сида Хэлли, который был вынужден уйти из скачек из-за травмы руки и теперь работал частным детективом в отделе скачек одного сыскного агентства. Глубина характера Хэлли сразу же делает его самым запоминающимся из всех израненных жизнью героев Фрэнсиса. Незаконнорожденный сын ливерпульского мойщика окон и девятнадцатилетней девушки, осиротевший еще в подростковом возрасте, Хэлли оставил школу в пятнадцать лет и в конечном счете стал жокеем-чемпионом стипль-чеза. Однако Хэлли был вынужден уйти из конного спорта в возрасте двадцати девяти лет после того, как получил на скачках страшную травму, когда он упал и его рука была разбита вдребезги острым лошадиным копытом. И вот, дожив до тридцати одного года, расставшись с женой, Хэлли мучается от ностальгии по той жизни, которую он любил и навсегда потерял.

«Сид Хэлли — это я, — сказал Дик ведущему радиопрограммы Би-би-си «Диски пустынного острова» в 1998 году. — Я очень щепетилен и полагаю, что многим кажусь замкнутым человеком. Герои моих книг часто имеют много общего со мной. Они очень автобиографичные». Но, разумеется, существует и множество различий между Диком и Хэлли, не говоря уже о том, что в книге есть такие слова и темы, о которых сам Дик, вероятно, не имеет никакого представления — например, горная порода порфир, такие слова, как «контрапунктный» и предложения типа: «информированное мнение имеет шансы на проникновение, не большие, чем у капли ртути на поверхности липарита».

Сюжет — навеянный закрытием ипподрома Харст-парк возле Хэмптон-Корта ради размещения на его месте жилищного комплекса — построен на расследовании Хэлли деятельности богатого негодяя, который пытается прибрать к рукам ипподром «Сибери», чтобы продать его под застройку. Дополнительную глубину повествованию придает человечность Хэлли, поскольку он не какой-нибудь неправдоподобно благородный герой, а вполне нормальный сыщик, в своем расследовании часто действующий нелегально и скрытно. Насилие начинается с первой же сцены, в которой в Хэлли стреляют из пистолета 38-го калибра среди бела дня, и продолжается беспрерывно на протяжении всего романа, когда он подвергается избиениям, атакам вооруженных преступников и когда взрывают его квартиру. В необычайно напряженной сцене описывается то, как бандиты ведут охоту на Хэлли среди ночи, пытаясь загнать его в угол, словно затравленного оленя, в лабиринте комнат и коридоров под трибунами ипподрома «Сибери». Его берут в тиски в котельной, когда котел уже, казалось, был готов взорваться, захватывают в плен, снова избивают, пытают кочергой, с садистской жестокостью еще больше травмируя покалеченную руку, из-за чего в конечном итоге ее приходится ампутировать. Этот садизм имеет под собой сексуальную основу и связан с красивой замужней женщиной, Дорией Крей, которая, не стесняясь, демонстрирует садомазохистские наклонности даже в присутствии своего такого же извращенного мужа. В одной из сцен она целует привязанного к стулу Хэлли с такой страстью, что выступает кровь, и она с удовольствием ее слизывает. Это первый из многих на удивление подробных сексуальных эпизодов в триллерах Дика Фрэнсиса, и Дория Крей словно бы сошла со страниц романов Яна Флеминга о Джеймсе Бонде.

Один из мелких изъянов книги состоит в том, что некоторые персонажи — как это часто бывает в романах Фрэнсиса — носят странные имена (Дория, Чико, Жанна), хотя все они вроде бы англичане. Но во всем остальном это превосходная книга: умная, аккуратная, наполненная быстро сменяющимися картинами, выхваченными из мира скачек, приправленная красивыми фразами и снабженная отличной концовкой. Именно этому роману Дика Фрэнсиса следовало в том году вручить Серебряный Кинжал, и неудивительно, что через двенадцать лет его выбрали в качестве основы для создания телевизионного сериала. На критиков новый роман также произвел сильное впечатление — как написала *Daily Telegraph*, «еще один превосходный триллер Дика Фрэнсиса о скачках» — и книги теперь продавались, имели такой успех, что Дик и Мэри смогли себе позволить приобрести большой прогулочный катер с кабиной, который они швартовали на Темзе и использовали для прогулок по реке по уик-эндам и во время отпуска в июне. Эван Камерон, руководивший отделом рекламы в издательстве Майкла Джозефа между 1966 и 1968 годами, сказал мне, что уже после первых четырех романов «Дик стал главной звездой среди авторов издательства Майкла Джозефа. Питер Хебдон, наш директор-распорядитель, без устали внушал нам, что этому автору предстоит долгий, долгий путь и мы должны всячески заботиться о нем. Когда Дик Фрэнсис приходил в редакцию, поднималась большая суматоха, поскольку все сотрудники, начиная от секретарш и девушек, разносящих чай, были об этом проинформированы. Питер говорил нам, что Дик собирается прийти и мы не должны игнорировать Мэри, а наоборот, должны уделять ей как можно больше внимания и стараться, чтобы она получала все, что захочет. У меня сохранились смутные воспоминания о том, как готовили чай и Мэри появлялась в редакции, распространяя на всех свое обаяние и чем-то напоминая королеву-мать. Она была достаточно милой, совсем не высокомерной, но мы все сильно нервничали из-за тех слов, которые Питер Хебдон сказал нам ранее. Мы должны были уделять ей такое же внимание. Мэри регулярно обходила редакцию, чтобы поздороваться со всеми секретаршами».

Издательство Майкла Джозефа даже предложило Мэри работу внутреннего рецензента, чтобы она оценивала неопубликованные рукописи триллеров. Дик позднее утверждал, что, несмотря на всю свою проницательность, она дала негативный отзыв на рукопись романа, который стал всемирным бестселлером после того, как его в итоге опубликовали в 1971 году: «День Шакала» Фредерика Форсайта.

Но не все были рады успеху его книг. «Я немного беспокоилась, поскольку мне казалось, что эти романы создают скачкам очень плохую репутацию, — рассказывала мне Кэт Уэлвин. — Конечно же, в скачках много допинга — лошадь моего отца вывели из строя накануне Дерби, — но книги Дика создают впечатление, будто скачки насквозь пропитаны мошенничеством. Читая его книги, вы можете подумать, что в этом спорте вообще нет честных людей». Дик был настолько встревожен подобного рода реакцией, что спросил у главного стюарда жокей-клуба лорда Кэдогана, не создает ли он скачкам плохую репутацию, но Кэдоган заверил Дика в том, что на самом деле его книги являются отличной рекламой скачек.

Так насколько сильно книги преувеличивали реальность? «Это было время, когда жокеи придерживали лошадей, как это делается и сейчас, и тогда использовалось большое количество допинга», — рассказывал мне Лес Фостер, описывая тот день, когда он обнаружил, что три скаковые лошади Канделла так сильно напичканы медикаментами, что две из них — причем обе были фаворитами, которым предстояло выступать в тот же день — так и не восстановились до конца и больше никогда не принимали участия в скачках. Потребность в мерах безопасности в конюшнях скаковых лошадей была настолько сильной, что в 60-х годах Канделл установил у себя сигнализацию и включал ее на ночь перед каждой скачкой.

Вдохновленный успехом книг Дик в 1965 году начал значительно увереннее заявлять о себе как о журналисте. В марте он предсказал, что Джей Трэмп обойдет Фредди и выиграет Большой Национальный приз. Именно так все и произошло. Каждую неделю *Sunday Express*, объявившая себя газетой, которая ведет непримиримую борьбу с общественными пороками, выходила с эмблемой на первой странице, изображающей средневекового крестоносца, и Дик начал жить в соответствии с этим образом. В августе — после того как он отсудил в классе гунтеров на Большом Йоркширском шоу в Харрогите — Дик обрушился с суровой критикой на жокей-клуб за то, что он лишил тренерской лицензии Томми Робсона на том основании, будто одна из его лошадей недостаточно сильно старалась победить в скачке. Дик отчитал «недемократичный» клуб за «устаревшие процедуры», за его «мелкие, секретные расследования» и заявил, что его слушания напоминают «закрытые политические процессы за «железным анавесом» и в африканских странах». Это была смелая статья, и, несомненно, он нажил себе нескольких врагов в жокей-клубе.

Неделей позже он продолжил свой крестовый поход, на этот раз отчитав власти за «неудобные, грязные» ипподромы, «отвратительные и антисанитарные» уборные, «безрадостные» бары и кафе, где посетителям предлагается «дорогая, тяжелая и однообразная» пища, плохие сиденья, и посетовав на отсутствие «оживленности» на многих трибунах. Тремя неделями позже он начал кампанию за установку камер фотофиниша на всех скаковых кругах стипль-чеза. Еще через две недели он написал об абсурдности ситуации, когда Уэльс имеет так мало ипподромов, что Уэльский национальный стипль-чез приходится проводить на территории Англии (в Чепстоу), и потребовал построить новый ипподром в Кардифе. В ноябре он призвал руководство последовать американскому обычаю выплачивать бонусы жокеям, занявшим второе и третье места, чтобы заставить их выкладываться до самого конца скачки. А в декабре Дик заявил о том, что скачки для новичков — «самые страшные скачки в программе» — значительно улучшатся, если руководство заставит всех лошадей проходить минимальный квалификационный отбор, прежде чем допускать их к соревнованиям. Вместе все эти статьи складывались в весьма впечатляющую кампанию. Даже его «двенадцать претендентов на победу в стипль-чезе» в сезоне 1965—1966 годов выступили успешнее, чем обычно, выиграв почти треть своих скачек, и больше чем в половине попали в тройку лидеров.

Теперь романы продавались так хорошо, что Дик и Мэри согласились с предложением издательства Майкла Джозефа каждый год выпускать новый триллер, чтобы он успевал попасть на рынок перед Рождеством, и они решили, что их очередной роман будет посвящен компании, занимающейся воздушной транспортировкой скаковых лошадей по всему миру. Чтобы изучить предмет, они совершили воздушное путешествие в Италию и обратно на транспортном самолете, оборудованном для перевозки лошадей, негерметичном старом DC4, принадлежащем компании LEP Transport. Они вылетели из аэропорта Гэтуик в шесть утра, и на протяжении всего полета Дик помогал присматривать за лошадьми, находящимися на борту, а Мэри делала многочисленные заметки и фотографии. В Милане она вышла в город, чтобы заскочить в готический кафедральный собор, королевский дворец и здание оперы, в то время как Дик помогал выгружать лошадей и заводить на борт новых для обратного путешествия. Через три часа они вылетели назад, и Дик снова помогал выгружать итальянских лошадей после того, как они вернулись в Англию. Это был тяжелый день, но всего лишь за несколько часов им удалось собрать достаточное количество материала для того, чтобы набросать сюжет новой книги, которую они решили назвать «Бурный финиш» [Flying Finish]. Они также проконсультировались с капитаном гражданской авиации Питером Палмером и посетили оксфордский аэропорт, чтобы почерпнуть некоторые основные сведения, касающиеся частных самолетов. Хотя Мэри никогда раньше не летала на частном самолете — и вообще поднималась в воздух только шесть раз за всю свою жизнь, всегда на рейсовых самолетах — она почувствовала к ним такой интерес, что к концу 1965 года начала брать уроки пилотирования в оксфордской школе летной подготовки в Кидлингтоне.

Поначалу идея состояла в том, что Мэри возьмет лишь несколько уроков, просто для того, чтобы собрать материал для новой книги, но ей так понравилось летать, что она продолжала свои занятия в школе и в конце концов начала совершать одиночные полеты и стала квалифицированным пилотом — экстраординарное достижение для сорокаоднолетней домохозяйки, все еще страдающей от последствий полиомиелита. Она купила собственный легкий самолет, «Пайпер Чероки Эрроу», с регистрационным номером G-AVXF — как сказала мне Мэри, «весьма утонченный аэроплан, чем-то похожий на спортивный автомобиль», — и регулярно летала на нем в течение последующих одиннадцати лет, ежегодно сдавая экзамены и проходя медицинское обследование, где ей делали флюорографию и электрокардиограммы, чтобы продлить свою лицензию. Через три года после того, как Мэри получила удостоверение пилота, она даже написала книгу-справочник «Руководство по пилотированию для начинающих», которая была рекомендована британской авиакомпанией BOAC всем будущим профессиональным пилотам и впоследствии переиздавалась три раза. Мэри купила еще два самолета и с конца 1969 года в течение семи лет вела дела собственной компании аэротакси. Ее увлеченность и преданность своему делу, чем бы она ни занималась, просто поразительны. Она рассказывала мне в 1980 году:

«С самого начала я взялась за это только потому, что Дик летал лишь на военных самолетах, когда они чувствовали себя хозяевами в небе, поскольку гражданских самолетов было очень мало. Они летали по радиолучу и совершали ночные полеты без огней, а это совершенно другой вид пилотирования. Но к 1965 году небо наполнилось гражданскими самолетами, появились новые правила и методы навигации. Появилось так много отличий, что инструкторы из Оксфорда не могли рассказать нам обо всем за один вечер в баре. Дик был занят своей работой в *Sunday Express*, поэтому они сказали — почти в шутку: «Направьте к нам вашу жену, мы все ей расскажем, а она сможет рассказать вам». У меня не было никакого желания обучаться управлению самолетом, но я совсем не возражала против того, чтобы взять четыре или пять уроков и научиться основам. Затем мне захотелось совершить одиночный полет, чтобы я, по крайней мере, могла сказать, что управляла самолетом. Так все и началось. Я люблю учиться чему-то новому, и мне было интересно».

Странно, что никто не спросил у Дика, почему ему потребовалось направлять Мэри проводить для него эти опасные исследования, в то время как он сам налетал сотни часов в ВВС. В конце концов, работа Дика в *Sunday Express* не требовала постоянного присутствия в редакции и прошло лишь двадцать лет с тех пор, как он оставил ВВС, поэтому было бы гораздо более разумно самому взять несколько освежающих уроков, которые ввели бы его в курс всех изменений, чем заставлять Мэри обучаться пилотированию с чистого листа. И все же никто так и не спросил Дика, почему он не стал проводить эти исследования сам.

Школа летной подготовки в Кидлингтоне была самой большой школой подготовки гражданских пилотов в Европе, в ней работало более сорока инструкторов, и на двадцать учеников мужчин здесь приходилась только одна женщина. Пройдя медкомиссию и получив лицензию студента-пилота, Мэри начала курс обучения на «Пайпер Кольте», прежде чем перейти на «Пайпер Чероки». К счастью, астма, которая преследовала ее в последующие годы, себя не проявляла, поскольку тем, кто страдал от астмы или повышенного кровяного давления, не разрешалось совершать самостоятельные полеты. Ее учитель, Джон Мерсер, был хорошим инструктором, и, как сказала мне Мэри с ироничной усмешкой, «он был снисходителен к женщинам, т.е. он думал, что все женщины дуры». Ей предстояло усвоить огромное количество информации, касающейся всех тех сложных деталей и навыков, которые имеют жизненно важное значение для безопасности полета, начиная с двигателей, приборов управления и навигации и заканчивая умением читать карты и определять направление ветра, а затем налетать по меньшей мере сорок часов — десять из них самостоятельно, — чтобы получить свою лицензию частного пилота. Она узнала о том, как проводить общую проверку самолета перед тем, как даже подумать о том, чтобы завести мотор: тормоза, индикаторы уровня топлива, радиомаяк, красный и зеленый навигационные огни, огнетушитель, заклепки, винты, радиоантенны, уровень масла, лопасти пропеллера, воздухозаборники, шины, закрылки и хвостовой стабилизатор. Она также узнала все, что требуется, о процедурах техники безопасности, выруливании на взлетную полосу, наборе высоты, снижении, срыве воздушного потока, штопоре, заходе на посадку, приземлении, вынужденной посадке, приземлении за посадочной полосой, боковом ветре, скольжении на крыле и разворотах. Она научилась следить за приборами, сообщающими о состоянии самолета во время полета: индикаторами температуры и давления, альтиметром, индикатором скорости полета, индикатором скорости подъема и снижения. Она узнала, что если вы летите слишком быстро — например, войдя в крутое пике, — то можете оторвать крылья у своего самолета, и что посадка — это не более чем контролируемая авария. Она также узнала, что такое изогонали, магнитный север, истинный север, гирокомпас, Q код, радио, VOR, ADF, ETA и летный план. Она научилась тому, как следовать вдоль железной дороги или автострады и не столкнуться с тем, кто летит навстречу по тому же ориентиру. Она узнала, как уходить направо и как выглядывать из кабины, кто имеет преимущество, если два самолета совершают посадку в одно и то же время. Она научилась тому, как вести подробный журнал и записывать в него все детали полета. Она изучала авиационные законы. Казалось, что учеба будет продолжаться бесконечно.

И все же, несмотря на все сложности, позднее она утверждала, что научиться пилотировать самолет не сложнее, чем получить водительские права, хотя, конечно же, покупка и эксплуатация собственного самолета обходится значительно дороже.

Мэри рассказывала мне:

«В конце обучения я сдала «полет по приборам», а это равноценно тому, что получить ученую степень по пилотированию, и до меня не более двадцати женщин сумели сделать то же самое. Когда я пришла на письменный экзамен, председатель комиссии осмотрел меня с головы до ног и сказал: «*Мне кажется, вы пришли не по тому адресу*», но я сдала экзамен с первой попытки, что вообще является большой редкостью. В глазах моего инструктора появились слезы, и он сказал: «*Вы просто не представляете, что вы для меня сделали*». Да, пару раз я испытывала беспокойство. Один раз я даже испугалась, когда еще находилась *на земле*, я подъезжала к летному полю на машине и думала: «Неужели эта глупая пожилая домохозяйка собирается совершить самостоятельный полет, первую большую часть экзамена по пилотированию». Это первый полет на большое расстояние, который вы должны провести самостоятельно, чтобы получить свою лицензию пилота. Вам нужно пролететь не менее шестидесяти миль, найти два незнакомых аэродрома и совершить на них посадку, прежде чем вернуться на базу. Я думала: «Я просто дура. Я собираюсь убить себя. Мне следует вернуться». Это был единственный случай, когда я *по-настоящему* испугалась. Но как только я поднялась в воздух, все встало на свои места».

Даже несмотря на то что на одной из стадий полета она потерялась на десять минут, когда пролетела над важным наземным ориентиром — железнодорожным узлом, оказавшимся прямо под самолетом, — и ей пришлось развернуться после пяти минут бесплодных поисков. Как ни удивительно, но в тот вечер Мэри еще и устраивала вечеринку после того, как вернулась домой.

Один из самых неприятных моментов в своей летной практике ей пришлось пережить, когда при снижении с высоты 9 000 футов в течение десяти жутких минут температурный датчик свидетельствовал о том, что масло уже кипит, но, к счастью, оказалось, что эти показания были вызваны поломкой прибора. Она также не любила выполнять пилотажные фигуры и избегала таких трюков, как петли и бочки. «Я никогда не чувствовала себя достаточно надежно, — рассказывала она мне. — Мое тело страдало, моя кожа потела, и мне на самом деле совершенно не хотелось этого делать». Но, как и Дик, она полюбила ощущение свободы и радостного возбуждения, которое давал полет.

В течение 1966 года Дик продолжал писать свои обличительные статьи, а также интервью и прогнозы на исход скачек. В январе он подверг суровой критике букмекеров за то, что они жульничают с расчетом предварительных шансов участников скачек, по которым они принимают ставки у игроков, в апреле Дик призвал городской совет Ливерпуля сохранить ипподром Айнтри, вместо того чтобы поддаваться «эмоциональному шантажу» и «алчным лапам материализма», позволив построить на его месте тысячи домов». В январе он поведал историю, словно бы сошедшую со страниц одного из триллеров Дика Фрэнсиса: председатель Скакового комитета сэр Рэндл Фиелден призвал всех тренеров, жокеев и конюхов делать все возможное, чтобы воспрепятствовать применению допинга. Он предлагал тренерам оставлять своих лошадей на ночь перед скачками в конюшнях ипподромов, чтобы воспрепятствовать любому мошенничеству, и обратился к скаковому миру со следующим призывом: «Давайте обзаведемся сторожевыми собаками, замками, патрулями и охранными системами». Дик поддержал эти предложения. «Большинство конюхов абсолютно честные люди, — заверял он своих читателей, — хотя некоторые из них способны поступить наперекор своей совести и за 50 или 100 соверенов скормить напичканное медикаментами яблоко указанному животному».

В марте список неудач Дика на Большом национальном стипль-чезе продолжился. Когда он предсказал, что Фредди, фаворит с шансами 11/4, выиграет скачку, но на самом деле его обошел на двадцать корпусов аутсайдер Анжело, чьи шансы оценивались как 50/1. В мае он судил в классе гунтеров на Оксфордширском конно-спортивном шоу, а в июне они с Мэри отправились в Соединенные Штаты и провели три недели, пересекая континент от Нью-Йорка до Вайоминга, Солт-Лейк-Сити и Сан-Франциско на автобусе, поражаясь размерами и разнообразием каждого штата, рассматривая сквозь зеленые стекла окон окружающие пейзажи и преодолев около семи тысяч миль по шоссе в самый разгар лета, когда температура порой поднималась до сорока градусов. На них произвела большое впечатление пустыня Невада с ее сухой пылью, кактусами и огромными безлюдными пространствами, и они с удивлением поняли, что любая часть Америки выглядит именно так, какой вы и ожидали ее увидеть, — та самая Америка, которую показывают во всех фильмах. В маленьком городке Рок-Спрингс, затерявшемся в пустынной части Вайоминга, перегретый воздух дрожал над горой ржавеющих автомобилей, а в кресле-качалке на веранде своего дома сидел старик. В Йеллоустоунском национальном парке перед ними из тумана появился огромный лось. Городок Джексон был живой декорацией вестерна, где каждый ходил в ковбойском костюме, перед аптекой стоял конный экипаж, у деревянных тротуаров были перила для привязи лошадей по всей длине улицы, а местные гостиницы носили названия типа «Убежище конокрада» и «Крытый фургон». Они посетили завод, где производят самолеты «Пайпер», и провели уик-энд на ранчо для туристов в Скалистых горах, где Дик регулярно вставал в 5 утра и совершал верховую прогулку, один раз по узкой тропе, петляющей между каменной стеной и отвесной пропастью глубиной около 300 футов. Мэри здесь тоже впервые за двадцать лет опасливо села на лошадь, после того как ее убедили в том, что в глубоком американском седле она будет чувствовать себя, как в кресле. Прогулка завела их высоко в Тетонские горы, и с высоты одиннадцати тысяч футов их взорам открылся живописный вид на глубокое синее озеро, приютившееся на дне поросшей соснами долины. Именно здесь и будет разворачиваться действие их следующего романа. Это было просто волшебное место. Однако возвращение домой оказалось менее идиллическим: из-за забастовки работников авиакомпании обратно снова пришлось ехать на автобусе и они совершили марафонскую поездку из Денвера в Нью-Йорк за сорок два часа.

По возвращении в Англию Мэри получила в сентябре свою лицензию частного пилота после того, как сдала пять сложных экзаменов: два тестовых полета (одиночный полет над пересеченной местностью и общее пилотирование); два письменных экзамена (по авиационным законам и по навигации); и устный по устройству «Пайпер Чероки». Ее достижения были просто удивительны, и роман, появившийся после этого необычайно серьезного исследования, «Бурный финиш» — о необычайно хитроумном мошенничестве в бизнесе, связанном с разведением породистых лошадей и их транспортировкой, — позволяет в полной мере почувствовать все радости и опасности полета. В конце книги есть очень реалистичное описание одиночного побега пилота из района Средиземноморья в Англию на DC4 — самолете, предназначенном для транспортировки лошадей, на котором Дик и Мэри летали в Италию — без карты и с недостаточным количества топлива. Повествование содержит большое количество достоверных описаний полета, которые словно бы позволяют нам заглянуть в кабину самолета, кульминация просто потрясающая, хотя сцены насилия здесь значительно более жестокие, чем в любом из предыдущих романов. Главный отрицательный персонаж — бесчувственный злодей с ярко выраженными садистскими наклонностями, и тот леденящий душу ужас, который он внушает, описывается с такими тонкими подробностями, что порою роман читается как одно из произведений Стивена Кинга. Его также несколько портит крайне неправдоподобная фигура главного героя: это молодой виконт и выпускник Итона, невероятно честный лорд Генри Грей, бывший жокей-любитель, который по каким-то невразумительным причинам работает грумом в компании, занимающейся воздушной транспортировкой лошадей. Но любовные сцены здесь самые трогательные из всех предыдущих романов Фрэнсиса, и порою книга угрожает стать чем-то более глубоким и серьезным, чем триллер. Однако Джоан Кэгн пожаловалась на то, что сюжет книги кажется слишком надуманным, поскольку никто раньше не угонял самолет. Позднее Дик любил рассказывать о том, что ее письмо пришло в тот самый день, когда в воздухе был впервые захвачен самолет и угнан из США на Кубу.

Когда книга была опубликована в октябре 1966 года, обозреватели встретили ее самыми восторженными отзывами. «Люди действия, как правило, не бывают хорошими писателями, — авторитетно заявляла *Daily Telegraph*, — но Дик Фрэнсис является здесь исключением». Книга «потрясающе увлекательная», писала *Telegraph*. Родственная газета, *Sunday Telegraph*, согласилась с этим мнением, а коллега Дика по *Sunday Express* литературный обозреватель Роберт Питман написал, что это «превосходная» книга, и добавил: «Лишь немногие остросюжетные романы могут похвастаться таким убедительным героем... С этой книгой Дик

Фрэнсис занял заслуженное место в первых рядах как один из самых утонченных современных авторов триллеров». Даже обычно высокомерное литературное приложение к *The Times* признало, что это «отличный» роман, а *The New York Times* написала, что это «великолепное» произведение с «атмосферой, наполненной лошадьми, полетами и высокооктановым злом».

С тех пор каждый новый роман Фрэнсиса приковывал к себе повышенное внимание обозревателей, но, к сожалению, 1966 год не был для него полностью счастливым: мать Дика, страдая без Винса и чувствуя себя все более больной и дряхлой, была вынуждена переехать из своей лондонской квартиры в район Челтенхема в Глостершире, чтобы быть поближе к своему брату.

Дик теперь был так знаменит, что в марте у него взял интервью ведущий радиопередачи Би-би-си «Диски пустынного острова» Рой Палмер, предложивший ему назвать восемь своих любимых музыкальных записей, любимую книгу и предмет роскоши. Его музыкальный выбор включал шлягеры, популярные в те годы среди представителей среднего класса: «Чаттануга чу чу», песня Тонни Беннета «Я оставил свое сердце в Сан-Франциско», «Какое прекрасное утро» Говарда Киила, хит «Битлз» «Я хочу держать тебя за руку» в исполнении Бостонского оркестра популярной музыки, мелодия для кларнета Акера Билка «Странник на берегу», музыкальная тема из телевизионной передачи «Ночное небо» и «Дэвид из Уайт-Рока». Среди предметов роскоши Дик выбрал зеркало — ему всегда нравилось выглядеть хорошо одетым и ухоженным, — а своей любимой книгой он назвал «Дух Сент-Луиса» Чарльза Линдберга, которая является описанием его первого в истории беспосадочного перелета из Америки в Европу, совершенного им в 1927 году. Эта книга с милой иронией посвящена жене Линдберга, Энн, «никогда не сознававшей, какой огромный вклад она внесла в написание этой книги».

Поездка Фрэнсисов в США послужила источником вдохновения при создании следующего романа, «Охота на лошадей» [Blood sport], действие которого по большей части происходит в Америке, и пока шла работа над новым произведением, Дик посещал скачки, скакал галопом и публиковал свои статьи в *Sunday Express*, где он советовал тренерам северных графств прекратить жаловаться на то, что они являются бедными родственниками Национального охотничьего комитета, и выбрал трех претендентов на победу в Большом национальном стипль-чезе, которые далеко отстали от лидеров. В мае он подверг резкой критике стюардов Национального охотничьего комитета, которым потребовалось одиннадцать недель на то, чтобы провести расследование всех обстоятельств подозрительной победы Хилл Хауса, лошади из конюшни Райана Прайса, в феврале, на Швеппес Трофи. Так что же произошло? Лошади все-таки дали допинг или ее собственная пищеварительная система каким-то образом смогла выработать запрещенное вещество, обнаруженное в ее крови? Когда тесты показали, что Хилл Хаус *и в самом деле* сумел сам произвести в своем организме кортизон, Дик написал гневную статью, требующую провести следствие над следователями, и подверг критике скрытность и неторопливость, с которыми подобные расследования всегда проводятся.

Главный герой романа «Охота на лошадей» [Blood sport], советник по вопросам безопасности, англичанин Джин Хоукинс, совершает поездку в США, чтобы разыскать нескольких племенных жеребцов, которые были похищены, и эта поездка во многом напоминает ту, что совершили Фрэнсисы. То самое ранчо в Скалистых горах, где они останавливались, является основным местом развития сюжета, и в книге есть несколько автобиографических отголосков, включая прогулочный катер, пришвартованный на Темзе, упоминание *Sunday Express*, и первое из многих, встречающихся в романах Фрэнсиса, ясно выраженное желание иметь собственный дом в климате более теплом, чем в Англии.

Хоукинс настолько одинок, подавлен и склонен к суициду, что выглядит почти пародией на типичного страдающего героя Фрэнсиса, но, несмотря на несколько моментов, когда он просто мог передать дело полиции, и намеренно мрачную, пессимистичную концовку, — это напряженное и захватывающее повествование с несколькими искусными стилистическими штрихами. Здесь даже есть намек на меланхолию автора, выраженную в зарождении у Хоукинса теплых чувств по отношению к семнадцатилетней девушке — первый случай описания схожих взаимоотношений между героями Фрэнсиса и девушками-тинэйджерами, которые повторятся позднее в романах «Расследование», «Банкир», «Миллионы Стрэттон-Парка» [Decider] и «Дикие лошади». Хотя Хоукинсу тридцать восемь, а девушке семнадцать, он испытывает к ней неосознанное стремление, выходящее за границы физической похоти: она олицетворяет нечто очень важное, что было утеряно в его собственной жизни. Может быть, Мэри и Дик сожалели о том, что у них нет дочери-тинэйджера, теперь, когда Феликсу исполнилось четырнадцать, а Меррику семнадцать и он уже регулярно выступал на конноспортивных шоу на лошадях Канделлов и майора Верли Бевика и был готов принять участие в своей первой любительской скачке (в которой он пришел третьим)? Хотя Мэри любила обоих своих сыновей, возможно, она желала, чтобы у нее была еще и дочь. Семнадцатилетний Меррик уже сдал экзамены на водительские права, и, в первый раз одолжив машину у Дика, он врезался в зад другой машины, помяв крыло и разбив фары. Дик настаивал на том, чтобы он сам заплатил за ремонт, пока Мэри не уговорила его оставить мальчика в покое.

Когда роман «Охота на лошадей» был опубликован в октябре, он, как всегда, был тепло встречен всеми обозревателями, начиная от утонченного литературного приложения к *The Times* и заканчивая ориентированной на вкусы обывателей *Daily Telegraph*, для которой Вайолет Грант написал: «Скрупулезный профессионализм всегда вызывает уважение, и глубокое знание предмета мистером Фрэнсисом вызывает восхищение даже у людей, далеких от мира скачек». Глубокое знание предмета помогло мистеру Фрэнсису сделать в ноябре свой второй из наиболее успешных выборов «двенадцати претендентов на победу в стипль-чезе». Треть названных им лошадей выигрывали свои скачки в том сезоне и почти две трети занимали призовые места. Своим успехом он был обязан таким классным лошадям, как Сиксти-найн (тренер Дэнис Смит), Зе Лэйрд (Боб Тернелл), Дифферент Класс (Питер Казалет) и Персиан Уор (Брайан Свифт).

К несчастью, радость от получения таких хороших отзывов на новую книгу и составления удачного прогноза на исход скачек была омрачена смертью матери Дика, которая скончалась 10 ноября 1967 года от сердечного приступа и старческой слабости в возрасте семидесяти семи лет. «Она умерла от разбитого сердца», — сказал Дик Грэхему Бриджстоку из *Evening Standard* в 1989 году, а в 1998-м он заявил Линде Ли-Поттер из *Daily Mail*: «Ужасно говорить такие вещи, но мне кажется, что она была рада умереть». Она ушла из жизни, не составив завещания, и Дику пришлось обращаться в Высокий Суд за судебными полномочиями на управление имуществом, прежде чем они с Дагом смогли унаследовать ее состояние. Старшее поколение постепенно уходило — в живых оставалась только мать Мэри — и поколение Дика и Мэри было готово занять их место. Их лучшие годы были уже на подходе.

Глава 12

БЕСТСЕЛЛЕР
(1968—1973)

Книги теперь имели такой успех — каждая продавалась тиражом 20 000 экземпляров в твердой обложке на территории Великобритании, — что Лестер Пиггот попросил Дика написать его биографию, а газеты начали упоминать его имя не только на страницах, посвященных книжным обозрениям, но и в колонках повседневных новостей. «Если бы я имел возможность поступать по-своему, — говорил Дик репортеру *Evening Standard* в январе 1968 года, — некоторые мои книги были бы поспокойнее, но публика всегда требует добавить побольше крови». Но если он поступал не по-своему, тогда чей же это был выбор? Мэри? Возможно, между ними существовали некоторые разногласия по поводу уровня насилия и садизма в книгах.

После десяти лет работы в *Sunday Express* его публикации в собственной колонке стали более легкими, но при этом и более резкими. В январе он ездил верхом на Фойнавоне, аутсайдером с шансами 100/1, выигравшем Большой национальный стипль-чез 1967 года, и поведал читателям о том, что постоянным спутником лошади является коза по кличке Сьюзи, которая сопровождает Фойнавона на скачки и каждый день обеспечивает его двумя пинтами молока. В феврале Дик потребовал от руководства Национального охотничьего комитета снять несправедливые ограничения для тренеров из областей, подверженных заболеваниям копыт и рта, и выплачивать им компенсацию. В марте ему удалось угадать двух из первых четырех лошадей, пришедших на финиш Большого национального стипль-чеза, — Молдорс Токена и Ратерфорда — хотя в скачке победил Ред Аллигатор, а не его первый номер, Сан Анжело. В апреле в статье под заголовком «ПРИШЛО ВРЕМЯ ПОКОНЧИТЬ С ЭТИМ ЗИМНИМ БЕЗУМИЕМ» Дик написал о том, что традиционный календарь скачек с препятствием следует полностью пересмотреть, чтобы большее количество скачек проводилось ранним летом и меньше в холодные зимние месяцы, когда соревнования часто приходится отменять. А в мае, прежде чем отправиться в Эксетер, чтобы судить в классе гунтеров на Девонском конно-спортивном шоу, он призвал к реформам в Айнтри, чтобы спасти будущее Большого национального стипль-чеза.

Между тем Меррик оставил школу Милл-Хиллс, после чего стал помощником тренера Райана Прайса в Суссексе и регулярно участвовал в скачках как жокей-любитель, а Мэри не только занималась сбором материала для следующего романа «Ставка на проигрыш» [Forfeit], но и работала над своим справочником «Руководство по пилотированию для начинающих». Это веселая, но при этом серьезная 189-страничная книга с большим количеством достаточно любительских диаграмм, многие из которых рисовал ее летный инструктор Джон Мерсер, и она была наполнена техническими деталями, практическими советами и бойким здравым смыслом.

«Ставка на проигрыш» был самым автобиографическим из всех опубликованных ранее романов и, вероятно, самым лучшим. Он получил премию Аллана Эдгара По за тот год от Ассоциации американских писателей детективного жанра. Главный герой — Джеймс Тирон, корреспондент воскресной газеты, пишущий о скачках; его жена искалечена полиомиелитом — и эта книга позволяет почувствовать, как Мэри представляла себе их брак в том случае, если бы ее полиомиелит привел бы к более тяжелым последствиям и она осталась бы на всю жизнь прикованной к дыхательной машине, полностью зависящей во всем от Дика. Тирон ведет еженедельную колонку, посвященную скачкам, в газете *Sunday Blaze*, а также пишет автобиографию для знаменитого жокея, недавно оставившего скачки, чье имя, Бастер Фигг, странным образом напоминает о Лестере Пигготе. Его интересуют только деньги, и он делает ставки на тысячи фунтов, даже несмотря на то, что жокеям запрещается играть на скачках. Как и Дик, Тирон посещает редакцию газеты на Флит-стрит только по пятницам, чтобы передать материал для своей колонки на тысячу слов редактору спортивного раздела, и ждет, когда сам Главный поставит свое «о'кей» в верхней части страницы, как это обычно делал Джон Джуниор. Как и Дик, Тирон усаживался там, где находил свободное место в обширном офисе с открытой планировкой, и просматривал свою почту — порой это были злобные, анонимные письма — или просто бродил по редакции в ожидании вердикта Главного, заказывая себе железнодорожные билеты до места проведения скачек на следующей неделе, заполняя отчеты о накладных расходах, получая наличные в бухгалтерии. Как и Дик, в перерыв на ленч он порой посещает вместе со спортивным редактором и еще парой коллег паб «Девере», на Девере-корт, неподалеку от Флит-стрит. Тирон даже упоминает одного из реальных коллег Дика по *Sunday Express,* Брендана Малхолланда, репортера, который в 1963 году провел в тюрьме четыре месяца, отказавшись раскрыть свой источник информации Рэдклиффскому трибуналу в деле о шпионаже Вассала. По крайней мере, как журналист Тирон является точной копией Дика Фрэнсиса, и это позволяет предположить, что Дик разделяет его желчное отношение к британским журналистам, которые описываются как безжалостные и беспринципные животные, готовые обмануть слепого, торгующего спичками. Как и Дик, Тирон мучается угрызениями совести из-за того, чем он зарабатывает себе на жизнь, и знает, что друзья порой относятся к нему с опаской, поскольку не уверены в том, могут ли они доверять ему свои секреты, и он решает никогда не публиковать что-либо личное.

Последствия полиомиелита у его жены Элизабет сильно затрудняют их интимные отношения, и хотя Тирон хороший, добрый человек, он заводит роман с красивой девушкой, работающей инструктором верховой езды, которая описывается с неожиданно большой симпатией. Но, несмотря на эту связь, он глубоко предан Элизабет и уверен в том, что никогда не оставит ее. Узнав о его романе, она соглашается с тем, чтобы все оставалось как есть, при условии соблюдения скрытности. Можно заподозрить, что именно так поступила бы мудрая Мэри в схожей ситуации, если бы полиомиелит оставил ее такой же беспомощной, как и вымышленную Элизабет.

В романе «Ставка на проигрыш» рассказывается о том, как Тирон расследует скандал со ставками, вызванный тем, что нечистый на руку южноафриканский букмекер заставляет спившегося журналиста, пишущего о скачках, призывать игроков делать ставки на лошадей, которых затем в последнюю минуту снимают со скачек, из-за чего игроки теряют свои деньги. Вызывают удивление несколько допущенных в романе небрежных ошибок, касающихся Флит-стрит, которые кажутся просто немыслимыми для работающего там журналиста. Взять хотя бы самую очевидную из них: ближайшая к Флит-стрит станция подземки вовсе не Фэррингдон, а Блэкфрайэрс. Возможно, Мэри, а не Дик, повинна в этих неточностях, допущенных при сборе материала. Также следует признать, что Тирон порою настолько благороден и чопорен, что его невероятная порядочность и самоконтроль порой начинают раздражать. Когда его избивают в поезде, он при появлении охранников без всяких видимых причин притворяется пьяным. Когда злодеи погибают в автокатастрофе, Тирон зачем-то лжет полиции, вместо того чтобы сказать им, что это были жестокие преступники.

«Ставка на проигрыш» также содержит первое описание глубокого антагонизма между отцом и его двумя сыновьями, испорченных взаимоотношений, которые позднее будут часто появляться в романах Дика Фрэнсиса. Но в общем и целом роман «Ставка на проигрыш» является добротным, зрелым триллером. Длинная, напряженная сцена в конце повествования, в ходе которой Тирон пытается убедить свою пораженную полиомиелитом жену лечь в частную лечебницу, чтобы спасти ее от злодеев, написана с большим мастерством, некоторые из персонажей книги отличаются глубиной характера, доселе необычной для романов Дика Фрэнсиса, и она, несомненно, совершенно заслуженно получила премию Аллана Эдгара По.

Через две недели после того, как книга была опубликована, Дик выбрал своих «двенадцать претендентов на победу в стипль-чезе» и его прогноз оказался самым успешным из всех сделанных ранее. 35 процентов его избранников побеждали в своих скачках в тот сезон, и наиболее отличившимся из них был Эксцесс из конюшни Тома Джонса, который участвовал в десяти скачках, победил в шести из них и еще дважды приходил вторым. В конце февраля в равномерное течение их жизни было внесено приятное разнообразие, когда Дик и Мэри вновь пересекли Атлантику, чтобы отпраздновать совместную публикацию в Нью-Йорке книг «Ставка на проигрыш» и «Спорт королев». Там он сказал в интервью для *New Yorker:* «Мэри оказывает мне большую помощь. Я всегда показываю ей рукописи своих статей о скачках, и если статья получает ее одобрение, то я могу быть уверенным в том, что она пройдет и через помощников редактора на Флит-стрит. Она также вносит большой вклад и в работу над романами. Мои коллеги говорят, что у нее есть криминальный талант». Мэри загадочно улыбнулась. «Я просто расставляю точки, — сказала она, — а порой и точки с запятыми».

Из Нью-Йорка Дик выслал в редакцию статью об американском стипль-чезе, а в мае он имел удовольствие брать интервью у старейшего жокея, все еще регулярно выступающего в скачках с препятствиями, пятидесятидевятилетнего майора Джо Пидкока, но во всем остальном изнурительные требования работы в *Sunday Express* становились для него все более тяжелой обузой. В конце марта Дик предсказал, что Арктур, Форт Сан и Гейм Пастон займут первое, второе и третье места на Большом национальном стипль-чезе только затем, чтобы стать свидетелем того, как их обойдут Хайланд Веддинг, Стил Бридж и Рондетто. Также создавалось впечатление, что он все чаще повторяется в своих колонках: снова написал о том, что большее количество скачек следует проводить в летний период, о том, что жокеи стипль-чеза должны получать больше денег, и о том, что необходимо предпринять какие-то меры для спасения будущего Айнтри. Даже его список «двенадцати претендентов», опубликованный в конце 1969 года, содержал клички трех лошадей, которых он уже рекомендовал в предыдущий сезон, и лишь 29 процентов из них выигрывали свои скачки.

У него больше не было необходимости продолжать работу в *Sunday Express* по финансовым причинам, поскольку книги приносили ему значительно больше денег. Дэвид Фрост только что купил права на экранизацию следующего романа, «Расследование», по мотивам четырех других книг программой Би-би-си «Женский час» были поставлены радиосериалы, биография Пиггота обешала быть весьма прибыльной, и даже в Америке имя Дика Фрэнсиса стало настолько известным, что в честь его назвали одну из гладких скачек на конных соревнованиях в Пилмико, которые проводились в марте. Дик, вероятно, также надеялся на то, что мальчики вскоре будут менее зависимы от него и Мэри. Меррик, которому уже исполнилось девятнадцать, оставил карьеру жокея-любителя — как сказал он

Дженни Найт из *Sunday Times Magazine* в 1987 году: «Просто я был недостаточно хорош» — и сосредоточился на работе в качестве помощника тренера Брайана Пайса в Суссексе, а Феликс собирался сдавать экзамены по программе средней школы на повышенном уровне в Милл-Хиллс по математике, физике и компьютерам. В 1969 году Феликс провел три месяца в больнице, где ему делали операцию на тазобедренном суставе, что поставило крест на его надеждах стать пилотом, как и родители. В конце концов он поступил в Лондонский университет, получил ученую степень по физике и занялся преподавательской работой.

Время от времени появлялось очередное напоминание о том, что триллеры далеко не всегда полностью оторваны от реальности — так, например, в 1969 году фаворит на скачке с гандикапом в Эпсоме, Эллоуэй Лэд, был выведен из строя в День Дерби. С этого года книги Дика Фрэнсиса публиковались каждый сентябрь, и герой одиннадцатого романа, «Расследование», Келли Хьюгес снова имеет много общего с Диком. Он тоже один из ведущих жокеев стипль-чеза, родившийся в Уэльсе на ферме Коедлэнт, чье название созвучно с фермой Коедкэнлас, и посещавший местную деревенскую школу. Его родители, как и родители Дика, не хотели, чтобы он становился жокеем, надеясь на то, что он будет исполнять безопасную скучную работу в городской ратуше Тенби. В отличие от Дика, Хьюгес — горюющий вдовец и еще один персонаж Фрэнсиса, который не выносит своего отца и чей отец не выносит его.

Хьюгес безупречно честный человек, но его обвиняют в том, что он придержал фаворита с тем, чтобы его тренер смог сорвать большой куш, поставив на другую лошадь. Хьюгеса и тренера, который живет возле Ламборна, подставляют, но доказательства их вины кажутся убедительными, поэтому они лишаются своих лицензий, им «перекрывают путь», из-за чего они оказываются изгнанными со всех ипподромов и даже скаковых конюшен и больше не могут нигде работать. Хьюгес клянется выяснить, кто их подставил, вернуть себе работу и восстановить репутацию и в результате сталкивается с серьезным насилием, покушением на убийство и лютой ненавистью женщины, одержимой манией убийства. Здесь также есть шантаж, извращенные формы секса, которому предаются представители высшего класса, склонные к бичеванию и оргиям.

Среди недостатков книги можно назвать медленное, достаточно скучное начало, малоубедительную любовную связь между тридцатилетним Хьюгесом и девятнадцатилетней девушкой Робертой и бесцветную концовку. Там также есть совершенно неправдоподобная сцена, в ходе которой главный злодей без всяких видимых причин признается во всем и даже подтверждает то, что он дважды пытался совершить убийство. На внутреннего рецензента нью-йоркского издательства «Харпер энд Роу» книга не произвела большого впечатления, и он написал, что, по его мнению, книга нуждается в серьезной переработке, чтобы ее сюжет стал более увлекательным, менее предсказуемым, противоречивым и банальным, добавив также:

«Весь роман окружает аура феминизма, которая мне претит. Любовная связь с Робертой черезмерно целомудренна. Им следует быть более энергичными в постели, вместо того чтобы тратить силы на пустую болтовню о социальных различиях за чашкой кофе. По этой причине требуется добавить побольше мужского начала во всех его проявлениях».

Дик всегда заявлял в интервью, что ни один из его романов никогда не нуждался в переработке, но архивы издательства «Харпер энд Роу» свидетельствуют о том, что Джоан Кэгн часто просила его внести некоторые изменения, особенно в ранние романы, а ее сестра, Оливия, сказала мне: «Книги нуждались в очень и очень серьезной редактуре. Джоан очень много работала над ними». Но, даже несмотря на это, «Расследование» позволяет получить некоторое представление о собственных взглядах Дика и Мэри. Опять мы имеем героя, которому глубоко претят стандарты Флит-стрит, а также ленивые, глупые, некомпетентные или даже коррумпированные стюарды жокей-клуба.

Обозреватели снова встретили книгу с большим энтузиазмом. «Весьма изобретательно», — отметило литературное приложение к *The Times*, которое уже превратилось в горячего поклонника Фрэнсиса, а *New York Times* нашла в книге «все элементы, которыми Дик Френсис так превосходно владеет: скачки описаны настолько живо, что со страниц романа словно бы доносится стук копыт... он наполнен напряжением, истинным драматизмом и жаждой мести».

Книги теперь приносили столько денег, что Дик и Мэри купили пять акров земли рядом со своим домом в Блеубери и три дорогих легких самолета, два из которых они сдали в аренду оксфордской летной школе. Третий предназначался для самой Мэри — быстрый и маленький «Пайпер Чероки Эрроу», который она держала на Кидлингтонском аэродроме, — и вскоре она начала возить на нем на скачки некоторых из друзей, таких, как Лестер Пиггот. «Над облаками было очень солнечно, — рассказывала она мне в 1980 году, — и Лестер обычно снимал рубашку, чтобы позагорать, закуривал сигару и читал *Financial Times*». Вскоре и другие жокеи — Пат Эддери, Джо Мерсер, Джимми Линдли, а также тренеры и владельцы лошадей начали обращаться к Мэри с просьбой доставить их на скачки, бизнес пошел бойко, и в ноябре она основала маленькую компанию аэротакси, получившую название «Мерликс Эйр Лимитед», представляющее собой комбинацию имен Меррик и Феликс. Хотя Мэри опубликовала только одну книгу под собственным именем, в официальных бумагах компании она называла себя «писательница». Она наняла шестерых пилотов британских гражданских авиалиний, чтобы они водили воздушное такси в свободное от основной работы время, поднимая его в воздух с поля позади их дома в Блеубери и доставляя тренеров, жокеев и владельцев к местам проведения скачек порою по всей Европе. Хотя Мэри сама не пилотировала аэротакси, поскольку требовалось пройти дополнительный 700-часовой летный курс, чтобы получить лицензию коммерческого пилота, она продолжала время от времени подниматься в воздух, при этом принимала заказы, вела бухгалтерские книги и управляла бизнесом. Однажды она сама перевозила Пиггота из Оксфорда в Шорем, к ужасу ее страховой компании, попросившей ее больше никогда этого не делать, поскольку Пиггот шел на втором месте по размеру страховой выплаты после королевы. Они имели все основания для беспокойства: в июне маленькое аэротакси, перевозившее Джо Мерсера и Билла Маршалла на скачку в Ньюбери, потерпело аварию, в результате которой погиб пилот, а Маршалл получил серьезные травмы. Чтобы успокоить своих клиентов, Мэри сказала Брэту Скотту из *Evening Standard*: «Все фирмы аэротакси придерживаются самых строжайших правил безопасности. Мы уделяем столько же внимания профилактике, ремонту и техническому обслуживанию техники, как и крупные авиакомпании, так что в аэротакси вы можете чувствовать себя в такой же безопасности, как и на борту реактивного лайнера».

Однако ей самой пришлось испытать несколько тревожных моментов в воздухе. «Однажды я сильно испугалась, когда летела в Шотландию при сильной облачности, — рассказывала она мне в 1980 году. — Скорость ветра достигала пятидесяти узлов, и в таких условиях пропеллер и крылья начали покрываться коркой льда», — горькая ирония судьбы, учитывая, что двадцатью годами раньше она сама выполняла чертежи оборудования для борьбы с обледенением в компании «Де Хэвилленд». «Лед время от времени разламывался на кусочки, которые били в стекло кабины, и я боялась, что они могут его разбить, — рассказывала она. — Дик спал на заднем сиденье, и, проснувшись, он сказал: «Я не понимаю, из-за чего ты так нервничаешь!» Дик всегда был невозмутим. «Пару раз она катала меня и моих двух мальчиков на своем самолете, — рассказывал Гэвин Лиалл. — Мы взлетали с поля позади их дома в Блеубери, совершали посадку в Литлгемптоне, устраивали там пикник, а затем возвращались назад. А Дик всю дорогу дремал на заднем сиденье».

Энергия, которую демонстрировала Мэри во всех этих деловых начинаниях, казалась просто поразительной, учитывая, что она все еще помогала вести дела магазина модной одежды в Уоллингфорде, хотя ее мать также принимала в этом самое деятельное участие, причем делала это с таким удовольствием, что старая школьная подруга Мэри, Мэри Юлл, навестившая их в 1970 году, решила, что именно Нетта является владелицей магазина. В июле книга Мэри «Руководство по пилотированию для начинающих» была опубликована издательством «*Пелхем Букс*», являющимся дочерней компанией издательства Майкла Джозефа, а в США сразу после Рождества в журнале *Sports Illustrated* появился первый рассказ Дика Фрэнсиса «Морковка для гнедого», в котором злоумышленники подкупают конюха, чтобы он скормил фавориту скачки начиненную допингом морковку и вывел его из строя. Это тяжеловесное повествование с откровенно слабой «неожиданной» концовкой, но успех имени Дика Фрэнсиса уже достиг таких высот, что качество, судя по всему, уже не имело особого значения, и за последующие несколько лет рассказ публиковался еще три раза. Рассказы Фрэнсиса никогда не были такими же хорошими, как и романы, и это явное несоответствие было еще больше подчеркнуто превосходным качеством следующей книги «Крысиные гонки», сюжет которой был навеян повседневными заботами Мэри, ведущей дела компании «Мерликс Эйр».

Главный герой Мэтт Шор — тридцатичетырехлетний пилот, который живет в облезлом фургоне, водит легкие самолеты для компании «Дерридаун Скай Такси» и страдает от постоянной депрессии и нищеты. Жизнь Шора находится в полном беспорядке после тяжелого развода и пары летных происшествий, в которых его несправедливо обвинили, из-за чего он, как и многие герои Фрэнсиса, люто возненавидел британскую прессу. Шор ничего не знает о лошадях, но часто доставляет жокеев, тренеров и владельцев к местам проведения скачек и забирает их обратно. И вот однажды кто-то взрывает его аэротакси через несколько мгновений после того, как он покидает машину вместе с пассажирами. Другой самолет выводится из строя, конкурирующая фирма аэротакси пытается полностью разрушить бизнес «Дерридауна», страховые компании поднимают шум, Шора избивают, оглушают и снова подрывают прежде, чем он наконец получает свою девушку. Книга содержит большое количество информации о полетах в 70-х годах, и если бизнес аэротакси в самом деле велся в таких условиях, то просто удивительно, что Дик и Мэри продержались в нем семь лет, поскольку, судя по книге, это настоящая змеиная яма, наполненная ноющими пассажирами, пронырливыми информаторами и агрессивными конкурентами, готовыми уничтожить вас при первой же возможности.

Книга страдает от некоторых неправдоподобных деталей. Один из персонажей, хиппи по кличке Чантер (Певец), раздражает своей неубедительностью, и меня удивляет, как простой жокей может позволить себе чуть ли не каждый день нанимать аэротакси, хотя Лестер Пиггот часто пользовался услугами «Мерликс Эйр» после того, как он и его жена Сьюзен в 1970-м стали директорами компании, ссудив ей в тот год странную сумму, эквивалент 1115.36 фунтов в 1999 году. Некоторые из описаний просто ужасные: «Он с щелчком захлопнул рот и смерил меня тяжелым взглядом»; «Их губы напряглись в унисон»; «Моя челюсть буквально упала». Но здесь есть и некоторые по-настоящему напряженные, захватывающие моменты — особенно когда неопытная героиня теряет ориентацию, пилотируя самолет над низкой облачностью без радио, и, как всегда, в романе присутствуют обычные для Дика Фрэнсиса милые штрихи. Когда, например, героиня спрашивает Шора, почему она может говорить ему все, что захочет, он знает, это объясняется его вежливостью и бесхарактерностью.

Как обычно, пресса с восторгом встретила книгу, но его поступь в *Sunday Express* не была такой же уверенной. В марте он снова промахнулся со своим ежегодным прогнозом исхода Большого национального стипль-чеза, предсказав, что скачку выиграет Дозо, а следом финишируют лошади его брата, Дага, Джинджер Нат и Прайд оф Кентукки, но в действительности тройку победителей составили Гей Трип, Вултур и Мисс Хантер. Однако ему удалось правильно предсказать победителей нескольких будущих скачек, когда в ноябре его список «двенадцати претендентов» оказался наиболее успешным из всех прежних: поразительные 53 процента его избранников побеждали в своих скачках, а 71 процент финишировали на первом, втором или третьем месте. Була из конюшни тренера Фреда Уинтера выиграла все семь своих скачек в том сезоне, а другая лошадь Уинтера, Инту Вью, победила в четырех скачках из шести. Лошадь тренера Эдварда Куража, Ройал Релиф, не только выиграла четыре своих скачки из шести, но и приходила второй и третьей в остальных двух. А Тайтус Оатес из конюшни тренера Гордона Ричардса пришел первым в четырех из семи скачек и попадал в тройку лидеров в двух остальных. Это был триумф, которым мог бы гордиться любой прогнозист.

Одна из тем, которая все больше беспокоила Дика,

была связана с участью его любимого Большого национального стипль-чеза, который мог уйти в прошлое из-за того, что ипподром Айнтри терял деньги каждый год. Его владелица, восьмидесятилетняя мисс Мирабель Топхем, не могла вечно нести финансовые потери, а переговоры о выкупе ипподрома Ливерпульской Корпорацией, по всей видимости, зашли в тупик. Дик несколько раз возвращался к этой теме в своей колонке, и в первую неделю 1971 года он мрачно констатировал, что Большой национальный стипль-чез этого года, 125-й по счету, вполне может оказаться последним. В конечном итоге его усилия — сначала в качестве журналиста, а затем как члена комитета по спасению Айнтри — оказались не напрасными, и скачку в тот год удалось спасти после того, как компании «Топхемс», «Леви Боард» и «Бритиш Петролеум» внесли залоговые суммы, чтобы поднять размер призового фонда. Однако, несмотря на все успешные действия Дика по спасению великой скачки, ему, как всегда, не повезло в предсказании ее победителей. В тот год он поставил на первое место Чартер Флайта, а следом за ним Кнок Дабха, Гей Трипа и Вултура, но первым мимо финишного столба промчался Специфай.

В феврале 1971 года на посвященной скачкам странице *Sunday Express* появился заголовок, словно бы напрямую позаимствованный из романа Дика Фрэнсиса: «БЫЛ ЛИ ПЕРСИАН УОР В ШВЕППЕСЕ ВЫВЕДЕН ИЗ СТРОЯ ДОПИНГОМ?» — задавался вопросом Том Форрест в своей статье, где он сообщал о том, что стюарды направили на допинг-контроль чемпиона-стиплера после того, как он на протяжении всей скачки плелся в хвосте у двадцати двух участников, не предпринимая никаких усилий выиграть скачку. Снова появились основания считать, что триллеры далеко не всегда являются полностью оторванными от жизни. К этому времени они публиковались на нескольких языках, кроме английского, — включая уэльский, японский, норвежский, — а чешское издание романа «Крысиные гонки», напечатанное тиражом 70 000 экземпляров, было распродано за два дня. Книги читались по радио и переиздавались для разных рыночных ниш в сокращенной или упрощенной форме для людей с проблемами в обучении. Когда Дик и Мэри начали путешествовать по всему миру, рекламируя свои книги и собирая материал для новых произведений, они были поражены, увидев их огромные кучи на книжных стендах во всех аэропортах.

И все же их моменты триумфа смешивались с несчастьями. В 1971 году они с ужасом узнали, что Меррик — теперь уже двадцатиоднолетний молодой человек, работающий помощником тренера Джоша Гиффорда, — собирается открыто сожительствовать со своей подружкой, Элейн Бидгуд, дочерью местного мясника, которая была старше его на четыре года. «Отец просто вышел из себя, — рассказывал Меррик Дженни Найт из *Sunday Times Magazine* в 1987 году. — Я был помощником тренера, живущим на иждивении у родителей, поскольку в те дни, если вы хотели ездить верхом, то не могли рассчитывать на то, что вам будут за это платить. Он сказал, что это будет большая ошибка — я никогда не смогу участвовать в скачках и никто не будет меня уважать. Он написал мне очень строгое письмо, в котором потребовал: «Пожалуйста, не делай этого». Поэтому мы поженились». Они обвенчались в июне, в приходской церкви маленькой суссекской деревушки Уэст-Тарринг. Элейн и Меррик, который так походил на Дика, что тот вполне мог бы сойти за его брата-близнеца в том же возрасте, поселились в доме в Финдоне, купленном для них Диком и Мэри и названном Крадвел-коттедж, в честь великой лошади, на которой Дику приходилось так часто выступать. И все же, возможно, Дику не стоило подталкивать Меррика к женитьбе, поскольку через шесть лет она закончилась разводом. «Всему виной несоответствие характеров, —

рассказывал Меррик Дженни Найт. — Непросто иметь родителей, живущих в любви и согласии. Когда ты женишься, то надеешься на то, что у тебя все будет так же замечательно, и неизбежное разочарование вызывает сильный шок».

В общем, Дик, Меррик и Феликс всегда очень хорошо ладили друг с другом, но в опубликованном в тот год романе «Перелом» еще раз описывается напряженность, враждебность и даже откровенная жестокость в отношениях между отцами и детьми, причем речь идет не об одном отце, а сразу о двоих. Рассказчик — тридцатичетырехлетний бизнесмен Нейл Гриффон, чей холодный равнодушный отец, скаковой тренер из Ньюмаркета, попадает в больницу после автомобильной аварии и ожидает от сына, что он возьмет на себя решение его проблем, хотя сам относится к нему критически, постоянно демонстрируя лишь свою неблагодарность. В детстве Гриффона никогда не били, но часто подвергали жестоким психическим наказаниям, порой запирая его в спальне на три или четыре дня. Описание Гриффоном своего несчастного детства пронизано таким глубоким чувством, что читается словно автобиография, но Дик всегда отрицал, что плохие взаимоотношения между сыном и отцом, часто встречающиеся в книгах, основаны на его собственных взаимоотношениях с Винсом. Тогда, возможно, это отец Мэри является прообразом холодных, бессердечных родителей, постоянно появляющихся в романах Фрэнсиса? Кажется маловероятным, чтобы какой-либо писатель стал бы возвращаться к одной теме, не имея глубокой внутренней потребности выразить свои чувства. Возможно, это Уильям Бренчли был далеко не лучшим отцом? Если это так, то становится понятным, почему мать Мэри вся жизнь цеплялась за воспоминания о счастливых школьных днях и никогда не обрывала пуповину, соединяющую ее с Милтон-Моунт. Это даже может объяснить то садистское удовольствие, с которым, по-видимому, были написаны многие сцены насилия в романах Дика Фрэнсиса.

Другой фигурой такого же злого отца, выведенной в романе, является порочный итальянский мультимиллионер и преступник Энцо Ривера, который готов ломать ноги лошадям — или использовать пытки, наркотики, шантаж и убийства, — чтобы убедить Гриффона взять его испорченного, высокомерного восемнадцатилетнего сына Алессандро на работу в качестве жокея и позволить ему выступить на фаворите в Дерби.

«Перелом» порою кажется той же самой хорошо составленной смесью, знакомой нам по предыдущим романам: жестокое насилие начинается на первой же странице, подробные сексуальные сцены включают обсуждение тем сифилиса, стерилизации и вагинального оргазма; читатель начинает задумываться задолго до конца книги, почему бы просто не сообщить о Ривере в полицию и посадить его в тюрьму; а с кровавой концовкой романа по количеству трупов может сравниться разве что финальная сцена из «Гамлета». И все же книга содержит по-настоящему напряженные и захватывающие моменты, а некоторые фразы и последние страницы просто превосходны. Исследование антагонизма отцов и детей также придает необычайную глубину повествованию, по ходу развития которого Гриффон постепенно приучает высокомерного молодого Алессандро, обламывая его, словно норовистого жеребца, и когда двое мужчин приходят к взаимопониманию и начинают уважать друг друга, им наконец удается убежать от нависающей тени их отцов. Когда книга была опубликована в октябре, литературное приложение к *The Times* написало, что романы Фрэнсиса имеют «благозвучную нравственную тональность» и «сюжетную стройность классической сказочной истории», а журнал *Time* поместил Фрэнсиса «в компанию таких писателей, как Джон Бачен, которые создали для себя свой собственный жанр, а затем используют его, ради чистого удовольствия, чтобы поведать о своем жизненном опыте, знаниях и привязанностях». Самая милая реакция на новый роман последовала от королевы-матери. «Более грязный, чем все предыдущие», — сказала она с усмешкой.

В марте Охотничьи конюшни У. Дж. Смита в Холипорте, где много лет проработал Винс, были закрыты дочерью Хораса Смита, мисс Сибил Дайер-Смит, которая решила выйти из бизнеса, но энтузиазм Дика к конно-спортивным шоу сохранился, и в 1971 году он был приглашен в качестве судьи на Международное конно-спортивное шоу в Йоханнесбурге, продолжавшееся две недели. Они с Мэри вылетели в Южную Африку, чтобы присоединиться к дюжине других звезд конного спорта, таким, как олимпийские чемпионы по конкуру Аннели Драммонд-Хей и Пьеро д'Инзео. Они остановились у директора шоу Кристофера Колдри и его жены Джейн на их ферме в окрестностях Йоханнесбурга. Они побывали на нескольких скачках и посетили заповедник Крюгера, где провели три ночи в простых хижинах, в восторге от редкой возможности наблюдать с близкого расстояния за многочисленными дикими живстными, и были зачарованы горячим, сладким запахом настоящей африканской саванны — запахом, который напоминал Дику о том времени, когда он проходил летную подготовку в Родезии. И они получили большое удовольствие, когда, остановившись на отдаленной бензозаправочной станции в национальном парке Крюгера, увидели там стойку, доверху заставленную книгами Фрэнсиса в мягкой обложке. «Владелец магазинчика попросил меня оставить свой автограф на одной из них, — рассказывал мне впоследствии Дик, сияя детской радостью. — Это было очень приятно».

Он чувствовал себя как дома на ипподромах в Джермистоне и йоханнесбургском Ньюмаркете, где царила та же самая атмосфера, что и в родном Ньюмаркете, если не принимать во внимание черные лица конюхов и тот факт, что все лошади были здесь мельче и имели маленькие щеточки, торчащие вверх над копытами, из-за чего создавалось впечатление, будто они стоят на цыпочках. Но кульминацией всего их путешествия была экскурсия на золотой рудник в Велкоме, в 160 милях к югу от Йоханнесбурга, где они надели белые комбинезоны, ботинки и шахтерские каски, застегнули на талии тяжелые пояса с батареями, сели в открытую клеть и опустились на четыре тысячи футов ниже земной поверхности с устрашающей скоростью 2 800 футов в минуту. Закончив спуск, они втиснулись в маленькую вагонетку, которая перевезла их еще на две мили в глубокие недра земли. Покинув это экзотическое транспортное средство, они включили фонари на касках и отправились следом за проводником в темноту длинных туннелей, к тому месту, где работающие в забое южноафриканские шахтеры вгрызались в скалистую поверхность. На Фрэнсисов произвели большое впечатление размер всего этого предприятия, его потрясающая организация и эффективность, рев кондиционеров и буров, удивительные факты и цифры: то, что для добычи одной унции золота требуется раздробить и поднять на поверхность три тонны руды; то, что золотоносный пласт имеет среднюю толщину около фута и поэтому добыча золота похожа на извлечение тонкого слоя мяса из огромного сэндвича; и что в ранние дни золотодобычи из-под Йоханнесбурга было извлечено такое количество горной породы, что город просел почти на один ярд. В поездке по Южной Африке им все доставляло удовольствие, за исключением одного обстоятельства: в то время как Дик был равнодушен к спиртному, местное виски оказалось слишком слабым на вкус Мэри, поскольку здесь существовал обычай щедро разбавлять его водой. Вернувшись домой, они решили, что сценой основных событий следующего романа «Дьявольский коктейль» [Smokescreen] станет Южная Африка, а его главный герой будет кинозвездой, и поэтому для завершения своих исследований Дик и Мэри посетили киностудию «Пайнвуд», чтобы понаблюдать за процессом киносъемки.

Не только романы пользовались все большим успехом в книжных магазинах. «Руководство по пилотированию для начинающих» продавалось так хорошо, что в августе оно было переиздано, и Мэри часто получала письма от начинающих пилотов, в которых они благодарили ее за ответы на вопросы, которые они не осмеливались задать своим инструкторам. Однако бизнес аэротакси шел далеко не так успешно. В 1971-м, на втором году существования компании, «Мерликс Эйр Лимитэд» купила самолет «Чероки 140», но вскоре каким-то образом умудрилась снова его продать дороже, что позволило компании завершить финансовый год с прибылью, хотя она объявила о накопившихся убытках на приличную сумму. В следующем году дела компании шли несколько лучше.

Между тем карьера *Sunday Express* подходила к концу. В ноябре его выбор двенадцати претендентов оказался значительно менее успешным, чем в предыдущий год, и лишь 23 процента выбранных им лошадей выигрывали свои скачки в этом сезоне и 45 процентов приходили в тройке призеров. Дик все еще получал удовольствие от некоторых аспектов своей работы, например, когда написал веселую колоритную статью о женщине-кузнеце, а в январе он бросился в атаку на феминизм, когда осмелился заявить о том, что женщин не следует допускать к участию в стипль-чезе, поскольку лишь немногие представительницы слабого пола обладают силой, необходимой для управления большими стиплерами на профессиональной скаковой дистанции, и потому что «я отказываю им в равном с мужчинами праве калечить свои конечности или уродовать лица. Скачки с препятствиями настолько же физически противоестественны для женщин, как и бокс». Он даже зашел настолько далеко, что назвал женщин-жокеев «змеями, притаившимися в траве» и шутливо признался: «В тот день, когда женщины начнут выступать в стипль-чезе, моя жизнь не будет стоить и гроша!» Но во всем остальном работа в *Sunday Express* становилась большой обузой, препятствовавшей участившимся путешествиям Дика и Мэри по всему миру. Например, в мае 1972 года он отправился в Соединенный Штаты, чтобы присоединиться к команде журналистов *Sports Illustrated*, описывающих кентуккийское Дерби в Лексингтоне, и окунуться в атмосферу Дня Дерби, о котором он, по желанию журнала, должен был написать рассказ в следующем году. Кроме того, он вместе с Мэри совершил путешествие в Норвегию, чтобы посмотреть на Большой национальный стипль-чез на ипподроме Овреволл в Осло и поставить автограф на экземплярах своих книг, которые уже пользовались здесь большой популярностью. Здесь Дик с удивлением обнаружил, что последняя из скачек в один из дней проводилась в темноте, освещенной лишь прожекторами, сияющими на финишной линии, которая словно бы приглашала совершать под своим покровом все самые грязные приемы нечестной игры. Ипподром в Осло был маленьким и аккуратным, с симпатичным прудом в самом центре: «словно бы предназначенном для того, чтобы в нем обнаружили мертвое тело», — сказал Дик, и, конечно же, именно там оно и было найдено в одном из последующих романов «Смертельная скачка» [Slay-Ride].

В Южной Африке Мэри была разочарована слабостью виски, в Норвегии ее поразили высокие цены на алкоголь, большое количество пьяных и строгие законы, регулирующие продажу спиртных напитков, казавшихся еще более нелепыми, чем в Великобритании: даже в ресторане отеля вы не могли заказать бренди раньше трех часов дня, и употребление алкоголя считалось противозаконным по субботам и воскресеньям.

Но на Фрэнсисов произвело большое впечатление спокойное отношение норвежцев к жизни, полное отсутствие очередей, даже в Осло, и они открыли для себя вкус таких деликатесов, как вяленый лосось, отбивная из мяса северного оленя и морошка — ягода со вкусом карамели, настолько редкая, что ее сбор ограничивался законом. Они провели в Норвегии всего лишь два дня, но этого оказалось достаточно для того, чтобы обеспечить их материалом для следующего романа.

Один из заметных журналистских успехов пришел к Дику после того, как он предсказал в 1972 году, что никому не известный девятнадцатилетний жокей стипль-чеза, Джон Фрэнком, выступающий свой первый сезон за Фрэда Уинтера, когда-нибудь станет жокеем-чемпионом. Фрэнком завоевал этот титул через четыре года, в конечном итоге выигрывал его семь раз и одержал больше побед в скачках с препятствиями, чем любой другой жокей за всю историю (1138), прежде чем он удалился на покой в 1985 году. Однако Дика, как всегда, преследовала неудача, когда он попытался предсказать результат Большого национального стипль-чеза того года, поставив на первое место Лескагорта, а следом за ним Эстбури и Раф Силк, но первыми у финишного столба оказались Уэлл Ту Ду, Гей Трип, Блэк Секрет и Дженерал Саймонс.

Как обычно, тем летом Дика попросили судить один из главных чемпионатов в классе гунтеров, на этот раз конно-спортивное шоу графства Эссекс, а в августе он купил скаковую лошадь на торгах в Аскоте: Фортишион, стиплера, принадлежавшего политику лейбористской партии и председателю Комитета по налогообложению ипподромов, лорду Виггу, который ушел в отставку и решил распродать скаковых лошадей. Книги теперь продавались так хорошо — а «Фаворита» вскоре должны были экранизировать, — что Дик заплатил две тысячи соверенов за лошадь.

Когда роман «Дьявольский коктейль» был опубликован осенью, он оказался полной неудачей и самым худшим из всех романов Фрэнсиса: скучное, медленное, неинтересное и совершенно неубедительное повествование о тридцатитрехлетней кинозвезде, англичанине Эдварде Линкольне, который вылетает в Южную Африку, чтобы выяснить, почему скаковые лошади его друга не выигрывают скачки, которые они должны выигрывать, и делает там те же самые вещи, что и Фрэнсисы во время своего южноафриканского турне, но без всяких видимых причин их делать и без какой-либо связи с сюжетом. Большая часть книги представляет собой чистый путеводитель с длинными фрагментами не относящейся к делу информации и бесконечными скучными лекциями о золоте, золотодобыче, Национальном парке Крюгера, южноафриканской политике, начисто лишенными всякого напряжения или реальной повествовательной силы. Вплоть до заключительной, пятой части книги ровным счетом ничего не происходит, а то, что происходит дальше, кажется просто смешным. Главный злодей с самого начала настолько явно демонстрирует свою преступную сущность, что ему остается только нацепить на грудь огромный значок с надписью «УБИЙЦА».

«Дьявольский коктейль» можно было бы сразу забыть, если бы под грудами пустой породы не сверкали бы там и здесь самородки автобиографических воспоминаний, которые позволяют понять собственное отношение Мэри и Дика к их возрастающей славе литературных звезд. Например, после того как Эдвард Линкольн снимается в фильме, где его показывают висящим на одной руке над «тысячефутовой пропастью», он признается в том, что сцена была смонтирована на фоне каменистого пейзажа Долины Скал в Северном Девоне, возле Линтона, где Мэри училась в школе во время войны. У Линкольна вызывает отвращение позиция равнодушных наблюдателей и использование страданий других людей для достижения личного успеха, как это делают многие писатели, так же, как и Дику с Мэри, ему приходится принимать у себя льстецов и тех, кто делает глубокомысленные замечания о его работе. Линкольн начинает ненавидеть все эти «личные появления» на публике, которые обязаны совершать популярные актеры и писатели, после которых он чувствует себя выжатым и использованным. Подобно многим другим героям Фрэнсиса он глумится и издевается над прессой, поскольку теперь уже не нуждается в паблисити, как это было недавно. Возможно, слава начала становиться тяжелым бременем для Фрэнсисов так же, как и для Эдварда Линкольна.

Некоторые обозреватели остались слепыми к огромным изъянам «Дьявольского коктейля», и газета *Evening Standard* даже абсурдно заявила, что это «его лучший триллер» и он «воистину захватывающий». Книги Дика Фрэнсиса стали такими бесспорными бестселлерами, что теперь лишь редкие критики осмеливались предположить, что они не всегда являются безупречными, хотя обозреватель американского журнала *Time* Марта Даффи отметила в своей статье «большую долю наивного мазохизма» этих произведений, подвергла критике их все более лекционно-познавательное содержание, указав на то, что истинная сила романов Фрэнсиса кроется в леденящих душу описаниях зимних английских скачек, а не в сухой жаре африканского буша. Когда Джеймс Фокс из *Sunday Times Magazine* задал вопрос о сексе и насилии в книгах, Дик признался: «Издатели говорят, что секс и садизм хорошо продаются. Они не просят меня об этом, но жадно поглощают мои романы». Далее Дик неубедительно заявил о том, что в мире скачек не существует классовых различий, отметив: «Королева-мать каждый год устраивает вечеринку для своих друзей из мира скачек, которые приходят и запросто разговаривают с ней так же, как я разговариваю с вами. Там нет классовых различий». А что касается возможной зависти людей к их богатству, то Мэри сказала Фоксу: «В мире много зависти. Люди не любят богатство, поскольку у них его нет. Зачем ненавидеть то, что есть у других людей?» Очевидно, успех имеет свои отрицательные стороны.

И все же разочарование Фрэнсисов в прессе не помешало Дику поговорить с репортером *Daily Telegraph* на званом обеде, который издательство Майкла Джозефа устроило в честь публикации новой книги. «Работа над книгой всегда отнимает у меня много времени, — заявил он, — я постоянно изменяю слова, предложения, целые абзацы, в то время как на лошади я чувствую себя совершенно спокойно», и далее говорит о том, что он вносит столько различных изменений в свои рукописи, с различными стрелками и зачеркиваньями, что никто больше не может их читать. В то же время в пересмотренной редакции своей автобиографии, опубликованной через пятнадцать лет, Дик написал о том, что он никогда не переписывал в своих рукописях больше нескольких слов. Дик также сказал в интервью для *Evening Standard*, что он пишет книги «после чашечки кофе или стакана вина, засиживаясь за работой допоздна». Это полностью противоречит его многочисленным заявлениям, сделанным в интервью, о том, что он всегда рано ложится спать, в то время как Мэри еще долго остается на ногах. Кроме того, данное утверждение не соответствует замечанию из второго рассказа Дика Фрэнсиса «День вина и роз», написанного в тот же год, о том, что ни один писатель не способен пить и писать одновременно. Также очень странным, учитывая видимое отвращение Дика и Мэри к прессе, выглядит заявление рекламного отдела издательства Майкла Джозефа, сделанное через несколько месяцев, о том, что Дик «наименее известный» из всех авторов бестселлеров и он «жаждет быть «открытым».

1972 год был последним полным годом работы Дика в журналистике, и в конце его он опубликовал две язвительные статьи, насмехающиеся над попытками руководства Национального охотничьего комитета сделать скачки с препятствиями более мягкими в сравнении с тем, какими они были в годы его выступлений. Начиная с октября жокеев стипль-чеза заставили всегда иметь при себе на скачках медицинскую книжку и проходить прямо на ипподроме медицинскую комиссию, допускающую их до участия в скачке, чтобы ни один жокей больше не имел возможности выступать со сломанными костями или скрытым бандажом, как это часто делали Дик и его современники. Иронизируя над «заботливой рукой бюрократии» и этой «мелочной, суетливой, сующей нос в чужие дела законодательной инициативой», которая «ограничивает личную свободу», он заявляет о том, что жокеи, как дееспособные, ответственные, взрослые люди, сами должны решать, способны ли они выступать в каждой конкретной скачке, и не отдавать свое право «сверхосторожным врачам». В декабре он сделал это снова, выступив под заголовком «НЕ ДЕЛАЙТЕ ПРЕПЯТСТВИЯ ДЛЯ СКАЧЕК СЛИШКОМ УПРУГИМИ» против планов жокей-клуба использовать для изготовления препятствий пластик вместо традиционных березы или ели. Он написал: «Жокеи стипль-чеза всегда получали травмы или даже погибали. Они готовы к такой возможности; и тот, для кого личная безопасность имеет первостепенное значение, вряд ли с самого начала выберет для себя такую профессию». Дик давно смирился с тем, что риск, боль и скачки с препятствиями сопутствуют друг другу. Он чувствовал это каждую неделю, и, когда травмированное плечо снова выскакивало из впадины во время верховой прогулки по Даунсу, возле Блеубери, он просто стискивал зубы и терпел боль, пока плечо снова не вправят на место.

В ноябре он сделал свой последний ежегодный выбор двенадцати претендентов на победу в стипль-чезе, и этот список оказался вторым из наиболее успешных за всю его карьеру: 67 процентов названных им лошадей попадали в тройку призеров, а 47 процентов побеждали в своих скачках. Его список возглавлял феноменальный Киллини из конюшни Фреда Уинтера, который в том сезоне участвовал в девяти скачках и выиграл восемь из них. Это была удачная финальная попытка, позволившая Дику завершить свою карьеру предсказателя исходов с вполне приличным средним результатом (не считая Большого национального стипль-чеза): 30 процентов его «претендентов на победу» выигрывали свои скачки и 56 процентов приходили в тройке лидеров. Теперь он уже твердо решил, что пришло время оставить работу в *Sunday Express.* Она больше не доставляла ему удовольствия, и когда в 1982 году Джон К. Карр, собирая материал для своей книги «Искусство преступления», спросил Дика, нравилось ли ему работать журналистом, он ответил: «Я не могу сказать, что мне нравилась эта работа, скорее даже, я ее ненавидел — если вы подхватили кусочек информации, в достоверности которой не уверены, но которую можно использовать, редакторы совершенно обоснованно ожидают от вас, что вы это сделаете, а мне не нравилось печатать в газете то, что могло создать людям плохую, грязную репутацию». Как он сказал Яну Мойру из *Daily Telegraph* в 1997 году, «у меня все время было такое чувство, что я наступаю людям на ноги, хотя я никогда не писал о них ничего порочащего». В тот же год Дик сказал Речел Такрей из *Independent on Sunday*: «Я не любил задавать людям вопросы, поскольку всегда опасался, что им будет неприятно на них отвечать. Я не был хорошим газетчиком».

К счастью, он больше не нуждался в том жалованье, которое ему платили в *Sunday Express.* Книги теперь пользовались таким огромным успехом, что в 1973 году его имя в первый раз появилось в справочнике «Кто есть кто» (активный отдых: прогулки на катере, теннис), хотя там привели о нем не совсем точные сведения, написав, будто Дик посещал исключительно мейденхедскую школу для мальчиков и что он был пилотом ВВС на протяжении всей войны с 1940 по 1945 год. Теперь, когда Дик и Мэри стали богатыми, они могли позволить себе несколько больше, чем теннис и прогулки на катере, начав путешествовать более интенсивно. Дик купил Мэри спортивный автомобиль «Триумф», а себе новый трехлитровый «Ровер» с тщеславным номерным знаком, составленным из его собственных инициалов, RSF 222.

В последние несколько месяцев своей работы в *Sunday Express* он совершил поездку в Ламборн, чтобы взять интервью у двух своих старых соперников, жокеев-чемпионов Фреда Уинтера и Стэна Меллора, после чего написал теплые статьи о них обоих. В марте Дик, как обычно, попал пальцем в небо, попытавшись предсказать результат Большого национального стипль-чеза, на сей раз поставив на Эшвилла, Беггарс Уэя и Спэниш Стэпса только для того, чтобы стать свидетелем, как их обошли Рэд Рам, Крисп и Лескагорт, хотя Спэниш Стэпс все-таки пришел четвертым. Казалось вполне уместным, что его последний отчет о Большом национальном стипль-чезе был напечатан в *Sunday Express* в День дураков. Всю свою жизнь он мечтал выиграть Большой национальный стипль-чез, но казалось, что его преследует проклятие каждый раз, когда он в нем выступал или писал об этой великой скачке.

Дик написал еще только одну настоящую статью, проведя обычную гневную атаку на жокей-клуб за то, что он отказался предоставить «моему старому другу» Фреду Уинтеру лицензию на участие его лошадей в гладких скачках, поскольку руководство жокей-клуба опасалось, что он будет использовать гладкие скачки только для поддержания формы своих стиплеров, вместо того чтобы пытаться в них победить. Это было «самое экстраординарное решение в этом скаковом году, — возмущался Дик, — в которое просто трудно поверить». И далее он добавил: «Может ли существовать ситуация, которая бы в большей степени провоцировала гнев и презрительное отношение к властям?» Это была громкая лебединая песня, положившая конец его журналистской карьере.

29 апреля он написал свою 805-ю и заключительную статью для *Sunday Express* под заголовком «ПРОЩАЙТЕ – И СПАСИБО ЗА ТО, ЧТО ЧИТАЛИ МЕНЯ...». После шестнадцати лет он решил, что с него достаточно. Дик вежливо написал в статье, что это были «приятные, полезные годы», хотя позднее, во втором издании своей автобиографии он признался, что был рад наконец-то бросить журналистскую работу. Просто Дик не был писателем по своей природе. Его душа лежала не к словам, а к лошадям.

Глава 13

ФЕНОМЕН (1973–1979)

Когда Дик в конце апреля 1973 года ушел из *Sunday Express*, его романы издавались на четырнадцати языках, и каждый из них продавался лучше, чем предыдущий. В Великобритании «Дьявольский коктейль» был продан тиражом 25 000 экземпляров за пять месяцев, а «Перелом» разошелся тиражом 100 000 экземпляров в мягкой обложке, так что авторские отчисления только за публикацию книг в Великобритании выросли до 140 000 фунтов в год в наше время, и это без учета продаж ранних романов, не говоря уже об изданиях в США или на других языках. По всему миру было продано около пяти миллионов экземпляров книг, и среди почитателей творчества Дика Фрэнсиса была не только королева-мать, но и Кингсли Амис, сэр Джон Бечеман,

Бинг Кросби, Филипп Ларкин, Рэй Милланд и Чарлз Питер Сноу (лорд Сноу), который заявил, что он читал все его книги. Сноу написал в одном из июльских номеров *Financial Times* о том, что Дик проявляет «большую изобретательность как при создании сюжета, так и в деталях... Во многих отношениях его книги глубже значительной части работ, которым мы воздаем почести... как произведениям искусства». Дик, по его словам, «обладает качествами и талантами, которыми начинают овладевать лишь немногие романисты», его книги «удивительно хорошие», а глубокое понимание своих главных героев «поднимает его книги на более высокий уровень, чем все, что выходит в том же жанре. Это создает свойственную им динамику, поток внутренней энергии и... вызывает у читателя твердую убежденность в том, что он находится в компании мудрого и взрослого человека».

Статья Сноу «была большой поддержкой для моего эго», — сказал мне Дик через четыре месяца. Даже люди из мира скачек читали эти романы, хотя их круг чтения обычно ограничивается газетой *Sporting Life* и большими чеками. «Книги преувеличивали реальную жизнь, — сказал мне Том Форрест. — Но даже несмотря на это, многие люди, связанные со скачками, читали их». И книги далеко не всегда чрезмерно драматизировали реальные события: этим летом тренер Артур Баджет счел необходимым выставить возле двух своих лошадей, которым предстояло участвовать в Дерби, вооруженную охрану.

Книги Фрэнсиса теперь получали высокую оценку и многих других писателей. «Я люблю его книги: они замечательные», — сказала мне Маргарет Йорк, автор сорока одного криминального романа, получившая в 1999 году Бриллиантовый Кинжал от Ассоциации писателей детективного жанра за достижения на протяжении всей карьеры. Автор остросюжетных романов и критик Х. Р. Ф. Китинг согласен с ней. «Я очень высоко ценю романы Дика Фрэнсиса, — сказал он мне. — Как и Конан Дойл, он не просто автор криминальных романов, но еще и очень хороший писатель. Он пользуется огромной популярностью и при этом пишет хорошие книги, а таких писателей совсем немного». А П. Д. Джеймс сказал мне, что она оценивает ранние романы Фрэнсиса «достаточно высоко, поскольку они очень динамичные, в них хорошие диалоги, они имеют сильную повествовательную линию, в них есть лошади и специальные сведения». В знак высокой оценки его творчества Дик был выбран председателем Ассоциации писателей детективного жанра на период 1973—1974 годов.

В мае издательство «Pan Books» разместило рекламу романа «Перелом» на боковых поверхностях красных лондонских двухэтажных автобусов — огромные затраты для издателя на рекламу романа — и Дик и Мэри имели удовольствие, стоя на Оксфорд-стрит, любоваться проезжающими мимо автобусами. Они были так уверены в постоянстве своего успеха, что купили квартиру в Лондоне на Ханс-плейс, возле универмага Харродс, который они использовали как свой магазинчик на углу, даже если им требовалось купить лишь бутылку молока или лампочку, и квартира позволяла им оставаться на ночь в Лондоне после посещения театра в Уэст-Энде. И когда Дик получил приглашение на популярное телевизионное ток-шоу Майкла Паркинсона, он ответил отказом, поскольку не хотел огорчать некоторых своих друзей, с которыми уже договорился поужинать в тот же вечер. Экранизация романа «Фаворит» должна была начаться в июле под руководством режиссера Тони Ричардсона, среди фильмов которого были такие известные киноленты, как «Оглянись во гневе», «Субботний вечер и воскресное утро», «Одинокий бегун на длинные дистанции» и «Атака кавалерийской бригады». На съемки были приглашены кинозвезды Скотт Энтони и Джуди Денч, пишущий о скачках корреспондент (лорд) Джон Оакси — в качестве технического консультанта, и Меррик, который отвечал за лошадей. Были также проданы права на экранизацию нескольких других книг, и пресса теперь начала регулярно брать у Дика интервью.

В одном из первых интервью Джон Халл из *Guardian* написал о том, что бунгало в Блеубери украшает фотография королевы-матери (подписанная «Елизавета»), большое количество обитой плюшем мебели и пластиковая пальма в горшке. Фрэнки Макговану из *Evening News* показалось странным, что на протяжении всего интервью Мэри «оборонительно кружила вокруг него, исправляя все ответы, которые, по ее мнению, могли создать ложное впечатление». Определенно, некоторые из замечаний, сделанные Диком в ходе этого интервью, кажутся достаточно фривольными. Он сказал, что не пишет подробных сексуальных сцен, «потому что я не обладаю достаточными познаниями в этом вопросе. В действительности Мэри поставляет мне всю информацию о женской анатомии, в которой я нуждаюсь», и потому что «мои книги читают совсем молодые люди, так же как и королева-мать». Он также заявил, что «когда я в первый раз ввел в роман сексуальную сцену, моей первой мыслью было, как на это прореагирует королева-мать», и еще сказал, что он дарит ей сигнальный экземпляр каждой книги.

Алан Брук, который стал главным редактором издательства Майкла Джозефа в 1974 году, сказал мне, что «Дик был невероятно милым и добрым человеком», но «он плохо запоминал имена людей и всегда мог назвать вас чужим именем. Я проработал в издательстве Майкла Джозефа около пяти лет, прежде чем он правильно запомнил мое имя». Фрэнсисы стали фаворитами в конюшне Майкла Джозефа. «На наших вечеринках для писателей они были дружелюбными со всеми, — рассказывал мне Лесли Крэмпхорн. — Они были частью компании».

Осознав, что Мэри почти так же интересна, как и Дик, *Daily Telegraph* направила в мае Джейн Маклоуглин в Блеубери, чтобы взять у нее интервью, и Мэри сказала ей, что их с Диком решение основать компанию «Мерликс Эйр» отчасти было вызвано советом «нашего бухгалтера, который сказал, что нам нужно открыть новое предприятие». Если частью их мотивов было показать финансовые потери, то они добились своего. «Жокеи порой ставят перед нами невыполнимые задачи», — сказала Мэри в интервью Джейн Маклоуглин:

«Они говорят, что им нужно выступать в два часа дня в Челтенхеме, а затем в три часа дня быть на скачках в Айре. Разумеется, мы отказываемся от таких невозможных задач, но чаще всего приходится подчиняться. Порой нам приходится работать по расписанию, составленному с точностью до секунды. Порой оно может зависеть от местных изменений погоды. Однажды, когда нам нужно было доставить Лестера в Шорем, с моря набежал густой туман. Самолет не мог приземлиться, и ему пришлось вернуться в Гэтуик».

Мэри по-прежнему время от времени доставляла Дика на скачки, взлетая с поля позади их бунгало и порой приземляясь на самом аэродроме. «Летать значительно безопаснее, чем водить машину», — говорила она.

Несмотря на всю эту бурную деятельность, Мэри оставалась рассудительной женщиной. «Она не была ученым, но ее, несомненно, можно считать высокообразованным человеком, — сказал мне ее друг, писатель детективного жанра, Гвен Батлер. — Она очень умная — и такая непритязательная, мягкая, такая теплая, искренняя личность».

В мае журнал *Sport Illustrated* опубликовал второй рассказ Дика Фрэнсиса «Дар», хотя его переименовали в «День вина и роз». Это история про американского журналиста, получившего задание написать о кентуккийском Дерби, и значительно лучший рассказ, чем «Морковка для гнедого». Он начинается и заканчивается очень хорошо, хотя персонажи, как всегда, имеют необычные имена (Пайпер Болес, Харборн Кресси, Клей Патрович), и журналистам из *Sports Illustrated*, которые позволили Дику составить им компанию годом раньше, могло не слишком понравиться то, что Дик изобразил главного героя рассказа, журналиста Фреда Коллера, ленивым пьяницей, который не стесняется мошенничать, безбожно завышая свои командировочные расходы. Однако в образе Коллера есть намек и на самого Дика, поскольку написание статей для своей колонки начинает вызывать у него смертельную скуку. Когда рассказ был перепечатан в *Ellery Queen's Mystery Magazine,* ему дали другое название, «Сенсация» [The Big Story]. Как ни печально, но для Фрэнсисов май не стал временем исключительно вина и роз: в конце месяца после долгой, продолжительной болезни в возрасте шестидесяти шести лет скончался Питер Казалет.

Результатом путешествия в Норвегию стало появление следующего романа, «Смертельная скачка» [Slay-Ride], и хотя книга насыщена местным колоритом, у него нет такого же очевидного сходства с туристическим путеводителем, как у «Дьявольского коктейля». Главный герой Дэвид Кливленд, следователь жокей-клуба с ученой степенью по психологии, направляется в Осло расследовать обстоятельства исчезновения английского жокея и нескольких сумок, наполненных наличными деньгами, с ипподрома Овреволл. В отличие от большинства других героев Фрэнсиса, жизнь Кливленда складывается вполне счастливо до тех пор, пока он не узнает, что расследует не просто воровство, а убийство, и в процессе расследования его пытаются утопить, оглушают, чуть не разносят на части бомбой и замораживают почти до смерти. Это не лучший из романов Фрэнсиса: повествование кажется слишком затянутым; злодеи раскрывают себя задолго до конца; а кульминационная сцена на ледяной горной вершине абсолютно неправдоподобна. Опять-таки, еще не добравшись и до половины романа, читатель задается вопросом, почему бы Кливленду не обратиться просто в полицию, вместо того чтобы с риском для жизни строить из себя героя-одиночку. Здесь есть еще одни холодные взаимоотношения между отцом и сыном, а также имеется на удивление подробная сексуальная сцена, когда Кливленд разгорается похотью к жене своего норвежского друга, и во время совместного танца она доводит себя до оргазма, который описывается с поразительными графическими деталями. Это явно противоречит постоянным заявлениям Дика о том, что он не одобряет откровенных сексуальных сцен в романах. И все же трудно поверить в то, что такую сцену мог написать мужчина, тем более такой мужчина, как Дик: на ней явно проступают отпечатки пальцев Мэри.

Большинство обозревателей снова встретили роман с большим энтузиазмом, хотя *Daily Telegraph* отметила, что он «далеко не такой захватывающий, как лучшие из книг Дика Фрэнсиса», а Фрэнсис Гофф из *Sunday Telegraph* написал, что «герой слишком хороший, чтобы выглядеть правдоподобным», но, впрочем, это можно сказать почти о каждом герое Фрэнсиса. Одним из читателей, уже пресытившимся сценами насилия, оказалась королева-мать: повстречав Феликса в Лондонском университете, где он теперь обучался, а она была его почетным ректором, королева-мать сказала ему, что ей нравятся книги его отца, но она надеется на то, что они не станут еще более кровожадными.

В декабре я отправился в Блеубери, чтобы взять у Дика интервью для своей литературной колонки в *Sunday Express*, и меня поразила непритязательная простота красного кирпичного бунгало, где они счастливо прожили на протяжении двадцати лет и не проявляли никакого стремления поменять жилье, несмотря на свое богатство. Кабинет Дика был очень маленьким, с высоким антикварным креслом, оставшимся от Молли (покрытым декоративным чехлом, сшитым Неттой), и письменным столом под картиной, на которой была изображена традиционная охотничья сцена. «Если есть рай на земле — это он, это он, это он». Дик все еще регулярно выезжал верхом со староберкширской охотой, хотя ему уже исполнилось пятьдесят три. «Это очень резвая свора, и одно удовольствие смотреть на то, как они работают по пересеченной местности», — сказал он Уильяму Фостеру из *In Britain* через пять лет.

В ходе нашего интервью Дик постоянно делал прозрачные намеки на то, что Мэри вносит значительно больший вклад в написание книг, чем кто-либо может себе представить, и заявил, что он находит писательский труд крайне утомительным — «он отнимает значительно больше сил, чем верховая езда, и я имею в виду именно *физическое* утомление, — а далее признался: — Я по-прежнему ощущаю себя в большей степени человеком действия, чем человеком слова, больше наездником, чем писателем. Если кто-нибудь внезапно спросит меня: «Кто ты, Дик?» — я отвечу, не задумываясь: «Жокей». И всякий раз, когда он делал какую-нибудь ошибку, касающуюся одной из книг, Мэри спешила его поправить. Создавалось впечатление, что в ходе интервью она выполняет роль бонны. Он сказал:

«У нее очень цепкая память, значительно лучше, чем у меня. Она сопровождает меня во всех поездках, связанных со сбором материала, — всегда хорошо иметь две пары глаз и ушей. Она выполняет большую часть исследовательской работы и правит рукописи — Мэри значительно сильнее меня в правописании — и оказывает большую помощь, если у меня возникают проблемы с английским. Она читает каждую главу, как только я ее заканчиваю, и мы обсуждаем книгу в целом. Она не раз выводила меня из затруднительных ситуаций. Одна книга — «Игра без козырей» — полностью ее идея. Я совершенно не знал, о чем, черт возьми, мне писать».

Мэри в этом месте выглядела сильно обеспокоенной и смущенной из-за его решимости рассказать мне о ее огромном вкладе в создание книг. «Ты создашь у людей ошибочное впечатление», — сказала она с тенью раздражения, на что он твердо ответил: «Я хочу, чтобы ты получила признание». Я вернулся в Лондон сильно озадаченный, удивляясь тому, как такой человек, как Дик, смог написать столько превосходных романов. Разве хороший писатель мог бы сказать: «если у меня возникают проблемы с английским»? Дик сказал, что он по-прежнему посещает скачки два или три раза в неделю, и это в те самые месяцы, с января до апреля, когда каждый год пишутся новые книги. Немногие авторы способны написать полноценный роман всего лишь за четыре месяца, и вот нашелся тот, кто, казалось бы, делает это каждый год, несмотря на свои проблемы с английским языком, верховые прогулки по Даунсу три утра в неделю, посещения скачек два или три раза в неделю, и кто, по собственному признанию, большую часть вечеров смотрит телевизор. «Мы часто засиживаемся здесь допоздна и не развлекаемся так много, как раньше», — сказал мне Дик, но он всегда был человеком, который рано ложится и рано встает. В своей статье, опубликованной в то воскресенье, я написал, что Дик «совсем не похож на романиста» и что написание книг является у них «почти партнерством».

Снова и снова в ходе этого интервью ответы Дика звучали, словно треснувший колокол. «Я испытываю неловкость, если люди говорят: «О, так это же Дик Фрэнсис», — говорил он. — Я не люблю, когда меня хвалят в книжных магазинах, и мне не нравится часто появляться на публике». Но буквально через минуту он рассказал мне о том, как недавно в «Харродсе» незнакомый человек спросил, не он ли Дик Фрэнсис, и «это было очень приятно». Он признался в том, что романы пишутся по готовому рецепту, но так хотят издатели. На вопрос о насилии в книгах он ответил: «Люди любят читать о кровопролитии, но я не думаю, что это провоцирует насилие, поскольку на телевидении значительно больше кровавых сцен, чем в книгах. Те люди, которые читают книги, не имеют склонности к насилию в реальной жизни, а те, у кого такая склонность есть, скорее всего, просто не умеют читать». Неужели в реальных скачках столько же мошенничества и грязной игры, как и в романах? «Нет, вовсе не так много, — ответил Дик, — но читателям нравится думать, что такие вещи происходят». А что он может сказать насчет секса в его романах? «Я не описываю необычный секс», — заявил он. А как же тогда откровенный садомазохизм в «Игре без козырей»? Сцены бичевания в «Расследовании»? Оргазм во время танца в «Смертельной скачке»? Или он забыл все эти книги? Дик повернулся к Мэри. «Мою сексуальную жизнь нельзя назвать необычной, не так ли?» Она кивнула головой.

Что касается биографии Лестера Пиггота, то Дик недавно провел три дня в Ньюмаркете, записывая интервью Лестера на магнитофон. «Это хорошее финансовое предложение и серьезный вызов, — сказал он, — но про этого парня очень трудно писать». «Хорошее финансовое предложение издательства Майкла Джозефа в действительности представляло собой аванс 100 000 фунтов, более 600 000 фунтов в современных ценах, хотя Пигготу причиталось более половины этой суммы. Издательство Майкла Джозефа также выплачивало Дику авторские отчисления 17,5 процента с изданных романов — на 2,5 процента больше обычной максимальной ставки. Но все же «я не сделал себе состояния, — жаловался Дик, — и мы не обзавелись какими-нибудь экстравагантными предметами роскоши, но позаботились о том, чтобы наши мальчики чувствовали себя достаточно обеспеченными людьми, когда они вырастут». Меррику уже было двадцать три, Феликсу двадцать. Следует помнить, что в 70-е годы в Великобритании при лейбористском правительстве были приняты необычайно высокие налоги и на одном из этапов хорошо зарабатывающие люди были вынуждены платить 83-процентный подоходный налог и 98-процентный налог на доходы от инвестиций.

Я спросил Мэри о характере Дика. «Он не робкий, а скорее просто очень скромный, — ответила она. — В этом отношении он очень похож на своих героев — тихий и умеющий держать себя в руках».

После дюжины романов стало все труднее находить удачные новые сюжеты, и с приближением крайнего срока в начале января Дик и Мэри вели все более отчаянные поиски новой идеи. Как насчет искусственного осеменения? Но нет, лучше оставить эту тему. От поклонников Фрэнсиса приходило так много писем с предложениями подобной интриги, что их вполне могли обвинить в том, что они украли чью-то идею. Затем Дик вспомнил, что, когда он вместе с Пиготом останавливался в октябре в Ньюмаркете, одна женщина на лошадиных торгах в Таттерселлсе негодовала по поводу непорядочности агентов, занимающихся торговлей чистокровными лошадьми. Она называла их мошенниками, которые объединяются в группы для захвата контроля над рынком и прибегают к шантажу, чтобы завышать стоимость лошадей, увеличивая, таким образом, собственные проценты. Дик и Мэри задумались о том, каким образом нечистоплотный агент может обманывать своих клиентов, а затем для сбора материала вылетели в Америку с туристической группой из двадцати других людей из скакового мира и провели неделю на лошадиных торгах во Флориде.

Сразу же полюбив Флориду, они наслаждались здесь теплом и солнечными лучами, проводя длинные жаркие дни на пляже, а теплые, залитые светом прожекторов вечера — на торгах. Им было трудно поверить в то, что в январе, после всего лишь восьмичасового полета из ледяного Лондона, можно дышать морским воздухом при температуре двадцать четыре градуса, и они любовались чистым небом, блестящим гостиничным бассейном, пальмами, яркими красками, теплыми голубыми волнами Атлантики. Они ожидали увидеть Майами вульгарно-безвкусным и сильно удивились, обнаружив свое особое благородство в огромных монолитных отелях. Они полюбили холодный свежий апельсиновый сок, каменных крабов, голубых устриц, барбекю из молодых ребрышек, пышные американские сэндвичи. Они проехались по длинной автостраде, проложенной по гребню дамбы до Ки-Уэста, перепрыгивая с острова на остров, зачарованно глядя на побелевшие под лучами солнца деревянные здания, песчаные дюны, блестящую воду, маленькие катера, рыбацкие лодки, просторные небеса, бескрайнее море. Они встречали людей, которые, по всей видимости, установили свои жизненные приоритеты так, как это удается сделать лишь немногим англичанам: американцев, ставивших в своем повседневном распорядке отдых и удовольствия так же высоко, как и работу; людей, чьи жизни не были принесены в жертву работе, а напоминали скорее один длинный летний отпуск, с короткими перерывами на труд. Именно так и нужно жить. Это стало их мечтой: когда-нибудь они будут жить на побережье Флориды.

Они отправились на лошадиные торги в Хайалиа и были очарованы прекрасным ипподромом, возможно, самым красивым в мире, с 225 арками парка, элегантным зданием клуба, королевскими пальмами, фонтанами, каскадами разноцветных цветочных клумб, клетками, наполненными редкими птицами, декоративной железной дорогой, маленькими озерами, усеянными фламинго. Их также поразило то, что они узнали о коррупции среди агентов, торгующих племенными лошадьми. Возможностей для мошенничества был целый легион. Агент мог обратиться к владельцу с предложением повысить начальную цену на лошадь в обмен на долю в прибыли, а если владелец откажется, пригрозить ему тем, что он убедит своих знакомых агентов вообще не делать предложений о покупке его лошади, из-за чего она может быть продана только с убытком. Агент, продающий скаковую лошадь за границу, может взять с владельца деньги за перевозку по воздуху, а самому отправить ее более дешевым морским транспортом. Или он мог потребовать с владельца деньги за страховку лошади и просто прикарманить эту сумму: в том случае, если лошадь умрет во время перевозки, агент просто возвращает страховой взнос и говорит, что просто не успел оформить страховку вовремя. Либо он мог застраховать дорогую чистокровную лошадь на тысячи фунтов и отправить вместо нее похожую, но второсортную лошадь: во время путешествия второсортная лошадь погибала, позволяя агенту сделать себе целое состояние, получив страховку за «смерть» дорогой лошади. Это был прекрасный материал для романа Дика Фрэнсиса.

В феврале они неохотно вернулись в ледяную, заснеженную Англию, когда уже давно прошло время начать работу над новой книгой, но, по крайней мере, теперь у них был сюжет и заготовленное название: «Сокрушительный удар» [Knock down], которое можно трактовать как напоминание об аукционисте, объявляющем ударом молотка о том, что лошадь продана. Несмотря на ужасную погоду, их ожидали многочисленные радостные события. В апреле «Руководство для начинающих пилотов» было переиздано во второй раз, а журнал *The Time*, редко публикующий беллетристику, приобрел права на издание третьего рассказа Дика Фрэнсиса «Ночной кошмар». Это история о порче лошадей в Америке с удачной концовкой, значительно более качественная по сравнению с первыми двумя рассказами. Но самым радостным для них оказался месяц май: в конце месяца жена Меррика Элейн родила первую внучку, девочку назвали Джоселин, но еще раньше, вечером 9 мая, они посетили премьеру фильма «Фаворит» в лондонском кинотеатре «Павилион», на которой среди почетных гостей присутствовали принцесса Анна и капитан Марк Филлипс.

Существовала надежда на то, что «Фаворит» станет первым из целой серии фильмов, снятых по книгам Дика Фрэнсиса. Права на экранизацию всех двенадцати фильмов уже были проданы — как сказал мне Дик, «мальчики получили образование за счет прав на экранизацию» — и, кроме того, они с Мэри уже работали над сценарием семисерийного телесериала о приключениях следователя жокей-клуба «Архив Дика Фрэнсиса». «Фаворит» и в самом деле отличный фильм», — сказал мне Дик в ходе нашего интервью, и даже через пять месяцев он говорил репортеру журнала *Newsagent and Bookshop*: «Я думаю, они проделали хорошую работу». Но через пять лет он полностью изменил свое мнение. Фильм был «полной катастрофой», сказал он Брайану Джеймсу из *Daily Mail* в 1979 году и далее добавил: «Все это зрелище было абсолютно бессмысленным. Принцесса Анна прореагировала очень сдержанно, но я едва мог подобрать приличное слово». В 1986 году он сказал Кливу Хиршхорну из *Sunday Express*, что фильм был «полным провалом. В этой неудаче я обвиняю режиссера Тони Ричардсона. Он так сильно искромсал и перемешал сюжет, что он стал практически неузнаваем. Мне это было особенно неприятно из-за того, что принцесса Анна сидела рядом со мной на премьере. Я сам в первый раз смотрел полную версию фильма, и то, что я увидел, привело меня в ужас. Принцесса, конечно же, тоже испытывала отвращение, но она была очень вежлива».

К несчастью, критики были согласны с такой оценкой. *Daily Telegraph* написала о многочисленных «невероятных и абсурдных» моментах в фильме. Маргарет Хиксман из *Sunday Telegraph* назвала его «несовременный и старомодный». Дэвид Робинсон заметил в *The Times*, что «механика стилизованного шоу слишком бросается в глаза». Даже ориентированная на обывательские вкусы *News of the World* написала, что фильм «немощный аутсайдер», а *Daily Mirror* назвала его «отставший неудачник... Только лошади сняты здесь с некоторой достоверностью».

Джон Оакси (лорд), специализирующийся на скачках корреспондент *Daily Telegraph*, который был техническим консультантом фильма и появлялся в кадре как дублер на съемках в Фонтвелле и Айнтри, согласен с таким мнением. Он написал в своей статье, опубликованной в *Telegraph* в 1997 году:

«Я до сих пор не могу понять, как нам удалось сделать из всего этого такую ерунду. Фильмы о лошадях всегда содержат множество подводных камней, и наша первая проблема была связана с главной сценой, являющейся сюжетной основой всего «Фаворита», в ходе которой знаменитая лошадь падает, споткнувшись о проволоку, натянутую преступниками над барьером! Попробуйте снять это в живую — когда «Эквити»[1] и RSPCA дышат вам в затылок... В итоге мы сумели превратить первый шедевр Дика в дорогой мыльный пузырь. Только бессмертный Корнишмен V (обладатель двух золотых олимпийских медалей) Мэри Гордон Уотсон не сделал ни одного неверного шага».

Лорд Оакси также сказал мне:

«Съемки «Фаворита» проходили очень весело, но как фильм он оказался полной неудачей. Чертовски трудно снимать остросюжетный фильм о скачках. В самом начале романа преступники туманным утром натягивают проволоку над препятствием, вследствие чего происходит роковое падение фаворита и лучшего друга главного героя: но вы не сможете показать это в фильме. Мы обнаружили, что крайне трудно заставить

[1] Equity — профсоюз актеров в Англии.

лошадь упасть в нужном месте и в нужном ракурсе. «Эквити» направила к нам двух или трех каскадеров, но они: а) совсем не были похожи на жокеев и б) они умели падать только с лошади, скачущей по ровной поверхности, но нам требовалось совсем другое. Я был дублером Скотта Энтони, актера, исполнявшего главную роль, который не умел ездить верхом и исполнил роль ветеринара, когда игравший его актер не явился на съемку: моя первая и единственная реплика в фильме звучала так: «Анализ мочи не слишком хороший». У нас также снималась обаятельная Джуди Денч, божественная актриса, но она совершенно не подходила на роль жены тренера и жутко боялась лошадей! Ее муж, Майкл Уильямсон, должен был играть плохого жокея, но он весил тогда не меньше 13 стоунов — при маленьком росте — и выглядел не как жокей, а как карманный борец сумо! Фильм продержался на лондонских экранах менее недели, и я не думаю, что он шел где-нибудь еще».

В действительности он демонстрировался в Лондоне три недели, а затем был направлен в широкий прокат.

Тони Ричардсон признал этот фильм своей большой неудачей, хотя поначалу он надеялся на то, что его ждет коммерческий успех. «Мы все более убеждались в том, что повествование, которое читается так гладко, не раскрывает характера главного героя, а лишь это одно могло вдохнуть жизнь в постановочный сценарий», — пишет он в своей автобиографии «Бегун на длинные дистанции». Также возникли огромные проблемы с лошадьми Меррика:

«Мы успевали снять лишь один или два дубля, прежде чем лошади выбивались из сил. Они были нервозными и своенравными. Оказалось очень трудно приучить их к вертолету, который во время съемки должен был держаться близко к месту действия, не говоря уже о том, как сложно было пилотировать вертолет, направляя его с постоянной скоростью вдоль скаковой дистанции неправильной формы. Мы использовали камеры повсюду, даже установили 8-миллиметровые камеры в скаковые шлемы и сапоги и обучали профессиональных жокеев управлять камерой во время скачки. После первой демонстрации фильма в киностудии United Artists один из ее руководителей сказал: «Что ж, лошади просто превосходны». И это подвело итог всей нашей работы».

Большинство продюсеров, пытавшихся взяться за экранизацию романов Фрэнсиса, находили, что их очень трудно адаптировать, и в конечном итоге «Фаворит» оказался единственным произведением, попавшим на широкий экран. Телесериал «Архив Дика Фрэнсиса» тоже так и не был снят: в 1975 году Дик и телекомментатор Дэвид Якобс основали компанию «Фрэнсис Файл Лимитэд» с целью «продвижения на экраны книг Дика Фрэнсиса», но компания не заключила ни одной сделки и в конечном итоге была ликвидирована в июле 1982 года.

И все же, когда в октябре был опубликован роман «Сокрушительный удар» — в тот же самый день, что и новая редакция автобиографии «Спорт королев», — обозреватели, как обычно, не скупились на похвалы. Его герой, традиционно честный агент по торговле лошадьми, Джонас Дерхем — однофамилец редактора издательства Майкла Джозефа Дженни Дерхема, — который в обычной для Фрэнсиса манере осиротел в шестнадцать лет, боролся с нищетой, а теперь он разведенный холостяк и единственная опора своего ужасного пьяницы брата. Страдания Дерхема еще более усиливаются после того, как негодяи бьют его по голове, поджигают его конюшню и пытаются убить его вилами, пока он упрямо продолжает свой крестовый поход, задавшись целью очистить от коррупции торговлю чистокровными лошадьми. Дерхем, как и Дик, знаменитый бывший жокей, тоже ненавидевший школу и чувствовавший себя абсолютно счастливым только в свои жокейские годы, по которым он теперь сильно тоскует. Дерхем также ломал себе множество костей, имеет три сросшихся позвонка и хронический вывих плеча, из-за чего ему приходится носить бандаж, не позволяющий поднимать руку.

«Сокрушительный удар» — не лучший из романов Фрэнсиса, несмотря на некоторые отличные фразы и превосходные диалоги. Часть сюжета кажется смехотворно нелепой, особенно поведение пожарных и полиции, а некоторые из описаний просто ужасны: трое из негодяев «тупые, как воры», а когда шестеро преступников угрожали Дерхему, «шесть верхних губ изогнулись в унисон». А концовка кажется неприлично сентиментальной.

Но, несмотря на это, Дик уже стал своего рода культовой фигурой не только в Великобритании, но даже в Норвегии и Чехословакии. Публикация романа «Смертельная скачка» привела его и Мэри в Осло, где одной из скачек присвоили название Гандикап Дика Фрэнсиса. Затем они отправились в Прагу продолжить свое рекламное турне, посетить местные скачки и потратить свои чешские авторские отчисления, которые в те дни «холодной войны» были глубоко заморожены за «железным занавесом», и им настолько понравилась эта поездка, что они вернулись в Чехословакию на следующий год, чтобы провести здесь полноценный отпуск. Их международный успех был таким большим, что в конце ноября они смогли помочь Меррику арендовать скаковые конюшни Алекса Керра, возле Доркинга в Суррее, после чего он стал одним из самых молодых скаковых тренеров в истории. Меррик, которому уже исполнилось двадцать четыре, не добился особого успеха, выступив в пятидесяти скачках в качестве жокея-любителя, и он решил, что пришло время заняться чем-то еще. В течение пары месяцев он привлек к себе достаточно владельцев, чтобы содержать в своих конюшнях четырнадцать лошадей и в феврале вывести двух своих первых стиплеров на старт скачки в Ньюбери.

В декабре Дик приехал в Лондон, чтобы подписывать экземпляры «Сокрушительного удара», постучался в дверь, за которой у него была назначена встреча, только для того, чтобы ее открыл сияющий улыбкой ведущий телевизионного шоу «Это твоя жизнь» Имонн Эндрюс, объявивший со своим раскатистым ирландским акцентом: «Дик Фрэнсис, это твоя жизнь!», и Дик обнаружил себя перед объективами телекамер, в компании своих родных и близких — Меррика, Феликса, Дага, Элейн и маленькой Джоселин, а также старых друзей и знакомых по службе в ВВС и из скакового мира. Дик смерил Эндрюса свирепым взглядом, направив на него приготовленную для автографов ручку. «У меня есть хорошая идея расписать ей всю твою физиономию!» — сказал он, прежде чем сесть и слушать, как гости передачи начнут рассказывать про него различные истории, в то время как Эндрюс зачитывает сведения о его жизни, демонстрирует киноматериалы, предоставленные сэром Гордоном Ричардсом, и представляет некоторых жокеев и тренеров: Джорджа Оуэна, Стэна Меллора, Джона Гела, Томи Касака, Мартина Молони, Дерека Энсила, Тима Брукшоу, Джорджа Слэка. Другие гости — Кингсли Эмис, Гэвин Лиалл, Кэтрин Уайтхорн — рассказывали про то, как они любят его книги. Антея Джозеф заявила, что, как только она прочитала первую страницу первого романа Дика, ей сразу же стало понятно, насколько эта книга хорошая, а Эрик Джинжер и Рой Палмер вспоминали те дни, когда они служили в ВВС. Это был вечер ностальгических воспоминаний и расточения похвал.

Дела «Мерликс Эйр» шли менее успешно. «Пайпер Чероки» был продан в ноябре. Компания купила ему замену, «Пайпер Сенеку». В феврале один из основных клиентов компании, владелец скаковых лошадей и конезаводчик виконт Челси стал ее директором, а в марте

Лестер и Сьюзен Пиггот оставили свои директорские посты. В сентябре Дик и Мэри продали 90 процентов акций компании лорда Кэдогана «Кэдоган Эстейтс», инвестировавшей средства в «Мерликс», но, несмотря на все эти преобразования, «Мерликс» в конце года показала убытки, и в последующие десять лет убытки возрастали почти каждый год, в конечном итоге достигнув огромной суммы. И все же, когда я брал интервью у Мэри в 1980 году, она заявила, что бизнес аэротакси, которые по-прежнему взлетали с поля позади Пенни-чез, является «прибыльным», а в своем предисловии к изданию романа «Крысиные гонки» в бумажной обложке Дик также написал о том, что «Мерликс» представлял собой «маленькую преуспевающую компанию», когда ее продали Кэдогану.

«Раз в год у нас проходит совет директоров, званый обед, —рассказала мне Мэри, — где присутствует лорд Челси, Дик исполняет роль председателя, а я финансового директора». Она прекратила самостоятельно пилотировать самолеты в 1976 году, после того как была пилотом одиннадцать лет.

«В основном из-за того, что это становилось для меня обузой; приходилось вести большое количество различных бумаг; цены на бензин все время росли; мое зрение ухудшилось, и, кроме того, приходилось сдавать экзамены каждый год. Если бы это был *другой* экзамен, то я, может быть, не стала бы отказываться, но я сдавала его уже не раз, я вела дела компании аэротакси в течение семи лет и написала книгу о том, как управлять самолетом, так что еще мне оставалось сделать? В конце концов, здесь стало больше тяжелой работы, чем реального удовольствия от полета. С тех пор я много раз испытывала ностальгию по полетам, и я чувствую ее даже сейчас, разговаривая про это, но у меня нет сожалений о принятом решении. Вы не можете себе позволить летать просто для удовольствия: это очень дорого».

Работа над следующим романом была прервана в

марте 1975 года, когда Феликс, которому уже было двадцать два, женился на двадцатитрехлетней служащей, Энн Хиллесли, дочери бухгалтера, и венчался в ее приходской церкви возле Дартфорда в Кенте, не смущенный тем фактом, что брак его брата, Меррика, близился к разводу, а их дядя, Эвен, тоже собирался жениться во второй раз на острове Уайт, где он работал директором по рекламе местного департамента туризма. «Феликс и Меррик очень разные, — рассказывал мне Алан Брук, — но Феликс тоже очень хороший парень: немного педантичный, с манерами школьного преподавателя».

Неудачный первый брак Меррика закончился после того, как он оставил Элейн и в течение шести месяцев жил в фургоне с двадцатилетней секретаршей и любительницей верховой езды Барбарой Джонс. «Мама и папа были просто в ужасе», — рассказывал он Дженни Найт из *Sunday Times Magazine* в 1987 году. «Больше всего их расстраивал тот факт, что, выбравшись из одной затруднительной ситуации, я тут же впутался в другую. Как-то раз в Аскоте отец набросился на меня. Он сказал: «Что, черт возьми, ты делаешь? У тебя есть жена и ребенок, а ты живешь с кем-то еще». Я объяснил ему, что мы с женой не можем быть счастливы вместе. Я думаю, вернувшись домой, он чувствовал себя нехорошо из-за того, что напал на меня». В конце концов Меррик и Элейн развелись, и он женился на Барбаре.

Взаимоотношения между Диком и Мерриком не всегда были простыми и для постороннего наблюдателя могли показаться натянутыми. «Я никогда не испытывал недостатка в любви», — сказал Меррик Дженни Найт, но тогда ему уже было тридцать семь.

«Между нами всегда существовал своего рода разрыв поколений. Мы испытываем друг к другу самую сильную любовь, но никогда не проявляем ее полностью. Если мы не видимся шесть месяцев, то при встрече просто обмениваемся рукопожатием. Он не любит демонстрировать свои чувства. Мне кажется, основная причина, из-за которой мы не можем с ним разговаривать по душам, заключается в том, что у него нет серых тонов. Для него все вещи либо черные, либо белые. Я сожалею о том, что при нашей близости мы не умеем ни сказать, ни выразить это».

В середине 70-х в Великобритании было модно говорить, что даже самые закоренелые преступники являются такими же жертвами, как и те, кто от них пострадал, и считалось политкорректным делать замечания вроде «мы все в этом виноваты» или «это общественная вина». В одном из циничных анекдотов того времени рассказывалось о человеке, которого ограбили и бросили без сознания лежать на улице. В конце концов его нашли два социальных работника, один из которых печально покачал головой и сказал: «Кто бы это ни сделал, он нуждается в помощи». Можно сказать, что этот анекдот послужил основой для сюжета следующего романа «Высокие ставки», в котором богатый владелец скаковых лошадей Стивен Скотт становится мишенью для нападок со стороны мира скачек после того, как он увольняет популярного молодого тренера Джоди Лидса, тренировавшего его лошадей, но при этом обманывавшего своего работодателя. Хотя Скотт действовал совершенно обоснованно, когда уволил Лидса, и Лидс оказывается еще большим мошенником, чем Скотт подозревал, именно главный герой подвергается общественному остракизму, а мошенник возводится в ранг мученика.

Книга начинается с быстрого, захватывающего и сбивающего с толку старта, хотя, как обычно, она содержит странные имена (Энди-Фред, Ганзер Майс), которые становятся все более типичными для романов Дика Фрэнсиса. В ней также есть несколько достаточно неправдоподобных моментов. Когда Лидс публично пожаловался на то, что Скотт несправедливо его уволил, ни один из пишущих о разразившемся скандале журналистов не попросил Скотта поведать свой вариант истории, хотя каждый мало-мальски компетентный журналист поступил бы именно так, не говоря уже о том, что любой адвокат газеты настоял бы на этом. Не менее абсурдным кажется и то, что такой богатый человек, как Скотт, боится судебного преследования за клевету со стороны такого бедняка, как Лидс, при том что Скотт может легко доказать справедливость своих обвинений. А когда в романе появляется любовная интрига, Скотт ведет себя так сдержанно и бесстрастно, что возникает подозрение, не является ли он гомосексуалистом. Несмотря на все эти недостатки, «Высокие ставки» значительно более удачный роман, чем три предыдущих, и он раскрывает некоторые хитроумные приемы, с помощью которых нечистоплотные тренеры могут обманывать своих работодателей.

В книге также много автобиографических моментов. Как и Мэри, Скотт опасается лошадей, а приехав во Флориду на лошадиные торги, он наслаждается теплом после снега и холода мрачной английской зимы. Девятая глава почти полностью представляет собой гимн голубому небу, яркому солнцу, пляжному стилю жизни Флориды, и становится очевидным, что Фрэнсисы уже полюбили ее. В тот год они также посетили юг Франции и Балеарские острова, чтобы посмотреть, понравится ли им тамошняя зима.

Когда роман «Высокие ставки» был опубликован в октябре, *Observer* назвал его «лучшим триллером года», что еще более подчеркнуло огромную разницу между романами Фрэнсиса и короткими рассказами, поскольку, когда *The Times* опубликовала в октябре четвертый рассказ, «Налет на Кингдом-хилл», он оказался поверхностным, малоубедительным повествованием о мошенничестве на ипподроме, основанном на ложном предупреждении о заложенной бомбе, с крайне плохим «неожиданным» финалом. Этот рассказ позднее тоже был переименован в «Королевский шантаж на Кингдом-хилл», когда он перепечатывался в других изданиях.

В сентябре Мэри и Дик отправились в Чехословакию на двухнедельный отдых. Они обследовали Богемские горы, Прагу и встретились с живописцем Джозефом Джирой, который снабдил их искрой вдохновения для следующего романа «В мышеловке» [In the Frame]. Они познакомились благодаря их чешскому переводчику, который привел их в студию Джиры, где на них произвела большое впечатление его страстная и энергичная манера письма. Джира не говорил по-английски, но он позволил Дику и Мэри в течение пары часов наблюдать за своей работой, и они завороженно смотрели на то, как он с поразительной энергией атакует холст. Книга была задумана уже тогда и появилась на свет после того, как они отправились в рекламное турне по Австралии и Новой Зеландии, где повстречали австралийского живописца-анималиста Майкла Джеффри, который тоже разрешил им понаблюдать за тем, как он работает в своей студии, и дал несколько советов по поводу красок и живописи.

Они полюбили Австралию, от здания Сиднейской оперы до вин. Со своей энергией и открытостью она, казалось, представляла собой будущее, и Фрэнсисов позабавили некоторые культурные различия, винные магазины для автомобилистов, рестораны с табличками B.Y.O. (Bring Your Own booze — приносите свою выпивку) на дверях. Однако они были удивлены, когда пришли посмотреть на самую богатую австралийскую скачку, Мельбурнский Кубок, и обнаружили, что лучшие места на трибунах предназначены только для мужчин: их жены и подруги были вынуждены сидеть на крыше, но, судя по всему, они не находили в этом ничего странного. Они вылетели в древнее сердце великого континента, в отдаленный город Элис-Спрингс, где их поразили невыносимая жара и огромные, пустые, красные необжитые пространства, которые местные жители называют Габа, и они долго смеялись, прочитав в отеле объявление: «Мы не плаваем в вашем туалете. Пожалуйста, не писайте в наш бассейн».

После посещения Новой Зеландии, которая показалась им странным чужеродным местом со своими горячими источниками, серными кратерами, узкими ущельями и причудливой, непохожей на европейскую растительность, они вернулись в Англию, почитали книги о красках и живописи, проконсультировались у экспертов картинных галерей, установили мольберты в светлой комнате в Блеубери и начали писать. Мэри завершила картину, изображающую лошадь, но они оба согласились с тем, что у нее слишком длинная шея и что ни у кого из них нет таланта живописца. Однако результатом всех их исследований стал новый роман. Его главный герой, молодой художник-анималист Чарлз Тодд, вылетает в Австралию и Новую Зеландию, чтобы расследовать деятельность банды преступников, которые подделывают работы известных живописцев, таких, как сэр Альфред Маннинг, выкрадывают их назад и продают снова и снова. «Со временем посвященная скачкам составляющая романов начала убывать, и это была намеренная стратегия привлечь более широкий круг читателей», — сказал мне Алан Брук.

Книга впечатляет многочисленными подробными деталями, связанными с живописью, художественной техникой, красками, текстурой и знаменитыми живописцами, но ей недостает легкости и правдоподобия. Тодд кажется нереальным, возможно потому, что у него нет нормальной эмоциональной жизни, и опять-таки книга порою читается скорее как путеводитель, чем как роман. Здесь есть обычные нападки на прессу, и некоторые очень подробные сцены насилия кажутся излишне реалистичными: когда находят тело убитой женщины, нам приводится подробное жуткое описание ее полуоткрытых глаз, отвисшей челюсти и лужицы мочи между ее ног. Тем не менее выдающийся автор криминальных романов и критик Эдмунд Криспин написал в *Sunday Times*, что Дик превосходный писатель, один из немногих авторов бестселлеров, который никогда не прибегает к банальностям или клише.

Но следующая книга, «Риск», несомненно, превосходила предыдущую и, вероятно, была лучшей из всех опубликованных на тот момент романов. Мэри уже давно занималась семейными финансами со своей обычной энергией, и, чтобы расширить свои познания в области бухгалтерии, она воспользовалась знаниями и опытом искалеченного, прикованного к инвалидной коляске бухгалтера Лайонела Вика — бывшего жокея, сломавшего позвоночник после страшного падения — и его помощника Майкла Фута, которые помогли собрать материал для нового романа.

Главный герой, скрупулезно честный бухгалтер из Ньюбери, Роланд Бриттен, имеет пару сотен клиентов из скакового мира, от жокеев и тренеров до владельцев и букмекеров, а также сам участвует в скачках в качестве жокея-любителя, благодаря чему перед его глазами находится вся финансовая картина скакового бизнеса в окрестностях Ньюбери, от Ламборна и Блеубери до Кемптена и Уэст-Айлсли. Бриттен типичный, израненный жизнью герой Фрэнсиса, чей отец был убит, когда ему было девять, а мать покончила жизнь самоубийством, когда ему было тринадцать, но вопреки всему он выигрывает Челтенхемский Золотой Кубок в ранге аутсайдера, после чего Бриттена похищают и удерживают в плену на протяжении двух кошмарных недель на борту яхты, которая увозит его на Менорку. Когда Бриттен расследует похищение, он оказывается перед тяжелым моральным выбором: если вам становится известно о том, что ваш друг преступник, должны ли вы закрыть на это глаза или же необходимо вывести его на чистую воду? В этом вопросе содержится сверхъестественное предвидение дилеммы, с которой Дику и Мэри пришлось самим столкнуться через десять лет, когда Лестера Пиггота отправили в тюрьму за уклонение от уплаты налогов на общую сумму более трех миллионов фунтов. Когда Пиггот был осужден, Дик преданно его защищал, но он и Мэри должны были задать себе один и тот же вопрос: чему ты больше предан, своему другу или закону? Когда в романе один из мошенников жалуется на то, что тюрьма бесчеловечна и с людьми там обращаются хуже, чем с животными, Бриттен жестко отвечает, что ему следует винить лишь самого себя и свою неуемную алчность. То же самое можно сказать и о Пигготе.

В романе «Риск» пристально рассматривается тема уклонения от уплаты налогов и анализируется ситуация, в которой маленькая начальная нечестность, сдобренная жадностью, может вырасти в огромное преступление. Там также ясно дается понять, что уровень налогов в 1977 году при лейбористском правительстве был настолько высоким, что у богатых людей, таких, как Фрэнсисы, практически не оставалось другого выхода, кроме эмиграции. «Риск» также содержит несколько собственных рискованных фрагментов. Двое из преступников являются бывшими высокопоставленными чиновниками городского совета Ньюбери, где им удалось украсть два миллиона фунтов, прежде чем это было обнаружено, а избранные члены местного совета Ньюбери описываются как ленивые, неэффективные или коррумпированные бюрократы — обвинение, которое давало реальным чиновникам и избранным членам окружного совета Ньюбери серьезный повод подать судебный иск против Дика. Точно так же, с удивительным презрением изображаются полицейские Ньюбери — как равнодушные некомпетентные фигляры, не проявляющие никакого интереса к тому факту, что Бриттен был похищен. Дику повезло в том, что он избежал нескольких судебных исков. Книга также содержит самую фантастическую, извращенную и невероятную сексуальную сцену из всех, что когда-либо появлялись в романах Фрэнсиса, в ходе которой высокая, тощая, плоскогрудая, безвкусно одетая школьная директриса средних лет с большим носом и тонкими сухими губами внезапно просит Бриттена заняться с ней любовью, поскольку она все еще девственница и не утолила своего любопытства по поводу секса. Они только что встретились, но Бриттен соглашается, поскольку она спасла ему жизнь, и их совокупление описывается необычайно долго, с самыми откровенными деталями.

Но даже несмотря на это, «Риск» отличный триллер. Он начинается быстро, с захватывающего описания того, какие ощущения испытывает жокей, выступающий в Челтенхемском Золотом Кубке, и далее продолжает держать читателя в напряжении до самого финала. Очень живо и реалистично описываются чувства человека, которого день за днем держат в заточении, в полной темноте: вы почти можете почувствовать страх и боль Бриттена. А решение загадки приходит вместе с шоком и счастливой концовкой. Этот роман, шестнадцатый по счету, совершенно заслуженно получил восторженные отзывы обозревателей, а что касается периодически появляющихся критических замечаний по поводу надуманности сюжета, то Дик любит рассказывать историю о том, как однажды вечером они с Мэри ужинали в лондонском ресторане и по возвращении в свою лондонскую квартиру обнаружили, что звонит телефон: это была совершенно незнакомая женщина, думавшая, что она звонит в тот самый ресторан, который только что покинули Дик и Мэри.

В тот год в жизни Фрэнсисов произошло только одно печальное событие: в июне Меррик, которому уже было двадцать семь, и Элейн наконец развелись после шести лет супружеской жизни. Дик и Мэри, которые сами уже тридцать лет жили душа в душу, сильно переживали, особенно из-за своей трехлетней внучки Джоселин. «Семья всегда имела очень большое значение для Дика и Мэри, — рассказывал Алан Брук, — поэтому взлеты и падения сложной семейной жизни Меррика, по всей видимости, причиняли им большую боль». Меррик вновь сочетался браком через семь месяцев, как ни странно, в церкви, хотя был разведен.

Книги Фрэнсиса теперь рассматривались критиками не как обычные детективные истории, а скорее как романы общего содержания, и вполне понятно, что их автор начал испытывать беспокойство из-за того, что он привязан к детективному жанру, и задумываться над тем, согласится ли издательство Майкла Джозефа опубликовать более литературный роман Фрэнсиса, не имеющий ничего общего с лошадьми. Пожалуй... да, неохотно сказали в издательстве, но лучше этого не делать, поскольку миллионы читателей во всем мире ожидают, что романа Фрэнсиса будут иметь хоть какое-то отношение к лошадям, так зачем рисковать их потерять? Мэри, конечно же, могла написать роман под собственным именем, и он привлек бы к себе внимание, поскольку она была женой Дика, но тогда обозреватели получили бы возможность сравнить два стиля, и, кроме того, романы Мэри Фрэнсис не продавались бы и на десятую часть так же успешно, как новый триллер Дика Фрэнсиса.

Перед тем как роман «Риск» был опубликован, Фрэнсисы совершили поездку в Советский Союз, чтобы собрать материал для следующего романа, «Предварительный заезд» [Trial Run], и потратить свои рублевые авторские отчисления, запертые в России. Они взяли с собой своего британского литературного агента, Эндрю Хеусона, который разговаривал по-русски. В Москве они с удивлением обнаружили, что советское телевидение нахально сняло трехчасовой пиратский фильм по роману «Фаворит», уже дважды демонстрировавшийся по телевидению, при этом ничего не заплатив Дику. Русские любезно предложили Дику посмотреть некоторые фрагменты из фильма, которые он назвал «занятные», хотя не понял там ни слова.

В тот год был опубликован шпионский роман Джона Ле Карре «*Достопочтенный школяр*», и Москва все еще была мрачным, зловещим городом, описанным во многих триллерах о «холодной войне» 70-х: оруэлловская Москва, где правил серый советский президент Леонид Брежнев. Информаторы были повсюду: старые женщины строго охраняли многоквартирные дома и коридоры гостиниц; бдительные приспешники дежурили даже на автобусных остановках и останавливали все иностранные машины, покидающие город. Стены гостиничного номера были напичканы «жучками», хотя вы могли найти место, где спрятан «жучок», пронеся вдоль стены включенный магнитофон: оказавшись в непосредственной близости от микрофона, магнитофон начинал фонить. За иностранцами велось постоянное наблюдение, и все контакты с русскими считались подозрительными. Иностранные дипломаты и журналисты были вынуждены жить в огороженных комплексах. В городе не было телефонного справочника: если вы хотели узнать чей-то номер телефона, то вам нужно было позвонить оператору, который спрашивал, зачем вам нужен этот конкретный человек, и, если причина казалась оператору неубедительной, ваш запрос оставался без ответа. Чтобы позвонить в Англию, требовалось более суток ждать соединения. Всюду царила тяжелая, спертая атмосфера, довлеющая над людьми, словно огромные плакаты с надписями «Слава Коммунистической партии!».

Мэри и Дик прошли по обычному туристскому маршруту, осмотрели Кремль с его темно-красными стенами, золотыми башнями и куполами; занесенную снегом Красную площадь; собор Василия Блаженного с яркими синими, зелеными и золотыми куполами в форме луковиц; страшную тюрьму КГБ, Лубянку, снаружи напоминающую обычное офисное здание; мавзолей Ленина; бледно-желтое здание посольства Великобритании, похожее чем-то на Букингемский дворец. В большом универмаге ГУМ, который со своими маленькими прилавками и галереями скорее походил на крытый рынок, чем на нормальный магазин, они с удивлением увидели, как сотни лютей терпеливо стоят в скрывающейся из виду очереди за зимними ботинками, а нехватка продуктов была легендарной: на этой неделе нет яиц, но завезли лук. Им сказали, что во всем городе есть лишь два приличных ресторана, и у них на самом деле вызывало отвращение мясо, которое подавали в гостинице, хотя очень понравилось мороженое со смородиновым джемом. На них произвели впечатление огромные подземные станции московского метро, но длинные эскалаторы показались слишком унылыми в сравнении с оклеенными яркими плакатами и рекламой стенами лондонской подземки. Они с удивлением узнали, что все уличное движение немедленно перекрывается, если мимо на своем правительственном лимузине «Чайка» проедет даже второстепенный член Политбюро. Лютый холод пробирал их до самых костей, усиливая астму Мэри.

Вернувшись в Англию, они успели на свадьбу Меррика с Барбарой Джонс, которая состоялась 7 января в реформистской церкви в Доркинге, и Дик управлял конюшнями Меррика, пока новобрачные совершали свадебное путешествие. Но у Мери снова развился сильный бронхит — а затем ее мать, которой уже было восемьдесят два года, умерла в своей постели от сердечного приступа на пятый день после свадьбы. Она уже некоторое время жила в маленьком домике с одной спальней, в современном жилищном комплексе для престарелых в Блеубери. Нетта разделила поровну все свое состояние между Мэри, Джин и Эваном, за исключением специальной памятной вещи, которую она оставила свой правнучке Джоселин: серебряный кошелек с десятью трехпенсовыми монетками.

Жизнь самой Мэри находилась под постоянной угрозой опасных грудных заболеваний. Гвен Батлер рассказывал мне:

«Она была очень хрупкой и смелой. Она всегда храбрилась по поводу своей астмы, и я ей очень сочувствовала, поскольку мой муж тоже страдал от страшной астмы, от которой он в конце концов и умер. Я помню, как говорила Дику о том, что ему нужно постоянно присматривать за Мэри, так как от астмы можно умереть совершенно внезапно. Достаточно прекратить дышать менее чем на минуту, и тебя уже нет. Астма — это настоящий убийца».

К этому времени книги Фрэнсиса уже стали неизбежной мишенью для американских ученых-литературоведов, и первым из них взял слово адъюнкт-профессор английского языка университета Паджет Саунд в Вашингтоне, Барри Баушка, опубликовавший свою оценку творчества Фрэнсиса в журнале *Armchair Detective* в 1978 году, где он отметил, что многие отрицательные персонажи его романов имеют двойные фамилии (Эллери Пенн, Кемп-Лор, Роус-Уилер, Кэрти-Тодд), в то время как список главных героев «звучит, как перекличка бравых парней из шайки Робин Гуда»: Алан Йорк, Роб Финн, Сид Хэлли, Генри Грей, Джин Хоукинс, Джеймс Тайрон, Келли Хьюгес, Мэтт Шор, Нейл Гриффон, Эдвард Линкольн, Дэвид Кливленд, Джонас Дерхем, Стивен Скотт, Чарльз Тодд.

Дик уже стал членом детективного клуба, чей главный светоч, Джулиан Саймонс, предложил ему написать короткий рассказ для новой антологии клуба «Вердикт тринадцати». В результате на свет появился рассказ «Двадцать один хороший человек и истина», построенный на интересной идее — на скачках используется радиопередатчик для организации хитроумного мошенничества со ставками — но, как у большинства рассказов Фрэнсиса, действие в нем слишком размазанное, постоянно распадается на части, возможно, из-за слишком большого количества персонажей и точек зрения, и он также испорчен нелепым совпадением. Как и Мэри (а также многие другие персонажи Фрэнсиса того периода), главный герой мечтает о том, чтобы бросить сырую старую Англию и поселиться в тропиках. Как и у большинства рассказов Фрэнсиса, его название позднее было изменено: он превратился в «Слепой случай», когда был перепечатан в *Woman's Own*.

Взгляды Дика на процесс литературного творчества в то время были на удивление легкомысленными. «Писать роман это все равно что выступать в скачке, — рассказывал он Уильяму Фостеру из журнала *In Britain* в 1978 году. — Вы берете хороший старт, драматичный и захватывающий. К тому времени, когда все лошади — или в нашем случае персонажи — разберутся по местам, главный герой должен занять выгодную позицию, чтобы плавно взять все препятствия, которые возникнут на его пути. На финишной прямой, или в последней главе, вы позволяете ему вырваться вперед и первым прийти на финиш. Все очень просто». И в самом деле просто. Ничего сложного. Вы никогда бы не подумали, что он ненавидит писать.

Роман на русский сюжет «Предварительный заезд» [Trial Run], который отчасти был вдохновлен успехами принцессы Анны и ее мужа, капитана Марка Филлипса, как олимпийских всадников, рассказывает о том, как английский наездник Рэндалл Дрю по поручению британской королевской семьи вылетает в Москву, чтобы выяснить, будет ли здесь чувствовать себя в безопасности зять королевы, выступая в конной программе Олимпийских игр. Здесь Дрю оказывается затерянным в лабиринте убийств, наркотиков, гомосексуального скандала и международного терроризма, его бьют по голове резиновой дубинкой и бросают в ледяную воду Москвы-реки, где он чуть не погибает.

Несмотря на весь этот фон, свойственный скорее романам о Джеймсе Бонде, «Предварительный заезд» не создает напряжения, которое могло бы сделать роман захватывающим. Однако здесь есть несколько интересных биографических моментов. Дрю, как и Мэри, страдает от бронхита, поэтому мечтает о том, чтобы оставить Англию и поселиться где-нибудь в теплом климате, а в описании его аптечки, наполненной таблетками «вентолина», капсулами «интала» и другими лекарствами, которые помогают ему дышать, чувствуется глубокое знание предмета. Мэри сама часто кашляла и задыхалась, из-за чего всегда носила с собой карманный ингалятор, а в романе Дрю носит с собой шприц, чтобы при необходимости сделать себе инъекцию адреналина. Британская пресса здесь снова описывается с презрением, как безжалостный, неразборчивый в средствах преследователь своих жертв, а в конце повествования все негодяи оказываются журналистами. Подобные язвительные нападки на газетчиков кажутся не совсем заслуженными, учитывая то, как хорошо британская пресса всегда относилась к Дику и Мэри.

В 1978 году на йоркширском телевидении режиссер Джеки Столлер приступил к съемкам сериала из шести частей «Игра на скачках», который был основан на романе 1965 года о Сиде Хэлли «Игра без козырей» и еще пяти историях, написанных другими авторами. Сериал демонстрировался по национальному телевидению в ноябре—декабре 1979 года, но критики встретили его достаточно прохладно — например, *Daily Telegraph* отметила, что все персонажи фильма либо чернее черного, либо белее белого — даже несмотря на то что в роли похищенной лошади снялся трехкратный победитель Большого национального стипль-чеза Ред Рам. Однако актер Королевской Шекспировской труппы Майкл Гуилим сыграл искалеченного, однорукого Хэлли достаточно убедительно для того, чтобы сразу после демонстрации сериала в США под названием «Тайна!» в 1980 и 1981 годах продажи книг Дика в последующий год увеличились втрое. Игра Гуилима настолько понравилась Дику и Мэри, что это вдохновило их на создание второго романа о Сиде Хэлли, «Твердая рука» [Whip Hand]. Книга была посвящена Столлеру и Гуилиму, которые стали такими близкими друзьями Фрэнсисов, что не раз останавливались в Блеубери. «Это было все равно, как если бы сам Сид Хэлли приходил к нам домой и садился с нами за стол», — рассказывал Дик Джону К. Карру. Гуилим и Столлер стали акционерами компании, специализирующейся на съемке телевизионных сериалов, «Дик Фрэнсис Филмс Лимитэд» — вместе с Диком и Мэри, которым принадлежало по 22 процента акций, — и это была наиболее успешная из трех компаний, организованных для продвижения романов на экран и телевидение, и даже через десять лет оборот компании составлял приличную сумму.

В ноябре, занимаясь сбором материала для романа «Твердая рука», Мэри и Дик совершили полет на воздушном шаре, наполненном горячим воздухом, а затем она погрузилась в научный мир бактерий и ветеринарной медицины. Она узнала о странном бактериологическом заболевании свиней, эризипелоиде, обнаруженном на острове Мэн, безопасном для лошадей вплоть до 1944 года, когда бактерия мутант начала поражать и лошадей. Это был прекрасный сценарий для романа Дика Фрэнсиса: что будет, если бесчестные преступники захотят намеренно инфицировать такой бактерией скаковых лошадей? Так возникла идея романа «Твердая рука», который многие считают лучшим из всех романов Фрэнсиса и который в итоге получил приз Золотой Кинжал от Ассоциации писателей детективного жанра, а также премию Аллана Эдгара По от Ассоциации американских писателей детективного жанра — двойное достижение, ранее удававшееся лишь двум авторам: Джону Болу с романом «В разгаре ночи» и Джону Ле Карре с романом «Шпион, который вернулся с холода».

Возвращение Сида Хэлли в романе «Твердая рука» — единственный случай, когда герой Фрэнсиса появляется во втором романе, за исключением Кита Филдинга в романах «Напролом» [Break in] и «Бойня» [Bolt] — придало книге редкую глубину и качество, поскольку он не какой-то там очередной невероятно честный и беспорочный герой, а реальное человеческое существо. Большинство героев Фрэнсиса бесстрашны, но Хэлли часто бывает испуган, как испугались бы и многие из нас, оказавшись перед лицом такой же страшной угрозы, и он так же мучается из-за чувства собственной вины и сомнений в собственной правоте. На одной из стадий, поддавшись угрозам и шантажу негодяев, он даже скрывается от них, демонстрируя собственную трусость, что просто немыслимо для остальных героев Фрэнсиса. Правда, в одной из напряженных сцен читатель невольно задается вопросом, почему бы Хэлли не убежать, вместо того чтобы покорно подвергать себя пытке, а в другом случае любой человек на его месте просто позвонил бы в полицию, но во всем остальном книга имеет прочные корни в реальности. Хэлли реален и человечен, что является одной из главных причин, благодаря которым «Твердая рука» является таким хорошим романом: его герой отнюдь не бог; порой он ведет себя совсем не героически; Сид Хэлли — просто самый обычный человек. Роман также обладает превосходным ритмом и размером, очень интересные научные детали тонко вплетены в общую канву повествования, и в нем есть удивительно живая, заранее заготовленная сцена, в которой Хэлли скрывается от негодяев на (конечно же) воздушном шаре, наполненном горячим воздухом. «Твердая рука» и в самом деле очень хороший триллер.

Он также содержит большое количество автобиографических деталей: острая ностальгия Хэлли по тем дням, когда он был жокеем; постоянная тоска по солнечному свету и теплу; потребность в дружбе и взаимопонимании в интимных отношениях вместо необузданной страсти, что является общей темой для нескольких романов Фрэнсиса. Обозреватели были в полном восторге, и 1979 год оказался переломным в их жизненном пути. «Предварительный заезд» был продан тиражом 45 000 экземпляров в твердой обложке только на территории Великобритании, а «Риск» — тиражом 245 000 в мягкой обложке. Телевизионный сериал и роман «Твердая рука» вывели Дика Фрэнсиса в стратосферу бестселлеров: «Твердая рука» оказался первым романом Дика Фрэнсиса, попавшим в список *New York Times*, и отныне каждая новая книга становилась как британским, так и американским бестселлером. На заре нового десятилетия Дик Фрэнсис стал международным феноменом, и каждая его книга продавалась огромными тиражами на многих языках, принося большие авторские отчисления. Они теперь стали такими богатыми, что могли позволить себе быть еще более щедрыми по отношению к своим детям, чем раньше, и в феврале они помогли двадцативосьмилетнему Меррику переехать со своими двадцатью лошадьми из Доркинга в самое сердце скачек, Ламборн, где он купил конюшни Джорджа Питера Гоблина — с семью акрами земли, пятью стоящими в ряд коттеджами, тридцатью тремя стойлами и двумя паддоками. В апреле жена Феликса, Энн, родила в Челтенхеме их первого ребенка, Мэтью. И с каждым годом посвященная Дику статья в справочнике «Кто есть кто» становилась все длиннее.

Даже кажущиеся неудачи в итоге оборачивались им на пользу. В 1980 году Джоан Кэгн покинула издательство «Харпер энд Роу», и Дик тоже решил оттуда уйти. Филлис Грэнн из издательства «Патнэм» давно пыталась его переманить из «Харперс», предлагая не только 50 000 долларов аванса за следующий роман — в три раза больше, чем «Харперс», — но и крупную рекламную кампанию, которая позволит продавать книги как романы основного направления, а не обычные детективные истории. В течение нескольких лет у Дика, Мэри и их нью-йоркского агента Стерлинга Лорда все больше росло недовольство издательством «Харпер энд Роу», и теперь пришло время уйти. «Харперс» издавал Дика не слишком хорошо», — рассказывал мне Эд Барлингейм, который только что стал новым главным редактором «Харперс». — Я хотел удержать его и сказал Стерлингу Лорду, что новое руководство намерено изменить издательскую политику, и предложил платить в два раза больше против того, что «Харперс» платил раньше, но Стерлинг ответил, что молоко уже пролито и Дик хочет уйти».

Деньги были не единственной проблемой, но, несомненно, одной из самых важных. Когда «Харперс» опубликовал первые два романа Фрэнсиса «Нерв» и «Последний барьер» в 1964 и 1965 годах, ему выплачивали аванс 1 000 долларов и печатали первое издание тиражом 7 500 экземпляров в твердой обложке. По мере того как рос объем продаж, размер аванса и тиражи тоже постепенно увеличивались, но медленно, и только в 1973 году «Харперс» стал выплачивать аванс 10 000 долларов и печатать первое издание тиражом 20 000 экземпляров (роман «Смертельная скачка»). Даже в 1978 году первоначальный размер аванса за «Риск» составлял лишь 12500 долларов, и только потом «Харперс» неохотно согласилось выплатить 15 000 долл.; в 1979 году аванс за «Предварительный заезд» был всего лишь 16 000 долл.; а роман «Твердая рука» в 1980-м заслужил аванс 20 000 долл. и первый тираж — 25 000 экземпляров, хотя он стал первым бестселлером Фрэнсиса в США. Но еще более важным было то, что Лорд и Фрэнсис уже пресытились почти полным отсутствием какихлибо усилий со стороны «Харперс» в продвижении книг на рынок. Некоторые из романов выходили в непривлекательных обложках, и часть старых книг подолгу не переиздавались.

«На совещаниях по вопросам сбыта Джоан повторяла год за годом: «Вы просто сошли с ума, что не проталкиваете книги Дика Фрэнсиса, они будут самым ходовым товаром», — рассказывала мне ее сестра Оливия Кэгн, которая в то время была внутренним рецензентом издательства «Харпер энд Роу». — Как-то раз Джоан сказала: «Пожалуйста, дайте хотя бы небольшую рекламу в *New Yorker*», но этого так и не сделали. Это была одна из причин, вынудивших ее в конечном итоге уйти из «Харперс» в 1980 году».

«Харперс» никогда не вкладывал в рекламные кампании такие деньги, которые «Патнэм» тратил с самого начала, — рассказывал мне Мел Зерман, в то время заведующий отделом сбыта в «Харперс» — В «Патнэме» сразу же осознали, что у них на руках есть ходовой товар и начали делать все возможное для того, чтобы эти книги стали большими бестселлерами». При всем при том, рассказывал Зерман, «не было никаких сомнений в том, что Дик Фрэнсис — настоящая звезда среди писателей остросюжетного жанра издательства «Харперс». Он по меньшей мере дважды приезжал в Штаты, чтобы рекламировать свои книги, и появлялся в каких-то шоу в Нью-Йорке. Я очень хорошо помню его последний визит, который совпал с ежегодной церемонией вручения премии Ассоциации американских писателей детективного жанра, присужденной ему за роман «Твердая рука». Тогда я сидел за одним столом вместе с Диком и Мэри. В конце вечера он сказал: «Мы подбросим вас до дома». У меня никогда не было автора, который делал это раньше».

Чтобы быть справедливым к «Харперс», следует отметить, что не только это издательство недооценивало потенциал книг Дика Фрэнсиса. Как рассказывал Зерман, тремя или четырьмя годами ранее один из самых могущественных книготорговцев в США произнес речь на торговой конференции, в которой он, в частности, сказал: «Дику Фрэнсису следует бросить писать про скачки. Пусть он пишет детективные романы с другим сюжетным фоном. Лошадей уже достаточно». Даже Ларри Эшмид, заменивший в «Харперс» Джоан Кэгн и позднее сам ставший легендарной фигурой среди нью-йоркских издателей, испытывал серьезные сомнения по поводу решения Филлис Грэнн. Он сказал мне:

«До того момента я не был знаком с творчеством Дика Фрэнсиса, но я сел и прочитал книгу, которая тогда обсуждалась, «Рефлекс змеи». Она мне понравилась, но про себя я подумал: «Я не уверен, что Филлис поступает правильно, вкладывая в этого парня такие деньги!» Книги Фрэнсиса хорошо продаются, но он не стоит 50 000 долл. аванса: итоговые показатели его не оправдают. У нее зоркий глаз на этот счет: она сразу видит, кого недоиздают. Филлис обнаружила в его книгах золотую жилу, она нарядила их в новые обложки и стала продавать их так, что книги выглядели скорее как крупные *«мэйнстримовские»* романы, чем как маленькие детективные истории, и в результате получила первую премию книжного клуба *Reader's Digest*, которая тогда составляла пятьдесят тысяч долларов, хорошие деньги по тем временам. Она придала книгам новый вид, и следующие романы просто следовали в той же колее».

Даже несмотря на то что в 90-е годы американский рынок для британских романов резко сократился, книги Фрэнсиса по-прежнему продавались в США огромными тиражами вплоть до конца столетия. «Британские романы больше не пользуются здесь спросом, — говорил Эшмид, — но Филлис поступила очень умно, создав из имени Дика Фрэнсиса торговую марку, поскольку, для того чтобы американцы покупали книгу, достаточно, чтобы на ней стояла известная торговая марка. Именно ее они и будут покупать. Это был удачный маркетинговый ход, но его следовало сделать в нужное время. Сегодня почти невозможно сделать здесь имя британскому писателю». Сама мисс Грэнн, которая позднее стала президентом издательства «Патнэм», сказала Эдварду Цукерману из *New York Times* в 1984 году: «Я всегда воспринимала Дика Фрэнсиса как серьезного писателя. Я не относила его к писателям какой-то «категории». Он отличный романист, который просто использует форму триллера».

Стерлинг Лорд выставил «Рефлекс змеи» на аукцион, Филлис Грэнн выиграла его, и она оказала книге самый почетный прием, издав роман на более плотной бумаге, из-за чего книга выглядела солидней и респектабельней. Она выделила большой бюджет на ее рекламу и отправила Дика в большое рекламное турне по всей стране. «Мы относились к книге так, словно это будущий бестселлер основного жанра, — рассказывала мисс Грэнн. — Мы отправляли его нашим обозревателям с сопроводительной запиской, где о сути было сказано: «Это не триллер».

Так что теперь Мэри и Дик получили полную свободу писать о чем угодно. Имя Дика Фрэнсиса стало знаменитым по всему миру, и деньги потекли рекой. В начале 80-х они наконец смогли осуществить свою мечту: они получили возможность сбежать от ужасных английских зим и жить на солнце.

Глава 14

РОМАН С ФЛОРИДОЙ
(1980—1985)

В январе 1980 года Дик и Мэри сбежали от мрачной английской зимы и вылетели в Малайзию на трехнедельный отдых, который они провели на Пинанге и в Сингапуре с Лестером и Сьюзен Пиггот, их дочерьми Морин и Трейси, а также братом Сьюзен Пиггот Робертом Армстронгом и его новой женой Мэри Энн.

Дик записывал на магнитофон интервью с Пигготом для его биографии, но у него оставалось достаточно времени для того, чтобы наслаждаться теплом и солнцем. Они плавали, загорали, устраивали пикники на пляжах, катались на скоростных катерах, ездили на рыбалку, пили молоко из кокосовых орехов и зачарованно слушали пение тропических птиц. Дик и Мэри чувствовали себя на удивление хорошо, и они поклялись себе, что в этот же год они обязательно купят себе квартиру где-нибудь в теплом климате, куда можно будет каждый год убегать от северных зим. Их решимость еще более усилилась, когда после возвращения в Англию они оба почувствовали себя серьезно больными, промучившись три или четыре месяца. Мэри преследовали непрекращающиеся приступы бронхита, а Дик мучался от редкого, но крайне болезненного нервного заболевания, которое поражает пожилых людей, вызывая такое сильное напряжение в мышцах ног, плеч и шеи, что они едва могут подняться с постели, испытывая от этого сильную депрессию. В случае Дика порою он едва мог ходить и постоянно должен был принимать гормональные лекарства. Что касается Мэри, то ее старую подругу Элисон Шрабсоул, когда они вновь встретились, поразила ее душевная стойкость. «На меня произвела огромное впечатление отвага женщины, смело сражающейся с последствиями своего полиомиелита, — сказала она мне. — Когда мы наконец встретились в Кембридже, примерно в 1980 году, Мэри как ни в чем не бывало отходила на время к переносному аппарату искусственного дыхания, установленному в машине Дика, чтобы «подзарядить свои батареи», как она это называла. Я удивляюсь, как на протяжении стольких лет она могла оказывать такую большую помощь по сбору материалов для книг Дика».

Дику было уже почти шестьдесят, а Мэри пятьдесят шесть. Они думали о том, чтобы купить квартиру где-нибудь на Средиземноморье, но решили, что даже там слишком холодные зимы. Они также рассматривали вариант с Канарскими островами, но им не хотелось все время разговаривать на испанском. Затем они думали об Аризоне, но в конце концов остановились на Флориде, и в сентябре Дик и Мэри вылетели в Форт-Лодердейл и купили себе квартиру прямо на пляже, с окнами, обращенными в сторону восходящего солнца. Больше никогда Мэри не будет страдать от английских зим, но для Дика этот переезд был связан со значительной жертвой. «Он бы предпочел никогда не переезжать жить во Флориду, поскольку из-за этого он оказывался вдали от Англии на весь сезон скачек с препятствиями».

На протяжении всего 1980 года Пенни-чез более чем когда-либо напоминал фабрику слов. Кроме работы над биографией Пиггота, в течение того года были опубликованы два новых рассказа. В январе журнал *Woman's Own* опубликовал рассказ «Два к одному» о безрассудной любви толстой, некрасивой пятидесятидвухлетней женщины к молодому жокею, который выступает на ее лошадях, а издательство «Голланц» заказало для новой антологии рассказ «День неудачников» о том, как преступники отмывают украденные деньги, делая большие ставки в Большом национальном стипль-чезе. Оба рассказа основаны на абсурдных сюжетах, но «Два к одному» по крайней мере предлагает читателю убедительное описание того циничного презрения, с которым некоторые жокеи и тренеры эксплуатируют богатых владельцев лошадей. Эти рассказы были перепечатаны в других изданиях, хотя «Два к одному» дали другое название — «Весенняя лихорадка». В августе вышло пересмотренное издание книги Мэри «Руководство по пилотированию для начинающих», с улучшенными графиками и диаграммами и также переименованное в «Быстрый старт», и, кроме того, полным ходом шли исследования для следующего романа «Рефлекс змеи» [Reflex], в которых Мэри превзошла саму себя. С невероятной дотошностью она изучала, как стать серьезным фотографом-профессионалом со всем этим сложным оборудованием, которое позволяет проявлять, печатать, увеличивать и изменять собственные фотоснимки. Как это всегда бывало с Мэри в ее исследованиях, она ничего не делала наполовину: она стала таким хорошим фотографом, что ей поступило несколько профессиональных предложений, издатели Дика в Великобритании и США платили ей за фотографии для нескольких книжных обложек, а издательство «Патнэм» попросило ее сделать плакат, изображающий Дика верхом на лошади. «Мне кажется, я смогла бы зарабатывать себе на жизнь как профессиональный фотограф, если бы возникла такая необходимость, — сказала она мне в июле 1980-го, — но книги приносили нам хороший доход». Она надеялась сделать фотоснимок для обложки биографии Лестера Пиггота и, возможно, выпустить целый фотоальбом, посвященный Пигготу. «Во время того отдыха на Пенанге я сделала хорошую фотографию Лестера в образе примерного домоседа, — рассказывала она. — Он выносил мусор, надев маленькую соломенную шляпу с изображением «Снупи».

Чтобы завершить свои исследования, она воспользовалась знаниями двух профессиональных фотографов, Бернарда Паркина и Дэвида Гастингса, и потратила 2 000 фунтов на фотографическое оборудование — почти 5 000 фунтов в современных ценах, — которое она установила в туалете на первом этаже Пенни-чез, превратив его в свою лабораторию. Она даже научилась проявлять и печатать цветные фотографии, которых многие профессионалы все еще избегали в те дни, и стала экспертом по различным типам пленки, бумаги, эмульсий, времени экспозиции и проявлению. Она узнала об основных цветах спектра, о том, почему цветные негативы всегда имеют оранжевый оттенок по краям и как превращать желтое в голубое. Она даже научилась извлекать скрытые кадры с темных участков пленки при помощи жидкости-стеклоочистителя «Аякс».

Получившийся из всех этих исследований роман «Рефлекс» повествует о том, как жокей и фотограф Филипп Норе расследует тайну, связанную с другим фотографом и некоторыми грязными фотографиями, использовавшимися для шантажа. Это одна из лучших книг Фрэнсиса: с напряженным началом, захватывающим сюжетом, некоторыми сбивающими с толку фотографическими головоломками (придуманными для книги Роном Месси) и хорошими персонажами, которые изменяются и проявляются, словно фотографический негатив. Норе, например, поначалу кажется типичным психологически травмированным героем Фрэнсиса: незаконнорожденный сын пристрастившегося к героину наркомана, выращенный парой гомосексуалистов. И все же в действительности Норе весьма необычен — и значительно интереснее большинства других героев, — поскольку он часто поддавался на шантаж, брал взятки и намеренно проигрывал скачки по указаниям нечистоплотных владельца и тренера. Как и Сид Хэлли, он не какой-то там невероятный образец добродетели, а нормальный человек со своими недостатками и слабостями. Здесь также есть запоминающийся неожиданный ход и превосходная концовка. Но самое главное — это необычайно насыщенная текстура «Рефлекса», та стилистическая глубина, которая превращает его в первоклассное чтение. Наконец, здесь есть анекдот, демонстрирующий широту охвата чувства юмора Фрэнсисов. В нем рассказывается о двух обнаженных статуях — мужчины и женщины, — которые на протяжении сотни лет смотрели друг на друга через аллею парка. И вот некий ангел сжалился над ними, позволив ожить на полчаса и сказав им, что в это время они могут наконец-то осуществить свое давнее желание. Статуи бросились в кусты, откуда начали доноситься треск, смех и шуршание листьев. Через пятнадцать минут они появились из кустов разгоряченные, но вполне счастливые. Ангел сказал, что поскольку у них осталось еще пятнадцать минут, то почему бы не сделать это снова?..

В конце июля, одновременно с публикацией «Быстрого старта» я приехал в Блеубери, чтобы взять у Мэри интервью для моей колонки в *Sunday Express*. Как всегда, я был глубоко тронут тем, с какой заботой Фрэнсисы относятся друг к другу. Казалось, они все делают вместе, даже дают интервью, постоянно обмениваются взглядами и касаются друг друга. Он очень гордился ею. «Она удивительная женщина, — сказал Дик с сияющими глазами. — Она мой главный редактор, и, кроме того, она помогает мне со словами». Мэри выражала свои мысли значительно более внятно — блондинка с проницательными голубыми глазами, но всегда добрая и любящая по отношению к мужу, открыто защищающая его после тридцати лет супружества.

Хотя Дику уже было почти шестьдесят, он попрежнему вставал до рассвета и отправлялся в Ламборн два или три раза в неделю, чтобы ездить верхом на лошадях Меррика, который теперь тренировал скаковых лошадей актера Оливера Рида и только что во второй раз стал отцом, после того как в Суиндоне Барбара родила их дочь Бианку, вскоре получившую прозвище Бинки. Дик тоже купил скаковую лошадь, приобрел половинные права на другую, и их обеих тренировал Меррик. Мэри все еще была занята, помогая вести дела магазина модной одежды в Уоллингфорде, и делала профессиональные фотографии, среди которых был снимок королевы-матери для суперобложки книги, посвященной ее интересу к стипль-чезу. «Ее Величество любезно согласилась некоторое время постоять на месте, пока ее фотографируют», — рассказывал Дик елейным голосом Эдвину Макдоуэллу из *New York Times* несколько месяцами позже.

«Дик занимается садом, а я стираю и глажу, — рассказывала мне Мэри, — но я вовсе не помешана на домашнем хозяйстве и не выполняю всю работу по дому. У нас есть девушка, которая приходит и занимается этим два утра в неделю. Я немного готовлю, но поблизости живет другая девушка, обладающая кулинарным талантом». Я также был рад услышать, что все-таки есть нечто такое, чем Мэри не сумела в совершенстве овладеть: она призналась в том, что никогда не училась печатать и им приходится нанимать машинистку, чтобы напечатать рукопись каждого романа. «Моя жизнь разделена между семьей и продвижением книг Дика», — заявила она, но в тот же вечер Мэри позвонила мне домой и попросила не высказывать в моей статье предположений относительно того, что она может быть настоящим автором книг, о чем я уже рассказывал в предисловии к этой книге. Моя статья была опубликована в то воскресенье под заголовком «УДИВИТЕЛЬНАЯ ЖЕНЩИНА, НА КОТОРОЙ ЖЕНАТ ДИК ФРЭНСИС», и начиналась она так:

«Жена Дика Фрэнсиса, Мэри, вносит огромный вклад в создание его необычайно популярных триллеров о скачках. Этот вклад мог бы стать большим только в том случае, если бы она сама писала их... Ее участие в успехе книг значительно весомей, чем подозревают большинство почитателей Фрэнсиса».

Когда осенью «Рефлекс» был опубликован, обозреватели совершенно обоснованно приняли его с большим энтузиазмом, и издательство Майкла Джозефа решило спонсировать ежегодную скачку, Гандикап Дика Фрэнсиса, которая будет проводиться на ипподроме в Лингфилде в начале декабря, и пригласило туда на день книготорговцев и журналистов. «Мы добрались туда на поезде, после чего состоялся ленч с большим количеством спиртного, который прошел очень весело, — рассказывал Алан Брук. — В тот день было продано не менее сотни книг, отчего Дик и Мэри были очень счастливы».

К сожалению, отличные отзывы на «Рефлекс» оказались последними из тех, что прочитала Антея Джозеф, в то время председатель издательства Майкла Джозефа. В феврале она умерла от рака в возрасте пятидесяти с небольшим лет. На поминальной службе в ее честь Дик прочитал стихотворение, а на Мэри ее смерть произвела особенно удручающее впечатление. «Она очень сильно переживала из-за смерти Антеи и порою плакала, вспоминая ее имя», — говорила мне одна из ее друзей в 1998 году. Дочь миссис Джозеф, Харриет Хастингс, рассказывала мне о том, что ее мать и Фрэнсисы были очень близкими друзьями. «Когда я была маленькой, мы часто виделись с ними, — говорила она. — Они приходили к нам по воскресеньям на ленч, и мы хорошо проводили время».

Дику снова пришлось пострадать, когда в конце января у него взяла интервью Диана Купер-Кларк для своей книги об авторах детективных романов «Темный замысел», в ходе которого она задавала глубоко литературные и интеллектуальные вопросы о детективном жанре, ставившие его в тупик. Это было жестокое испытание, поскольку он явно чувствовал себя не в своей тарелке. Госпожа Купер-Кларк без устали сыпала философскими и техническими вопросами о писательском ремесле, цитируя В. С. Нейпола, Джулиана Саймонса, Сомерсета Моэма, Г. К. Честертона и Анри Жида, используя такие слова, как «формализм» и «герменевтика», на что Дик давал неуклюжие, бессвязные ответы на языке, который вряд ли можно было ожидать услышать от профессионального писателя. «Мне никогда не нравилось слово «жанр», — говорил он, — поскольку это означает, что вы следуете по какому-то определенному каналу или вдоль определенных сюжетных линий, а я всегда стараюсь им не следовать. Я следую самым различным идеям и самым различным сюжетным линиям». Объясняя причину популярности криминальных романов, он заметил: «Их приятно читать, и вы можете читать их каждый день по дороге на работу. Вы можете читать их в поезде или вернувшись домой и увидев, что по телевизору показывают что-то ужасное, вы можете лечь в кровать и читать, или сесть и читать Хороший романист пишет так, чтобы читатель мог представить себе, как он это делает, или подумать: «Ах, я могу это сделать».

Когда госпожа Купер-Кларк спросила его: «Не разрушают ли лучшие детективные романы такое понятие, как логическая структура? Не следует ли им быть более привязанными к чувствам и подсознанию, чтобы нести с собой более полный эстетический опыт?» — Дик смело ответил: «Полагаю, что да. Полагаю, я не единственный, кто пишет свои романы подобным способом». На протяжении всего интервью он рассказывал о том, как «пишет» роман, образ или сюжет, а затем добавил: «Я пытаюсь вручить своим главным героям крест, который они будут нести, поскольку не считаю себя первым и самым лучшим романистом. Я уже написал двадцать книг, но по-прежнему даю им нести крест и пишу об этом кресте или других недостатках, которые помогают мне заполнять страницы. Это позволяет мне перебраться со страницы 1 на страницу 250 или 300, но если бы я был на месте некоторых других романистов, которые не пишут о преступлениях, то даже не знаю, чем бы я заполнял всю книгу».

Трудно себе представить, чтобы какой-то другой профессиональный писатель делал такие наивные признания.

На вопрос о страхе Дик ответил: «Я не люблю проявлять страх к тем вещам, о которых пишу. Однако я, конечно, испугался бы, если бы в эту комнату сейчас вползла змея». На одной из стадий у него возникли проблемы с пониманием слова «критически», а когда госпожа Купер-Кларк заметила, что его книги со временем становятся все лучше, он ответил:

«Мэри часто говорит мне (когда я переживаю из-за

новой книги): «Тебе всего лишь нужно написать так же, как ты написал в прошлый раз, и все будет сделано». — «Нет, — говорю я, — я не хочу писать так же, как писал в прошлый раз. Я хочу улучшить свой последний роман и сделать все возможное для улучшения — вот что на самом деле хочу».

Дик также противоречил себе. «Я пишу потому, что мне нравится писать», — сказал он, хотя в других интервью он всегда говорил, что терпеть не может писать. Он отрицал, что его романы подразумевают неизбежность победы добра над злом, а затем заявил: «Правое дело в конце одерживает верх, — и добавил: — Я пытаюсь вводить в свои книги нравоучительные сцены». В один из моментов он посетовал на то, что в раздевалки жокеев на английских ипподромах пускают только самих жокеев, тренеров и слуг, а затем сказал, что «вероятно, будет лучше» оставить все как есть.

Вряд ли госпожа Купер-Кларк могла провести это интервью без того, чтобы ей в голову пришла мысль о том, что Дик вовсе не такой писатель, каким она его представляла. Когда она спросила его о личном значении различных физических недостатков, которые мучают многих героев Дика Фрэнсиса, то, возможно, начала понимать, что все эти физические страдания основаны не на собственных болях Дика, а на постоянной борьбе Мэри с полиомиелитом, мышечной слабостью, астмой и бронхитом. В конце интервью госпожа Купер-Кларк заметила: «Я поражена вашим признанием о том, что вы не считаете себя писателем», а Дик ответил: «Я по-прежнему считаю себя наездником».

Ни смерть Антеи Джозеф, ни допрос госпожи Купер-Кларк не смогли приуменьшить радости Мэри и Дика, когда они в тот же месяц переехали на юг, в свою новую квартиру возле Форт-Лодердейла, поначалу вооружившись лишь диван-кроватью и столом, чтобы провести первую зиму в теплой Флориде, «Солнечном Штате». Район, который они выбрали, представлял собой не какой-нибудь вульгарный парк развлечений с увеселительными аттракционами и людьми, переодетыми в Дональда Дака или Фреда Флинстоуна, а элегантный, чистый, респектабельный участок восточного побережья к югу от Бока-Рока и Палм-Бич, где находился благопристойный курортный комплекс с сотнями роскошных многоквартирных домов, маленьких магазинчиков и ресторанов, вытянувшихся вдоль 300-мильного пляжа, занимающего все побережье между Майами и Джэксонвиллом. Некоторые районы Форт-Лодердейла, определенно, кажутся стильными со своими чистыми улицами, концертными залами, музеями, художественными галереями и кинотеатром с двадцатью тремя экранами.

Флорида всегда привлекала британцев — к началу 90-х здесь их проживало около пяти тысяч, — и это было на редкость подходяще место для жизни писателя детективного жанра, поскольку юг Флориды давно славился высоким уровнем преступности и числом убийств, особенно окрестности Майами, вскоре давшие рождение известному телесериалу «Полиция нравов Майами» и уже послужившие источником вдохновения для детективных романов Джона Д. Макдональда, Элмора Леонарда и Карла Хайасена. Как написал Мэтт Шадел в выходящей в Форт-Лодердейле газете *Sun-Sentinel* в 1994 году:

«Это место, где голые люди ходят по улице, держа в руке отрубленные головы, где принесение в жертву животных является обычным делом, где тюрьмы заполнены президентами банков и мэрами, где политики ложатся в постель с проститутками и становятся беженцами южных морей, где иностранные диктаторы проводят годы ссылки или тюремного заключения... По самым разным причинам — распространенность наркотиков, количество мошенников, жаркое солнце — в Южной Флориде происходят вещи, которые вы не увидите больше нигде. Забудьте про Калифорнию и

Нью-Йорк — Южная Флорида — самое фантастическое место во всех Соединенных Штатах. Реальная жизнь превосходит даже самое смелое воображение».

Карл Хайасен рассказал Шаделу:

«Они не могут поверить в то, что взрослый человек может залезть в чан с кукурузным пюре, чтобы бороться там со стриптизершей, но я видел рекламу в *Palm Beach Post*. Здесь так много материала, что оригинальные сюжеты можно находить, просто пролистывая газеты. Отличная идея для романа может прийти вам в голову, пока вы прогуливаетесь из одного вестибюля в другой в международном аэропорту Майами».

Неудивительно, что так много авторов детективных романов и триллеров поселились в этом районе — Томас Харрис, автор «Молчания ягнят», Элмор Леонард, Роберт Ладлэм, Лоуренс Сандерс, Робин Кук — а также такие писатели, как Мэрилин Фрэнч, Джеймс Майченер и лауреат Нобелевской премии Исаак Б. Зингер. Даже на многоквартирный дом, где поселились Фрэнсисы, Си-Ранч Клаб, упала тень неразгаданного преступления. Четырьмя годами раньше шестидесятидвухлетняя богатая вдова Энн Сесса, занимавшая одну из квартир, про которую говорили, что она хранит в своей сумочке ювелирных украшений на 500 000 долларов, внезапно исчезла и больше никогда не появлялась. Ее новый желтый «Линкольн Континентал» был обнаружен на стоянке возле аэропорта Майами, но, судя по регистрационным записям, она никуда не вылетала, а ее тело так и не нашли. Это лишь одна из нескольких криминальных тайн, которая окутала Си-Ранч Клаб за те годы, что Дик и Мэри жили здесь.

Квартира с тремя спальнями, купленная ими за 200 000 долл., находилась на втором этаже среднего корпуса большого трехблочного четырнадцатиэтажного 723-квартирного дома, расположенного напротив широкого белого пляжа в восьми милях от Форт-Лодердейла, чуть в стороне от оживленной, четырехполосной прибрежной автодороги на Палм-Бич. Район, окружающий Си-Ранч Клаб, в основном был застроен малоэтажными домами — маленькие гостиницы, мотели, кондоминиумы, ресторан Говарда Джонсона — и каждый корпус Си-Ранч Клаба охранял отряд бдительных стражников, облаченных в устрашающую униформу с сияющими серебристыми значками, что делало их похожими на местных полицейских. Но за внушительными подъездными аллеями Си-Ранч Клаба, украшенными колоннами проходами и кордонами охраны находилось одно из самых престижных и роскошных мест отдыха на побережье. Между тремя высокими башнями и бирюзовым морем находились плавательные бассейны со спокойной водой, чистые мощеные дорожки, пальмовые деревья, безупречные лужайки и красивые сады, засаженные тропическими кустарниками, папоротниками и цветами: роза гибискус, бегония, лилия, бальзамин. Здесь были три грунтовых теннисных корта, лужайки для гольфа, две площадки для шаффлборда, и в каждом корпусе имелись свой спортивный зал, бильярдная, карточная комната и просторные фойе, напоминающие шикарные отели с их стойками дежурных, диванами, глубокими креслами, пышными растениями, дорогими картинами, цветочными композициями и фоновой музыкой. Жильцы были в основном пожилые люди, но прямо через дорогу находилась большая автостоянка и торговый район с фонтанами и многочисленными магазинами: банки, кафе, бутики, парикмахерские, супермаркет, булочная, прачечная, винная лавка, бюро путешествий, китайский ресторанчик и даже полутемный паб с картинами лошадей на стенах. В названии этого района, Си-Ранч Центр, даже слово «центр» писалось на английский манер. Дик и Мэри сразу же почувствовали себя здесь, как дома.

Приехав сюда в первую зиму, они привезли с собой вирус британского гриппа, который преследовал их несколько дней, но начав принимать солнечные ванны, они сразу же убедились в том, что приняли правильное решение. Это была сказочная жизнь: голубое небо, теплая кожа и пальмы вместо серых облаков, льда, снега, слякоти и чихающих людей. В первый год они сделали ошибку, оставшись во Флориде меньше чем на четыре месяца и вернувшись к Большому национальному стипль-чезу в Англию, где все еще шел снег, и Мэри снова слегла с бронхитом. Больше они не повторяли этой ошибки: в будущем она всегда проводила больше времени во Флориде.

Смена американского издателя сразу же привела к большому успеху: роман «Рефлекс змеи» продержался в списке бестселлеров *New York Times* четыре месяца и разошелся тиражом 85 000 экземпляров в твердой обложке на территории США — в три раза больше обычного объема продаж издательства «Харперс», — стал главной книгой в выборе Манф Клаба, а также Детектив Бук Клаба и Мистери Бук Клаба, что принесло 440 000 долларов за издание книги в бумажной обложке. Успех объяснялся не только активной рекламной кампанией «Патнэма» и демонстрацией телевизионного сериала «Тайна!», а прежде всего тем, что «Рефлекс змеи» сам по себе был очень хорошей книгой. «Скачки у нас являются очень популярным видом спорта, — объяснял бывший редактор издательства «Хольт Райнхарт» Том Уоллес, — особенно на восточном побережье, где живут почти одни англофилы». Как заметил литературный критик *New York Times* Джон Леонард: «Не читать Дика Фрэнсиса потому, что вы не любите лошадей, это все равно как не читать Достоевского из-за того, что вы не любите бога. Или, как написал Майкл Н. Стэнтон в выпуске *Armchair Detective:* «На самом деле удовлетворение приносит не точное следование [книг] какой-то формуле, а их приверженность определенной системе ценностей: стоимости необходимого опыта, цене личной уязвимости, неоценимого дара человеческой любви».

Неизбежный хаос, вызванный переездом во Флориду, возможно, объясняет, почему следующий роман — «Двойная осторожность» [Twice Shy], оказался таким плохим. Он был сдан в издательство, как всегда, вовремя — к установленному ежегодному сроку, 8 мая, — но оказался большим разочарованием, одной из редких настоящих неудач. Идея книги родилась, когда Дик отправился на ипподром Гольфстрим-парк и увидел там человека, который продавал маленькие компьютеры, утверждая, будто они способны предсказывать победителей, но своим появлением роман также во многом обязан Феликсу, который уже был двадцативосьмилетним преподавателем физики в Челтенхемской средней классической школе для мальчиков. Среди основных хобби Феликса были компьютеры и охота, и он выполнил такой объем исследований, что книга была посвящена ему. Кроме того, Мэри сама купила компьютер, серьезно изучала программирование и, как обычно, стала таким экспертом в данной области, что даже подумывала о том, чтобы написать справочное руководство для начинающих работать на компьютере.

Несмотря на все эти скрупулезные исследования — или из-за них, — повествование часто развивается очень вяло, обремененное многочисленными деталями, связанными с компьютерами, которые чаще всего являются несущественными. Но что окончательно топит книгу, так это перелом сюжета посредине, после чего главный герой первой части, молодой преподаватель физики Джонатан Дерри — персонаж, прототипом которого был Феликс, — почти полностью исчезает, и его заменяет младший брат, скаковой менеджер Уильям, чей образ был похож на Меррика. В результате пузырь напряжения из первой части лопается посредине повествования и требуется долгое время на то, чтобы напряжение накопилось снова. Это очень жаль, поскольку основная идея романа просто превосходная. Она состоит в том, что профессиональный игрок создает компьютерную программу, которая может три раза из десяти верно предсказывать, какая лошадь выиграет скачку. Любой владелец программы способен с ее помощью сделать себе состояние, так что, вполне естественно, семья преступников решает добыть ее любой ценой, не останавливаясь даже перед убийством. Но книге явно недостает энергии, концы порой не сходятся с концами, и местами возникает впечатление, что ее написал какой-то некомпетентный безымянный графоман. Сюжет кажется натянутым, скучным и неубедительным — не менее десятка сцен совершенно неправдоподобны, — и все произведение на редкость бескровно. Главный преступник источает такую злобу, что он становится похож на какого-то карикатурного злодея и не воспринимается как реальная угроза. Здесь снова есть плохие взаимоотношения между отцом и сыном и такие неудачные фразы, как «три человека стояли, словно замороженные» и «все рты широко открылись, словно у рыб». И после двадцати романов некоторые выражения стали повторяться так часто, что уже кажутся старыми знакомыми: герои романов Фрэнсиса любят выражаться «мягко» и имеют тенденцию «пустить волну».

Здесь, конечно же, есть и отдельные хорошие места, и мы узнаем о том, что если вы хотите сохранить отпечатки пальцев на пистолете, то не следует класть его в полиэтиленовый пакет, поскольку отпечатки будут уничтожены сконденсировавшейся влагой. И последние несколько страниц просто великолепны. Но все это не может компенсировать огромные недостатки книги. Я думаю, что «Двойная осторожность» — это на самом деле очень плохой роман. Но далеко не все критики имели такое же мнение. Независимо от того, насколько плохим окажется новый роман Дика Фрэнсиса, всегда найдутся два-три обозревателя, которые напишут о том, что они были от него в восторге, и теперь джаггернаут Фрэнсиса было уже невозможно остановить. В то время как «Рефлекс змеи», значительно более удачная книга, была продана тиражом 35 000 экземпляров в твердой обложке, только к Рождеству издательство Майкла Джозефа продало уже 45 000 экземпляров «Двойной осторожности» и заказало дополнительный тираж. В Америке «Патнэм» продал 100 000 экземпляров в твердой обложке, а издательство «Харпер энд Роу» поспешило примазаться к победившей стороне, переиздав романы «Ставка на проигрыш» и «Смертельная скачка» под одной обложкой, и начало извлекать выгоду из успеха «Патнэма», продав такое количество ранних романов, что если в 1982 году они заплатили Дику лишь 13 000 долларов авторских отчислений, то в 1984 году его авторские отчисления, полученные от «Харпер энд Роу», составили 73 000 долларов. И было подсчитано, что к этому моменту по всему миру было продано по меньшей мере восемь миллионов экземпляров его книг, переведенных на восемнадцать языков, последним из которых был турецкий.

Одна из причин успеха книг заключалась в том, что в отличие от большинства остросюжетных романов они были обращены к женщинам в такой же мере, как и к мужчинам. Женщины восторгались героями Фрэнсиса, потому что они «смелые, галантные и сдержанные, — предположила романистка Джессика Манн в статье, опубликованной *Daily Telegraph* в 1988 году. — Они современная версия рыцаря в сияющих доспехах, спешащего на помощь верхом на своем верном боевом коне». Или, как это изложила Линда Ли-Поттер после того, как она в июле взяла интервью у Дика для *Daily Mail*:

«Его герои такие же сильные, смелые и находчивые, как Джеймс Бонд, но в отличие от вульгарного Бонда они когда-нибудь превратятся в преданных и любящих мужей. Они скромные, чуткие, обаятельные, очень сексуальные, но пуританская черта в характере заставляет их всегда держать свои чувства под контролем. Их нельзя подкупить, обмануть, запугать или соблазнить. Они романтики с взглядом ястреба, их ум становится острым как бритва перед лицом опасности, и, как я подозреваю, они являются самым близким приближением к идеальному образу любовника-сердцееда для большинства женщин».

Миссис Ли-Поттер сказала Дику, что женщины должны находить его очень привлекательным. «У меня нет романов на стороне, если вы это имеете в виду, — достаточно резко ответил Дик. Он также добавил: — Если незнакомец спросит меня, кто я такой, моим ответом не будет: «Я писатель». Я отвечу ему: «Я жокей».

Это было замечательное лето для Дика и Мэри. Роман «Твердая рука» получил премию Аллана Эдгара По. Лошадь Дика, Киннигер, впервые приняла участие в скачке на ипподроме в Аскоте. В августе жена Меррика Барбара родила в Суиндоне третьего ребенка, Тимоти. Ассоциация писателей детективного жанра присудила роману «Твердая рука» Золотой Кинжал, предпочтя его роману Колина Декстера об инспекторе Морее «Поминальная служба», получившему Серебряный Кинжал. Издательство Майкла Джозефа решило не просто спонсировать одну скачку, а проводить целый День Дика Фрэнсиса на ипподроме в Пламптоне. А затем произошло чудесное появление Джереми Томпсона, профессора фармакологии Калифорнийского университета, который появился со всеми романами Дика Фрэнсиса в твердой обложке и попросил их подписать. Пока Дик их подписывал, Томпсон рассказывал о том, какое воздействие оказывают различные медикаменты на людей и лошадей, постепенно приковав к себе внимание Фрэнсисов: какая замечательная идея для следующей книги. Они последовали за Томпсоном в Лос-Анджелес, жадно впитывая все, что он мог рассказать им о лекарствах, присутствовали на нескольких операциях и вернулись назад с солидным материалом для следующей книги. В декабре Мэри также проводила некоторые исследования в одном из торговых банков лондонского Сити, где она повстречала молодого банкира, прекрасно подходившего на роль главного героя, и сразу же после Рождества они снова переехали на зиму во Флориду, где приступили к работе над новой книгой «Банкир».

Перед самым отъездом Дик дал загадочное интервью Дадли Даусту из *Sunday Times*, в котором он сказал, что в первом черновом варианте романа «Двойная осторожность» было целых три главных героя, но «я сократил количество основных персонажей до двух, чтобы уменьшить общий объем книги». Но в том же самом интервью он повторил свою обычную похвальбу о том, что его романы никогда не нуждались в переписывании. «Первый набросок всегда бывает окончательным вариантом», — заявил он. Но как можно убрать из романа одного из основных персонажей, ничего не переписав? Под чванливым заголовком «Фрэнсис, интрига сгущается» Дауст написал: «Посмотрев на Дика Фрэнсиса, скромного человека в сером кардигане, вы никогда не заподозрите, что перед вами миллионер, всемирно известный автор триллеров».

Вскоре у них сформировался удобный распорядок повседневный жизни во Флориде. Дик вставал рано и прогуливался по пляжу до пирса и обратно. Он плавал в море, а затем еще раз, вместе с Мэри, в бассейне с пресной водой, после чего они приступали к работе. Дик рассказывал местной газете, что он пишет по шесть часов в день, устроившись на балконе, выходящем на море, и глядя на проплывающие мимо лайнеры и танкеры. Днем в их распоряжении были все местные развлечения и достопримечательности: ипподромы в Хайалиа, Гольфстрим-Парке, Помпано-Парке и Калдере; суета Майами и Палм-Бич; тайны Эверглейдса и Флорида-Кийс; роскошные магазины бульвара Лас-Олас, а также его театры, музеи и художественные галереи; теннисные корты Си-Ранч; многочисленные загородные клубы; катера в близлежащих каналах, которые протянулись вдоль всего побережья и дали этому району его туристское название «Американская Венеция». Но наибольшее удовольствие Дику и Мэри доставляли средняя температура воздуха 25°C и восемь часов солнечного света каждый день. По вечерам они ужинали в своих любимых ресторанах: популярном, многолюдном «Си-Уатч», расположенном на берегу всего в двухстах ярдах по дороге; в «Чарлис Краб», когда хотели отведать морских блюд; и в чванливом, дорогом, престижном «Тауэр Клабе», где «они проверят ваш банковский счет, прежде чем пропустят через входную дверь», как сказал подвозивший меня таксист в 1999 году. Дик вскоре стал местной знаменитостью. Он подписывал книги, произносил речи, о его дне рождения сообщалось в местной газете *Sun-Sentinel*, и они с Мэри быстро обзавелись здесь друзьями, среди которых были другие жители Си-Ранч Хэрриет и Херб Гилбер, Диана и Лу Гэйнор и Пит Джонсон, часто приглашая их на ужин. «Но они не были по-настоящему общительными, — рассказывал мне Пит Джонсон, — теми, кто любит выпить и повеселиться на вечеринке. Они не принимали активного участия в социальном водовороте нашего дома, хотя Мэри казалась более непосредственной, чем Дик. Он не ввязывался во все подряд».

«Банкир» — двадцать первый по счету роман — оказался одним из лучших. Это захватывающий рассказ о том, как молодой лондонский банкир, Тим Екатерин, одалживает владельцу племенного завода три миллиона фунтов на покупку чистокровного жеребца, после чего выясняется, что многие отпрыски этого производителя имеют ужасные врожденные дефекты, из-за чего стоимость этой лошади внезапно падает почти до нуля. Очевидно, что здесь скрыто какое-то мошенничество, и Екатерин берется выяснить, кто, как и зачем это сделал. Благодаря всем исследованиям, проведенным в Лос-Анджелесе, многочисленные детали, связанные с химическими веществами и лекарственными растениями, которые играют в книге самую важную роль, приковывают к себе внимание и обеспечивают необычайно умное, сложное, но абсолютно понятное научное основание для всего сюжета. Но книга стала большим успехом не только благодаря захватывающей, хорошо продуманной интриге, а также и потому, что она очень живо написана — настолько лучше предыдущего романа, что кажется просто невероятным, чтобы их мог написать один и тот же человек. «Банкира» написал настоящий романист, обладающий тонким чувством слова.

Здесь, конечно же, есть и некоторые мелкие раздражающие моменты. Два персонажа имеют невероятные имена: Диссдейл и Калдер. Через каждые двадцать страниц кто-то что-то «мягко» произносит, и, разумеется, «пускает волну», а люди постоянно так сильно удивляются, что широко открывают рты: в одном случае настолько широко, что «стали видны его пломбы», а в другом рот «сформировал овал потрясения и испуга». Но здесь есть превосходные фразы и наблюдения, а любовная интрига обставлена особенно хорошо: Екатерин жаждет обладать женой своего друга Гордона, но они противостоят соблазну, поскольку он хороший, добрый человек, страдающий от болезни Паркинсона. Их подавленная страсть пульсирует так сильно, что когда романист Джон Мортимер брал у Дика интервью для *Sunday Times*, он не удержался и спросил, почему они все-таки не предались любви. «Мы спрашивали об этом четверых наших друзей, двух семейных и двух холостых, — пояснила Мэри, — и они все согласились с тем, что персонажи Дика не должны прыгать в постель при живом муже независимо от того, насколько сильно им этого хочется».

Опять у главного героя развивается глубокая привязанность к девочке-подростку, и, кроме сентиментальной сцены на последней странице, «Банкир» отличный роман, который громко хвалили критики, в их числе такие уважаемые, как Маргханита Ласки, литературное приложение к *The Times*, Джонас Мортимер и Филипп Ларкин. «Дика Фрэнсиса можно судить только по его собственным высоким стандартам, — написал Ларкин в *Observer*. — Абсолютная уверенность сюжетного фона, свежесть персонажей, страшные сцены насилия, живость литературного стиля, неизменное интеллигентное сопереживание — все это делает его одним из тех писателей, которых можно упомянуть в одном ряду с Флемингом». Далее Ларкин добавляет: «Соблазн для Фрэнсиса стать «настоящим романистом» может быть очень сильным. Будем надеяться, что он ему не поддастся; читать его в двадцать раз интереснее, чем среднего претендента на премию Букера».

События реального мира вновь оказались такими же пугающими, как и книги Фрэнсиса: на той же неделе, когда был опубликован «Банкир», в конюшнях Йоркшира чуть не погибла ценная лошадь от руки какого-то неизвестного злоумышленника, исполосовавшего ее ножом.

Когда книга была закончена, Дик и Мэри отправились в Канаду, где он подписал тысячу экземпляров «Двойной осторожности» и судил на конно-спортивном шоу, а затем подписал еще несколько тысяч книг в трех книжных магазинах Нью-Йорка, где роман находился на третьем месте в списке бестселлеров. В одном из магазинов Манхэттена восторженная поклонница прошептала: «Это правда, что королева читает ваши романы в рукописи?» — на что ему пришлось ответить, что в действительности это королева-мать получает сигнальный экземпляр каждой новой книги, «хотя, насколько мне известно, они все читают мои книги». Другой почитатель спросил его совета насчет возможного победителя кентуккийского Дерби. «Ройал Роберто», — ответил Дик. Лошадь не победила. Они также посетили округ Колумбия, чтобы посмотреть международные скачки на ипподроме Лаурел, где одну из скачек назвали в честь Дика.

Книги теперь уже были переведены на восемнадцать языков, последним из которых оказался исландский, и очередное рекламное турне привело Дика в Скандинавию, где он провел в одиночестве три недели, самый долгий период за тридцать пять лет, в течение которого они с Мэри находились в разлуке. Как обычно, на лето они вернулись в Англию и купили большую моторную яхту «Тенпенни», которая была пришвартована на Темзе в шести милях от Блеубери. У нее были две двойные каюты, гальюн и кают-компания, так что Меррик и Феликс со своими семьями также могли проводить здесь время. В статье, появившейся в *Sunday Express Magazine* под заголовком «ВЕЩИ, О КОТОРЫХ Я ХОТЕЛ ЗНАТЬ К 18», Дик признался в том, о чем он сожалеет в своей жизни. Он хотел бы знать больше о таких практических вещах, как радио и телевизор, чтобы уметь их чинить самостоятельно, когда что-то сломается, а в конце он написал: «Больше всего, и по многим причинам, мне пришлось сожалеть о том, что я слишком мало времени провел в школе».

В январе они снова отправились во Флориду, на этот раз на четыре месяца, вооружившись своим первым «электронным редактором», но 8 января действительность снова поразительным образом перемешалась с художественным вымыслом, когда легендарный победитель Дерби 1981 года Шергар, стоящий около десяти миллионов фунтов бы похищен в Ирландии из конюшни Ага Хана в графстве Килдэр, после чего похитители потребовали за него выкуп пять миллионов — точно так же, как за Кристалла в «Кровавом спорте» шестнадцать лет назад. Синдикат, которому принадлежал Шергар, куда входили Ага Хан, Роберт Сангстер и Ставрос Ниархос, отказался платить, пятилетняя лошадь пропала, и больше никто никогда ее не видел. На эту тайну был пролит свет лишь в 1998 году, когда раскаявшийся террорист из ИРА, ставший информатором, Шон О'Каллахан, открыл в своих мемуарах «Информатор», что Шергар был похищен боевиками ИРА, которые не смогли справиться с нервной чистокровной лошадью, когда она сорвалась с привязи в своем фургоне, и были вынуждены ее пристрелить.

По странному совпадению, следующий роман, «След хищника» [The Danger], также был посвящен похищению с целью получения выкупа — но не лошадей, а людей, что стало распространенной тактикой террористов и преступников в конце 70-х. Незадолго перед этим Мэри и Дик познакомились на одной вечеринке с удалившимся на покой экспертом по возвращению похищенных людей и воспользовались его опытом, чтобы узнать побольше о похитителях и жертвах, а также уговорили его познакомить их с некоторыми из своих бывших коллег и специалистами по вопросам безопасности. Результатом стал один из лучших триллеров Фрэнсиса, обладающий интригующим, захватывающим сюжетом, очень хорошо написанный, с великолепной концовкой. Одной из недавних жертв похищений стал в 1978 году итальянский премьер-министр Альдо Моро, другие жертвы удерживались на диком итальянском острове Сардиния, а также на материковой части той же страны, поэтому вполне понятно, почему роман «След хищника» начинается с похищения в Италии, и жертвой похитителей становится одаренная молодая женщина-жокей Алессия Сенси, дочь мультимиллионера, которому сообщают о том, что ее убьют, если он не заплатит огромный выкуп. Сеньор Сенси обращается за советом к английскому специалисту по киднепингу, Эндрю Дугласу, который вылетает в Болонью и использует весь свой опыт в борьбе с хитроумным преступником, стоящим за этим похищением. Он советует итальянской полиции, как лучше всего спасти жизнь Алессии, освободить ее и максимально снизить размер выкупа. Детали всех этих тонких переговоров с похитителями приковывают к себе внимание, как и психологический анализ ситуаций, возникающих, пока Дуглас и неизвестный главарь похитителей сражаются друг с другом, на фоне драматических событий, связанных с тремя новыми похищениями. В этой книге мало говорится о скачках, но единственным ее недостатком, на мой взгляд, является садистская сцена, описанная слишком детально: когда похитители схватили трехлетнего мальчика, они ужасно с ним обращаются и угрожают кастрировать его. Подобная жестокость кажется совершенно излишней. В автобиографическом аспекте книга содержит прочувственный пассаж о том, как свободно чувствует себя человек, переезжая жить в Соединенные Штаты.

Критики совершенно справедливо оказали книге самый восторженный прием. «Его герои являются метафорами для Англии», — написал Джон К. Карр в своей книге «Искусство преступления», опубликованной в Бостоне в тот же год и объясняющей, почему книги Фрэнсиса так популярны даже в Соединенных Штатах. «Герои Фрэнсиса теперь меньше обеспокоены мучающей их болью, становясь все более хорошими, полезными и любящими людьми, — писал Карр. — Но важнее всего то, что они показывают нам, как преодолеть наши страхи, как победить самого себя. Эта позиция, согласно которой человек сначала должен победить самого себя, свойственна англичанам. Обаяние, отвага и компетентность также являются типичными английскими чертами. И, вероятно, это и есть тот самый ускользающий фактор во всех анализах причин успеха Фрэнсиса». Карр умудрился сделать четыре фактические ошибки в первых двенадцати предложениях, но его литературная критика кажется вполне обоснованной, и он тонко подмечает, что автор романов Фрэнсиса преклоняется перед королевской семьей и аристократией, насмехается над нуворишами и чрезмерно увлекается садистскими сценами. Как он пишет, Дик сказал ему, что британские аристократы не имеют склонности к преступлениям, но «сюда приезжают многие представители романских народов, а некоторые жители Средиземноморья могут быть очень жестокими». Во время интервью Дик совсем не аристократично называл Мэри «жена», и становилось очевидно, что именно они и являются ярким примером пары нуворишей.

Тем летом они, как обычно, вернулись на лето в Англию, чтобы отдохнуть вместе с семьей в Пэйнтоне и покататься по Темзе на своей новой яхте. Мэри стояла у штурвала и отдавала приказы по новой портативной рации, а Дик прыгал туда-сюда, пришвартовывая яхту к причалу или у одного из многочисленных шлюзов. Им нравилось наслаждаться пасторальной тишиной и покоем, путешествуя по реке и проплывая мимо рыбаков, зеленых лугов, мимо пристаней и элегантных особняков с лужайками, сбегающими к самой воде, пасущихся стад, скользящих по воде лебедей и суетящихся уток, многочисленных прибрежных ресторанчиков. Им нравилась обывательская простота окружающих пейзажей, поскольку во всех увлечениях Дика и Мэри было что-то очень типичное для обывателей из английского среднего класса. Они стали мультимиллионерами, но при этом почти не изменились. И хорошие манеры Дика были такими мальчишески безупречными, как и раньше. Главный редактор издательства Майкла Джозефа в начале 80-х, Филипп Харрисон, сказал мне:

«Я знаю совсем немного писателей, чье поведение не стало бы изменяться в худшую сторону сразу после того, как они сделают себе имя, но Дик всегда вел себя как настоящий джентльмен. Преданные и благодарные авторы редко попадаются издателям в наши дни. Дик всегда был исключительным автором».

Со времени публикации зловещего романа Джорджа Оруэлла «1984» 1 января 1984 года грозило стать роковой датой, но Дику она принесла очередное радостное известие: в британском новогоднем списке награждений против его фамилии значился ОБИ [OBE], и, следовательно, он стал кавалером Ордена Британской Империи. Он и Мэри немедленно сбежали из Британской Империи, вылетев во Флориду, где Эдвард Цукерман взял у него интервью для *New York Times*, отметив, что хотя в настоящее время Дик пишет роман о винах («Торговец забвением» [Proof]) и, по-видимому, упоминает в нем шампанское «Эперней», он продолжает называть его «Эмперней», и Мэри пришлось дважды его поправлять. «По крайней мере, он правильно напишет его в книге», — сказала она. На этот раз они провели во Флориде шесть месяцев, хотя Дик вылетал в Англию на короткий период в феврале, и они оба вернулись туда в марте, чтобы с Мерриком и Феликсом посетить Букингемский дворец, чтобы получить ОБИ из рук королевы. «Она сказала мне, что ей нравятся мои книги», — заявил Дик репортеру *Evening Standard*, когда они вышли из дворца.

Его поездка на Большой национальный стипль-чез в тот год имела особое значение, поскольку после многолетней кампании по спасению Айнтри он недавно стал попечителем группы «Айнтри Рейскурс Лимитэд», основанной для защиты его будущего и управления ипподромом на основании 999-летнего соглашения об аренде. В апреле Дик снова совершил короткое путешествие, на этот раз в Нью-Йорк, где один из поклонников убедил его принять в подарок от городской полиции лошадь Хэлли, названную в честь Сида Хэлли. Никто не поинтересовался, как Дик умудряется писать такие хорошие книги так быстро, что у него еще остается время на то, чтобы проводить недели в Англии и путешествовать по миру в те самые месяцы, когда он должен их писать.

Шейла Мэрфи, занимавшая пост управляющего рекламного отдела издательства Майкла Джозефа с 1984 по 1987 год, сказала мне, что ее поразила невнятность Дика, когда он давал свое интервью:

«Единственный раз я услышала от него что-то интересное в ходе интервью, когда с ним беседовал Брайан Мэтьюз из лондонской службы Би-би-си. Дик сказал (я думаю, с искренним сожалением): «Моя жизнь закончилась, когда я прекратил выступать в скачках», и Мэтьюзу так и не удалось поднять ему настроение. Другое очень забавное интервью с Диком было напечатано в одном весьма серьезном литературном журнале, где интервьюирующий журналист задавал ему вопросы о семиотике романов про скачки, а Дик давал серию односложных ответов — *да, нет, да, нет,* — и так на протяжении всего интервью. Он выглядел совершенно одинаково во всех многочисленных интервью: очень любезный, очень приятный, но *никакой*. К тому времени, когда я пришла сюда работать, стало очень трудно заставить людей взять интервью у Дика, поскольку они все жаловались на то, что ему нечего сказать».

С другой стороны, Мэри очень четко выражала свои мысли. На званом обеде в Лондоне, который проходил во время забастовки шахтеров в 1984 году, они с Диком сидели за одним столом с двумя писателями, Стэном Барстоу и Барри Хайнесом, известными своими левыми взглядами, которые пришли в ярость после того, как она заявила, что шахтеры — ленивые и жадные бездельники и рабочие ее отца за день выполняли больший объем работы, чем шахтеры за неделю. Один из гостей рассказал мне следующее:

«Затем она сказала нечто настолько злое о забастовке шахтеров, что все краски покинули лицо Стэна Барстоу, и он произнес сквозь стиснутые зубы: «За последние 30 лет никто не был настолько близок к тому, чтобы заставить меня потерять над собой контроль». Каким-то образом нам удалось сменить тему разговора, перейдя к обсуждению антиядерной женской демонстрации протеста на Гринхем-коммон, и тут Мэри заявила, что всех женщин, которые пришли на эту демонстрацию, следует заставить чистить общественные туалеты зубными щетками. Весь стол замер в немом напряжении, поскольку здесь в основном сидели люди с левыми взглядами. Я никогда не испытывал чувства, которое мне довелось пережить за тем столом. И тут Дик сказал — превосходно! — «А вы слышали историю о том, как ирландец, шотландец и англичанин?..»

Автор детективных романов и критик Х. Р. Ф. Китинг вспоминал один случай, когда после ужина членов Детекшен-клаба в Клубе Гаррика у Мэри «возникли разногласия с Кэтрин Лиалл [*Уайтхорн*] из-за какого-то пустяка. Я не помню, в чем там было дело, но хорошо запомнил, что у них чуть не дошло до рукоприкладства. Они кричали друг на друга с раскрасневшимися лицами. Мэри придерживается самых консервативных взглядов».

Длительная кампания британских писателей за то, чтобы им платили одно-два пенни каждый раз, когда их книги берут в британских общественных библиотеках, наконец была выиграна, и в феврале была проведена первая выплата на основании новой системы авторского вознаграждения: в случае с Диком ее сумма составила максимальные 5 000 фунтов, поскольку книги Дика Фрэнсиса пользовались самой высокой популярностью, за исключением книг Кэтрин Куксон.

Действие следующего романа, «Торговец забвением», разворачивается в мире вин и спиртных напитков, и тема скачек здесь затрагивается лишь эпизодически, но он опять-таки оказался одним из лучших триллеров Фрэнсиса — третьим превосходным романом подряд. Мэри потратила много времени, собирая необходимую информацию у двух поставщиков вин, Барри Маканесса и своего шотландского зятя, Дика Йорка, а также провела долгие часы, расспрашивая местного виноторговца Маргарет Джайлс, которая содержала небольшой винный магазин в поселке, расположенном в десяти милях от Блеубери. Она в точности узнала, что такое содержать винный магазин и как много тяжелого физического труда с этим связано; как различаются ячменное и ржаное виски; о том, что если вам нужно дешевое вино к китайской пище, то вам следует остановить свой выбор на таких марках, как Бержерак, Соави или Кот дю Ванту; что Сотерн хорошо сочетается с карри, ветчиной и любыми сладостями; что единственный продукт, который совершенно несовместим с вином, это грейпфрут. Проявив свою обычную дотошность, она стала таким специалистом в данной области, что через восемь лет они с Диком сами стали компаньонами миссис Джайлс, вложив деньги в ее бизнес. Казалось, что Мэри просто не могла исследовать какой-то предмет без того, чтобы стать профессионалом.

Главный герой романа «Торговец забвением» — молодой виноторговец Тони Бич, оставшийся без отца в одиннадцать лет, а теперь это убитый горем одинокий вдовец, недавно потерявший любимую жену Эмму, к тому же обремененный чувством вины: он считает себя трусом, поскольку его отец и дед оба были храбрыми солдатами и наездниками, и винит себя в смерти Эммы, которая умерла от высокого кровяного давления, развившегося у нее после того, как он сделал ее беременной. Тони Бич — классический герой Фрэнсиса, одинокий, несчастный, израненный жизнью и сомневающийся в себе. Ему становится известно, что несколько дешевых сортов вин и виски продаются под дорогими этикетками, и он решает выследить преступников, ответственных за эту подмену. Результатом становится отличный триллер с бурным, живым началом и очень хорошо написанный до самого конца. Книга содержит некоторые мелкие изъяны и повторения.

Здесь, например, есть очередные плохие взаимоотношения между отцом и сыном и пара шуток, уже использованных в предыдущих романах. Также довольно странно читать о том, что женщина средних лет, которая выпивает бутылку джина в день, «еще» не алкоголик. И все же, когда «Торговец забвением» был опубликован в сентябре, литературное приложение *The Times* вполне обоснованно заметило, что новый роман «как обычно, превосходно продуман», а в США *Publishers Weekly* написал, что это «лучший из бестселлеров Фрэнсиса, написанных до сих пор».

Статус книг Фрэнсиса в Америке стал настолько высок, что даже литературные критики из числа феминисток начали их хвалить. Кэролин Хейлбран, профессор литературы из Колумбийского университета, сама писавшая детективные романы, стала его горячей поклонницей, а другая феминистка, Марти С. Книппер, посвятила творчеству Фрэнсиса длинную, серьезную главу в своей книге «Двенадцать таинственных англичан». Госпожа Книппер, адъюнкт-профессор английского языка в колледже неоклассической литературы и искусства и автор статьи с интересным заголовком «Агата Кристи — феминистка?», восторгалась книгами Фрэнсиса в основном потому, что их герои не какие-нибудь грубые животные, как большинство героев детективных романов, написанных авторами-мужчинами, такими, как Микки Спиллейн, Дэшиелл Хэмметт, Раймонд Чандлер и Росс Макдональд. Она написала:

«Из одного остросюжетного романа в другой передается мысль о том, что женщинам нельзя верить. В крутых детективных романах женщинам не дозволяется быть трехмерными человеческими существами. Они изображаются плоскими и лишенными всяческих эмоций. Отношение Фрэнсиса к женским персонажам представляет собой заметный контраст... [он] описывает женщин такими же, какими они бывают в реальном мире, а не бесплотными духами, преследующими мужчин в ночных кошмарах, или беспомощными, зависимыми созданиями... Герои Фрэнсиса в отличие от большинства крутых героев предпочитают женщин, наделенных живым умом, с которыми они могут установить долговременные отношения, а не длинноногих красоток, способных их привлечь лишь на одну ночь».

Госпожа Книппер была бы меньше удивлена отношением автора к женщинам, если бы знала, какой огромный вклад вносит Мэри в написание этих книг.

Через месяц после публикации романа «Торговец забвением» Си-Ранч Клаб поразил первый из серии шумных скандалов, продолжавшихся на протяжении нескольких последующих лет. В октябре шестидесятичетырехлетний вице-президент ассоциации жильцов, Джон Р. Родес, вышел в отставку после того, как был арестован по подозрению в участии в ограблении банка, а еще через девять месяцев ему предъявили обвинение в контрабанде и распространении героина. Между этими двумя датами произошел самый громкий из всех скандалов, когда другой директор Си-Ранч, семидесятипятилетний Росуэлл Гилберт, убил свою семидесятитрехлетнюю жену в принадлежавшей ему квартире на десятом этаже в корпусе, расположенном по соседству с корпусом Дика и Мэри, после пятидесяти одного года супружеской жизни. Гилберт, вышедший на пенсию инженер-электронщик, дважды выстрелил в голову своей жене Эмилии из 9-миллиметрового пистолета «люгер», когда она лежала на диване в гостиной. Он не мог больше смотреть на то, как она страдает от болезни Альцгеймера и остеопороза, объяснил он полиции. Но через два месяца его признали виновным в убийстве первой степени и посадили в тюрьму, где на свой семьдесят шестой день рождения он получил в подарок от дочери экземпляр романа Дика Фрэнсиса «Банкир». В конечном итоге Гилберт провел в заключении пять с половиной лет, был выпущен на свободу в 1990 году и прожил еще много лет. Пока он сидел в тюрьме, сотни сочувствующих ему граждан — в том числе Дик и Мэри — обращались к губернатору Флориды с прошением об амнистии, но более десятка соседей Гилберта по Си-Ранч сформировали группу давления, которая писала письма, протестующие против его освобождения. Его дочь, Марта Моран, сказала корреспонденту *Sun-Sentinel*, что, по ее мнению, их позиция была «основана на мелочной политике кондоминиума, поскольку мой отец был его директором и они могли быть несогласными с определенными решениями моего отца». Управляющий корпусом Джин Хадак согласился с ней. «Политика кондоминиума, — сказал он. — Гилберт им противостоял, поэтому они решили с ним поквитаться». Бывший член совета директоров Си-Ранч Сью Шаффер, которая позднее стала другом семьи Фрэнсис, добавила, что некоторые из жильцов «имели зуб на Росуэлла. Им никогда не нравилось то, как он управляет зданием». Ссоры и соперничество между директорами трех корпусов Си-Ранч вскоре обострились до такой степени, что в борьбу были вовлечены четыре адвокатские конторы, судебные издержки составляли астрономическую сумму, а *Sun-Sentinel* позднее назвала эту ситуацию «гражданская война». За последующие несколько лет отравленная атмосфера интриг и антагонизма в Си-Ранч стала еще хуже, и в конце концов это вынудило Дика и Мэри переехать жить в другое место.

Прошло пять лет с тех пор, как романы Дика Фрэнсиса в последний раз имели прочную связь с миром скачек, поэтому многие почитатели его творчества обрадовались, когда следующая книга «Напролом» [Break in] вновь окунулась в колоритную атмосферу скачек, ипподромов, букмекеров и конюшен в Ламборне и Ньюмаркете, а ее главным героем казался жокей-чемпион стипль-чеза. Если Феликс проделал большую исследовательскую работу для романа «Двойная осторожность», то Меррик оказал не меньшую помощь с этим романом. Меррик уже работал тренером десять лет, и, поскольку дела его шли не слишком успешно, он был хорошо знаком с постоянными тревогами и проблемами тех, кто пытается заработать на жизнь подготовкой скаковых лошадей. Книга, которая была посвящена ему, рассказывает о том, как легко молодой тренер, подобный Меррику, может потерять свой бизнес из-за того, что бульварная газета опубликует о нем ложную информацию, предположив, что он больше не сможет оплачивать свои счета, поскольку его богатый отец отказался ему помогать.

Поначалу это достаточно увлекательная история, и некоторые из описаний персонажей с Флит-стрит кажутся поразительно точными, особенно яркий портрет женщины-журналистки — украшенной браслетами и кольцами «тигровой лилии» — несомненно, списанный с известной своей стервозностью ведущей постоянной колонки в *Sunday Express* Джин Рук. Несколько абзацев в книге, посвященные прессе и ее циничным, подлым, грязным методам работы, написаны с такой страстью, что возникает твердая уверенность в том, будто Мэри и Дик всей душой ненавидят журналистов, хотя они всегда были готовы дать очередное интервью, если это могло способствовать лучшей продаже книг. Архивы с вырезками из британских газет содержат большее количество интервью с Диком Фрэнсисом, чем с любым другим журналистом. Роман «Напролом» также зачаровывает детальным описанием беспокойной жизни маленького тренера, борющегося за выживание: огромные перерасходы, капризные владельцы, бесконечные заботы о лошадях и о том, как расплатиться с конюхами. Здесь также есть яркие сцены из жизни жокея, который сражается с лишним весом, употребляя в пищу только лангусты и фрукты, прекрасно понимая, что, даже если он станет жокеем-чемпионом, его слава будет очень недолговечной и через несколько лет о нем все забудут.

Однако, к сожалению, очень скоро повествование становится вялым. Герой романа Кит Филдинг — такой благородный и самоотверженный, что возникает острое желание дать ему пинка. А главный негодяй настолько злобный и переполненный ненавистью, что он теряет всякое сходство с человеческим существом, напоминая скорее героя шуточной пантомимы. Другие персонажи такие же нереальные, и вся книга кажется абсолютно недостоверной. Даже имена здесь еще более нелепые, чем обычно, — Мейнард Аллардек, Нестор Полгейт, принцесса Казилия, Уайкхем Хэрлоу, Кристмас Филдинг — и снова и снова (в моем случае пятнадцать раз) вы качаете головой, не веря прочитанному. Люди просто не могут вести себя подобным образом. Кроме того, книга содержит не одну, а сразу две плохие линии взаимоотношений отец — сын и заканчивается достаточно абсурдно.

Таким же невероятным кажется и то, что она не вызвала никакого протеста со стороны обозревателей. «Лучшее из всего написанного до сих пор», — заявила известная писательница Сьюзен Хилл. *Financial Times* согласилась с ней, впрочем, как и *The Times*, *Daily Telegraph* и *New York Times.* Перечитывая «Напролом» в 1998 году, мне было трудно поверить в то, что они читали ту же самую книгу. Из всех критиков только Мэрилин Стасио в своей колонке, посвященной обозрению новинок американского книжного рынка, отметила, что история «неуклюже рассказана», посетовала на «упрощенный моральный кодекс автора», садистские сцены, «противоестественную злобность» отрицательных персонажей, «глупый риск» главного героя, почему-то решившего не обращаться в полицию. Но теперь даже самая доброжелательная критика романов Дика Фрэнсиса была совершенно бессмысленной. Роман «Напролом» быстро разошелся тиражом 70 000 экземпляров в твердой обложке на территории Великобритании, превышающим тиражи всех предыдущих романов

Фрэнсиса, и еще больше книг было продано в США. По моему личному мнению, об этом романе можно было бы сразу забыть, если бы не то обстоятельство, что в ретроспективе он кажется почти пророческим. Он был опубликован всего на шесть месяцев раньше биографии Лестера Пиггота, в то время, когда Пиггот рассматривался как кандидат на посвящение в рыцари, и всего лишь за год до того, как ему было предъявлено обвинение в уклонении от уплаты налогов, и со сверхъестественным предвидением здесь описывается то, как человек из скакового мира, претендующий на рыцарство, теряет его из-за слухов, циркулирующих о нем на Флит-стрит.

Посвященная Пигготу книга может отчасти объяснить, почему роман «Напролом» оказался таким плохим и был так поспешно закончен. Дело в том, что в начале 1985 года Пиггот позвонил Дику и сказал, что в октябре он собирается уйти из скачек, и, значит, Фрэнсису необходимо приложить сверхусилия для того, чтобы закончить биографию, хотя он возился с ней уже двенадцать лет. В мае Дик поспешно вернулся в Англию, чтобы посмотреть специальную скачку двух «суперзвезд» на гладкой скаковой дорожке в Уорвике, устроенную между Пигготом и недавно удалившимся на покой жокеем-чемпионом стипль-чеза Джоном Франкомом, — Пиггот, разумеется, выиграл, а в ноябре Дик вылетел в Нью-Йорк, чтобы посмотреть одну из последних скачек Пиггота в Америке на Кубке коннозаводчиков. «Лестер помогает, но он не слишком разговорчив, — сказал Дик хроникеру *Sunday Telegraph* в сентябре. — Но он никогда не отличался большой общительностью». Через несколько лет он сказал в интервью *Western Mail*: «Я знал, что это будет нелегкая задача. Ни один жокей, выступавший на стольких лошадях, не сможет запомнить все имена, места и даты, и... ситуация становилась еще более сложной из-за того, что с Лестером трудно общаться... Он очень плохо слышит, и его слова совсем непросто разобрать».

Несмотря на аврал с завершением книги о Пигготе, Дик вернулся в Лондон в сентябре, к публикации романа «Напролом», чтобы посетить в качестве почетного гостя один из знаменитых литературных ленчей Фойли в отеле «Дорчестер» и насладиться Днем Дика Фрэнсиса на ипподроме в Пламтоне, прежде чем в бешеной спешке вернуться во Флориду, закончить биографию и доставить ее в установленный срок в издательство Майкла Джозефа, чтобы они успели отредактировать, проиллюстрировать, напечатать и опубликовать ее за четыре месяца.

Для Дика и Мэри, уставших после завершения двух книг за один год, наступил двухмесячный перерыв, когда они могли перевести дух, прежде чем приступить к работе над следующим романом. Они использовали его для того, чтобы переехать в большую квартиру в Си-Ранч Клабе, поскольку их просьба о получении американской визы на проживание наконец была удовлетворена и им больше не требовалось проводить полгода в Великобритании. Отныне их постоянный дом находился во Флориде. Они перерезали пуповину.

Глава 15

ЭМИГРАЦИЯ
(1986—1992)

Говорят, что, переехав жить во Флориду, вы добавляете к своей жизни десять лет, и в отношении Дика и Мэри это было совершенно справедливо. Они продали свою квартиру на втором этаже в корпусе В Си-Ранч Клаба и купили большую, на шестом этаже корпуса А, с тремя спальнями, тремя ванными и превосходными видами на Атлантический океан из каждой комнаты. После тридцати одного года жизни в бунгало в Блеубери они выставили его на продажу, но оставили яхту на Темзе, чтобы Меррик и Феликс вместе со своими семьями могли на ней кататься.

«Дик продал посадочную полосу позади дома, — рассказывала мне его соседка Хейзел Декстер. — Он сказал, что продает ее потому, что ему нужны деньги для покупки жилья во Флориде». Ее дочь, Джейн, добавила: «Землю купили почти сразу же, но дом стоял пустым еще пару лет, поскольку он находился прямо на главной дороге».

Новая квартира в Си-Ранч напоминала декорации для американских телесериалов о великосветских интригах с огромной гостиной, стеклянными стенами, обращенными на пляж, большими зеркалами, белой мебелью, белыми коврами и многочисленными фотографиями Меррика, Феликса и внуков, которые называли своего дедушку «Грандик». В кабинете были большой компьютер, маленький столик, подписанная фотография королевы-матери с Девоном Лохом, огромная фотография самого Дика, а на стене висел плакат со следующим изречением: «Я так много читал о вреде курения, алкоголя, переедания и секса, что в конце концов решил бросить читать».

Дик отрицал, что они переехали за границу из-за налогов, но тем не менее они не возвращались в Великобританию в течение года, что позволило им стать налоговыми эмигрантами и не платить британские налоги, пока они не вернутся в страну более чем на девятнадцать дней в течение любого последующего финансового года. Он даже пропустил свой любимый Большой национальный стипль-чез в том году, и вместо обычного семейного отдыха в Пэйнтоне они вызвали мальчиков и их семьи во Флориду, и те совершили первый из многих будущих визитов. Дик и Мэри процветали в субтропическом тепле, и у них выработался идиллический распорядок дня. Дик по-прежнему был очень крепким, и при росте 5 футов 8 дюймов он весил 11 стоунов — он весил всего лишь на один стоун больше, когда был в своей оптимальной форме, будучи жокеем. Он вставал в 6.30, делал телефонные звонки в Великобританию, поскольку льготный тариф продолжался до 7 утра, смотрел за завтраком телепередачу «Доброе утро, Америка», прогуливался вдоль пляжа, полчаса плавал в море, смывал с себя соленую воду, быстро окунувшись в бассейн, высыхал на солнце, а в оставшуюся часть утра выполнял ту работу, которую должен был сделать. Джон Келлер, главный садовник Си-Ранч Клаба, сказал мне: «Если здесь внизу возникал какой-то шум, Мэри появлялась на балконе и, приложив палец к губам, показывала в глубь квартиры, как бы говоря, что Дик пишет». После легкого ленча Дик снова плавал, прогуливался в шортах, слушал, как волны набегают на песок шестью этажами ниже, смотрел с балкона на огромные круизные лайнеры и танкеры, проплывающие мимо, либо просматривал видеозаписи своих старых скачек или своей программы «Это твоя жизнь». Он купил себе новый «Мерседес» и наслаждался поездками по окрестностям. Каждый вечер его ожидали новости по телевизору в шесть часов, манильская сигара, бутылка вина, блеск луны над океаном, и по меньшей мере два раза в неделю они ужинали в ресторанах. Дик всегда ложился спать в одиннадцать вечера, хотя Мэри укладывалась поздно, засиживаясь самое раннее до полуночи. «Мэри не любит ложиться в постель, — сказал Дик Мэри Кэмп из *Daily Express*, добавив с некоторым сожалением: — Леди созданы для ночи».

Он смело заявил своим друзьям, что из всего английского ему не хватает только любимых сигар «Панателла Кастеллас», йоркширского пудинга, поджаристой свиной корочки и старомодного имбирного пива в глиняной кружке, но он внимательно следил за результатами скачек по английским газетам, которые приходили с недельным запозданием, и он выписывал журнал *Horse and Hound.* «Мне нравится здесь, — сказал он в интервью журналу *Telegraph Weekend Magazine* в 1990 году. — Я чувствую себя здесь как дома. Это замечательный стиль жизни, и Англия совсем не так далеко, особенно если летать на «Конкорде», который я предпочитаю». Особенно большое впечатление на него произвело гостеприимство американцев: «Когда я впервые сюда приехал, меня сразу же поразили их щедрость и радушие. Требовалось время на то, чтобы поверить в их искренность, но так и оказалось».

Перебравшись жить в Америку, в марте они наконец-то ушли с постов директоров компании «Мерликс Эйр», передав сто своих акций — 10 процентов от их общего числа — виконту Челси и компании «Кэдоган Эстейтс», но «Мерликс» продолжала показывать огромные ежегодные убытки, пока наконец не прекратила свое существование в 1994 году.

К этому времени по всему миру было продано около двадцати миллионов экземпляров книг Фрэнсиса, и они стали такими бестселлерами, что издатели согласились не менять в них ни одного слова. Примечательно также и то, что они пообещали печатать каждую книгу до появления новой в следующем году. «Я уверен, это Мэри выторговала такое условие!» — с усмешкой произнес Гэвин Лиалл. Романы теперь стали мишенью не только для академических статей, но и для полноразмерных книг, первая из которых — «Дик Фрэнсис» Мелвина Барнеса, детальное, глубокое «биокритическое исследование» — была опубликована в Нью-Йорке в 1986 году. Барнес был почитателем Фрэнсиса, но он относился к нему достаточно критически. По его мнению, романтический элемент в книгах был слабым и часто второстепенным, но он защищал садизм и насилие, считая, что их автор является мастером захватывающего сюжета, тонким знатоком человеческих характеров и писателем, наделенным «необычной мудростью и пониманием», который вносит «огромный вклад в современную популярную литературу». В частности, он написал: «Фрэнсис обладает совершенным чувством ритма, которое необходимо всякому хорошему жокею. Знание того, когда следует придержать лошадь, а когда броситься вперед, является важным элементом хорошо спланированной скачки, и его романы прекрасно демонстрируют это умение». Интересно, что бы сказал мистер Барнес, если бы услышал о том, что эти романы написаны в соавторстве с женщиной, которая не особенно любит лошадей.

Книга «Лестер — официальная биография» наконец-то была опубликована в марте и сразу же заняла первое место в списке бестселлеров. «Я работал над этой книгой на протяжении восемнадцати лет», — сказал Дик в интервью *Western Mail* в 1989 году и сильно преувеличил: в действительности с начала работы прошло только тринадцать лет. «Книга была принята очень хорошо», — добавил он, погрешив против истины. На самом деле биография имела такой явный уклон в пользу Пиггота, что обозреватели приняли ее в штыки. Каждая менее чем приятная черта характера Пиггота здесь небрежно отбрасывалась в сторону, словно нечто совершенно нормальное и приемлемое. Легендарная мелочность и жадность Пиггота? Что ж, согласно Дику, это вовсе не его вина: просто мать с детства учила его быть бережливым, и, кроме того, он всегда был щедрым по отношению к своим двум дочерям. А как насчет его знаменитых односложных грубых ответов? Он вовсе не хотел быть грубым: просто бедняга Лестер немного глуховат и имеет дефект речи. А его эгоистичное «подсиживание» других жокеев, получивших предложение выступать на лошади лучшей, чем у него? Что ж, вполне естественно, что Лестер хотел выступать на лучшей лошади в каждой скачке, кроме того, это вина владельцев, а не Лестера. А чем тогда можно оправдать его безжалостный стиль езды, когда порой он подвергал опасности жизни других жокеев? Да Лестер всего лишь хотел одерживать победы для владельцев и поставивших на него игроков, а слишком энергичная езда часто была виною его соперников-жокеев, которые пытались зажать его в тиски. А как насчет многочисленных случаев его дисквалификации? Что ж, многие завидовали Лестеру, и он часто становился жертвой несправедливости стюардов.

Основная идея книги сводилась к тому, что Лестер был гением, которого многие не понимали. Ее отрывочным, коротким главам явно не хватает историй, анекдотов и любых реальных фактов, проливающих свет на истинный характер Пиггота, здесь не цитируются его собственные высказывания на какие-то личные темы, и в конечном итоге получилось нечто вроде послужного списка его блестящей скаковой карьеры, тем более что в конце приводится перечень на девяносто пять страниц — занимающий треть книги — всех его побед, одержанных за тридцать семь лет. Но говоря по правде, над этой книгой было очень трудно работать. «Дик сказал мне впоследствии: «Я больше никогда, никогда, никогда, никогда не возьмусь писать чью-то биографию», — говорил Тим Фицджордж-Паркер. — Это была ужасная книга. Просто настоящий кошмар. Дик говорил мне, что у них с Мэри накопилось не менее сотни лент с записями Лестера, но все они оказались совершенно неразборчивыми. Каждый из нас, кто связан со скачками, знает множество историй о Пигготе, но всякий раз, когда они вставляли какую-то историю, Пиггот ее выбрасывал».

Последовало несколько достаточно жестких отзывов. Дэвид Хэдерт заявил в *Guardian*, что эта книга подхалимская и ей недостает объективности. Хью Макилванни написал в *Observer* о том, что в книге присутствует «некий раздражающий элемент» и, по всей видимости, это «чрезмерная мягкость тона»: «у читателя создается впечатление, что круг источников информации не распространялся далее Пиггота, членов его семьи и пары тренеров». Макилванни добавляет: «В том, как объясняется его отношение к деньгам и узурпации лошадей, предназначавшихся для других жокеев, присутствует элемент удобного рационализма».

Истинное убожество биографии Пиггота открылось через одиннадцать лет, в 1997 году, когда по четвертому телевизионному каналу была показана посвященная Пигготу разоблачительная передача из серии «Тайные жизни», где перед телезрителями предстал весьма малопривлекательный портрет. Эта сильная одночасовая передача, снятая Домиником Принсом для компании «Дайверс продакшн», содержит разоблачительные, разрушающие все иллюзии интервью с владельцем скаковых лошадей Робертом Сэнгстером, бывшим жокеем-чемпионом Уилли Карсоном и скаковым журналистом Чарльзом Бенсоном, обвинившим Пиггота в том, что он был «жуткий скряга», «безжалостный наездник» и делал ставки на исход скачек, хотя жокеям запрещалось играть. «Деньги были его богом», — сказал Бенсон в ходе передачи и назвал его «алчным», а Карсон заявил, что Пиггот «за шесть пенсов обманул бы любого», и рассказал, как ему было неприятно, когда Пиггот «подсиживал» его. В программу был включен забавный фрагмент из телепередачи 1981 года, где Пиггот жалуется на то, что «невозможно накопить много денег» из-за высоких налогов, и в то же время программа «Тайные жизни» рассказывает о случае «очевидного уклонения от уплаты налогов», когда тренер Генри Сесил отправил письмо нескольким своим владельцам, в котором он просил платить Пигготу наличными и уничтожить это письмо по прочтении — то самое письмо, которое заставило Управление налоговых сборов провести обыск в доме Пиггота. Даже после того, как Пиггот согласился задним числом заплатить огромный налог, он выписывал чеки на секретный, не декларированный банковский счет, что в итоге привело к его аресту.

В конце книги содержится просто неприличная, сладкоречивая фраза, описывающая Пиггота как «посланника... всего лучшего, что есть в спорте». Дику и Мэри должно было быть стыдно за себя, и, определенно, ни один из героев романов Фрэнсиса никогда не написал бы такую лживую книгу, особенно в то время, когда Управление налоговых сборов уже объявило о том, что оно проводит серьезное расследование налоговых обстоятельств Пиггота. У Дика «любовь к Лестеру граничит с преклонением», — написал Брайан Вайн в *Daily Mail* после проведенного с ним интервью в конце 1985 года. Преклонение перед героем не лучшая позиция для биографа. Одним из примеров того, как биография приукрасила истину, является случай, когда Пиггот, потеряв свой собственный хлыст во время скачки в 1979 году, вырвал хлыст у французского жокея Алана Лекё. Биография полностью отрицает эту историю, утверждая, что Пиггот «просто вопросительно вытянул руку в направлении хлыста Лекё, как бы спрашивая об одолжении, и Лекё, после недолгого раздумья, позволил его взять». Исследователи из передачи «Тайные жизни» не приняли такого смехотворного объяснения: они поговорили с самим Лекё, который подтвердил, что Пиггот и в самом деле вырвал у него хлыст. Услышав, что Пиггот утверждает, будто он всего лишь попросил одолжить ему хлыст, Лекё поинтересовался: «Как? Я не понимаю по-английски, а он не владеет французским». Биография даже имела нахальство утверждать, будто Пиггот просил Дика написать о нем всю правду и что восприятие его публикой «неизменно было аккуратным... Они ожидают честности...».

Через девять месяцев после того, как биография была опубликована, Пиггота арестовали по десяти обвинениям в уклонении от уплаты налогов на общую сумму три миллиона фунтов, и в октябре 1987 года его приговорили к трем годам тюремного заключения. В ходе судебного процесса собственный адвокат Пиггота заявил суду, что его «скупость» была «укоренившейся с детства привычкой». После того как скандал разразился, журналисты со всего мира осадили Дика в Форт-Лодердейле, упрашивая его об интервью и каких-нибудь откровениях, способных пролить свет на это дело. «Но я ничем не мог помочь, — рассказывал он Паулине Петерс из *Evening Standard* через пять лет. — Я ничего не знал. Лестер ясно дал мне понять, что он не хочет разговаривать о деньгах — это была для него самая чувствительная тема». Дик сохранял свою публичную лояльность к Пигготу, но после того, как Пиггот отсидел год в тюрьме и был лишен королевой своего ОБИ, Дик признался в интервью *Western Mail* в 1989 году: «Честно говоря, я не стал бы заканчивать биографию, если бы судебный процесс начался раньше, но я до сих пор считаю, что Пиггота просто использовали, сделав из него показательный пример». Или, как он сказал Линн Барбер из *Sunday Express*:

«Я очень переживаю за Лестера, мне кажется, из него сделали пример... Знаете ли, большинство жокеев не любят платит налоги и при всяком удобном случае предпочитают получать в подарок наличные. Я знаю, получив подарок, вы всякий раз должны декларировать его, но если кто-то даст вам 100 фунтов наличными — что ж, такова человеческая природа — вы ведь не станете декларировать каждый пенни, не так ли?»

Не так ли? А герой Дика Фрэнсиса стал бы.

В мае жена Феликса Энн родила в Бендбери их второго сына Уильяма — теперь они жили возле Блоксема, где Феликс преподавал математику в Блоксемском колледже, — а Дик и Мэри отправились в очередное рекламное турне по Австралии, пересекли весь континент по железной дороге, своем любимом виде транспорта, и посмотрели самую главную из всех австралийских скачек, Мельбурнский кубок, на которой

Дик был почетным гостем Королевского скакового клуба.

Из-за серьезного аврала, сопровождавшего публикацию биографии Пиггота, издательство Майкла Джозефа не ожидало получить новый роман в 1986 году, но, к их большому удовольствию, роман «Бойня» [Bolt] был доставлен с опозданием всего лишь на несколько недель. Поскольку книга была написана в сильной спешке, в ней участвуют те же самые персонажи, что и в романе «Напролом», начиная от главного героя, жокея-чемпиона Кита Филдинга и его возлюбленной Дэниель де Бреску и заканчивая смехотворным балаганным злодеем Мейнардом Аллардеком. На этот раз Филдинг защищает мужа принцессы Казилии от страшных угроз его совершенно неправдоподобного французского делового партнера, Генри Нантера, расследует обстоятельства убийства нескольких скаковых лошадей принцессы и страдает от душевных мук, поскольку ему кажется, что его Дэниель полюбила другого мужчину. Опять-таки сюжет и персонажи кажутся совершенно неправдоподобными и порою просто глупыми, особенно ходульными и нелепыми выглядят взаимоотношения между Филдингом и Дэниель. Когда Дик и Мэри переезжали на постоянное жительство во Флориду, их предупреждали о том, что будет трудно писать хорошие книги вдали от родных корней, и, по-видимому, так и вышло. Роман «Бойня» оказался очередной неудачей. Марсель Берлинс написал в *The Times*, что «отдельные части сюжета граничат с абсурдностью. Отрицательные персонажи Фрэнсиса всегда были преувеличенно злыми, но Генри Нантер кажется абсолютно нереальным, напоминая Питера Селлерса в роли инспектора Клузо». Однако, как ни странно, некоторые обозреватели, как и прежде, расточали похвалы, и Сьюзен Хилл снова была в восторге. «Это продолжение романа «Напролом», который я назвала лучшим из всех его произведений, — писала она в *Good Housekeeping*. — Однако роман «Бойня» оказался еще лучше». Издательство Майкла Джозефа выпустило 75 000 экземпляров в твердой обложке, книга печаталась с продолжением в *Sunday Express*, а издательство «Пэн» заказало напечатать первое издание в мягкой обложке тиражом полмиллиона экземпляров.

По окончании первого года эмиграции Дик и Мэри сразу же возобновили свои обычные поездки в Великобританию — он один посмотрел Челтенхемский Кубок и Большой национальный стипль-чез, оба провели время в Пэйнтоне, посетили ежегодную литературную вечеринку в Лондоне и скаковые Дни Дика Фрэнсиса, которые теперь проходили на ипподромах в Стратфорде и Уттоксетре. Они совершали регулярные поездки в Нью-Йорк и другие города для раздачи автографов, посещали кентуккийское Дерби и, как многие пожилые американские пары, начали регулярно совершать круизы, которые им очень нравились.

В 1987 году они добавили новую короткую главу к «Спорту королев», чтобы привести автобиографию в соответствие со временем — она освещала тридцать лет, прошедшие со времени первого издания, на дюжине не слишком откровенных страниц, — после чего вышло в свет новое издание, а летом Уэнди Лейг брала у Дика интервью в Форт-Лодердейле для *Mail on Sunday*. Разыскивая его во Флориде, она написала о своих впечатлениях: «Родина больших супермаркетов, населенная ухоженными пожилыми американцами, у которых много денег и слишком мало хороших манер, и это напоминает визиты Санта-Клауса на Гавайи. Здесь все кажется неестественным. Однако Дик настаивал на том, что ему нравится жить в Америке. «Англия уже давно не такая, какой она была раньше, — сказал он. — Если американец увидит, как кто-то проезжает мимо на «Роллс-Ройсе», он скажет: «Вот это да! Я должен обзавестись такой же машиной». А англичанин на его месте подумает: «Откуда она у него?» Мне значительно больше нравится американская позиция. В Англии слишком много зависти».

Как ни странно, Дик никак не мог вспомнить, когда он получил свой ОБИ, хотя это произошло всего лишь двумя годами раньше, но он сказал госпоже Лейг: «Мы с Мэри очень сильно любим друг друга и ненавидим спать в разных постелях. И еще мы очень хорошие друзья». Сдержанный, застегнутый на все пуговицы герой Фрэнсиса никогда бы не сделал такое эмоциональное признание полному незнакомцу. Он также сказал ей, что они никогда не спорят. «Дик отказывается спорить со мной, — пожаловалась ей Мэри, — он спокойно слушает, как я повторяю свои аргументы снова и снова, пока не выпущу весь пар». В июне они отпраздновали сороковую годовщину своей свадьбы, устроив вечеринку на пляже, и очень обрадовались, когда Меррик и Феликс неожиданно появились на ней, прилетев из Англии на «Конкорде». «Мы с Мэри очень любим друг друга и любили всегда», — сказал Дик Дженни Найт из *Sunday Times Magazine* несколькими месяцами позже.

Они стали такими богатыми, что начали проявлять интерес к различным деталям, связанным с акциями, инвестициями и золотым рынком — темами, которые обеспечат фон для сюжета следующей книги «Горячие деньги» [Hot Money], главным героем которого будет мультимиллионер, только что заработавший тридцать миллионов фунтов на удачной сделке с инвестициями в золотые слитки, и который окажется таким же хорошим романом, насколько предыдущий был ужасным. Опять было трудно поверить в то, что обе книги написал один и тот же человек, поскольку «Горячие деньги» настолько же умный, блистательный, острый и пронзительный роман, насколько «Бойня» неинтересный и вялый. Несмотря на то что его герой, по сути, еще один протагонист Фрэнсиса, у которого установились ужасные взаимоотношения с отцом, этот отец, шестидесятивосьмилетний Малькольм Пемброк настолько живой персонаж — энергичный, экстравагантный мультимиллионер, пятикратно женатый, отец девятерых детей, — что он освещает собой все повествование. Когда пятая жена Пемброка гибнет от руки убийцы и становится очевидным, что он сам тоже является мишенью, один из его сыновей, Йан Пемброк, внезапно для себя оказывается в роли буфера между отцом и его многочисленными отпрысками, которые все стремятся прибрать к рукам отцовские миллионы, прежде чем он их растратит. В книге слишком много действующих лиц, но большинство из них также описаны очень живо, и роман ярко изображает кошмарные, напряженные взаимоотношения в семье, испорченные сыновней и дочерней жадностью и неблагодарностью. Книга была посвящена Меррику и Феликсу — возможно, для того чтобы убедить их в том, что она не про них. Обозреватели приняли роман с большим энтузиазмом, и данные Фонда авторского вознаграждения показывали, что из ста книг, наиболее часто спрашиваемых в британских публичных библиотеках, перу Дика Фрэнсиса принадлежали двенадцать: это меньше, чем у феноменальной Кэтрин Куксон, автора двадцати восьми книг из списка, но больше, чем книг Уилбера Смита, Даниелы Стил, Джефри Арчера или Джека Хиггинса. А по всему миру теперь было продано двадцать пять миллионов книг на двадцати двух языках.

В октябре Дик совершил пятидневную поездку через Канаду с группой туристов, каждый из которых заплатил 2 500 канадских долларов, чтобы посмотреть представление «Убийство в трансконтинентальном поезде». Когда он и Мэри садились на поезд в Торонто, к ним приблизился актер, одетый, как забрызганный кровью всадник, и заявил, что его лошадь украли, а далее на протяжении всего пути они вместе с остальными пассажирами наблюдали за тем, как труппа актеров разыгрывает перед ними серию жутких убийств.

Влюбленной в театр Мэри особенно понравилась драматическая часть их путешествия, в ходе которого поезд преодолел 3 000 миль, от Торонто до Ванкувера, стуча колесами вдоль озера Гурон, балансируя над озером Верхнее, миновал Виннипег, Реджайну, Мус-Джо, Медисин-Хат, Калгари, после чего перевалил через Скалистые горы, прежде чем спуститься к Тихоокеанскому побережью. Они наслаждались постоянной сменой пейзажей и атмосферы за окнами не меньше, чем игрой актеров: смелая, вдохновенная архитектура современного Торонто с его небоскребами из черного стекла и золота; бескрайние пустынные осенние ландшафты Онтарио и Манитобы; бесконечные прерии; обширные хвойные леса; блеск северного сияния по ночам (непонятно, как можно увидеть северное сияние осенью, на широте Курской области). Дикие просторы Канады стали превосходным фоном для сюжета следующего романа «На полголовы впереди» [The Edge].

Несмотря на эмиграцию в Америку, Дик и Мэри душой оставались британцами, и в июне 1988 года, совершив еще одно турне по Австралии, они присоединились к сотням других британцев на торжественном вечере во Флориде, устроенном в честь дня рождения королевы, прежде чем совершить круиз на Аляску, а затем вернуться на лето в Англию, к публикации романа «На полголовы впереди». В Пэйнтоне, в июле, на семейном ужине, на котором присутствовали все пятеро внуков (в возрасте от двух до четырнадцати лет) Дика подвергла допросу Линн Барбер из *Sunday Express Magazine*, которая написала: «Вы никогда бы не догадались, что он писатель. Сам он необычайно скромного мнения о своем творчестве — даже не хочет о нем говорить. Когда я спросила его, каким фрагментом из романа «На полголовы впереди» он больше всего гордится, он смущенно засмеялся и сказал: «Не могу вспомнит ни одного — извините. Я горжусь всей помощью, которую мне оказывали в сборе материала». Когда она спросила его, почему так много героев Фрэнсиса имеют какие-либо физические недостатки, он дал ей крайне нелитературный ответ. «Ну, знаете ли, — сказал он, — это всего лишь один из способов заполнить книгу. Я хочу сказать, что один сюжет не может провести меня через три сотни страниц». Мисс Барбер также обратила внимание на то, что, когда она обсуждала с Диком романы, «он, казалось, никак не мог вспомнить имена главных действующих лиц», а затем она добавила: «Поразительно, но даже после стольких лет Дик предпочитает разговаривать о скачках, а не о книгах. «Я жокей-чемпион, а не чемпион-писатель», — упрямо повторяет он».

После возвращения во Флориду в сентябре у него взяла интервью Джессика Манн из *Daily Telegraph*, которая обратила внимание на то, что, разговаривая о книгах, он часто использует местоимение «мы». «Я хочу, чтобы Мэри согласилась с тем, чтобы на обложках книг было написано «Дик и Мэри Фрэнсис», — говорил он. — Я не мог бы сделать это без нее. «Дик Фрэнсис» — это результат совместных усилий». Он также добавил: «Я с удовольствием согласился бы прожить свою жизнь снова. Я веду интереснейшую жизнь. Я очень счастливый человек».

То же самое он сказал Фионнуале Макхью, когда она брала у него интервью для журнала *Male&Femail*. «Все друзья завидуют тому, как мы живем, поскольку наша жизнь такая восхитительная», — сказал он, и Мэри согласилась. «За сорок один год почти ничего не изменилось, — сказала она. — Он всегда был веселым, жизнерадостным человеком и до сих пор остается таким же». Дик сказал госпоже Макхью, что, поскольку правая рука Мэри была серьезно искалечена полиомиелитом, ему до сих пор приходится застегивать ей платья на спине. Ее рука настолько слабая, что, причесывая волосы, она вынуждена находить для локтя какую-то опору, но, как всегда, Мэри была неудержима.

«Она обо всем имеет собственное мнение, — признался он. — Я думаю, что по характеру она сильнее меня». Мэри тоже сделала трогательное признание:

«Было бы неправдой утверждать, что мне никогда не хотелось написать самой роман, но не думаю, что я когда-нибудь сделаю это на самом деле. У меня нет времени, и я настолько привыкла к его успеху, что буду ожидать хороших показателей продаж, чего, вероятно, не случится. У меня нет ощущения, что я чего-то теряю. Я говорю об этом только потому, что люди все время задают мне такой вопрос. Я получаю удовольствие от того, что мы делаем вместе. Мы здорово веселимся. Я абсолютно счастлива быть вместе с ним».

Это определенно был один из величайших любовных романов.

Когда роман «На полголовы впереди» — история о шантаже и убийстве в Канадском трансконтинентальном поезде — был опубликован в сентябре, далеко не все обозреватели приняли его так же восторженно, как и обычно. «Острота[1], это именно то, чего ему не хватает», — иронично заметила Сью Монтгомери в *Today*, добавив, что книга «растягивает правдоподобие до крайних пределов... если бы весь этот поезд сорвался бы в пропасть на половине пути, то это было бы для всех большим облегчением». В *The Times* Марсель Берлинс отметил, что в последних романах Фрэнсиса есть «намек на снижение мастерства» и они «демонстрируют жидкость сюжета, бедность описаний, небрежность стиля». Эта книга и в самом деле отнюдь не из лучших. Она начинается вяло и неторопливо, темп повествования замедляется описанием многочисленных декоративных, второстепенных деталей и большим количеством персонажей, некоторые из которых реальные люди, а другие — актеры, изображающие реальных людей.

[1] Английское название романа, «The Edge», можно перевести как «острота», «острие».

Любовь Мэри к театру привела не только к появлению в тексте цитат из «Гамлета», «Отелло» и Дилана Томаса[1], но и сложной истории внутри истории — разыгрываемой в поезде актерами, — которая часто кажется неуклюжей или откровенно глупой. Как герой, так и злодей, оба являются совершенно недостоверными персонажами, а большинство их спутников носят смехотворные имена: Торкуил Келси, Джулиус Апполо Филмер, Даффодил Квентин и Камбер Юнг, не говоря уже о Месере, Бэмби и Ксанте Лорриморе. Кроме того, просто невозможно поверить в то, что труппа профессиональных актеров позволит постороннему любителю переписывать их сценарий всего лишь за несколько минут до каждого выступления.

После путешествия через Канаду у Дика и Мэри выработался вкус к театрализованным представлениям в поездах, и они приняли участие в другом «таинственном» железнодорожном путешествии — на этот раз из Нью-Йорка до Лос-Анджелеса, с остановками в Вашингтоне, Атланте и Новом Орлеане, — за которое пассажиры заплатили по 2 496 долларов, а Дик был специальным гостем. Затем он вылетел в Торонто, где выступил перед канадскими коннозаводчиками, после чего пересек Тихий океан, чтобы способствовать продажам книг в Японии. Казалось странным, что японцы проявляют такой острый интерес к чисто английским историям, хотя однажды я услышал возможное объяснение этого феномена от другого авторов триллеров, Брайана Фримэнтла, чьи собственные книги также достаточно хорошо продаются в Японии. Фримэнтл указал на то обстоятельство, что в японских офисах стол у окна получают самые скромные или бесперспективные работники, поскольку честолюбцы считают себя слишком занятыми для того, чтобы смотреть в окно. Следовательно, миллионы японских людей в окне могут ас-

1 Дилан Томас (1913—1954) — уэльский поэт.

социировать себя со скромными героями Дика Фрэнсиса, тем более что их всегда бьют, а это, несомненно, соответствует пристрастию японцев к садистским телевизионным программам и жестоким видеоиграм.

Фрэнсисов поразила непохожесть Японии: маленькие домики; «горение» на работе; мужской шовинизм; сдержанность эмоций; преклонение перед гольфом; то, как японцы постоянно кланяются друг другу и извиняются за то, в чем они не виноваты; обычай, согласно которому японские хозяева дарят подарки своим гостям, а не наоборот. Они спали на полу, ели сырую рыбу, посетили токийский ипподром, который произвел на них большое впечатление огромной стоянкой для велосипедов и детскими яслями. Их также удивило то, что здесь все возможное изготовляется из переработанной вторично древесины или бумаги, даже маленькие деревянные коробочки, из которых они пьют саке. Значительно меньший энтузиазм у них вызвали восточные туалеты — просто дыра в полу, — и они отказались есть фугу, считающуюся большим деликатесом, — раздувающаяся рыба, которая способна убить вас за несколько секунд, если шеф-повар не удалит все ядовитые части. И, разумеется, путешествие помогло им собрать материал для создания сюжетного фона одного из последующих романов, «Лучше не возвращаться» [Comeback].

В Форт-Лодердейле Си-Ранч Клаб по-прежнему раздирали скандалы и внутренние распри. В апреле 1988 года семидесятичетырехлетнего латвийца, которому принадлежали две квартиры, обвинили в сотрудничестве с нацистами и участии в убийствах тысяч евреев в годы Второй мировой войны, и ему грозила депортация. В ноябре 1989 года рано утром на пляже возле Си-Ранч Клаба было найдено изрешеченное пулями тело пятидесятичетырехлетнего гомосексуалиста, водителя такси: его убил другой гомосексуалист, познакомившийся с ним в баре накануне вечером. Не испугавшись таких зловещих предзнаменований — или постоянной вражды и распрей между жильцами, избранными управлять делами клуба, — Мэри поддалась на уговоры управляющего корпусом А, Джина Хадака, уже ставшего их другом, выставила свою кандидатуру на пост одного из трех директоров правления корпуса А и была избрана на трехлетний срок. «Ей не требовалось проводить кампанию, — сказал мне Хадак. — Как она, так и Дик, оба обладали замечательной репутацией, и все их любили. Они всегда были очень радушными и дружелюбными. Я никогда не слышал, чтобы они о ком-то плохо отзывались». Но работа Мэри в правлении — особенно в последний год, когда она стала президентом всех трех корпусов многоквартирного дома — в конечном итоге превратилась в ночной кошмар, заставив ее и Дика вообще покинуть Флориду.

Другим несчастьем стал конец второго брака Меррика. Меррик и Барбара развелись в июле, после чего Дику и Мэри снова пришлось решать некоторые финансовые вопросы. Их друг, Элейн Меллор, сказала мне:

«Дик нес большую финансовую ответственность за всю семью. Он не возражал против этого, но поначалу ему казалось, что делать так не совсем правильно. А что, если это войдет в привычку? Помогает ли он им на самом деле? Он очень сильно переживал, когда однажды я встретила его на скачках — примерно в то время, когда у Меррика возникли проблемы со вторым браком, — и я сказала: «Ну хватит, Дик, он твоя семья, ты любишь их, они любят тебя, у тебя есть деньги, чтобы помочь им в чем-то, — так сделай это и больше не переживай!» Ситуацию упрощало то обстоятельство, что все члены его семьи были хорошими людьми. Если бы они оказались не такими, то это уже был бы совсем другой сценарий».

Вышедший в том году роман «Игра по правилам» [Straight] снова оказался отличным триллером с превосходной завязкой и интересной головоломкой. Он настолько хорошо написан, такой легкий и увлекательный, что возникает странное впечатление, будто некий замечательный мастер пишет книги в нечетные годы — 1987, 1989, — а в четные его подменяет какой-то недоучившийся подмастерье. Действие романа разворачивается в мире драгоценных камней и современных электронных устройств. Обычные тщательные исследования для него были проведены при помощи соседей Дика и Мэри, Джозефа и Дэниель Зергер, чья компания «Зарлен Импортс» занималась полудрагоценными камнями. В отличие от предыдущих романов он не перегружен специальными сведениями, несмотря на цитаты из Вордсворта и несколько фраз на французском. Это история про жокея Дерека Франклина, чей брат внезапно умирает, оставив ему компанию по обработке драгоценных камней, гору современного оборудования, пропавшие алмазы на сумму более миллиона фунтов и целый ворох проблем. Повествование захватывает и держит читателя в постоянном напряжении, даже несмотря на достаточно неправдоподобное признание одного из преступников и многочисленные случаи, когда действующие лица удивляются настолько сильно, что их рты широко раскрываются. Отзывы были превосходными, но еще большую радость Дик испытал после того, как Ассоциация писателей детективного жанра решила вручить ему один из редких Бриллиантовых Кинжалов Картье в знак признания его достижений на протяжении всей профессиональной карьеры. Он настоял на том, чтобы Мэри вручили брошь с уменьшенной копией кинжала. Теперь даже самые академичные критики серьезно воспринимали романы Фрэнсиса, и вскоре в Америке был опубликован второй основательный труд, посвященный исследованию его творчества. На этот раз исследование провел Дж. Мэдисон Дэвис, адъюнкт-профессор английского языка университета штата Пенсильвания. Его книга отличается хорошим знанием предмета, информированностью и проницательностью, хотя некоторые мелкие ошибки, вроде утверждения, что, получив ОБИ, Дик будто бы стал «рыцарем», кажутся просто неприличными. Здесь так же порой попадаются достаточно претенциозные фразы, типа: «Подобно тому, как костюм Красной Шапочки ассоциируется фрейдистами с наступлением женской зрелости, так и вручение красного плаща в романе «Риск» Хилари Пинлок является психологическим символом потери девственности и обретенной новой свободы».

Но критика Дэвиса острая и правомерная. Он отметил, что специальный материал, представленный в книгах, часто бывает слишком детальным и перегружает повествование; что персонажи Фрэнсиса слишком неправдоподобны, что отдельные части романов бывают слишком сильно оторваны от жизни; что большинство героев «утонченно романтичны», несколько самодовольны и слишком хороши, чтобы выглядеть правдоподобно; что все героини предсказуемо невинны; что злодеи часто имеют итальянское происхождение и кажутся просто грубыми карикатурами зла. Однако в целом Дэвис является большим поклонником книг Фрэнсиса, и они производят на него самое благоприятное впечатление, поскольку «Фрэнсис оказывает уважение женщинам, которое отсутствует у многих других писателей», и он зорко подмечает сходство между типичным героем Фрэнсиса и Филиппом Марлоу Раймонда Чандлера. Как сам Чандлер написал о Марлоу в своем эссе 1950 года «Простое искусство убийства»: «На этих опасных улицах должен появиться человек, который сам не несет зла, не отбрасывает тень и не боится... Он должен быть... человеком чести — инстинктивно, не задумываясь, и, совершенно определенно, не говоря об этом. Он должен быть лучшим человеком для этого мира и достаточно хорошим для любого другого мира». Вряд ли можно найти более точное описание типичного героя Дика Фрэнсиса. «В каком-то смысле каждый его роман — это пьеса-моралите, — пишет Дэвис, — и в каждом случае рядовой человек ведет битву со злом. Он не может победить зло — оно всегда где-то за горизонтом, — но он способен ему противостоять, побеждать его слуг и делать лучшее из того, что обычный человек может сделать при сложившихся обстоятельствах». И Дэвис заключает: «Никто не становится хуже, прочитав книги Дика Фрэнсиса, и я искренне подозреваю, что по их прочтении мы приобретаем большую решимость лучше противостоять жизненным трудностям».

В ноябре 1989 года старая школьная подруга Мэри, Неста Колеман и ее сестра Нэнси приехали на отдых в Форт-Лодердейл, но Мэри была вынуждена их покинуть и вылететь обратно в Великобританию, на похороны мужа ее сестры, Дика Йорка. После того как она вернулась, ее собственный Дик, как и раньше, часто ездил верхом, и они оба все еще посещали различные общественные мероприятия, связанные с лошадьми, такие, как Дерби Бал в Гольфстрим-Парке. Дик попрежнему подписывал книги в местных книжных магазинах, произносил речи на благотворительных и литературных обедах, а Мэри продолжала скрывать даже от своих друзей, какое большое количество работы ей приходится выполнять за кулисами. «Никто не знал распорядок дня Мэри, — рассказывала мне ее подруга Сью Шаффер. — Я думаю, она выполняла большой объем исследований для Дика... Я не уверена, что Мэри хорошо готовила, поэтому каждый вечер, каждую неделю, они выходили из дома поужинать — мы тоже часто присоединялись к ним — и это всегда было какое-нибудь очень милое и дорогое место, такое, как «Тауэр Клаб».

«Там всегда было все самое лучшее, самые лучшие вина, — рассказывал ее муж Ли. — Как-то раз мы ужинали в «Чарлис Крабе», и после десерта Мэри сказала: «Давайте выпьем после ужина. Я думаю, это будет то, что нужно», — и заказала себе «Реми Мартин», который стоил 125 долл. за маленькую рюмку! Я отказался, но она выпила рюмку. Дик тоже не стал».

«Он пьет гораздо меньше, чем она, — рассказывала миссис Шаффер. — Дик хороший компаньон за столом, но это примерно так же, как брать у него интервью. Он с удовольствием слушает того, кто сидит рядом с ним, если вы не настаиваете на том, чтобы он принимал активное участие в разговоре. Да, Мэри доминирующий партнер, это абсолютно точно». В феврале 1990 года пришло очередное напоминание о том, что романы Фрэнсиса не слишком сильно оторваны от жизни, когда на одном из ипподромов во Флориде был арестован американский дантист, которого обвинили в том, что он убивал чистокровных лошадей смертельными инъекциями, с тем чтобы их владельцы могли получить страховку.

В Англии тем летом Феликс как-то сказал родителям, что хочет отвезти их на встречу со старым другом в Линкольншир, но вместо этого заехал на базу ВВС в Конингсби, где он организовал для них получасовой полет на четырехмоторном бомбардировщике «Ланкастер», точно таком же, на котором Дик летал в конце войны. Дик и Мэри по очереди занимали место второго пилота и управляли гигантским самолетом. Это была ностальгическая интерлюдия, но все же Дик не испытывал никаких сентиментальных чувств по поводу тех дней, что он провел в ВВС. «Некоторые люди вспоминают военную службу с любовью, — рассказывал впоследствии Феликс. — Но только не отец. Она стояла на пути его жокейской карьеры».

Вышедший в том году роман, «Испытай себя» [Longshot], стал еще одним отличным триллером. В нем рассказывается о молодом романисте, Джоне Кенделле, который настолько остро нуждается в деньгах, что берется написать биографию беркширского скакового тренера, в результате чего увязает по колено в насилии и убийствах. В нескольких откровенных, идущих от самого сердца выражениях Кенделл описывает, что значит быть романистом: пугающая перспектива пустых страниц; как приходится выполнять рутинную работу вместо того, чтобы писать; и этот мистический импульс, заставляющий начинать снова и снова. Книга содержит обычные мелкие шероховатости: люди постоянно говорят «мягко» и персонажи носят нелепые имена, такие, как Тремейн, Перкин и Макки, но, несмотря на пару крайне неправдоподобных сцен — стал бы следователь по убийствам так много рассказывать молодому романисту? — «Испытай себя» представляет собой увлекательное, солидное чтение и содержит множество интересных деталей о технике выживания среди дикой природы.

Большинство обозревателей придерживались такого же мнения. Литературный критик Хилари Спарлинг дала самую высокую оценку книгам Дика Фрэнсиса и сравнила их с утонченными романами Айрис Мэрдок в серьезной статье, опубликованной в *Daily Telegraph*:

«Оба имеют талант, порой поднимающийся до уровня гения, к выбору места действия и декораций, изобретению экзотических возможностей из совершенно прозаического материала, в нахождении для общепринятых механизмов — лебедок, кранов, самолетов, тракторов, автомобилей — нового, нетрадиционного применения. Оба любят необычные испытания, подвиги, опасности и ловушки — чем более причудливые и изощренные, тем лучше, — которые доводят их персонажей до границ человеческой выносливости и дальше... та же мрачная, бьющая через край изобретательность чувствуется, например, в сцене из «Расследования», когда действие происходит в пустынной котельной, или в жуткой развязке романа «Торговец забвением» в разливочном цехе».

Госпожа Спарлинг также сделала интересное наблюдение, отметив, что герои Фрэнсиса «страдают от всех традиционных мук святых и мучеников (а также некоторых изобретений, превосходящих даже средневековые пытки) с таким же примерным терпением, решимостью и спокойствием. Кенделла в романе «Испытай себя», как святого Себастьяна, пронзают стрелами. А Роланда Бриттена в «Риске» буквально распинают».

И сразу после того, как роман «Испытай себя» был опубликован, в сентябре пришло очередное напоминание о том, что книги Дика Фрэнсиса не так уж и сильно преувеличивают действительность: на скачках в Донкастере две лошади, Бравефут и Норвич, были выведены из строя в конюшнях ипподрома при помощи инъекции ацетилпромазина, АСР, быстродействующего седативного средства, которое нелегально использовалось в шести из семи выявленных случаев применения допинга за последующие восемь лет. Тремя неделями позже Флайинг Дива также была выведена из строя на скачках в Ярмуте инъекцией АСР.

В октябре Феликс прилетел во Флориду со своими двумя детьми, которые уговорили дедушку и бабушку в первый раз сводить их в Диснейленд, а Дик отметил свой семидесятый день рождения тем, что он навсегда отказался от верховой езды. Это решение наверняка разрывало ему сердце, но он принял его окончательно и бесповоротно. «Мы никогда не спим раздельно, — сказал он в интервью *Telegraph Weekend Magazine*. — Да, мы в самом деле очень счастливы здесь, очень, очень счастливы».

Но их счастье продолжалось недолго. Мэри была избрана президентом всего кондоминиума Си-Ранч, с его 723 квартирами, тремя огромными корпусами, девятью директорами и бюджетом почти 10 миллионов долларов в год, после чего давление от навалившейся на нее работы стало просто ужасающим. «Она была замечательным президентом», — сказал мне Хэрриет Гилберт, член правления, а Сью Шаффер, также занимавшая пост директора, в свою очередь заметила:

«Мэри очень сильно напоминала мне Маргарет Тэтчер. Она очень сильная, но в бархатных перчатках. Она немногословна, но говорит очень мягко, приятным голосом и никому не делает гадостей». Однако это было именно то, с чем Мэри пришлось сталкиваться в течение всего года ее пребывания на посту президента. В Британии бытовало мнение, что Фрэнсисы ведут безмятежную жизнь в райском уголке, но в действительности все было совсем иначе: 1991 год оказался одним из самых несчастливых годов в жизни Дика и Мэри.

«Эта работа отнимала у Мэри почти весь день, — рассказывал мне Джин Хадак, который тогда был управляющим корпуса «А». — Она появлялась в моем кабинете по деловым вопросам шесть дней в неделю». Как президенту ей приходилось следить за всем, начиная от трудовых договоров на техническое обслуживание зданий и ландшафтные работы до уборки пляжей, теннисных кортов и покупки химикатов для плавательных бассейнов. И словно бы для того, чтобы сделать ее работу невыполнимой, каждый из корпусов Си-Ранч имел свое отдельное правление из трех директоров, которые ревниво отстаивали собственные интересы. Хадак сказал мне:

«У нас здесь были огромные проблемы. Судебные издержки за шесть лет составили не менее миллиона долларов. Если корпус «С» что-то делал не так и на него подавали в суд, нам приходилось нанимать адвоката для корпуса «А», чтобы тот защищал нас от этой судебной жалобы, так что нам приходилось не только иметь собственного адвоката для корпуса «А», но и совместно с ним отстаивать свои интересы. Это было плохо. Жить здесь стало просто невозможно. Среди жильцов была маленькая группа людей, которые занимались только тем, что мутили воду и разжигали вражду».

Сью Шаффер, говоря о «трениях, которые всегда существовали между тремя корпусами», сказала мне:

«Каждый раз, когда корпусу «А» требовалось что-то сделать со своим бассейном или участком пляжа, остальные два корпуса объединялись и блокировали наше решение: они не хотели, чтобы деньги тратились здесь, из-за чего и поднимался весь этот шум. Затем разразился громкий скандал, после того как мы обнаружили структурные повреждения, вызванные разрушением бетона в корпусе «А», немного в корпусе «В» и совсем чуть-чуть в корпусе «С». После шумных дебатов все согласились заплатить за ремонт — но хотя в ремонте в первую очередь нуждался корпус «А», работы начались в корпусе «С», а затем они начали добавлять к проекту новые задания и говорить при этом: «Что ж, мы думаем, совсем не обязательно делать то же самое в корпусе «А», — и все закончилось новым судебным разбирательством».

Эмоции накалились настолько, что Дик и Мэри купили себе вторую квартиру на том же этаже, потратив несколько сотен тысяч долларов только для того, чтобы обеспечить себе немного тишины и покоя. Квартира принадлежала одному из самых громогласных критиков Мэри, и, чтобы избавиться от его присутствия, «Мэри сделала ему предложение, от которого он не мог отказаться», — рассказывала миссис Шаффер. Они оставили вторую квартиру для Меррика, Феликса и их семей, чтобы они могли в ней останавливаться, когда приедут погостить.

Миссис Шаффер сказала:

«Мэри часто приходилось сталкиваться со склоками. Кусок бетона отвалился от балкона квартиры Дика и Мэри, или той, что была над ними, и она решила — на что как у президента у нее было полное право — предпринять шаги, необходимые для устранения аварийной ситуации. Она договорилась не только о ремонте поврежденного балкона, но и профилактическом осмотре всех остальных балконов, что стоило немало денег, и многие стали настаивать на том, чтобы работы ограничились только ремонтом аварийного балкона. Общая стоимость работ составляла то ли 150 000 долларов, то ли 250 000, и я помню, как Мэри сказала: «Знаете, мне казалось, что я принимаю решение, нужное для всего корпуса, но если их это так расстраивает, то я просто сама заплачу за ремонт».

Враги Мэри даже обвинили ее в том, что она приняла взятку при покупке новых ковров для фойе. Вот что рассказывала миссис Шаффер:

«Потом еще много лет шла долгая дискуссия о том, что кто-то заработал на покупке ковров неплохие деньги, получив свой процент от продавца. Сначала они обвинили в этом управляющего, Джина Хадака, затем обвинение распространилось на Мэри, меня и Пита Джонсона. При том что Дик, Мэри и Пит могли купить любую квартиру в этом доме, неужели они стали бы так стремиться заработать несколько тысяч долларов на процентах от сделки? Подобные обвинения омрачали весь год ее президентства. Она на самом деле хотела хорошо выполнять свою работу, но просто устала от нее. Телефон звонил беспрерывно, работа постоянно вмешивалась в их жизнь, и она решила, что они с Диком платят слишком высокую цену, не получая взамен никакой благодарности».

«Мэри очень сильная женщина, — сказал Джин Хадак, — обладающая несгибаемой волей, и она никогда не теряла самообладания, не рыдала и не кричала на глазах у посторонних, но я знаю, что у нее могли быть подобные срывы, когда она возвращалась домой. Ей постоянно приходилось сталкиваться с грызней, склоками и злобой, и, я думаю, она плакала наедине с собой. И все же, несмотря на постоянные проблемы, у нее на лице всегда была приятная улыбка и она находила для людей приятные, мягкие слова. Люди любили их, особенно я. Трудно найти более приятных людей, чем они. Но такова жизнь в кондоминиумах».

В конечном итоге Фрэнсисы, Шафферы и Джонсоны покинули Си-Ранч Клаб из-за царившей здесь ужасной атмосферы, а Джин Хадак был вынужден уйти с поста управляющего, когда его враги сумели захватить контроль над советом директоров, выжить его из собственного кабинета, обвинить в мошенничестве, что привело к очередному судебному разбирательству, когда Хадак подал иск на корпус «А» за причинение беспокойства. «Джин делал хорошую работу, и я никогда не видел ничего, что могло бы стать поводом для их жалоб», — сказал мне Джонсон.

Но тот год не состоял из одних несчастий. В мае королева и принц Филипп посетили Флориду, и Фрэнсисы были в числе 350 гостей, приглашенных на борт королевской яхты «Британия», а потом Дик принял участие еще в одном торжественном мероприятии, когда ему была присвоена почетная докторская степень Бостонским университетом Тафтс. Но, к сожалению, золотые дни творчества уходили в прошлое. До конца столетия будет опубликовано девять новых книг, но лишь одна из них окажется хорошей. Двигатель начал терять обороты.

Следующий роман, «Лучше не возвращаться» [Comeback], навеянный поездкой Дика и Мэри в Японию, был встречен критиками с возрастающим беспокойством. Его герой, Питер Дарвин — молодой дипломат, который два года проработал в британском посольстве в Токио; и в нем рассказывается об одаренном ветеринаре, который вдруг замечает, что почти каждый раз, когда он оперирует лошадь, она умирает, и его карьера оказывается под угрозой из-за быстро распространяющихся слухов. Детали, связанные с ветеринарной практикой и хирургическими операциями на животных, достаточно увлекательные — вы знаете, например, что лошадей никогда не тошнит? — и решение кажется интригующим, но опять-таки здесь слишком много нелепых имен, слишком много ртов широко раскрываются от удивления, и обозреватели больше не проявляли готовность расточать похвалы, не задавая вопросов. Некоторые из них были откровенно грубыми. В *Sunday Times* Пол Голдинг назвал книгу «халтурой» и «низкопробным альковным фарсом»; героя «шаблонным», «пресным воображалой»; сюжет романа, по его мнению, «утомительно неправдоподобный», а литературный стиль как таковой отсутствует. В *Sunday Telegraph* Энтони Дэниелс заявил, что роман «Лучше не возвращаться» имеет мало литературных достоинств и он слишком явно нацелен на американский книжный рынок. «Возникает ощущение, что рассказчик «трахает» женский персонаж главным образом потому, что «траханье» есть непременный ингредиент в рецепте всякого бестселлера и по завершении этой сцены напротив него можно поставить галочку... Что касается сюжета, то он построен на совпадениях до такой степени, что это заставило бы покраснеть любую викторианскую мелодраму». Плохой отзыв появился даже в *Daily Telegraph*, которая прежде всегда щедро расточала похвалы романам Фрэнсиса. «Сюжет кажется более неуклюжим, чем обычно, — написал Т. Дж. Биньон, — а героиня словно бы вышла из фильма 70-х о свингующем Лондоне». Обитатели лондонских литературных джунглей почувствовали беспокойство.

Дик и Мэри вернулись в Англию, чтобы принять участие в рекламе книги, и в интервью Паулине Петерс из *Evening Standard* Дик сказал, что они с Мэри «живут и всегда жили в любви и согласии» и единственное подобие ссоры у них возникает только в тех случаях, когда им нужно куда-то вместе идти, поскольку он любит всегда приходить на десять минут раньше, а она на десять минут позже. «Я думаю, она хороший спорщик, — задумчиво произнес он, — но у меня нет к этому никакой склонности». Рассказав о том, что Мэри следит за финансами и что он совсем недавно купил себе новый предмет одежды впервые за семь лет — клетчатые брюки, — Дик заявил, что «как писатель вы не сможете заработать очень много денег, независимо от того, сколько миллионов ваших книг продали». Госпожа Петерс отметила, что в пожилом возрасте Дик имел «стройную, прямую фигуру и в высшей степени непроницаемое лицо, как у Будды», — возможно, это было следствием того, что все эти годы ему приходилось с каменным лицом жаловаться журналистам на то, как мало денег он зарабатывает.

К концу 1991 года Дик и Мэри решили, что с них достаточно бесконечных раздоров Си-Ранч, и в декабре они сбежали на расположенный в Карибском море остров Большой Кайман, где провели две недели. Они сразу же влюбились в этот остров, который со своими британскими порядками показался им особенно привлекательным после Флориды, и их поразили открытость и дружелюбие представителей всех смешанных рас, проживающих здесь. Район вокруг Си-Ранч все сильнее пропитывался торгашеским духом. Пляжи часто наводняли большие и шумные толпы, над ними трещали вертолеты и легкие аэропланы, некоторые из них тащили за собой длинные рекламные транспаранты. Внезапно они поняли, что Большой Кайман — это именно то место, где они хотят жить. На пляже неподалеку от их отеля только что построили новый многоквартирный дом — не какой-нибудь монстр на 723 квартиры, а здание человеческих размеров, где их было только тридцать шесть. Повинуясь внезапному импульсу, они сразу же купили одну из квартир и решили переехать в нее на следующий год.

В Форт-Лодердейле в январе у Дика взяла интервью молодая журналистка из *Daily Express* Мэри Кемп, которая написала, что «он передвигается медленно, но очень целеустремленно, как маленькая, энергичная черепаха». Он также сказал Грэму Бриджстоку из *Today*, что у них с Мэри в квартире теперь четыре телевизора, что его любимые телепередачи — это две американские викторины, «Опасность» и «Колесо удачи», и что его сводит с ума, когда Мэри садится и смотрит телевизор до поздней ночи, поскольку он всегда укладывается спать в десять часов и уже спит, когда она ложится в постель.

Теперь уже стало очевидно, что Меррик, которому исполнился сорок один год, никогда не добьется большого успеха как тренер, и в конце января он оставил это занятие, после чего с помощью Дика и Мэри основал компанию, названную им «Ламборн Рэйсхорз Транспорт», и уже скоро владел парком из одиннадцати фургонов, которые развозили лошадей по Британии, Ирландии и Европе. «Вероятно, он никогда не был по-настоящему голодным, — сказал мне один знаменитый скаковой журналист. — Большинство хороших тренеров, таких, как Поль Коле и Барри Хиллс, были вынуждены выигрывать, чтобы добиться прогресса. Эта основная потребность не имела отношения к Меррику». Не всегда полезно быть сыном богатых родителей, но, по крайней мере, компания «Ламборн Рэйсхорз Транспорт» стала источником сюжета следующего романа, «Движущая сила» [Driving Force].

Феликс также поменял направление течения своей жизни и оставил в 1992 году преподавательскую деятельность, чтобы стать управляющим делами Дика и Мэри, хотя он по-прежнему жил в Англии. Одним из неудачных деловых предприятий, в котором они участвовали с 1992 по 1994 год, была маленькая виноторговая компания «Пэнгборн Вайнес Лимитэд», которой руководила их пятидесятидвухлетняя знакомая Маргарет Джайлс, посвятившая Мэри в тонкости виноторгового бизнеса, когда она собирала материал для романа 1984 года «Торговец забвением». Когда компания была основана в феврале 1992 года, Дику и Мэри принадлежал 51 процент акций, а мисс Джайлс — 49, и они с Феликсом стали ее директорами. «Это была всего лишь дружба, — рассказывала мне мисс Джайлс. — Они просто решили мне помочь». Но хотя компания имела годовой оборот 190 000 фунтов и также одолжила 11 000 фунтов у Дика, она объявила о торговых потерях и через два года, в апреле 1994-го вышла из бизнеса. Дику и Мэри не только пришлось списать свои инвестиции в компанию, но еще и удовлетворять финансовые претензии кредиторов. Отчет аудиторской фирмы из Рединга стал обвинительным заключением состоянию дел компании.

«По нашему мнению, система бухгалтерского учета в течение всего периода находилась в неудовлетворительном состоянии и некоторые записи, необходимые для целей нашего аудита, в компании просто не велись. Ввиду отсутствия полной бухгалтерской отчетности мы не можем собрать всю информацию и объяснения, которые считаем необходимыми».

Это был неудачный старт для Феликса в роли управляющего делами своих родителей.

«Движущая сила», последний из удачных романов Дика Фрэнсиса, представляет собой умное, интригующее повествование о том, как лошадиные фургоны, такие же, как у Меррика, могут быть использованы для переправления живой контрабанды в Великобританию из Франции. Главный герой, Фредди Крофт, бывший жокей и владелец компании, занимающейся транспортировкой лошадей, имеет легкое сходство с Мерриком, которому и посвящена эта книга. В ней есть напряженная сцена, когда Крофт старается не утонуть в ледяной воде, некоторые захватывающие биологические детали о клещах, кроликах и лошадях, а также полезная информация о том, что король Альфред Великий мучался от сильного геморроя и не исключено, что именно поэтому он сжег лепешки[1]. На стороне дебита сильная антиполицейская тональность этой книги, встречаю-

[1] Известная история о том, как король Альфред во время своей кампании против датчан остановился, оставшись неузнанным, в одном сельском доме и получил нагоняй от хозяйки после того, как сжег лепешки, за которыми ему поручили присматривать. (*Прим. перев.*)

щаяся и во многих других романах Фрэнсиса, и, кроме того, интересно было бы узнать, что подумала королева-мать о всех этих словах из четырех букв в двенадцатой главе. Но в общем и целом книга вполне заслужила похвалы обозревателей, хотя Макс Дэвидсон из *Sunday Telegraph* пожаловался на то, что описание характера героя кажется слишком поверхностным, и указал на явную непоследовательность его поведения, поскольку, проявляя крайнюю тупость на протяжении первых двухсот страниц, он затем вдруг становится необычайно умным.

Но кого это беспокоило? Ежегодные данные Фонда авторского вознаграждения свидетельствовали о том, что книги Дика Фрэнсиса по-прежнему пользуются наибольшим спросом в британских публичных библиотеках после книг непревзойденной Кэтрин Куксон. Каждый новый роман продавался тиражом 100 000 экземпляров в твердой обложке на территории Великобритании, еще 100 000 в книгах клубных изданий и полмиллиона в твердой обложке. Ни один другой автор не имел такого количества романов, опубликованных в серии сжатых книг *Reader's Digest.* По всему, теперь уже было продано пятьдесят миллионов книг на тридцати языках. На радужном небосклоне было лишь одно облако: пораженное артритом бедро Дика разболелось так сильно, что он больше не мог ходить по пляжу, и в ноябре ему сделали операцию, наградившую его металлическим бедром — и медицинским сертификатом, с помощью которого он должен был убеждать охранников в аэропорту позволить ему пройти через их детекторы металла. Операция прошла настолько успешно, что через десять дней он уже снова управлял машиной. «Дик почти равнодушен к боли, — сказала мне Сью Шаффер. — Когда он вышел из больницы, то уже на следующий вечер мы отправились вместе на ужин, и Дик настоял на том, что он сам поведет машину».

Они уже пресытились Флоридой и бесконечными

раздорами в Си-Ранч Клабе. В июне в кондоминиуме завязалась новая судебная борьба, на этот раз со строительным подрядчиком, но эта проблема больше не тревожила Мэри. Она сложила с себя полномочия президента, передав отравленную чашу несчастному по имени Дональд Гомер. Она была свободна. В конце 1992 года они с Диком устроили две прощальные вечеринки в Форт-Лодердейле, а затем вылетели на Большой Кайман, чтобы жить на берегу Карибского моря.

Глава 16

ТЕНИСТОЕ МЕСТО ДЛЯ СОЛНЕЧНЫХ ЛЮДЕЙ (1993—1999)

Большой Кайман, «карибское Монте-Карло», самый известный налоговый рай из всех богатых островов. Крохотная вытянутая капля из кораллов, песка и пальм, в 150 милях к югу от Кубы и 189 милях к северо-западу от Ямайки, он имеет всего лишь двадцать миль в длину, от четырех до семи миль в ширину, высоту 65 футов в самой высокой точке, здесь не более 35 000 жителей — примерно 12 000 из них экспатрианты, — совсем нет промышленности, и экономика острова полностью зависит от банковской деятельности и туризма. И в то же время это пятый из крупнейших мировых банковских центров (после Нью-Йорка, Лондона, Токио и Гонконга), здесь есть множество дорогих отелей, роскошных ресторанов, беспошлинных ювелирных и сувенирных магазинов. Здесь расположены около шестисот банков и маленькая нарядная столица, Джорджтаун, которая принимает каждое утро два или три огромных туристских лайнера и продолжает опустошать бумажники пассажиров на протяжении всего дня, прежде чем отправить их в дальнейшее плавание навстречу восходящему солнцу. В результате жители Каймана наслаждаются полной занятостью, низким уровнем преступности, 98-процентной грамотностью среди взрослого населения, расслабленным жизненным стилем и самым высоким доходом на душу населения в Западном полушарии — более 18 000 фунтов в год при полном отсутствии налогов. Климат здесь просто превосходный: средняя температура составляет 24°С зимой и 30°С летом, благодаря чему это, несомненно, одно из лучших мест в мире для рыбалки и подводного плавания с аквалангом или дыхательной трубкой.

Кайман все еще является колонией британской короны, где превалирует английское произношение, автомобили ездят по левой стороне дороги, на почтовых ящиках изображен королевский вензель EIIR и гомосексуализм считается незаконным. Здесь по-прежнему есть британский губернатор, который живет в губернаторском доме позади караульного помещения и который по торжественным случаям облачается в традиционную белую униформу с золотыми эполетами, золотыми аксельбантами и высокий шлем с страусовым пером, которые когда-то служили излюбленным украшением консулов Британской империи. При этом Кайман гордится тем, что здесь нет никаких налогов, ни подоходного налога, ни налогов на собственность, капитальные вложения или наследство и здесь существуют строгие законы, гарантирующие сохранение конфиденциальности и не позволяющие совать нос в чужие дела налоговым службам других стран. Однако здесь установлены очень высокие пошлины на импорт всех товаров, поэтому стоимость жизни здесь просто кошмарная. Стандартный номер в отелях «Хаятт» или «Мэрриотт» стоит 194 фунта за ночь в зимнее время. За импорт автомобиля вам придется заплатить налог, составляющий до 40 процентов его стоимости. Легкий ленч в «Ром Поинт» в 1999 году — два хот-дога, два маленьких пива и два шоколадных мороженых — стоил мне 28 фунтов. Маленькая бутылка даже самого дешевого местного пива «Стингрей» в баре на пляже стоит 4 фунта, а обычная бутылка 0,75 л «смирновской» водки — 24 фунта. Ужин на двоих всего лишь с одной переменой блюд и бутылкой вина стоил 75 фунтов. Вы можете заплатить 5 миллионов за дом на единственном приличном Семимильном пляже, 2 миллиона фунтов за квартиру с тремя спальнями на берегу моря или платить 9 000 фунтов в месяц за ее аренду. Даже квартира с двумя спальнями не в самом фешенебельном районе стоит 1875 фунтов в месяц.

В то же время, чтобы стать местным жителем, вам достаточно купить здесь дом или квартиру, по меньшей мере, за 113 000 фунтов, заплатить 12 000 фунтов за разрешение на жительство, предоставить два письменных свидетельства, справку из полиции о предыдущем хорошем поведении, письмо от вашего банковского управляющего, подтверждающего, что вы не нуждаетесь в работе на острове, сдать анализ крови и написать о том, посещали ли вы когда-нибудь коммунистическую страну и почему. Такие мягкие правила, налоговые льготы и финансовая безопасность привели к тому, что Кайман считается таким местом, где ежегодно отмываются миллионы криминальных долларов, настоящим раем для преступников, проявляющим такое же гостеприимство для современных корпоративных флибустьеров, как и сотни лет назад, когда сэр Фрэнсис Дрейк, сэр Генри Морган и Черная Борода появлялись здесь со своей добычей. Как заметил один из персонажей романа Джорджа Гришема 1991 года об отмывании денег мафии «Фирма», действие которого по большей части происходит на Большом Каймане: «Это место всегда привлекало пиратов. Когда-то это был Черная Борода, теперь его заменили современные пираты, которые формируют корпорации и скрывают здесь свои деньги». Через несколько месяцев после того, как Дик и Мэри прибыли сюда, здесь также появился

Джин Хэкман, чтобы снять на острове фильм «Фирма», описывающий его как место необычайной жадности и коррупции.

Жадность здесь определенно процветает, и приезжий человек постоянно чувствует, как хотят залезть в его бумажник, даже легально. Доллары США здесь принимаются повсюду, но лишь оплатив первый счет, вы вдруг осознаете, что цены везде проставлены в кайманских долларах, а кайманский доллар стоит на 25 процентов больше американского, и поэтому все ваши покупки оказываются на четверть дороже, чем вы ожидали. Каждый ресторан добавляет к счету обязательные 15 процентов чаевых, а затем предъявляет вам на подпись чек за оплату кредитной карточкой, где проставлены дополнительные 15 или 20 процентов чаевых. «Так мы зарабатываем здесь деньги, парень», — с улыбкой ответил мне один из кайманцев, когда я спросил его об этой системе. Поэтому нет ничего удивительного в том, что знаменитый Семимильный пляж, если его измерить, на самом деле имеет длину шесть миль. Даже бармен ожидает получить от вас чаевые только за то, что он открыл для вас бутылку. И это происходит повсюду, где бы вы ни оказались. Жадность правит всем. Большой Кайман — это культура с протянутой рукой. И куда бы вы ни пошли, даже просто решив прогуляться по пляжу, вас везде встретят недружелюбные таблички с надписью «ПРОХОДА НЕТ: ЧАСТНАЯ СОБСТВЕННОСТЬ».

И в то же время за блеском и роскошью «существует настоящая нищета среди эмигрантов из низших слоев общества, которые подпирают наш жизненный стиль, — сказал мне один из высокопоставленных чиновников Каймана. — Здесь много приезжих с Ямайки или Гондураса, которые получают мизерную плату за то, что они готовят, убирают, помогают по дому пять дней в неделю с утра до позднего вечера. Половину этой суммы они должны отдавать за комнату в доме с другими эмигрантами. Трудно себе представить, как они умудряются выжить при таком высоком уровне цен». Проживающая в доме у хозяев женщина-уборщица получает так мало, что этих денег не хватит даже на то, чтобы купить пару простыней для ее постели. «Это оборотная сторона жизни на нашем острове, — сказал он. — Вряд ли где-нибудь в мире существует более глубокая пропасть между богатыми и бедными, чем у нас».

Возможно, жадность и эксплуатация были менее заметными, когда Дик и Мэри переехали в свой первый дом на Каймане в декабре 1992 года: роскошную квартиру с тремя спальнями, тремя ванными на первом этаже, с застекленной террасой, в стильном бледно-голубом кондоминиуме Корралстоун Клаб из трех маленьких двухэтажных корпусов, расположенном в двух милях к северу от Джорджтауна, прямо на Семимильном пляже, где всего лишь несколько пальм и соломенных хижин отделяло их от Карибского моря. Дом стоял посреди живописного сада, окруженный чистотой и покоем, он был значительно уютнее Си-Ранч Клаба, и тут не было постоянного давления от присутствия охранников в униформе. Здесь есть два небольших бассейна, два массажных душа, два теннисных корта, кабельное телевидение, собственная прачечная и другие бытовые службы, предназначенные потакать пренебрежительному отношению Мэри к домашнему хозяйству.

«Дик и Мэри исключительные жители», — сказал мне Алан Скотт, который тогда был губернатором Каймана. Он подружился с Фрэнсисами после того, как однажды утром во время верховой прогулки по пляжу его жена встретила Дика и тот сказал, какая замечательная у нее лошадь. «Подобных знаменитостей на нашем острове совсем немного. Большинство людей, которые поселяются здесь навсегда, это удалившиеся на покой банкиры, обычно американцы и канадцы». Резиденция губернатора находится в полумиле по пляжу от квартиры Фрэнсисов, и вскоре Дик и Мэри регулярно обедали со Скоттами. «У них нет здесь настоящего круга близких друзей, — рассказывал Скотт. — Их лучшие друзья на острове — это мы и еще генеральный прокурор. Они предпочитают вести тихую жизнь и особенно не выделяться».

Кроме ежегодной раздачи автографов в одном из местных книжных магазинов, «Бук Нук», где в клетке возле двери сидит зеленый попугай, Дик и Мэри ведут на Каймане тихую, замкнутую жизнь, отказываясь от всех приглашений произнести речь или появиться на публике. Даже местная газета *Caytanian Compass* за шесть лет напечатала о них всего лишь две статьи. «Наша политика состоит в том, чтобы не мешать людям, которые поселились здесь или приехали на отдых, — *сказал мне репортер Caytanian Compass* Джон Редман. — Они приехали сюда, чтобы обрести мир и спокойствие». Однако, как ни странно, адрес и телефонный номер Дика открыто опубликован в местном справочнике напротив имени «Фрэнсис, Ричард (Дик)» словно бы для того, чтобы каждый в точности знал, кто он такой.

Фрэнсисы продали вторую квартиру в Си-Ранч, но оставили за собой основную, на тот случай, если их переезд окажется ошибкой, и в течение последующих нескольких лет они регулярно возвращались в Форт-Лодердейл, совершая короткие путешествия, но очень скоро убедились в том, что поступили правильно. «Здесь очень спокойно, — говорил Дик Джину Хадаку, — и теперь я могу прогуливаться по пляжу, зная, что никто меня не побеспокоит». В конце концов они продали квартиру в Си-Ранч в 1995 году.

По всей видимости, Дик и Мэри переехали на Кайман не только для того, чтобы сбежать из неприятной, гнетущей атмосферы Си-Ранч Клаба. «У их переезда были и налоговые причины», — сказала мне Сью Шаффр.

«В США приходилось платить достаточно высокие

налоги, — рассказывал Дик Линде Ли-Поттер из *Daily Mail* в 1998 году, — и когда мы переехали на Кайман, нам еще пришлось доказывать, что мы насовсем уехали из США. Люди на Каймане посоветовали нам: «Если вы купите для себя участок на кладбище, то это может послужить доказательством того, что вы намерены оставаться здесь до самой смерти». Поэтому мы отправились в городской совет, чтобы приобрести участки. Заведующая продажей чиновница долго извинялась за то, что у нее не осталось участков с видом на море. Мы с Мэри долго смеялись, но теперь у нас есть на местном кладбище два соседних участка без вида на море».

Они заплатили за две могилы — две заранее подготовленные, залитые цементом коробки, глубиной шесть футов, под номером U18 и U20 на кладбище Уэст-Бэй, расположенном на краю Семимильного пляжа, всего в ста ярдах от моря. В 1999 году могилы выглядели такими заброшенными — одна из них была открытой раной в земле, заполненной мусором, кусками дерева, мутной водой и увядшими цветами с соседних могил, — что совсем не походили на последнее пристанище для пары мультимиллионеров, хотя в очередном обновленном издании «Спорта королев», опубликованном в 1995 году, Дик настаивает на том, что Кайман будет их последним домом.

Одним из немногих поводов для сожаления, связанных с переездом, было отсутствие на острове ипподрома, но он по-прежнему внимательно следил за результатами скачек по британским газетам, которые прибывали на Кайман всего лишь с однодневным запозданием. Дик и Мэри с энтузиазмом восприняли свой новый дом, как это поначалу было во Флориде, и продолжали следовать установившемуся во Флориде распорядку дня. Дик, как обычно, рано вставал, совершал прогулку по сравнительно пустынному пляжу и купался в море. Но, к сожалению, прогулки Дика становились все более медленными: после многочисленных травм, полученных на скачках, его кости страдали от острого артрита, особенно кончики пальцев на ногах, и он часто испытывал сильную боль. У него также развилось повышенное кровяное давление. Но ни он, ни Мэри никогда не жаловались, и они по-прежнему наслаждались по вечерам рюмкой вина и часто посещали местные рестораны, чтобы показать, насколько они довольны своей жизнью, и, несмотря на свое видимое презрение к британской прессе, Фрэнсисы пригласили журнал слухов и сплетен *Hello!* сфотографировать себя в новой квартире и на пляже для четырехстраничного цветного разворота, а затем позволили конкуренту *Hello!* журналу *OK!* сфотографировать всю свою семью на пляже в Пэйнтоне для статьи, занявшей пять страниц. Это был достаточно странный поступок, поскольку вряд ли они нуждались в дополнительной рекламе, и, кроме того, многие считают оба эти журнала достаточно пошлыми изданиями. Как бы то ни было, Дик сказал Йану Вудварду из *Hello!*, что он совершенно счастлив: «Мы открываем дверь и сразу же попадаем на пляж. Это волшебное место. Настоящий рай на земле». Он признался в том, что вряд ли сможет написать здесь более трех книг, поскольку «что касается новых сюжетов, то здесь я вынужден наскребать со дна пресловутой бочки».

Интервью журналу *OK!* состоялось в середине июля, через три недели после того, как Меррик в сорок три года женился в третий раз, на тридцатишестилетней Алекс Браун, которая работала менеджером в «Ламборн Рэйсхорз Транспорт», была дважды разведена и имела двоих маленьких детей. Когда они регистрировались в отделе ЗАГС города Ньюбери, Дик подписал свидетельство о браке, наконец смирившись с пестрой личной жизнью своего сына, которая еще недавно включала продолжительную связь с известной телеведущей Салли Тайлор. «Я думаю, он немного сомневался в том, стоит ли ему заводить третью жену, —

рассказывал Дик Линде Ли-Поттер, — но мы рады, что он это сделал. К счастью, наш сын всегда женился на тех, кто нам нравился. Они все были очень милые девушки, просто у них что-то не складывалось». Он и Мэри поначалу «немного переживали» из-за разводов Меррика, как сказал Дик Анжеле Лэмберт в очередном интервью *Daily Mail* в 1996-м, «но постепенно мы к этому привыкли. Мы до сих пор поддерживаем хорошие отношение с двумя его бывшими женами, Элейн и Барбарой. Мы часто с ними видимся — и не держим камня за пазухой. Первые два брака Меррика распались не из-за того, что кто-то из них завел себе роман на стороне, а просто потому, что они действовали друг другу на нервы. Мне кажется, этой причины вполне достаточно для развода. Нужно жить в любви и полном согласии». Меррик подарил своей новой невесте в качестве свадебного подарка скаковую лошадь, а себе купил скоростной катер.

В августе Фрэнсисы основали в Великобритании еще одну компанию для эксплуатации возможностей экранизации книг. Они назвали ее в честь Корралстоун Клаба: «Корралстоун Филмс», и пакет из тысячи акций был разделен поровну между Мерриком и Феликсом. У компании был и третий директор, их лондонский литературный агент Эндрю Хеусон, а в качестве своего первого проекта они планировали самостоятельно экранизировать роман «Миллионы Стрэттон-Парка». К несчастью, по своему качеству книга оказалась значительно ниже прежнего уровня: вздорное, скучное, неубедительное повествование об еще одной семье, раздираемой внутренними раздорами и воюющей за семейное наследство, которым в данном случае является ипподром. Снова все злодеи абсурдно мелодраматичны, а стиль повествования неприлично плох. Здесь встречаются фразы типа: «Марджори остановила свой прозрачный взгляд на смутившейся важной особе, по ошибке взявшей покровительственный тон». Или вот это: «Глаза Ребекки превратились в щелочки под опущенными ресницами, ее лицо напряглось». Единственный примечательный аспект этой книги состоит в том, что главный герой не только испытывает сентиментальные чувства к девочке-подростку, как и многие другие герои Фрэнсиса, но на этот раз он еще и вожделеет ее. И хотя издатели пообещали не изменять ни единой строчки в романах Фрэнсиса, было очевидно, что когда-нибудь они войдут в конфликт с поднимающейся волной политической корректности в американских издательствах, которая уже захлестнула таких британских писателей, как Кингсли Эмис, Мейви Харан и Джилли Купер. Это же случилось и с романом «Миллионы Стрэттон-Парка», где описывается грубая и властная женщина-жокей, которая своими манерами поведения напоминает лесбиянку. Это достаточно точное описание определенного типа женщин, с которыми мы все встречались в жизни, но издательство «Патнэм» настояло на том, что сравнение с лесбиянкой выглядит очень «не по-американски», и в конечном итоге оно было убрано, хотя Дик счел это возражение крайне глупым. В издательстве Майкла Джозефа также не нашли в этом ничего оскорбительного, поэтому в британском издании все осталось без изменений.

Свое очередное интервью Дик давал Коринне Хонан — снова для *Daily Mail*, которая уже начинала выглядеть как их любимая газета. «Узнай, кто пишет за него книги», — попросил один из ее коллег, и она написала, что «полное отсутствие высокомерия у Дика создало ему в определенных кругах репутацию неинтересного собеседника, подразумевающую, что этот непритязательный маленький человек, оставивший школу в пятнадцать лет, не мог писать такую строгую художественную прозу. Но, разумеется, он делал это сам, не считая небольшой помощи со стороны Мэри».

По описанию госпожи Хонан, Дик — это «маленький джентльмен с прямой спиной в чистейших бежевых брюках и коричневом блейзере. У него на ногах надеты пурпурные носки и изящные белые ботинки с загнутыми вверх мысками. Он похож на добродушного эльфа». Она сказала ему, что в одной из английских хрестоматий повышенного уровня учащихся просят сравнить предложения из Диккенса, Троллопа и Дика Фрэнсиса. «Он покраснел. Некоторое время он смущенно рассматривал ковер, а затем произнес: «Ну что ж, можно сказать, я добился успеха». Далее он сказал госпоже Хонан, что ему хотелось бы добиться от Мэри согласия назвать ее соавтором книг, и добавил: «После того как я закончу книгу, часто бывает трудно вспомнить, какая из идей принадлежала ей, а какая мне». Когда мисс Хонан спросила, почему в его книгах так мало секса, он ответил: «Вы ведь знаете, что одним из моих постоянных читателей является королева-мать, и мне не хотелось бы, чтобы она читала такие сцены, вышедшие из-под моего пера». Дик также отметил: «Наш брак остается романтическим. Мы обо всем разговариваем. Мы спим спина к спине, но сначала каждый вечер крепко обнимаемся», — любопытное заявление, учитывая, что всего лишь несколько месяцев назад он пожаловался Мэри Кемп из *Daily Express* на то, что он всегда в одиночестве ложится спать не позднее одиннадцати, а Мэри остается бодрствовать еще по меньшей мере до полуночи. Он также имел нахальство еще раз заявить, что писательство «совсем не прибыльное занятие», хотя они с Мэри регулярно летали первым классом или на «Конкорде», платили за частное образование не только всех внуков, но и племянников, а также дважды помогли Меррику расплатиться со своими бывшими женами.

В конце февраля на Каймане царило сильное оживление, когда в порту Джорджтауна бросила якорь королевская яхта «Британия» и королева с принцем Филиппом сошли на берег для двухдневного визита. Затем — после того как Дик совершил в апреле свое обычное путешествие в Англию на Большой национальный стипль-чез — они с Мэри вылетели в Австралию, чтобы провести там очередное рекламное турне. Их путешествия по всему земному шару можно считать смелым поступком, учитывая постоянное ухудшение их здоровья. Старая школьная подруга Мэри Мэри Юлл и ее муж Билл обедали с ними на Каймане в 1994 году, и миссис Юлл была потрясена физическим состоянием Мэри. «Дыхание Мэри было очень затрудненным, — рассказывала она мне. — Она постоянно носит с собой аппарат для искусственного дыхания. Она не обращает особого внимания на свой недостаток, но очевидно, что ей становится все хуже».

В сентябре Дик снова отправился в путешествие, на этот раз, чтобы подписывать книги в Сиэтле, и вернулся в Англию на очередной двухнедельный рекламный тур, во время которого *Daily Express* написала про Мэри: «Вопреки слухам, она не пишет книги за него». В том же месяце была опубликована книга Брайони Фаллер про его скаковую карьеру «Дик Фрэнсис: жокей стипль-чеза», снабженная красочными иллюстрациями и предисловием сына Питера Казалета, сэра Эдварда Казалета, ныне судьи Высокого Суда, в котором он хвалил Дика за то, что он остался таким же скромным и непритязательным, несмотря на свой огромный успех. Немногие люди способны сказать что-то нелицеприятное о Дике и Мэри, за исключением того, что они оба «достаточно нелепы» в своем слепом преклонении перед королевской семьей, а одна их знакомая сказала мне: «Они оба настаивают на том, чтобы в Лондоне им всегда оказывали торжественный прием, а за столом он пьет только Шатонеф дю Пап независимо от того, что при этом ест. И он спрашивает таких людей, как служащие автостоянок, нравится ли им читать, после чего дарит им свои книги с автографом!» С другой стороны, сказала она, «все это достаточно безвредные недостатки. Он не жадный, не расточительный и необычайно преданный». Та же самая знакомая сказала мне, что Дик «боится Мэри» и он ненавидит «трусить за ней рысью по магазинам в том забытом богом месте, где они живут», и он предпочел бы жить в Англии, если бы не ее плохое здоровье.

Роман 1994 года «Дикие лошади» — частично инспирированный недавней смертью члена Британского парламента Стефана Миллигана во время аутоэротической сексуальной игры — к сожалению, оказался не лучше предыдущего, и все остальные книги, опубликованные до конца десятилетия, были такими же плохими. Пришло время красиво уйти, точно так же, как Дик ушел из конного спорта, прежде чем стал для всех посмешищем. Роман «Дикие лошади» рассказывает о кинорежиссере Томасе Лайоне, который снимает в Ньюмаркете кинофильм, основанный на трагическом самоубийстве жены тренера, произошедщем много лет назад, и по ходу съемок он раскрывает неприятные секреты из прошлого, после чего становится мишенью для убийцы, решившего во что бы то ни стало не позволить ему закончить фильм. К несчастью, повествование перегружено привязанностью Мэри ко всему театральному, из-за чего большую часть книги занимают педантичные школьные лекции о технике и проблемах киносъемок, она набита деталями об изменениях сценария, точках съемки, освещении, операторских группах и повторной съемке. Отпечатки пальцев Мэри видны на протяжении всей книги, от туманного эпиграфа в начале (стихотворение поэта девятнадцатого века Кристофера Перси Кранча) до упоминаний радости от изучения латыни, психологии киносъемки, Яго и речи Генриха V перед битвой при Азенкуре. Большинство диалогов настолько неправдоподобны, что, когда один из персонажей спрашивает: «Почему, черт возьми, я все это тебе говорю?» — читателю тоже хочется узнать, почему. Как обычно, персонажи носят абсурдные имена — Сильва Шаун, Зигги Кин, Родбери

Висборо — и, как всегда, здесь есть карикатурный злодей, раздираемая ссорами семья и чистая, ясноглазая, веснушчатая девочка-тинэйджер. В действительности ингредиенты романов Фрэнсиса стали такими предсказуемыми и шаблонными, что они уже напоминают пародии на самих себя. Откровенный садизм становится просто неприятным: повествование содержит сцены сексуальных оргий и извращений, а жестокое нападение на пожилую даму описывается со всеми жуткими подробностями, вплоть до ее старых, обвисших грудей и блестящих внутренностей.

«Дикие лошади» — это один из явных аутсайдеров среди триллеров Фрэнсиса, — написал в *Daily Telegraph* бывший почитатель Фрэнсиса Чарлз Спенсер. — Во всем повествовании чувствуется усталая натужность, и заметно, что праведный Дик часто теряет почву под ногами, когда он пробирается через покрытое мраком болото сексуальных извращений». Хелена де Бертодано отметила в *Sunday Telegraph*, что книга кажется разболтанной и неаккуратной, а концовка выглядит нелогичной и неряшливой, а сцены женского аутоэротизма совершенно неубедительны, хотя Дик настаивал на том, что женщины достаточно часто предаются такой необычной практике. «Мэри проводила исследования на данную тему, — сказал он госпоже Бертодано, — но я не хотел углубляться в детали, поскольку королева-мать читает мои книги». Скрупулезная аккуратность и пунктуальность Дика, несомненно, могли заинтересовать психиатра, но госпожа Бертодано была просто в шоке, когда обнаружила, что, хотя до Рождества еще оставалось три месяца, он уже написал и запечатал все рождественские открытки и привез их с собой в Англию для Феликса, чтобы тот отправил их в декабре по более дешевому почтовому тарифу: конверты были разложены в алфавитном порядке, чтобы в случае смерти одного из адресатов Феликс мог быстро удалить из пачки лишнее поздравление. Ее также удивило то, что Дик все время забывал имена главных героев и даже не мог вспомнить название новой книги, из-за чего ему все время приходилось обращаться к Мэри за нужной информацией.

Несмотря на плохие отзывы, на территории Великобритании было продано 100 000 экземпляров романа «Дикие лошади» в твердой обложке, больше любого другого романа, изданного в 1994 году. В США было продано 295 000 экземпляров и позднее его опубликовали на тридцати пяти языках. К этому времени мнения обозревателей уже не имели никакого коммерческого значения. И опять, как только критики начали жаловаться на то, что книги слишком оторваны от реальной жизни, действительность доказывала, что она может быть еще более мелодраматичной. В конце сентября тренера из Ньюмаркета, Алекса Скотта, который тренировал дюжину лошадей для одного из самых богатых владельцев, шейха Махтума аль-Махтума, причем среди них был и победитель Дерби того года, убил его главный конюх, Клем О'Брайан, выстреливший ему в спину из ружья двенадцатого калибра в ходе ссоры, разгоревшейся из-за годовалого жеребца. Впоследствии он был приговорен к пожизненному заключению.

На Каймане новый друг Фрэнсисов, автор детективных романов Филис Дороти Джеймс (баронесса Джеймс) встретила с ними Рождество. Леди Джеймс рассказывала мне:

«Это удивительная пара. Они вызывают у меня особое восхищение. У них есть все, что я ценю в людях: смелость, трудолюбие. Я никогда бы не смогла начать писать книгу 1 января и закончить ее в мае. А еще мне нравится их доброта, щедрость души и отсутствие злобы. С такими людьми очень приятно находиться в одной компании».

Проводя исследования для следующей книги, «Дорога скорби» [Come to Grief], Мэри посетила больных лейкемией и центр протезирования, но этот роман в итоге оказался одним из самых худших. Словно бы для того, чтобы подтвердить кризис с вдохновением, здесь вновь появляется Сид Хэлли — единственный герой Фрэнсиса, фигурирующий в трех романах, — но даже он не смог помешать тому, чтобы книга стала полным провалом. Хэлли выводит на чистую воду бывшего жокея-чемпиона, оказавшегося злодеем, который стоял за серией жестоких преступлений, когда скаковых лошадей находили с отрезанными ногами, но сюжет кажется абсурдным, мотивация неубедительной, диалоги совершенно недостоверными, и по ходу повествования совершеннейший незнакомец без всяких видимых причин начинает изливать Хэлли душу. «Почему я рассказываю тебе это?» — спрашивает еще один персонаж Фрэнсиса. Хороший вопрос. Даже имена действующих лиц — Дэвис Татум, Эллис Куинт, Верни Тилепит, Вилли Пэррот — блекнут на фоне кричащей абсурдности остального содержания книги. В книге описывается злобная кампания, развернутая против Хэлли британской прессой — особенно усердствует женщина-репортер по имени Индия Кэткарт, которая настолько лживая, аморальная, клеветническая и подсудная, что такого просто не могло произойти. Печальнее всего то, что стиль повествования просто ужасен. Непонятно, как автор таких замечательных романов, как «Риск», «Твердая рука», «Рефлекс змеи» и «Банкир», мог написать подобную белиберду? Но теперь уже не имело никакого значения, насколько в действительности хорош новый роман Фрэнсиса, и «Дорога скорби» каким-то образом умудрилась получить премию Ассоциации американских писателей детективного жанра как лучший детективный роман года, и в Америке было продано 303 000 экземпляров книги в твердой обложке.

Очередное переработанное издание «Спорта королев» было опубликовано в том же году с очень короткой новой главкой, рассказывающей о последних восьми годах всего лишь на четырех страницах, но годы начали сказываться на них обоих. После того как журналист из *Daily Express* Тобин Андре взял интервью у Дика в августе, он отметил, что почти семидесятипятилетний Дик, сильно загорелый, но слабый, с небольшим брюшком, носит белые матерчатые туфли, чтобы облегчить боль в ногах. «В реальности это пенсионер, который делает маленькие шажки и мелкие вдохи, — писал он, — ...и который имеет обыкновение рассказывать длинные, бессвязные истории, постепенно забывая, в чем состояла их первоначальная суть». Он добавил: «Дик начал путаться с тем, какую книгу он должен вскоре рекламировать. Позднее он признался в том, что не всегда может вспомнить, какой из персонажей в каком из сюжетов участвует». Он сказал Андре, что ему хотелось бы не иметь необходимость писать новую книгу каждый год, но издатели настаивают на выполнении этого условия.

В октябре у Мэри случился сердечный приступ и она провела две недели в больнице, а затем еще два месяца ушли на отдых и восстановление. Теперь она больше чем когда-либо зависела от Дика, и он был вынужден помогать ей одеваться каждое утро. «Кто будет для тебя это делать, когда я умру?» — спросил ее Дик.

«Я уйду первая», — твердо ответила Мэри.

«Мы никогда не говорили о том, как кто-то из нас будет жить, оставшись в одиночестве, — сказал он Линде Ли-Поттер. — Я только надеюсь на то, что мы уйдем одновременно».

В свои семьдесят два года Мэри часто испытывала усталость и была вынуждена каждый день спать после обеда, но, что для нее характерно, она использовала даже собственный сердечный приступ как материал для следующего романа, «По рукоять в опасности» [To the Hilt], в котором у одного из персонажей тоже происходит сердечный приступ, и поскольку новая книга была о живописи акриловыми красками, Мэри заказала кучу книг, посвященных этому предмету, и читала их, лежа в постели. Дик, несмотря на свою болезненность, также был неустрашим и отправился в очередное рекламное турне, на этот раз по Словакии, где он посетил два скаковых клуба, коневодческую ферму, государственный ипподром в Петрзалке и был удивлен, обнаружив в Братиславе, как много поклонников выстроились в очередь за его автографом.

Но несмотря ни на что, роман «По рукоять в опасности» страдает от недостатка изобретательности, что вылилось в очередную совершенно неправдоподобную историю, на этот раз о молодом живописце Александре Кинлохе, которому удается спасти миллионный пивоваренный бизнес своего отчима после исчезновения его финансового директора, скрывшегося с прикарманенными деньгами, даже несмотря на то что живет он в простой лачуге, приютившейся на горном склоне в шотландской глуши, и по ходу повествования не раз проявляет непроходимую тупость. Здесь опять-таки очень мало рассказывается о лошадях и слишком много о живописи, акриловых красках, памятниках античности, ювелирных украшениях, а также ссорах и вражде в еще одной распавшейся семье. Имена персонажей отличаются обычной экстраординарностью — Джед Палейн, Тобиас Толлрайт, Норман Куорн, Суртис и Ксения Бенчмарк, — а злодеи смехотворно неправдоподобны. Садистские сцены — на этот раз пытка огнем — любовно описываются не один раз, и секс в романе значительно более откровенный, чем обычно, и это несмотря на постоянные заявления Дика, которые он делал на протяжении многих лет, о том, что он всей душой не одобряет красочные описания сексуальных отношений. В романе «По рукоять в опасности» Кинлох проявляет явно нездоровый интерес к восьмидесятилетней женщине, и он нанимает частного детектива, который наряжается в женское кружевное белье, туфли на высоких каблуках, использует румяна и тушь для ресниц. Один из преступников туалетный гомосексуалист, другой мазохист, который платят проституткам за то, чтобы они его шлепали, а третьего так часто и сильно били по гениталиям, что его пришлось кастрировать. Книга щедро сдобрена бранными словами: не только «черт возьми» и «ублюдок», но также «fuck», «задница», «сволочь» и «дерьмо» (семь раз). Роман «По рукоять в опасности» наполнен сквернословием больше всех остальных книг, что кажется несколько странным, если учесть, что Дику и Мэри уже давно за семьдесят. Когда молодой репортер из Daily Express спросил Мэри о сексуальных сценах, она ответила: «После тридцати четырех книг мы решили, что пришло время немного их приправить». Когда он спросил, не оскорбит ли это королеву-мать, о чем всегда так беспокоился Дик, Мэри «огрызнулась»: «Ради бога, молодой человек, у королевы-матери двое детей».

«По рукоять в опасности» также является романом, в котором наиболее явно чувствуется рука Мэри, поскольку время от времени здесь упоминаются такие вещи, которые должны быть знакомы скорее Мэри, чем Дику. Эпиграф в начале напечатан на староанглийском, в книге упоминается старинная поэма «Песнь Смерти» Беды Достопочтенного, которую Мэри изучала в университете, и здесь также ведется ученая дискуссия о староанглийской поэзии и истории, которая выдает глубокие познания и любовь к предмету. Книга также наполнена малопонятными словами, такими, как «диминуэндо», и в ней чувствуется тяга к философским рассуждениям о духовности живописи. Здесь содержится резкая обличительная речь о несправедливости британской налоговой системы, которая обложит огромным налогом вашего сына, если вы дадите ему денег, но не в том случае, если он выиграет такую же сумму в казино. Три персонажа романа проводят несколько дней, скрываясь в отеле «Редклифф» в Пэйнтоне. «По рукоять в опасности» откровенно плохая книга, но все же многие обозреватели были так же расточительны на похвалы, как и обычно, а из-за Атлантики пришла наиболее приятная новость: Ассоциации американских писателей детективного жанра присвоила Дику титул Гроссмейстера за «достижения на протяжении всей карьеры». И словно бы для того, чтобы подчеркнуть достоверность книг, в сентябре полиция начала вести расследование случая подозрения за поджог, после гибели четырех лошадей в конюшнях возле Ламборна, загоревшихся среди ночи. Кроме того, в результате пожара чуть не сгорел победитель челтенхемского Чемпионского стипль-чеза, Коллие Бэй.

Дик в то время находился в Англии, и он воспользовался удобным случаем, чтобы рассказать Анжеле Лэмберт из *Daily Mail* о том, что у них с Мэри всегда был «очень физический брак»:

«У нас хорошая сексуальная жизнь, и мне кажется, что это важно. Ни у кого из нас не было романов на стороне — по крайней мере, у меня их не было, и я не думаю, что они были у нее — поскольку нам это не нужно. Я веду очень счастливую жизнь, и я думаю, что секрет счастливого брака заключается в том, чтобы всегда держаться вместе, жить бок о бок. Мэри и я любим компанию друг друга. И всегда любили. Вот и все».

Однако, к сожалению, артрит на ногах Дика стал таким сильным, что он начал передвигаться медленной шаркающей походкой и все чаще использовал свой коричневый «Мерседес» даже для поездок на небольшие расстояния. После того как один из их старых друзей повстречал Фрэнсисов в Лондоне летом 1996 года, он сказал мне: «Я был шокирован тем, как плохо выглядит Мэри. Это ранняя стадия какого-то дегенеративного заболевания. Ей становится все хуже. Ситуация на самом деле очень серьезная. Идут разговоры о том, что этот роман будет последним». Гэвин Лиалл высказал похожие опасения. «У Мэри много проблем со здоровьем, — сказал он мне в 1998 году. — Я знаю, что Дик был очень близок к смерти примерно 18 месяцев назад, когда сказался побочный эффект какого-то лекарства, которое он принимает от артрита. У него открылось внутреннее кровотечение, и Дика срочно доставили самолетом с Каймана на Майами».

Дик объявил, что следующий роман, «Серый кардинал», будет последним. Он был задуман после того, как Мэри встретила британского премьер-министра Джона Мэджора на международном крикетном матче, он сказал ей о том, что читал все книги Дика Фрэнсиса, а затем пригласил их нанести визит в дом 10 на Даунинг-стрит. Когда их проводили в зал заседаний правительства, они, словно маленькие дети, по очереди усаживались в кресло премьер-министра.

Они отпраздновали свою золотую свадьбу, которая пришлась на 21 июня 1997 года, вечеринками до и после этой даты на Каймане, в Радужной Комнате в Нью-Йорке и в Пэйнтоне, где шестьдесят приглашенных гостей в вечерних костюмах заполнили отель «Редклифф», танцуя в бальном зале. Среди приглашенных были их друзья, такие, как П. Д. Джеймс, Гэвин Лиалл и Кэтрин Уайтхорн, а также члены семьи, включая Дага, его жену и детей. Дик облачился в белый смокинг и подарил Мэри бриллиантовое колье, а в июне они присутствовали в качестве гостей на вечеринке в честь золотой годовщины свадьбы королевы, которая состоялась в саду Букингемского дворца и где были четыре тысячи супружеских пар, сочетавшихся браком в 1947 году, как она и принц Филипп. Там подавали чай, сэндвичи, булочки и фруктовые тарталетки.

Однако их счастье омрачила тень смерти, нависшая над их жизнями. У Дага развилась последняя стадия рака, а принцесса Уэльская погибла в автомобильной катастрофе в Париже, вечером 30 августа, из-за чего Дик и Мэри отменили Стипль-чез Дика Фрэнсиса, который должен был состояться в Стратфорд-он-Эйвоне в следующую субботу — в день ее похорон. Однако они провели обычный званый обед в «Ритце», «поскольку я знаю, что Диана не хотела бы, чтобы все беспрерывно страдали», — пояснил Дик Яне Мойр из *Daily Telegraph*. Даже несмотря на то что он сказал ей о том, как ему хотелось бы, чтобы Мэри разрешила поставить свое имя на обложку романов, как его соавтор, в тот раз Дик находился в необычайно хвастливом настроении. «Я не могу сказать, что являюсь первым среди всех авторов, — вещал он с самодовольным видом, — но, конечно же, многие из них хотели бы оказаться на моем месте... возможно, я не продаю такое же количество книг, как Том Клэнси, но он не пишет по роману каждый год». Мэри бросила на него насмешливый взгляд. «А как же Кэтрин Куксон?» — спросила она с легкой иронией. Госпожа Мойр сама повела себя несколько фривольно, когда отметила в своей статье с жестокой точностью, что Дик и Мэри «выглядят, как та розовощекая пара, которая может ответить на объявление «Требуется повар — мастер на все руки», помещенное в каком-нибудь мещанском журнале».

На той же неделе Дик и Мэри покинули посты директоров компании «Дик Фрэнсис Филмс Лимитэд», передав ее в руки Меррика и Феликса, которые стали ее единственными директорами, хотя шансов на то, что еще какая-то из книг будет экранизирована, попрежнему оставалось крайне мало. Меррик и Феликс были совместными владельцами еще одной компании с каламбурным названием «Сон Фрэнсиско Лимитэд», но к концу 1998 года она не заключила ни одной сделки.

Результатом визита Фрэнсисов в дом 10 по Даунинг-стрит стало четырехстраничное описание дома в романе «Серый кардинал», который был посвящен Джону Мэджору, а также их семнадцатилетнему внуку Мэтью. Семнадцать лет и главному герою романа, жокею-любителю Бенедикту Джулиарду, самому молодому из всех героев Фрэнсиса, который помогает отцу победить в дополнительных выборах, а позднее и стать премьер-министром, но, несмотря на все собранные в результате исследований детали и неизбежную экскурсионную лекцию о интерьере дома 10 по Даунинг-стрит, книга совершенно неправдоподобна от начала до конца. Почти на каждой странице перед читателем предстает очередная невероятная сцена, смехотворная фраза или диалог. Персонажи так же фантастичны, как и их имена — Оринда Нейгл, Элдерни Уйаверн, Ашер Радд, Фостер Фордхем, Джилл Вайничек, — а кровожадные злодеи просто абсурдны. Здесь слишком много скучных, мелких деталей, связанных с политикой, и в целом «Серый кардинал» настолько плохая книга, что она читается так, словно ее написал какой-то полуграмотный любитель, пытающийся сколотить откровенно плохую пародию на роман Дика Фрэнсиса. Это была пятая книга подряд, чье качество оказалось значительно ниже среднего уровня, и Т. Дж. Байнион написал на нее разгромную рецензию в *Evening Standard*, худшую из всех, которые когда-либо получал роман Дика Фрэнсиса:

«Как это ни печально, но с романом «Серый кардинал» он достиг своей низшей точки. Это, несомненно, самая слабая книга из всех в его творчестве. Дело не только в том, что интриги здесь меньше, чем в надписи на пачке с кукурузными хлопьями, преступные намерения негодяев не стали бы более очевидными, даже если бы они надели маски и свитера в полоску, прием, использованный для соединения двух половин книги, настолько невероятен, что даже барона Мюнхгаузена он заставил бы недоверчиво приподнять бровь, а картины из жизни верхних эшелонов политической власти — особенно вечеринки в доме 10 по Даунинг-стрит — не только лишены всех признаков правдоподобия, но также смешны и откровенно карикатурны... Если бы не редкие пассажи, посвященные лошадям, и несколько удачных фраз, то можно было бы подумать, что кто-то подсунул издателям грубую подделку. Поклонникам Дика Фрэнсиса следует держаться подальше от этой книги, если они хотят сохранить свое уважение к автору».

Мэри и Дик были расстроены этим жестоким отзывом, и, возможно, он заставил их принять решение не писать новый роман в 1998 году, а вместо этого выпустить сборник из восьми старых и пяти новых рассказов под общим названием «Скачка тринадцати» [Field of Thirteen]. Однако реальная жизнь по-прежнему была такой же необычной, как любой из романов Фрэнсиса. В 1997 году тренер из Ньюмаркета Камиль Махди и его подруга были связаны двумя вооруженными людьми, притворившимися поначалу владельцами скаковых лошадей, которые лишили их ювелирных украшений и 2 000 фунтов наличными. Другой ньюмаркетский тренер, Роджер Харрис, и еще два человека были арестованы после того, как представители таможни осмотрели лошадиный фургон и обнаружили в нем конопляную камедь, которая, по их словам, стоила более трех миллионов фунтов. В октябре третий тренер, Лука Кумани, пострадал от двух пожаров, после того как какой-то злоумышленник поджег среди ночи чердак обеих его конюшен в Ньюмаркете. В 1998 году несколько британских жокеев были арестованы по обвинению в соучастии в порче скаковых лошадей, а в Лондоне полиция получила ордер на обыск деловой собственности ведущего букмекера Виктора Чандлера, прежде чем орден был аннулирован и мистер Чандлер избавился от улик, свидетельствующих о его участии в этом преступлении. В июне в Америке было начато слушание дела о мошенничестве и даче ложных показаний, связанных с загадочной смертью застрахованного на крупную сумму чистокровного жеребца с кентуккийской племенной фермы, а в июле на заре, всего лишь в миле от дома, где Дик провел свое детство в Холипорте, был арестован скаковой репортер Нейл Уилкинс по подозрению в заговоре с целью обмана.

На Каймане Дик и Мэри решили покинуть Корралстоун Клаб, поскольку прямо напротив планировалось строительство курорта Ритц-Карлтон, и купили еще большую угловую квартиру на первом этаже дома, также расположенного на Семимильном пляже, но на три четверти мили ближе к Джорджтауну, которая стоила им более одного миллиона фунтов. Их новый дом располагался по адресу комплекс Соверен, 4, и представлял собой роскошный кондоминиум, состоящий из больших белых двухэтажных зданий с высокими белыми колоннами, белой крышей, плавательного бассейна, теннисного корта в окружении пальм и красивого тенистого сада с разноцветными кустарниками и цветами, а над всем этим возвышалась огромная телевизионная антенна. Соверен — подходящий адрес для супружеской пары, испытывающей такую большую преданность королевской семье, — был защищен большими воротами из стальных прутьев, но здесь не было охранников в униформе, поэтому, чтобы оградить себя от любопытных поклонников, они вставили в окна веранды, выходящей на пляж, тонированные стекла с односторонней прозрачностью и повесили на входную дверь напечатанное на принтере объявление: «ПРОСЬБА НЕ БЕСПОКОИТЬ. ПО ПОВОДУ ВИЗИТА К МИСТЕРУ И МИССИС ДИК ФРЭНСИС, ПОЖАЛУЙСТА, ОБРАЩАЙТЕСЬ К УПРАВЛЯЮЩЕМУ». Внутри находятся толстые кресла, фотографии всех членов семьи, большая картина, написанная маслом, где изображены они сами и картины их нового друга, Кэрол Оуэн, жены последнего губернатора Каймана. Снаружи, на другой стороне главной дороги находится бензозаправочная станция «Эссо», ресторан «Бюргер Кинг» и небольшой торговый район, где есть книжный магазин «Бук Нук», темный английский паб под вывеской «Логово Пирата», где есть несколько сортов Гиннесса и Теннантса, и литературное кафе Диккенса, где посетители могут почитать британские романы и газеты. В винном магазине очень кстати продается любимый напиток Дика, Шатонеф дю Пап — дешево, в сравнении с пристроившейся по соседству огромной стойкой бутылок Шато Хат Брион.

Несмотря на колоссальные цены, Кайман с каждым годом становится все менее привлекательным местом для отдыха. К 1999 году весь район слишком сильно пропитался духом коммерции. Здесь строится слишком много кондоминиумов и гостиниц, а на Уэст Бэй-роуд даже в 5 утра оживленное движение и часто возникают пробки в обоих направлениях. «Теперь здесь больше машин, чем людей», — сказал мне один из недовольных водителей такси. Части острова загрязняются мусором и превращаются в свалку, и многие местные жители, настроенные крайне пессимистично, говорили мне о том, что Кайман высокими ценами сам выталкивает себя с курортного рынка. «Они зашли слишком далеко, — сказал мне один из высокопоставленных чиновников. — Они убивают курицу, несущую золотые яйца». Джон Джефферсон, член законодательного собрания Каймана, в ходе дебатов, состоявшихся в марте 1999 года, предупредил власти о том, что рост «каменных джунглей» вдоль Семимильного пляжа отпугивает туристов, вследствие чего доход некоторых ресторанов за последний год упал на 50 процентов. Но, несмотря на такие тревожные показатели, на той же неделе было объявлено о планах строительства новой пятиэтажной гостиницы на Семимильном пляже, которая присоседится к шести другим крупным зданиям, под которые уже разметили участки у самого моря. Жадность Большого Каймана становится такой слепой и беззастенчивой, что, когда в январе 1999 года журналист британского телевидения Алан Уикер прибыл сюда с операторской группой, чтобы за неделю снять документальный фильм о Дике, местные власти заставили его купить шесть временных разрешений на работу и заплатить дополнительные 2 000 фунтов, даже несмотря на то, что фильм должен был демонстрироваться по всему миру и мог бы стать превосходной рекламой для острова. Директор Уикера поклялся в том, что он больше никогда не будет снимать фильмы на Каймане. Если бы Дик и Мэри были помоложе, они, наверное, тоже начали бы раздумывать о том, чтобы отсюда уехать. Большой Кайман перестал быть райским уголком.

В июле Дик позвонил Дагу, чтобы договориться встретиться с ним в Англии в следующий вторник. «Я не думаю, что смогу быть там», — сказал Даг, и через два дня он умер. Ему было восемьдесят два. «Я не горевал из-за него, поскольку он сам хотел умереть, — сказал Дик Линде Ли-Поттер из *Daily Mail* через несколько недель. — Он испытывал сильную боль. Перед самой смертью он сказал мне: «О боже, как я хочу, чтобы они поскорее забрали меня». Это придвинуло смерть чуть ближе». В *Daily Telegraph* был напечатан длинный некролог, где говорилось, что Даг был популярной и «по-своему выдающейся фигурой в скаковом мире». Там рассказывалось также, как однажды он признался в том, что, хотя Дик присылал ему экземпляр каждого нового романа, «до сих пор я не прочел в них ни единой строчки». Он всегда открыто заявлял о том, что Дик никогда не умел писать, и поэтому зачем ему читать его книги?

Несмотря на смерть Дага, этим летом семья вновь собралась в отеле «Редклифф» в Пэйнтоне, заняв там пятнадцать номеров — однажды вечером за обеденный стол уселись двадцать два члена семьи, — и Дик сказал Линде Ли-Поттер: «Я должен продолжать писать, чтобы платить за них всех». Он еще раз повторил, что они с Мэри очень любят друг друга. «Мы всегда целуемся, прежде чем уснуть, и по утрам целуемся тоже. На Большом Каймане у нас кровать с водяным матрасом, и это просто здорово. Если вы энергично ведете себя в постели, то можете услышать, как вода движется». Странно, что он делал такие грубые, откровенные признания почти каждому журналисту, бравшему у него интервью, и в то же время заявлял о том, что предпочитает защищать свою личную жизнь от любопытства посторонних.

Даг был лишь самым близким человеком среди знакомых Дика и Мэри, сраженным преклонными годами. В июле также умер Майкл Деннисон в возрасте восьмидесяти двух лет, всего лишь через несколько месяцев после того, как он и его жена Далси Грей отдыхали с Фрэнсисами на Каймане, а в сентябре Дик навестил в Ламборне Фреда Уинтера, теперь прикованного к постели после перенесенного удара. В первый раз за последние тридцать четыре года к Рождеству на прилавках книжных магазинов не появился новый роман Фрэнсиса, а когда сборник рассказов «Скачка тринадцати» был опубликован в сентябре, обозреватели встретили его достаточно прохладно. Стивен Эминдон из *Sunday Times* назвал их «слабыми» и «раздражающе небрежными», а Дэвид Мейлтон из *The Times* задался вопросом:

«Не пришло ли время для Дика Фрэнсиса удалиться на покой?.. Очевидно, что энергия его покидает. Некоторые из этих рассказов демонстрируют персонажей и сюжет, кажущиеся более чем поверхностными, и используют такое описательное многословие, которое он бы не потерпел в более юные годы».

Предшественник Мейлтона в *The Times* в должности обозревателя детективной литературы Х. Р. Ф. Китинг согласился с тем, что пришло время прекратить писать. «Рассказы просто ужасные», — сказал он мне. Самым жестоким из всех снова оказался Т. Дж. Байнион из *Evening Standard*:

«Все тринадцать рассказов ужасающе, удручающе плохие. Они умудряются нарушить все правила написания короткого рассказа — часто сразу все одновременно. Декорации нереалистичны, персонажи недостоверные, повествование либо простое, либо непоследовательное, сюжет обычно бессмысленный, приближение к кульминации часто слезливо-сентиментальное, а жало в хвосте либо отсутствует, либо оно слишком очевидное... Настоящая загадка здесь в том, почему эти рассказы, написанные между 1970 годом и настоящем временем — в тот период, когда Дик Фрэнсис произвел на свет несколько великолепных романов, — оказались такими плохими».

К сожалению, критики были абсолютно правы. Большинство рассказов в самом деле очень жидкие и отвратительно написанные, и они вызывают такое впечатление, что их сочинил какой-то любитель, совершенно не знакомый с законами жанра. Несомненно, пришло время удалиться на покой, и кому-то в издательстве Майкла Джозефа или «Патнэм» следовало настоять на этом, если их на самом деле заботит репутация своих авторов. Но фабрика триллеров Дика Фрэнсиса продолжала устало лязгать стершимися шестеренками. В 1998 году Большой Кайман едва миновал разрушительный ураган Митч. Волны за окнами их квартиры на Семимильном пляже достигали пугающей 30-футовой высоты, и это стихийное явление послужило источником вдохновения для тридцать седьмого романа

«Второе дыхание». Его герой, Перри Стюарт, прообразом которого является метеоролог британского телевидения Джон Кеттли, — знаменитый британский метеоролог, чья спокойная жизнь оказалась перевернутой вверх дном после того, как он преследовал карибский ураган на маленьком самолете и совершил посадку на отдаленном острове в Карибском море, представляющем собой крохотную песчинку земли, примерно в двухстах милях к юго-западу от Большого Каймана и в ста милях от побережья Гондураса. Истинные почитатели Дика Фрэнсиса молятся, чтобы эта книга оказалась последней.

Несмотря на ужасные отзывы, сборник «Скачка тринадцати», как обычно, занял место в верхней части списков бестселлеров, а первое издание «Фаворита» было продано на книжном аукционе Блумсбери в Лондоне, но в интервью Родни Мастерсу из *Racing Post* Дик признал, что пришло время уйти. Мэри теперь была очень полной — как сказал мне Глен Батлер, «астма сдавливает ей грудь», — и она вынуждена передвигаться повсюду на красном электромобиле для гольфа, а артрит Дика настолько ухудшился, что он с трудом стоит на ногах и при ходьбе пользуется палочкой. Он также все хуже слышит и все сильнее путается в словах. В ноябре он смутил свою аудиторию, когда произносил речь на ленче *Rider's Digest* в Лондоне и рассказал тот же самый анекдот — о похотливом викарии, — который он уже рассказывал двумя годами раньше на таком же мероприятии. В конце ноября на скачках в Ньюбери возник еще один неловкий момент, когда Дик должен был вручать победителю Золотой Кубок Хеннесси, но в последнюю минуту его заменила королева-мать, которая внезапно появилась на ипподроме и сказала, что она сама вручит кубок. В конце концов они сделали это вместе, а Дика утешили тем, что пригласили его смотреть скачку вместе с ней из королевской ложи.

Еще одно необычное событие произошло в декабре, когда программа Би-би-си «Диски пустынного острова» передала в эфире второе радиоинтервью с Диком — редкая честь, которой прежде удостаивались только актер сэр Дональд Сайнден и комик Артур Аски. На этот раз у него брала интервью Сью Лаули, и он выбрал три те же самые мелодии, что и тридцать один год назад («Чаттануга чу чу», «Какое прекрасное утро» и «Я оставил свое сердце в Сан-Франциско»), и назвал пять новых, среди которых «Рапсодия в голубых тонах» Гершвина (потому что он любил слушать ее по радио в детстве), «Импровизация на трубе» Джеремайя Кларка (поскольку она напоминала ему о его двенадцатилетнем внуке Уильяме, который учился играть на трубе), увертюра из фильма «Лоуренс Аравийский, и «Саммертайм» в исполнении Кэтлин Бэттл. Но композицией, незаметно прокравшейся в передачу, оказалось трогательное исполнение песни «Ангел», служившей музыкальной заставкой к фильму «Город Ангелов». Ее замечательно исполнила восемнадцатилетняя внучка Дика, Бианка, недавно закончившая школу, которая надеялась стать певицей и записала песню в отеле «Редклифф» этим летом.

«Если бы я волен был выбрать только одну песню, — сказал Дик Сью Лаули, — то я выбрал бы «Чаттануга чу чу». Мне нравится эта вещь. Я всегда называл ее своей музыкальной заставкой». И он снова признался в том, что получает мало удовольствия от работы над книгами: «Я бы предпочел все время быть жокеем. Профессия литератора для меня тяжкий умственный труд. Всю свою жизнь я был человеком, склонным скорее к физическому, чем к умственному труду». Может ли делать подобные заявления автор, написавший сорок книг? Что касается любимого предмета роскоши, то Дик выбрал свою кровать с водяным матрасом, а любимой книгой он назвал «Люди и лошади, которых я знал» достопочтенного Джорджа Лэмбтона, опубликованную в 1924 году. Лэмбтон, бывший жокей, который стал тренером в Ньюмаркете в 1892 году, вспоминает в своей книге великих людей из мира скачек, таких, как Фред Арчер, лорд Роузбери, лорд Дерби и король Эдуард VII, а также посвящает четыре страницы предмету, очень близкому многим триллерам Дика Фрэнсиса: допингу. Лэмбтон пишет, что все началось с того, что в Америке лошадям начали давать кокаин и к 1900 году «эта ужасная практика» превратилась в «серьезную угрозу для скачек», а к 1903 году «она стала причиной скандала». Он пишет: «Мы часто видим лошадей, которые скачут необычайно энергично и несутся к финишу так, словно в них вселился дьявол, их глаза вылезают из орбит и с них ручьями льет пот». В конце концов, использование допинга было признано незаконным, но, даже несмотря на это, Лэмбтон писал в 1924 году, что «некоторые люди думают, что подобная практика продолжается до сих пор».

Так кто сказал, что книги Дика Фрэнсиса оторваны от жизни? Скандалы, связанные со скачками, продолжались до конца столетия. В январе 1998 года жокеи Лейгтон Аспелл, Дин Гэллахер и Джеми Осборн были арестованы по подозрению в том, что они давали лошадям допинг и подстраивали результаты скачек. Следом за ними были арестованы четыре игрока, постоянно играющих на скачках, а через несколько месяцев еще шестеро. В январе 1999-го жокеи Грэхем Бредли и Рей Кочрен, а также бывший тренер Чарли Брукс были арестованы по схожему обвинению, и в результате общее число подозреваемых, арестованных за год, выросло до шестнадцати человек. Некоторые из них, в том числе Аспелл, Осборн и Брукс, вскоре были освобождены, но Бредли в апреле появился на скамье подсудимых окружного суда в связи с обвинением в намеренном проигрыше скачки в Уорвике, после чего он тоже был освобожден, и дело против него закрыли. Пятеро других человек были обвинены в том, что они давали допинг лошадям. Почти ничего не изменилось за сотню лет, и достопочтенный Джордж Лэмбтон вряд ли был бы этому сильно удивлен.

Эпилог

ОКОНЧАТЕЛЬНОЕ ВЗВЕШИВАНИЕ

Слава Дика в 1999 году была больше, чем когда-либо. К этому времени было продано более шестидесяти миллионов романов, переведенных на тридцать пять языков, среди которых были баскский и корейский, а в ходе дебатов в палате лордов по поводу коррупции в скачках лорд Роуаллан предположил, что следователи, занимавшиеся этим делом, «читали слишком много романов Дика Фрэнсиса».

Так насколько хороши эти книги? Одиннадцать из них в самом деле очень хорошие: «Игра без козырей», «Ставка на проигрыш», «Риск», «Твердая рука», «Рефлекс змеи», «Банкир», «След хищника», «Торговец забвением», «Горячие деньги», «Игра по правилам», «Испытай себя» — тонкие, яркие триллеры, которые способны выдержать сравнение с любыми другими остросюжетными произведениями лучших писателей двадцатого столетия, и они вполне оправдывают внимание, оказанное им литературоведами. В 1998 году еще один американский ученый, Рэчел Шаффер, профессор английского языка и философии университета штата Монтана, написала длинную статью, посвященную творчеству Фрэнсиса для первого тома энциклопедии, озаглавленной «Писатели остросюжетного и детективного жанра». Ее оценка особенно интересна, поскольку Дик часто говорил, что прообразом многих героев Дика Фрэнсиса является он сам. Она отметила, что большинство героев Фрэнсиса «одиночки...испытывающие серьезные сомнения относительно своих способностей решать проблемы, с которыми они столкнулись... Они часто эмоционально замкнутые, скрывают истинную глубину своих чувств до такой степени, что другие люди часто считают их холодными. Они также болезненно скромны и культивируют недооценку своих способностей другими людьми».

Профессор Шаффер продолжила: «Большинство героев Фрэнсиса также имеют какую-нибудь эмоциональную или физическую травму, личные страхи и трагедии. — И она добавила: — Его стиль, тон, ум, юмор, умелый выбор фраз демонстрируют врожденный талант к литературному творчеству, который удивительно встретить в человеке, оставившем школу в пятнадцатилетнем возрасте... Фрэнсис первый отдает должное своей жене за ее помощь в редактировании, но именно его уникальный голос доходит до нас по окончании творческого процесса».

Однако достаточно странно, что, несмотря на все многочисленные похвалы, совсем немногие знакомые Дика и Мэри любят читать эти книги, даже те из них, кто являются писателями. «Они делают практически одно и то же на протяжении сорока лет», — сказал мне Гэвин Лиалл, который считает автора книг не более чем «хорошим писателем среднего уровня, который нашел свою нишу и разрабатывает ее. «Это не в моем вкусе, — сказал он. — Я склонен проявлять нетерпение». Гвен Батлер — еще один их знакомый-писатель, который не в восторге от книг. «Я не читаю их, потому что меня мало интересует подобная литература», — сказал он. Мэри Юлл имеет схожее мнение: «Должна признаться, что если бы я не знала лично Мэри и Дика, то никогда не стала бы читать эти книги», — сказала она.

Что касается философии, лежащей в основе книг, то Лиалл процитировал свою жену Кэтрин Уайтхорн: «Кэт сказала о них нечто такое, что я считаю правильным: эти книги постулируют существование счастливого, терпимого мира, в котором каждое преступление является грубым вторжением извне, в то время как многие другие писатели детективного жанра — в том числе и я сам — имеют значительно более циничный взгляд на мир». В конце он высказал любопытную мысль, которую мог сформулировать только профессиональный романист. Несмотря на свое многолетнее знакомство с Фрэнсисами, он сказал: «Если бы я хотел ввести Дика и Мэри в свою книгу, мне потребовалось бы узнать о них значительно больше. Имея дело с вымышленными персонажами, я добавил бы им какие-нибудь дополнительные черты, чтобы сделать их более правдоподобными. Возникает ощущение, что в них не хватает какого-то измерения».

Другие готовы принять Дика и Мэри такими, какие они есть. «Это двое очень приятных людей, и у них два очень симпатичных сына, — сказала мне Кэт Уэлвин. — Дик очень милый человек, всегда честный, он никогда и ни о ком не говорил ничего плохого. Они сильно привязаны друг к другу». Алан Брук соглашается с таким мнением: «Меня всегда поражала неувядаемость их брака». А Маргарет Йорк сказала мне: «Они такая удивительная пара, потому что они очень разные». Так что сделало таким прочным их брак, продолжающийся более полувека? «Я думаю, это взаимозависимость, — предположила Элейн Меллор, — из-за того что Мэри болела полиомиелитом и всю свою жизнь была полуинвалидом».

«Когда возникает что-то подобное, это сильно связывает людей, — сказал Стэн Меллор. — А Дик по характеру очень заботливый человек».

Миссис Меллор сказала:

«Если описывать Дика, то прежде всего следует

сказать, что он, несомненно, джентльмен, но очень замкнутый. У него есть свои принципы, и он очень заботится о семье: он искренне беспокоится за каждого члена семьи, что теперь обходится очень дорого. Если я скажу, что Дик джентльмен, семейный человек, непьющий, то он может показаться очень скучным, но это вовсе не так. Вы можете говорить с ним обо всем и все, что угодно. После всех исследований, проведенных для книг, он стал более интересным — образованным человеком, если хотите. Он определенно та личность, чей характер формировался постепенно».

Стэн Меллор согласно кивнул. «Несомненно, как личность он теперь в десять раз интереснее, чем в то время, когда выступал на скачках. Теперь он человек, умудренный опытом».

«Он обладает определенным шармом, — добавила его жена. — Он любимец женщин. Моя мама, которая была примерно одного возраста с Диком, всегда находила его очень привлекательным. И сексуальным. Я слышала это много лет назад от Сью, его племянницы. Она именно так и сказала: сексуальный. Может быть, именно поэтому Мэри вынуждена сидеть целый день!»

Она громко рассмеялась.

В конце концов, почти каждый, кто когда-либо знал Дика и Мэри, соглашался с тем, что это очень милые, добрые и симпатичные люди. «Я встретил Дика в конце пятидесятых и с тех пор ценю и уважаю его, — сказал мне лорд Оакси. — Больше всего мне нравится то, что он остался в точности таким же, каким он был в то время, когда я впервые встретился с ним. Он единственный человек из всех, кого я знаю, на которого никак не повлиял успех». Одной из похвальных особенностей их характера является то, что Фрэнсисы продолжают поддерживать отношения со всеми старыми друзьями, даже с теми, чья жизнь кажется очень скромной в сравнении с их собственной. Мэри Юлл и Лес Фостер по-прежнему получали от них рождественские открытки в 1998 году, а мистер Фостер сказал мне в своем маленьком домике в Астон-Тирролде: «Дик звонит каждый год, когда приезжает сюда. Он поддерживает контакт со старыми друзьями. Он звонит и своей старой знакомой из деревни, мисс Морган, которая всегда приходила на его вечеринки, и он присылает нам обоим подписанный экземпляр каждой новой книги».

«Очарование Дика состоит в том, что он всегда принижает себя, — сказал мне Гвен Батлер. — Он не скучный: он мягкий. И у Мэри нет личных амбиций, что проявляется в том, как она работает с Диком. Возможно, она растрачивает себя слишком сильно, но они любят друг друга. Все дело только в этом».

Даже в конце жизни Дика по-прежнему преследует фиаско Девона Лоха, и в конце третьего издания своей автобиографии он написал о том, как сильно он сожалеет из-за того, что так и не выиграл Большой национальный стипль-чез. А затем, словно высказывая пришедшую мимоходом мысль, он заканчивает книгу странным вопросом о том, каково это — быть Шекспиром.

Шекспиром? Дик никогда не испытывал желания быть Шекспиром: он ненавидел писать. Но Мэри могла им стать: Мэри, таинственная дама, которая хотела стать знаменитым писателем, возможно, драматургом. Так что, возможно, это ее последнее сожаление, а не Дика. Она так и не написала серии книг под своим собственным именем. Она, которая так сильно любила театр, никогда не слышала аплодисментов аудитории в честь ее работы, никогда не произносила речей и не подписывала книг для восторженных поклонников, не давала все эти интервью, не получала сама ОБИ или Алмазный Кинжал и не избиралась Гроссмейстером писателей детективного жанра. У женщины ее талантов, энергии и трудолюбия вполне мог быть повод для сожалений. Порой она, должно быть, задумывалась о жестокой иронии всего этого, о том, что Дику, который ненавидел писать, за это досталась слава, а ей, которая любила писательское ремесло, суждено остаться неизвестной.

Но ведь многие говорят, что все пьесы Шекспира были написаны кем-то другим: герцогом Оксфордским или Фрэнсисом Бэконом или Кристофером Марло. Но смог бы Шекспир, герцог Оксфордский, Бэкон или Марло взять все тридцать препятствий Большого национального стипль-чеза на ипподроме в Айнтри? И не один раз, а трижды, как это сделал Дик? Смог бы кто-нибудь из них одержать 345 побед в скачках или стать чемпионом-жокеем? Так что, в конце концов, почему Дик или Мэри должны испытывать какие-то сожаления? Ведь Дик Фрэнсис был великим наездником, а «Дик Фрэнсис», в своих лучших романах, превосходным автором триллеров — и этого должно быть вполне достаточно, по крайней мере на две полные жизни.

СОДЕРЖАНИЕ

Литературно-художественное издание

Грэм Лорд

ДИК ФРЭНСИС. СКАЧКА ЖИЗНИ. БИОГРАФИЯ

Ответственный редактор *Е. Басова*
Художественный редактор *С. Курбатов*
Технический редактор *Н. Носова*
Компьютерная верстка *Т. Комарова*
Корректор *З. Харитонова*

Подписано в печать с готовых диапозитивов 16.01.2002.
Формат 84×108 $^1/_{32}$. Гарнитура «Таймс».
Печать офсетная. Бум. газ.
Усл. печ. л. 23,52+вкл. Уч.-изд. л. 24,32.
Тираж 7100 экз. Заказ 5449

Отпечатано в полном соответствии
с качеством предоставленных диапозитивов
в ОАО «Можайский полиграфический комбинат».
143200, г. Можайск, ул. Мира, 93.

ЗАО «Издательство «ЭКСМО-Пресс». Изд. лиц. № 065377 от 22.08.97.
125190, Москва, Ленинградский проспект, д. 80, корп. 16, подъезд 3.
Интернет/Home page — www.eksmo.ru
Электронная почта (E-mail) — info@ eksmo.ru